全国普通高等院校思想政治理论课教材辅导用书

《中国近现代史纲要》
教学辅助用书

主　编　姬丽萍

副主编　邓　红

南开大学出版社

天　津

图书在版编目(CIP)数据

《中国近现代史纲要》教学辅助用书 / 姬丽萍主编.
—天津:南开大学出版社,2015.12(2019.7重印)
全国普通高等院校思想政治理论课教材辅导用书
ISBN 978-7-310-04915-8

Ⅰ.①中… Ⅱ.①姬… Ⅲ.①中国历史－近现代－高等学校－教学参考资料 Ⅳ.①K25

中国版本图书馆 CIP 数据核字(2015)第 192252 号

版权所有　侵权必究

南开大学出版社出版发行
出版人:刘运峰
地址:天津市南开区卫津路 94 号　　邮政编码:300071
营销部电话:(022)23508339　23500755
营销部传真:(022)23508542　邮购部电话:(022)23502200

＊

唐山鼎瑞印刷有限公司印刷
全国各地新华书店经销

＊

2015 年 12 月第 1 版　　2019 年 7 月第 4 次印刷
210×148 毫米　32 开本　12.75 印张　365 千字
定价:29.00 元

如遇图书印装质量问题,请与本社营销部联系调换,电话:(022)23507125

目 录

绪 论 ··· 1
　　第一板块：学习引导 ································· 1
　　第二板块：课后练习 ································· 2
　　第三板块：延伸思考 ································· 8

第一章　反对外国侵略的斗争 ··························· 20
　　第一板块：学习引导 ································· 20
　　第二板块：课后练习 ································· 22
　　第三板块：延伸思考 ································· 41

第二章　对国家出路的早期探索 ······················· 59
　　第一板块：学习引导 ································· 59
　　第二板块：课后练习 ································· 61
　　第三板块：延伸思考 ································· 75

第三章　辛亥革命与君主专制制度的终结 ············ 89
　　第一板块：学习引导 ································· 89
　　第二板块：课后练习 ································· 90
　　第三板块：延伸思考 ································· 104

第四章　开天辟地的大事变 ··························· 113
　　第一板块：学习引导 ································· 113
　　第二板块：课后练习 ································· 115
　　第三板块：延伸思考 ································· 140

第五章　中国革命的新道路 … 158
　　第一板块：学习引导 … 158
　　第二板块：课后练习 … 160
　　第三板块：延伸思考 … 185

第六章　中华民族的抗日战争 … 205
　　第一板块：学习引导 … 205
　　第二板块：课后练习 … 207
　　第三板块：延伸思考 … 228

第七章　为新中国而奋斗 … 251
　　第一板块：学习引导 … 251
　　第二板块：课后练习 … 255
　　第三板块：延伸思考 … 276

第八章　社会主义基本制度在中国的确立 … 287
　　第一板块：学习引导 … 287
　　第二板块：课后练习 … 288
　　第三板块：延伸思考 … 305

第九章　社会主义建设在探索中曲折前进 … 321
　　第一板块：学习引导 … 321
　　第二板块：课后练习 … 323
　　第三板块：延伸思考 … 341

第十章　改革开放与现代化建设新时期 … 353
　　第一板块：学习引导 … 353
　　第二板块：课后练习 … 355
　　第三板块：延伸思考 … 373

后　记 … 403

绪 论

第一板块：学习引导

一、学习目的

使大学生了解学习中国近现代史的必要性。学习中国近现代史，不仅可以了解近代以来，历史和人民是如何选择了中国共产党、选择了马克思主义、选择了社会主义道路以及改革开放的必然性，而且有助于大学生形成正确的世界观、人生观、价值观，有助于更好地继承和发扬近代以来中国人民的爱国主义精神，继承和发扬前辈共产党人的优良革命传统。

二、重点·难点·热点

1. 学习中国近现代史的重要意义是本章的重点。
2. 难点在于实现与中学历史课本的区别与衔接。中学学习这段历史，往往注重知识点的记忆与灌输，而大学里开设这门课程更注重在方法论方面的引导。教师要把相关结论是怎样推导、总结出来的，再现给学生，从而使学生更深刻地认识到历史和人民是怎样选择了马克思主义，选择了中国共产党，选择了社会主义道路，选择了改革开放。

三、推荐阅读

1. 龚书铎：《中国近代史研究的几点思考》，《云南大学学报（社会科学版）》2002年第3期。

2.《正确地了解过去、认识现在、把握未来——就〈中国近现代史纲要〉出版访沙健孙、李文海、程中原、田居俭》,《求是》2007年第10期。

3. 林华国:《评中国近代史研究中的一些重大分歧》,《高校理论战线》2006年第3期。

第二板块:课后练习

一、单选题

1. 在中国封建社会的经济中,占主导地位的是(　　)。
   A. 封建地主土地所有制　　B. 封建君主土地所有制
   C. 农民土地所有制　　　　D. 封建官僚土地所有制
2. 中国封建社会的基本生产结构是(　　)。
   A. 小农经济　　　　　　　B. 自然经济
   C. 商品经济　　　　　　　D. 社会化大生产
3. 中国封建社会政治的基本特征是高度中央集权的(　　)。
   A. 封建君主专制制度　　　B. 封建宗法等级制度
   C. 君主立宪制　　　　　　D. 宗族家长制
4. 中国封建社会的结构特点是族权和政权相结合的封建宗法等级制度,其核心是(　　)。
   A. 儒家思想　　　　　　　B. 君主专制制度
   C. 宗族家长制　　　　　　D. 道家思想
5. 中国封建社会的文化思想体系的核心是(　　)。
   A. 佛教　　　　　　　　　B. 道家思想
   C. 法家思想　　　　　　　D. 儒家思想
6. 标志世界历史开始进入资本主义时代的是(　　)。
   A. 美国独立战争　　　　　B. 法国大革命
   C. 1640年英国资产阶级革命　D. 俄国十月革命
7. 在19世纪中叶,被称为"海上霸王""日不落帝国"的殖民国家是（　　）。
　　A. 美国　　　　　　　　　B. 德国
　　C. 日本　　　　　　　　　D. 英国

8. 鸦片战争以清政府的失败告终。除了与英国签订《南京条约》外，1844年7月，清政府还被迫与美国签订了不平等条约，即（　　）。
　　A.《虎门条约》　　　　　B.《望厦条约》
　　C.《黄埔条约》　　　　　D.《瑷珲条约》

9. 中国工人阶级最早出现于（　　）。
　　A. 19世纪40—50年代　　B. 19世纪60年代
　　C. 19世纪70年代　　　　D. 19世纪80年代

10. 近代中国最革命的阶级是（　　）。
　　A. 工人阶级　　　　　　　B. 民族资产阶级
　　C. 农民阶级　　　　　　　D. 小资产阶级

11. 鸦片战争后，中国经济逐渐被卷入世界资本主义市场，其对中国的影响不包括（　　）。
　　A. 封建地主土地所有制瓦解
　　B. 自给自足的自然经济逐步解体
　　C. 西方的先进生产技术逐步传入
　　D. 英国输华商品激增

单选题参考答案

1. A　2. A　3. A　4. C　5. D　6. C　7. D　8. B　9. A　10. A　11. A

二、多选题

1. 在古代中外文化交流史上，出现了一些流传千古的动人佳话，它们包括（　　）。
　　A. 汉代张骞、班超通西域　　B. 唐代玄奘西行印度取经
　　C. 鉴真东渡日本传经　　　　D. 明代郑和下西洋

2. 中国封建社会出现的"盛世"主要有（　　）。
　　A. 文景之治　　　　　　　　B. 贞观之治

C. 开元之治　　　　　　　　D. 康雍乾盛世

3. 第一次鸦片战争后，清政府被迫与列强签订了一批不平等条约，其中主要有（　　）。

A. 《北京条约》　　　　　　B. 《望厦条约》
C. 《黄埔条约》　　　　　　D. 《南京条约》

4. 近代中国新出现的阶级是（　　）。

A. 地主阶级　　　　　　　　B. 农民阶级
C. 工人阶级　　　　　　　　D. 资产阶级

5. 中国工人阶级在其形成时期的主要来源是（　　）。

A. 失业农民　　　　　　　　B. 手工业者
C. 商人　　　　　　　　　　D. 城市贫民

6. 中国工人阶级在其形成时期的特殊优点是（　　）。

A. 不占有任何生产资料
B. 深受帝国主义、封建主义、资产阶级三重压迫
C. 与广大农民有天然联系
D. 集中、便于组织

7. 中国民族资产阶级的主要来源是（　　）。

A. 买办　　　　　　　　　　B. 商人
C. 地主　　　　　　　　　　D. 官僚

8. 近代中国占支配地位的主要矛盾是（　　）。

A. 帝国主义与中华民族的矛盾
B. 无产阶级与资产阶级的矛盾
C. 资产阶级与地主阶级的矛盾
D. 封建主义与人民大众的矛盾

9. 近代以来中华民族面临的两大历史任务是（　　）。

A. 争取民族独立和人民解放
B. 实现国家富强和人民富裕
C. 实业救国
D. 教育救国

10. 在1921年中国共产党诞生至1949年新中国成立以前的时期，

中国存在着三种主要的政治力量,其中,作为进步势力成为民主革命的主要力量的是( )。

  A. 工人阶级   B. 农民阶级
  C. 城市小资产阶级   D. 民族资产阶级

多选题参考答案

1. ABCD   2. ABCD   3. BCD   4. CD   5. ABD   6. ABCD
7. ABCD   8. AD   9. AB   10. ABC

三、思考题

1. 为什么要学习中国近现代史?

  1840年鸦片战争以来的中国近现代历史,是一部中国人民为实现中华民族独立、解放和伟大复兴而不懈奋斗的历史。学习中国近现代史的意义在于可以使我们认识到:

  第一,了解近代中国所经历的屈辱历史,深刻汲取落后就要挨打的教训,增强我们的历史使命感和责任感。

  鸦片战争以后,中国逐步成为半殖民地半封建社会的历史,是中华民族遭受帝国主义侵略和压迫的屈辱史、苦难史。当时世界上的帝国主义国家,几乎都侵略和欺凌过中国。它们凭借坚船利炮,对中国进行的军事侵略、政治控制、经济掠夺、文化渗透,给中华民族和中国人民带来深重灾难。中国遭受如此欺凌,陷入如此境况,其根本原因就是毛泽东所深刻指出的:"一是社会制度腐败,二是经济技术落后"。学习这段历史,就是要深刻汲取落后就要挨打、就要受欺负的教训,增强励精图治、奋发图强的历史使命感和责任感,为实现中华民族的伟大复兴而努力奋斗。

  第二,学习中国近现代史,是为了更好地继承和发扬近代以来中国人民的爱国主义精神,继承和发扬前辈共产党人的优良革命传统。

  近代以来,为改变中华民族屈辱的命运,中国人民以及他们的先进分子进行了种种探索和顽强抗争。从洋务运动、太平天国运动,到戊戌变法、义和团运动和辛亥革命,一直到中国共产党成立前,近一个世纪的时间里，地主阶级、农民阶级以及资产阶级的改良派和革命派都曾走到历史的前台宣传并实践其政治主张、经济纲领，但都没有使中国走上民族独立与人民解放、国家富强与人民富裕的道路。而中国共产党的诞生开启了中国人民救亡图存斗争的新阶段。中国共产党领导人民经过 28 年的浴血奋战，艰苦斗争，终于建立了人民当家作主的新中国。中国人民从此站了起来。中国共产党的十一届三中全会以后，党又领导人民进入了以改革开放为标志的社会主义发展新时期。我们学习中国近现代史，目的就是为了更好地继承和发扬近代以来中国人民的爱国主义精神，继承和发扬前辈共产党人的优良革命传统，为实现中华民族伟大复兴而努力奋斗。

第三，学习中国近现代史，尤其要更多地了解中国共产党的历史，了解中国共产党带领中国人民所取得的辉煌业绩，坚定中国特色社会主义的信念和共产主义的远大理想。

第四，学习中国近现代史，就要深刻认识历史和人民选择中国共产党、选择马克思主义、选择社会主义道路、选择改革开放的历史必然性，增强建设中国特色社会主义事业的信心。

建党 94 年来，我们党紧紧依靠人民完成了新民主主义革命，实现了民族独立和人民解放；完成了社会主义革命，确立了社会主义基本制度并取得了社会主义建设的巨大成就；进行了改革开放新的伟大革命，完善和发展了中国特色社会主义。这三件大事，从根本上改变了中国人民和中华民族的前途、命运，结束了近代以来中国内忧外患、积贫积弱的悲惨境遇，开始了当代中国沿着中国特色社会主义道路走向现代化、走向伟大复兴的历史进程。我们应从党的光辉历程和伟大业绩中汲取强大动力，坚定中国特色社会主义信念和共产主义远大理想。

2. 中国近现代史的主流、主线是什么？

鸦片战争后，中国成为半殖民地半封建国家。中华民族面对着两大历史任务：一个是求得民族独立和人民解放，一个是实现国家繁荣富强和人民共同富裕。前一任务是为后一任务扫清障碍，创造必要的前提；后一个任务是在前一个任务完成之后的基础上才能实现的。近代中国为实现"民族独立和人民解放"与"国家富强和人民富裕"两大历史任务而不断地斗争,这是中国近现代历史的主题。

在完成民族独立和人民解放、国家富强和人民富裕的过程中,中国共产党紧紧依靠和紧密团结全国各族人民,干了三件大事。在新民主主义革命时期,经过28年艰苦卓绝的斗争,推翻了帝国主义、封建主义、官僚资本主义的反动统治,实现了民族独立和人民解放,建立了人民当家作主的新中国。在社会主义革命和建设时期,确立了社会主义基本制度,在一穷二白的基础上建立了独立的、比较完整的工业体系和国民经济体系,使古老的中国以崭新的姿态屹立在世界的东方。在改革开放和社会主义现代化建设时期,中国共产党开创了中国特色社会主义道路,坚持以经济建设为中心、坚持四项基本原则、坚持改革开放,初步建立起社会主义市场经济体制,大幅度提高了我国的综合国力和人民生活水平,为全面建成小康社会、基本实现社会主义现代化开辟了广阔的前景。这三件大事,从根本上改变了中国人民的前途、命运,决定了中国历史的发展方向,在世界范围内产生了深刻而广泛的影响。这是中国共产党成立以来带领全国人民对中国近现代史的主题所做的努力及成效。

因此,中国的近现代历史,就其主流和本质来说,就是中国一代又一代的人民群众和仁人志士为救亡图存而英勇奋斗、艰苦探索的历史;是全国各族人民在中国共产党的领导下,进行伟大艰苦的斗争,经过新民主主义革命,赢得民族独立和人民解放的历史;是全国各族人民在中国共产党的领导下,经过社会主义革命、建设和改革,把一个极度贫弱的旧中国逐步变成一个初步繁荣昌盛、充满生机和活力的社会主义新中国的历史,也是把中国由贫穷落后的封建国家变为富强民主的新中国,并逐步实现工业、农业,科学技术和军事的现代化,实现中华民族伟大复兴的历史。这也是中国近现代历史的主线。

3. 学习中国近现代史纲要的方法是什么?

学习中国近现代史纲要,必须牢牢掌握理论联系实际这一根本方法。

第一,充分运用马克思主义的立场、观点和方法,正确认识中国近现代的历史进程,正确分析中国近现代历史中的重大事件,以历史唯物主义的视角,掌握近现代中国历史的发展规律。

第二,学习中国近现代史纲要,应以世界历史的眼光审视中国近现代历史,联系时代特征、国际格局和世界大势认识中国问题。中国历史是世界历史的重要组成部分,中国自古以来就同世界上许多国家和地区发生着各种各样的联系。明朝末年,中国开始落后于西方国家的发展,近代更是陷入了受列强欺凌、任人宰割的境地。其中一个重要原因,就是封建社会统治者闭关自守、夜郎自大,看不到文艺复兴以来特别是工业革命以后世界发生的巨大变化,拒绝学习国外先进的科学技术、制度、理念。封闭必然落后,而落后在当时弱肉强食的国际环境中就要挨打,这一教训是深刻的。

近现代中国的历史,是世界近现代历史的有机组成部分,近现代中国的任何重大问题,都与当时所处的国际格局密切相关。只有以世界历史的眼光认识中国近现代历史,才能真正认清近代中国革命的必然性和必要性,认清近代中国两大历史任务之间的辩证关系。

第三,在学习中国近现代史纲要时,要善于运用比较的方法。通过纵向比较和横向比较,看清历史上曾经令人困惑的问题和现实中的一些错误倾向,从而正确认识"四个选择"的必然性和必要性。

第四,学习中国近现代史纲要,要把昨天的中国与今天的中国联系起来,联系社会主义初级阶段的实际,正确认识中国社会的发展变化,提高认识问题、分析问题的能力。

第五,学习中国近现代史纲要,还应紧密联系个人的思想实际,通过学习提高思想觉悟,增强辨别是非的能力,真正确立正确的世界观、人生观和价值观。

第三板块:延伸思考

一、导语

1840年的鸦片战争,中华文明遭遇了数千年来从未有过的历史大变局。此前，尽管我们这个文明也曾经有过内忧外患，甚至元、清两朝，还由少数民族建立起全国政权，但前者马上得天下又马上治天下，终于成为中国历史上最短命的王朝之一；而后者在马上得天下后很快意识到把自己的统治仅仅建立在暴力的基础上是远远不够的，于是开始接受汉文明并最终被同化。用基辛格博士的话来说，这是"征服者一代代逐渐被同化到他们当初试图控制的秩序中。最终，他们的老家，即发动侵略的起始点，成了中国的一部分。征服者自己开始追求传统的中国国家利益——征服者反被征服"。但是，这一次，在与侵略者接触的过程中，先进的中国人逐渐意识到，这一新的从西洋来的文明，远远超越了我们的古老的文明。于是，伴随着外来的侵略，志士仁人们开始了学习西方的过程。

先是器物层面的洋务运动。凡三十余年而其最终葬送在日本人手里的惨痛教训，使国人意识到制度的变革更为重要，于是制度层面的变革——戊戌变法应运而生。当1911年辛亥革命成功并仿效英美建立起中华民国的时候，制度的变革宣告成功，但辛亥革命的胜利果实最终却被袁世凯窃取，并旋即恢复帝制，重新走上封建老路的事实，让当时先进的中国人意识到，也许制度背后的文化，才是更重要的东西。由是新文化运动蔚然而起，德先生、赛先生被引入中国。也正是在新文化运动中，在黑暗中艰辛探索未来道路的中国知识分子，在十月革命一声炮响后，开始关注俄国，开始研究与宣传马克思主义，并最终催生了中国共产党。

中国共产党从成立之日起，就肩负起实现中华民族伟大复兴的历史使命。90多年来，它把马克思主义基本原理同中国实际和时代特征相结合，取得革命、建设和改革的一系列伟大胜利，开创和发展了中国特色社会主义理论与实践，从根本上改变了中国人民和中华民族的命运。

二、阅读材料及点评

材料一

在二十世纪即将过去的时候，举行党的全国代表大会，大家有一种共同的认识：我们党对中华民族的命运担负着崇高的历史责任。从一九〇〇年八国联军占领北京，中华民族蒙受巨大屈辱，国家濒临灭亡边缘，到二〇〇〇年中国在社会主义基础上进入小康，大踏步走向繁荣富强，是中国发生翻天覆地变化的一百年。鸦片战争后，中国成为半殖民地半封建国家。中华民族面对着两大历史任务：一个是求得民族独立和人民解放；一个是实现国家繁荣富强和人民共同富裕。前一任务是为后一任务扫清障碍，创造必要的前提。一个世纪以来，中国人民在前进道路上经历了三次历史性的巨大变化，产生了三位站在时代前列的伟大人物：孙中山、毛泽东、邓小平。第一次是辛亥革命，推翻统治中国几千年的君主专制制度。这是孙中山领导的。他首先喊出"振兴中华"的口号，开创了完全意义上的近代民族民主革命。辛亥革命未能改变旧中国的社会性质和人民的悲惨境遇，但为中国的进步打开了闸门，使反动统治秩序再也无法稳定下来。第二次是中华人民共和国的成立和社会主义制度的建立。这是中国共产党成立后，在以毛泽东为核心的第一代领导集体的领导下完成的。经过北伐、土地革命、抗日战争和解放战争，推翻了帝国主义、封建主义、官僚资本主义三座大山，中国人民从此站起来了，并且从新民主主义走上社会主义道路，取得建设社会主义的巨大成就。这是中国从古未有的人民革命的大胜利，也是社会主义和民族解放的具有世界意义的大胜利。第三次是改革开放，为实现社会主义现代化而奋斗。这是在以邓小平为核心的第二代领导集体的领导下开始的新的革命。在建国以来革命和建设成就的基础上，我们党总结历史经验和教训，成功地走出了一条建设有中国特色社会主义的新道路。社会主义在中国显示的蓬勃生机和活力，为全世界所瞩目。

百年巨变得出的结论是：只有中国共产党才能领导中国人民取得民族独立、人民解放和社会主义的胜利，才能开创建设有中国特色社会主义的道路，实现民族振兴、国家富强和人民幸福。

——江泽民：《高举邓小平理论伟大旗帜，把建设有中国特色社会主义全面推向二十一世纪》，《十五大以来重要文献选编》（上），人民出版社2000年版，第2—3页。

点评：20世纪中国发生了三次历史性变革：辛亥革命、中华人民共和国的成立和社会主义制度的建立、改革开放。辛亥革命开创了完全意义上的近代民族民主革命；中华人民共和国的成立和社会主义制度的建立标志着站起来的中国人民从此掌握了自己的命运；改革开放，标志着我党成功地走出了一条建设有中国特色社会主义的新道路。

材料二

印度斯坦——这是亚洲规模的意大利。喜马拉雅山相当于阿尔卑斯山，孟加拉平原相当于伦巴第平原，德干高原相当于亚平宁山脉，锡兰岛相当于西西里岛。在土地出产方面是同样的富庶繁多，在政治结构方面是同样的四分五裂。意大利常常由征服者用宝剑强迫把不同的民族集团合拢在一起，印度斯坦的情况也完全一样：在它不处于穆斯林、莫卧儿或不列颠人的压迫之下的那些时期，它就分解成像它的城市甚至村庄那样多的各自独立和互相敌对的国家。但是从社会方面来看，印度斯坦却不是东方的意大利，而是东方的爱尔兰。意大利和爱尔兰——一个淫乐世界和一个悲苦世界——这样奇怪地结合在一起的现象，在印度斯坦的宗教的古老传统里早就显示出来了。这个宗教既是纵欲享乐的宗教，又是自我折磨的禁欲主义的宗教；既是林加崇拜的宗教，又是札格纳特的宗教；既是和尚的宗教，又是舞女的宗教。

我不同意那些相信印度斯坦有过黄金时代的人的意见，也不必为了证实自己的看法而搬出库利汗统治时期，像查理·伍德爵士所做的那样。但是大家可以拿奥朗则布时期做例子；或者拿莫卧儿出现在北方而葡萄牙人出现在南方的时期做例子；或者拿穆斯林入侵和南印度七国争雄的时期做例子；或者，如果大家愿意追溯到更远的古代去，那就可以拿婆罗门自己的神话纪年看一看，它把印度灾难的开端推到了甚至比基督教的世界创始时期更远的时候。

但是，不列颠人给印度斯坦带来的灾难，与印度斯坦过去的一切灾难比较起来，毫无疑问在本质上属于另一种，在程度上不知要深重多少倍。我在这里所指的还不是不列颠东印度公司在亚洲式的专制基础上建立起来的欧洲式的专制，这两种专制结合起来要比萨尔赛达庙里的狰狞的神像更为可怕。这种结合并不是英国殖民制度独有的特征，它只不过是对荷兰殖民制度的模仿，而且模仿得十分确切，所以为了说明不列颠东印度公司的活动，只要把英国的爪哇总督斯坦弗德·莱佛尔斯爵士谈到旧时的荷兰东印度公司的时候说过的一段话一字不改地引过来就够了：

"荷兰东印度公司一心只想赚钱，它对待自己的臣民还不如过去的西印度种植场主人对待他们的奴隶，因为这些种植场主买人的时候还付过钱，而荷兰东印度公司一文钱都没有花过，它只运用全部现有的专制机构压榨居民，使他们把最后一点东西都交纳出来，把最后一点劳力都贡献出来。这样，它就加重了任意妄为的半野蛮政府所造成的祸害，因为它是把政治家的全部实际技巧同商人的全部垄断利己心肠结合在一起进行统治的。"

内战、外侮、政变、被征服、闹饥荒——所有这一切接连不断的灾难，不管它们对印度斯坦的影响显得多么复杂、猛烈和带有毁灭性，只不过触动它的表面，而英国则破坏了印度社会的整个结构，而且至今还没有任何重新改建印度社会的意思。印度失掉了他的旧世界而没有获得一个新世界，这就使它的居民现在所遭受的灾难具有了一种特殊的悲惨的色彩，并且使不列颠统治下的印度斯坦同自己的全部古代传统，同自己的全部历史，断绝了联系。

现在，不列颠人在东印度从他们的前人那里接收了财政部门和军事部门，但是却完全忽略了公共工程部门。因此，不能按照不列颠的自由竞争原则——laissez faire, laissez aller[听之任之]原则——来发展的农业便衰落下来了。但是我们在亚洲各国经常可以看到，农业在某一个政府统治下衰落下去，而在另一个政府统治下又复兴起来。收成的好坏在那里决定于政府的好坏，正像在欧洲决定于天气的好坏一样。因此，假如没有同时发生一种重要得多的、在整个亚洲史上都算是一种新事物的情况，那么无论对农业的损害和忽视多么严重，都不能认为不列颠侵略者正是在这一点上使印度社会遭到了致命的打击。从遥远的古代直到十九世纪最初十年，无论印度的政治变化多么大，可是它的社会状况却始终没有改变。曾经产生了无数纺工和织工的手纺车和手织机是印度社会结构的枢纽。欧洲从很古的时候起就得到印度制作的绝妙的纺织品,同时运贵金属去交换,这样就给当地的金匠提供了原料,而金匠则是印度社会里的必要成员,因为印度人极其爱好装饰品,甚至最低阶级中的那些几乎是裸体的人们通常都戴着一副金耳坠,脖子上套着某种金饰品。手指和脚趾上戴环戒也很普遍。妇女和孩子常常戴着沉甸甸的金银臂镯和脚镯,而金银的神像在普通的家庭中都可以看到。不列颠侵略者打碎了印度的手织机,毁掉了它的手纺车。英国起先是把印度的棉织品挤出了欧洲市场,然后是向印度斯坦输入棉纱,最后就使这个棉织品的祖国充满了英国的棉织品。从1818年到1836年,大不列颠向印度输出的棉纱增长的比例是1:5200。在1824年,输入印度的英国细棉布不过100万码,而到1837年就超过了6400万码。但是在同一时期内,达卡的人口却从15万人减少到2万人。然而,曾以制造业闻名于世的印度城市遭到这样的衰落决不是英国统治的最坏的结果。不列颠的蒸汽和不列颠的科学在印度斯坦全境把农业和手工业的结合彻底摧毁了。

  在印度有这样两种情况:一方面,印度人民也像所有东方各国的人民一样,把他们的农业和商业所凭借的主要条件即大规模公共工程交给政府去管,另一方面,他们又散处于全国各地,因农业和手工业的家庭结合而聚居在各个很小的地点。由于这两种情况,所以从很古的时候起,在印度便产生了一种特殊的社会制度,即所谓村社制度,这种制度使每一个这样的小单位都成为独立的组织,过着闭关自守的生活。

  从纯粹的人的感情上来说,亲眼看到这无数勤劳的宗法制的和平的社会组织崩溃、瓦解、被投入苦海,亲眼看到它们的成员既丧失自己的古老形式的文明又丧失祖传的谋生手段,是会感到悲伤的;但是我们不应该忘记:这些田园风味的农村公社不管初看起来怎样无害于人,却始终是东方专制制度的牢固基础;它们使人的头脑局限在极小的范围内,成为迷信的驯服工具,成为传统规则的奴隶,表现不出任何伟大和任何历史首创精神。我们不应该忘记那种不开化的人的利己性,他们把自己的全部注意力集中在一块小得可怜的土地上,静静地看着整个帝国的崩溃、各种难以形容的残暴行为和大城市居民的被屠杀,就像观看自然现象那样无动于衷;至于他们自己,只要某个侵略者肯来照顾他们一下,他们就成为这个侵略者的无可奈何的俘虏。我们不应该忘记:这种失掉尊严的、停滞的、苟安的生活,这种消极的生活方式,在另一方面反而产生了野性的、盲目的、放纵的破坏力量,甚至使惨杀在印度斯坦成了宗教仪式。我们不应该忘记:这些小小的公社身上带着种姓划分和奴隶制度的标记;它们使人屈服于环境,而不是把人提升为环境的主宰;它们把自动发展的社会状况变成了一成不变的由自然预定的命运,因而造成了野蛮的崇拜自然的迷信,身为自然主宰的人竟然向猴子哈努曼和牡牛撒巴拉〔注:哈努曼是印度传说中的神猴,后来被奉为印度教的毗湿奴的化身。撒巴拉是神牛,在印度教中被奉为财富和土地之神。——译者注〕虔诚地叩拜,从这个事实就可以看出这种迷信是多么糟践人了。

的确,英国在印度斯坦造成社会革命完全是被极卑鄙的利益驱使的,在谋取这些利益的方式上也很愚钝。但是问题不在这里。问题在于,如果亚洲的社会状况没有一个根本的革命,人类能不能完成自己的使命。如果不能,那么,英国不管是干出了多大的罪行,它在造成这个革命的时候毕竟是充当了历史的不自觉的工具。这么说来,无论古老世界崩溃的情景对我们个人的感情是怎样难受,但是从历史观点来看,我们有权同歌德一起高唱:

"既然痛苦是快乐的源泉,
那又何必因痛苦而伤心?
难道不是有无数的生灵,
曾遭到帖木儿的蹂躏?"
(引自歌德"东西诗集")

卡尔·马克思写于1853年6月10日
——马克思:《不列颠在印度的统治》,《马克思恩格斯全集》第9卷,人民出版社1974年版,第143—150页。

点评:上述所引用的马克思的这段话,有助于我们正确认识殖民主义的历史作用。首先,必须清楚的是,马克思对英国殖民主义是进行了无情的揭露和有力的谴责的。其次，不能认为，如果没有英国殖民者的入侵及其残暴统治，印度社会会永久地停留在封建社会，印度经济将永久地停留在自给自足的自然经济的基础之上。最后，为了把印度变成牢固可靠的商品销售市场和原料产地，英国殖民主义者出于自私的动机而在印度采取了一些步骤，而所带来的一些后果是它没有想到而且也是不愿意看到的。并且，英国在把资本主义经济引进印度的同时，又设置重重障碍阻止印度本国资本主义经济正常发展。直到印度独立后的1948—1949年度，工业在印度国民经济中所占比重仅17.1%。封建性的农业经济仍占主要地位。而且，农业生产力仍极其落后。事实上，在近代殖民主义几百年的漫长历史中，从来没有一个落后国家能够在殖民统治下完成从旧社会到西方式社会的变革。这个变革只有在摆脱殖民统治之后经过自己的艰苦努力才能完成。

在评价殖民主义的历史作用时，马克思还提出了一个重要观点，即不但要看生产力的发展，而且还要看生产力是否归人民所有。马克思充分肯定生产力的发展在社会发展中的最终决定作用，但他不是孤立地，而是联系着一定的生产关系来考察生产力的。对于作为殖民地的印度来说，"生产力归人民所有"是根本无从谈起的。

西方资本主义的侵略对落后国家的历史发展既有积极的刺激作用，又有消极的阻碍作用。落后国家如果能一面有效地维护自己的主权，一面努力向西方学习，就能尽量遏制西方侵略的消极作用而使其积极作用得到有效发挥。反之，如果屈从于西方的压迫，则外来侵略的消极作用将大大加强而其积极作用将受到遏制。日本在遭受西方侵略后，国内不甘心接受殖民压迫的势力迅速行动起来，从屈从外国的幕府手中夺取了政权，一面努力学习西方，一面致力于收回国家主权，使日本得以走上独立发展资本主义的道路。而中国在近代时期，政权一直掌握在屈从外国的腐败势力手中，中国在半殖民地化的道路上越陷越深，与西方的差距越拉越大。直到1949年争得独立后，中国才有可能加速发展，追赶先进国家。殖民地半殖民地必须挣脱殖民统治才能得到正常发展，这是历史证明了的规律。即使是英国移民占人口绝大部分的北美殖民地，也曾因受到英国的压迫、掠夺而难以发展，不得不以武装斗争争取独立。总之，落后国家和地区反抗西方殖民主义的斗争不仅是正义，也是完全必要的。

材料三

中国虽然是一个伟大的民族国家，虽然是一个地广人众、历史悠久而又富于革命传统和优秀遗产的国家，可是，中国自从脱离奴隶制度进到封建制度以后，其经济、政治、文化的发展，就长期地陷在发展迟缓的状态中。这个封建制度，自周秦以来一直延续了三千年左右。

中国封建时代的经济制度和政治制度，是由以下的各个主要特点构成的：

一、自给自足的自然经济占主要地位。农民不但生产自己需要的农产品，而且生产自己需要的大部分手工业品。地主和贵族对于从农民剥削来的地租，也主要地是自己享用，而不是用于交换。那时虽有交换的发展，但是在整个经济中不起决定的作用。

二、封建的统治阶级——地主、贵族和皇帝，拥有最大部分的土地，而农民则很少土地，或者完全没有土地。农民用自己的工具去耕种地主、贵族和皇室的土地，并将收获的四成、五成、六成、七成甚至八成以上，奉献给地主、贵族和皇室享用。这种农民，实际上还是农奴。

三、不但地主、贵族和皇室依靠剥削农民的地租过活，而且地主阶级的国家又强迫农民缴纳贡税，并强迫农民从事无偿的劳役，去养活一大群的国家官吏和主要地是为了镇压农民之用的军队。

四、保护这种封建剥削制度的权力机关，是地主阶级的封建国家。如果说，秦以前的一个时代是诸侯割据称雄的封建国家，那么，自秦始皇统一中国以后，就建立了专制主义的中央集权的封建国家；同时，在某种程度上仍旧保留着封建割据的状态。在封建国家中，皇帝有至高无上的权力，在各地方分设官职以掌兵、刑、钱、谷等事，并依靠地主绅士作为全部封建统治的基础。

中国历代的农民，就在这种封建的经济剥削和封建的政治压迫之下，过着贫穷困苦的奴隶式的生活。农民被束缚于封建制度之下，没有人身的自由。地主对农民有随意打骂甚至处死之权，农民是没有任何政治权利的。地主阶级这样残酷的剥削和压迫所造成的农民的极端的穷苦和落后，就是中国社会几千年在经济上和社会生活上停滞不前的基本原因。

封建社会的主要矛盾，是农民阶级和地主阶级的矛盾。

而在这样的社会中，只有农民和手工业工人是创造财富和创造文化的基本的阶级。

地主阶级对于农民的残酷的经济剥削和政治压迫，迫使农民多次地举行起义，以反抗地主阶级的统治。从秦朝的陈胜、吴广、项羽、刘邦起义，中经汉朝的新市、平林、赤眉、铜马和黄巾，隋朝的李密、窦建德，唐朝的王仙芝、黄巢，宋朝的宋江、方腊，元朝的朱元璋，明朝的李自成，直至清朝的太平天国，总计大小数百次的起义，都是农民的反抗运动，都是农民的革命战争。中国历史上的农民起义和农民战争的规模之大，是世界历史上所仅见的。在中国封建社会里，只有这种农民的阶级斗争、农民的起义和农民的战争，才是历史发展的真正动力。因为每一次较大的农民起义和农民战争的结果，都打击了当时的封建统治，因而也就多少推动了社会生产力的发展。只是由于当时还没有新的生产力和新的生产关系，没有新的阶级力量，没有先进的政党，因而这种农民起义和农民战争得不到如同现在所有的无产阶级和共产党的正确领导，这样，就使当时的农民革命总是陷于失败，总是在革命中和革命后被地主和贵族利用了去，当作他们改朝换代的工具。这样，就在每一次大规模的农民革命斗争停息以后，虽然社会多少有些进步，但是封建的经济关系和封建的政治制度，基本上依然继续下来。

这种情况，直至近百年来，才发生新的变化。

——毛泽东：《中国革命和中国共产党》，《毛泽东选集》第 2 卷，人民出版社 1991 年版，第 623—625 页。

点评：中国长期的封建君主专制的政治统治、超经济剥削和文化思想专制极大地束缚了中国人的创造性。在封建社会时期，地主阶级和农民阶级的矛盾是主要矛盾，每次阶级斗争都打击了当时的封建统治，因而也就多少推动了社会生产力的发展。但确切地说，直到近代社会，在西方冲击下，中国才出现了资本主义生产方式。相应地，中国社会的主要矛盾也发生了重大变化。

材料四

对革命、改良的得失，必须做实事求是的具体分析，完全抹杀革命，一味颂扬改良，无疑是错误的。稍具历史常识的人都知道，通过革命方式实现从传统社会向现代社会转型的国家，并不是注定都要"动乱频仍，国无宁日"。例如，美国可谓当今世界"头号强国"，而它恰恰是通过北美独立战争这场资产阶级革命而赢得民族独立和为资本主义发展扫清道路的。法国在当代虽非世界"头号强国"，却也属于发达资本主义国家，它的资产阶级革命是比较彻底的。至于那些被说成是通过改良而走上现代化轨道的国家（实际上并非如此），也未能始终"保持一种较为稳定的发展"。即如英国，它在近代史上曾经是世界头号强国，号称"海上霸王"，但后来却逐渐衰落，失去称霸世界的地位。对于中国近代史上的革命与改良，也必须以历史唯物主义的观点，给予实事求是的评价。在中国近代史上，无论是戊戌维新运动、辛亥革命时期的立宪运动，还是"实业救国""科学救国""教育救国"，对社会发展都曾不同程度地起过积极作用。但是，无论戊戌维新运动的维新派，立宪运动的立宪派，还是"实业救国"等的主张者，以至新民主主义革命时期一些主张"中间路线"的人士，都曾尝试过以改良的方式来解决中国的问题，但均以失败而告终。历史证明，只有中国共产党承续辛亥革命没有完成的任务，以马列主义、毛泽东思想为指导，领导中国人民进行新民主主义革命，才推翻了帝国主义、封建主义、官僚资本主义的反动统治，结束了半殖民地半封建的社会，建立了新中国，在社会主义现代化的道路上阔步前进。

——龚书铎：《近代中国的革命与改良》，《思想理论教育导刊》2006年第10期。

点评：革命与改良，是改变现状的两条不同的道路。其主要不同之处在于：改良是对制度的修修补补，是制度的自我完善，而革命是推倒重来，是颠覆。其相同之处则是二者都不满足于现状，并要求改变现状。

以中国近代历史为例，讨论改良与革命，不应该是讨论孰优孰劣问题，而应该是讨论改良何以不可能的问题。

第一章 反对外国侵略的斗争

第一板块：学习引导

一、学习目的

1. 向学生介绍唯物史观的内容，引导学生用马克思主义的观点分析鸦片战争前后的中国社会，使学生了解鸦片战争发生、发展的过程及结果，明确鸦片战争是中国四千年未有之大变局之肇始。

2. 实现与中学历史课本的衔接。与中学的知识点灌输不同，大学阶段开设这门课程应该着重在方法论上的引导，把结论是怎样推导、总结出来的过程，展示给学生。

二、重点·难点·热点

1. 教学重点

（1）分析外国资本—帝国主义侵略对于近代中国历史及中国社会发展的影响，帮助学生正确看待资本—帝国主义对近代中国的侵略。

（2）了解近代中国人民抵御外国侵略的斗争的历史进程、意义及失败原因和教训。

（3）基于鸦片战争是中国四千年未有之大变局之肇始，科学认识近代中国人民觉醒的历史意义。

2. 教学难点

（1）深刻认识外国资本—帝国主义侵略与近代中国社会发展的

关系。

（2）在正确认识外国资本—帝国主义侵略是导致近代中国发展滞后根本原因的同时，科学分析政治制度、科学技术等对于近代中国社会政治发展的制约作用。

3. 教学热点

（1）鸦片战争之后，实现民族复兴便成为近代以来最伟大的"中国梦"。当前，经过鸦片战争以来170多年的持续奋斗，中华民族伟大复兴展现出光明的前景。现在，中国人民比历史上任何时期都更接近中华民族伟大复兴的目标，比历史上任何时期都更有信心、有能力实现这个目标。

（2）帮助学生增强国家责任感。回首鸦片战争的历史，中国人民必须牢记：落后就要挨打，发展才能自强。

三、推荐阅读

1. 马克思：《英人在华的残暴行动》，《马克思恩格斯选集》第1卷，人民出版社1995年版。
2. 列宁：《对华战争》，《列宁选集》第1卷，人民出版社1995年版。
3. 胡绳：《从鸦片战争到五四运动》，人民出版社2010年版。
4. 陈旭麓：《近代中国社会的新陈代谢》，上海人民出版社1992年版。
5. 张海鹏：《正确认识近代中国社会的性质是研究中国近代史的出发点》，《高校理论战线》1995年第8期。
6. 林华国：《评中国近代史研究中的一些重大分歧》，《高校理论战线》2006年第3期。
7. 张磊：《关于中国近代史研究的几点思考——兼论中国近代社会的性质》，《学术研究》1991年第2期。
8. 王晓秋：《资本—帝国主义的侵略究竟给中国带来了什么》，《思想理论教育导刊》2006年第10期。
9. 高放：《近现代中国不平等条约的来龙去脉》，《南京社会科学》1999年第2期。

10. 马克思：《中国革命和欧洲革命（1853 年 6 月）》，《马克思恩格斯选集》第 1 卷，人民出版社 1995 年版。

11. 毛泽东：《中国革命和中国共产党》（节选），《毛泽东选集》第 2 卷，人民出版社 1991 年版。

12. 江泽民：《高举邓小平理论伟大旗帜，把建设有中国特色社会主义事业全面推向二十一世纪》（节选），《江泽民文选》第 2 卷，人民出版社 2006 年版。

13. 姚薇元：《鸦片战争史实考·中国史学史概要》，武汉大学出版社 2007 年版。

14. 丁名楠、余绳武：《帝国主义侵华史》，人民出版社 1958 年版。

15. 萧致治：《鸦片战争与近代中国》，福建人民出版社 1996 年版。

16. 金冲及：《中华民族自觉意识的形成》，《党政论坛》2008 年第 6 期。

17. 茅海建等：《天朝崩溃的反思》，《领导文萃》1996 年第 8 期。

第二板块：课后练习

一、单选题

1. 中国近代历史上第一次反对国内封建势力和外国侵略势力的斗争是（ ）。

    A. 三元里人民的斗争　　　　B. 太平天国农民运动
    C. 义和团农民运动　　　　　D. 辛亥革命

2. 在中国近代历史上，最早以法律形式允许外国在中国设立工厂的不平等条约是（ ）。

    A.《辛丑条约》　　　　　　B.《马关条约》
    C.《北京条约》　　　　　　D.《南京条约》

3. 在中国近代历史上，允许外国公使常驻北京的不平等条约是（ ）。

    A.《南京条约》　　　　　　B.《黄埔条约》

C.《天津条约》　　　　　　D.《北京条约》

4. 1895 年，日本强迫清政府签订（　　），割去中国台湾全岛及所有附属岛屿和澎湖列岛。

A.《辛丑条约》　　　　　　B.《马关条约》

C.《北京条约》　　　　　　D.《望厦条约》

5. 镇南关大捷中率部英勇杀敌的将军是（　　）。

A. 冯子材　　　　　　　　B. 关天培

C. 丁汝昌　　　　　　　　D. 刘永福

6. 帝国主义瓜分中国图谋破产的根本原因是（　　）。

A. 列强之间的矛盾和相互制约

B. 中国人民的反侵略斗争

C. 帝国主义国家中正义力量的干涉

D. 中国自给自足的社会经济结构

7. 中国近代历次反侵略战争失败的最主要的原因是（　　）。

A. 帝国主义列强的优异的社会制度

B. 帝国主义列强的强大的经济、军事实力

C. 中国落后的经济、军事力量

D. 腐败的半殖民地半封建的社会制度

8. 近代中国睁眼看世界的第一人是（　　）。

A. 林则徐　　　　　　　　B. 魏源

C. 郭嵩焘　　　　　　　　D. 郑观应

9. 近代史上最早喊出"救亡"口号的是（　　）。

A. 严复　　　　　　　　　B. 康有为

C. 林则徐　　　　　　　　D. 孙中山

10. 最早喊出"振兴中华"的时代最强音的是（　　）。

A. 严复　　　　　　　　　B. 康有为

C. 林则徐　　　　　　　　D. 孙中山

11.《海国图志》是一部介绍世界地理、历史知识的综合性图书，编成该书的是（　　）。

A. 林则徐　　　　　　　　B. 魏源

C. 马建忠　　　　　　　D. 郑观应

12. 发生抢劫和焚烧圆明园的侵略战争是（　　）。
　　A. 鸦片战争　　　　　　B. 第二次鸦片战争
　　C. 甲午战争　　　　　　D. 八国联军侵华战争

13.《四洲志》是近代中国第一部相对完整、系统地向中国人介绍西方的世界地理志书，简要叙述了四大洲（亚洲、欧洲、非洲、美洲）30多个国家的地理、历史和政治状况。主持编译该书的是（　　）。
　　A. 王韬　　　　　　　　B. 林则徐
　　C. 魏源　　　　　　　　D. 郑观应

14. 19世纪末资本主义进入帝国主义阶段后，（　　）成为殖民主义剥削的主要形式，并出现瓜分世界的狂潮。
　　A. 商品输出　　　　　　B. 资本输出
　　C. 贩卖奴隶　　　　　　D. 掠夺土地

15. 1895年，严复写了《救亡决论》一文，响亮地喊出了（　　）的口号。
　　A. "振兴中华"　　　　　B. "物竞天择"
　　C. "适者生存"　　　　　D. "救亡"

16. 郑观应提出大力发展民族工商业，同西方国家进行"商战"，并对政治、经济、军事、外交、文化诸方面的改革提出了切实可行的方案，如：设立议院，实行"君民共主"制度等。郑观应的这些主张收录于他的（　　）。
　　A.《劝学篇》　　　　　　B.《仁学》
　　C.《盛世危言》　　　　　D.《天演论》

单选题参考答案

1. B　2. B　3. C　4. B　5. A　6. B　7. D　8. A　9. A　10. D
11. B　12. B　13. B　14. B　15. D　16. C

二、多选题

1. 英国殖民主义者迫使清政府签订的有关香港问题的不平等条

约有（   ）。
  A.《南京条约》   B.《北京条约》
  C.《天津条约》   D.《展拓香港界址专条》

2. 下列条约中涉及香港问题的有（   ）。
  A.《南京条约》   B.《辛丑条约》
  C.《北京条约》   D.《黄埔条约》

3. 从1858年到1881年，俄国先后迫使中国签订了（   ），侵吞了我国北方150多万平方公里的领土。
  A.《瑷珲条约》   B.《北京条约》
  C.《勘分西北界约记》   D.《改订伊犁条约》

4. 袁世凯死后，资本—帝国主义分别扶植的各派军阀的首领有（   ）。
  A. 段祺瑞   B. 冯国璋
  C. 张作霖   D. 曹锟

5. 外国教会中的某些势力以宣传宗教和西学为名，为帝国主义侵略制造舆论，其办得较早的期刊有（   ）。
  A.《中国丛报》   B.《北华捷报》
  C.《万国公报》   D.《大公报》

6. 19世纪70—80年代，中国陷入边疆危机的地区主要包括（   ）。
  A. 西北   B. 西南
  C. 东北   D. 东南

7. 帝国主义瓜分中国图谋破产的原因是（   ）。
  A. 列强之间的矛盾和相互制约
  B. 中国人民的反侵略斗争
  C. 帝国主义国家中正义力量的干涉
  D. 中国自给自足的经济社会结构

8. 近代中国反侵略战争一再失败的原因有（   ）。
  A. 腐败的社会制度   B. 综合实力的落后
  C. 帝国主义列强的强大   D. 民族意识的未觉醒

9. 19世纪70年代以后，不仅主张学习西方的科学技术，同时也要求吸纳西方的政治、经济学说的人有（　　）。
　　A. 王韬　　　　　　　　B. 薛福成
　　C. 郑观应　　　　　　　D. 马建忠
10. 通过两次鸦片战争，英国殖民者除强占香港外，在中国攫取的权益还有（　　）。
　　A. 协定关税　　　　　　B. 投资设厂
　　C. 设置租界　　　　　　D. 领事裁判权

多选题参考答案

1. ABD　2. AC　3. ABCD　4. ABC　5. ABC　6. ABD
7. AB　8. ABCD　9. ABCD　10. ACD

三、思考题

1. 为什么说鸦片战争是中国近代史的开端？

以鸦片战争作为中国近代史的开端，主要是因为：

一是战争后中国的社会性质发生了根本性变化。鸦片战争后，中国领土、领海、司法等主权遭到破坏。外国侵略者利用侵略特权，疯狂向中国倾销商品和掠夺原料，逐渐把中国市场卷入世界资本主义市场，中国的自给自足的封建经济由于遭受外国资本主义的冲击而开始解体。中国开始由一个落后封闭但独立自主的封建国家沦为一个半殖民地半封建国家。从半殖民地化来看，鸦片战争以后，中国的领土、领海、司法、关税和贸易等主权开始遭到严重的破坏，中国在政治上已经丧失了独立自主的国家地位。从半封建化来看，鸦片战争后，以小农业和家庭手工业为主要标志的自然经济开始解体。一方面，东南沿海地区以棉纺织业为主的家庭手工业受到外来商品的巨大冲击，另一方面，以丝茶为主的农产品日益商品化。

二是中国的发展方向发生变化。战前中国是一个没落的封建大国，封建制度已经腐朽，在缓慢地向资本主义社会发展，如果没有外来势力干扰，中国最终也会像西方大国那样发生资产阶级革命，成为资本主义国家；而鸦片战争后中国的民族资本主义不可能获得正常发展，中国也就不可能发展为成熟的资本主义社会，而最终选择了社会主义道路。

三是社会主要矛盾发生了变化。战前，清政府在财政上就已经入不敷出了。而《南京条约》又迫使清政府向英国支付战争赔款2100万银元，加之列强继续向中国走私鸦片、大肆倾销商品、控制贸易，致使白银大量外流。清政府为支付战争赔款，解决日益严重的财政危机，不断增加税收，加紧搜刮人民，贪官污吏、土豪劣绅也乘机勒索盘剥百姓。战前中国的主要矛盾是农民阶级与封建地主阶级的矛盾。而鸦片战争后，人民对外国侵略者的行径表现出了极大的不满，不仅领土主权遭到了外国侵略者的破坏，而且由于赔款，大大增加了人民的负担，给人民带来了深重的灾难与巨大的屈辱。所以战后主要矛盾包括农民阶级和地主阶级的矛盾及中华民族与外国殖民侵略者的矛盾。而外国资本主义和中华民族的矛盾，成为各种社会矛盾中最主要的矛盾。

四是革命任务发生了变化。由于战前的主要矛盾是农民阶级与封建地主阶级的矛盾，所以战前的革命任务就是反对本国封建势力。战后的主要矛盾为外国资本主义和中华民族的矛盾，所以也相应地增加了反对外国殖民侵略的任务，革命的性质也由传统的农民战争转为旧民族主义革命。鸦片战争后，中国人民肩负起反对帝国主义侵略和反对本国封建统治的双重革命任务。中国从此进入了漫长的旧民主主义革命时期。

五是出现了学习西方的新思潮。旧的封建思想受到一定冲击，中国思想界出现了一股前所未有的"向西方学习"的新思潮。这股新思潮的核心内容是要求学习西方、"师夷长技以制夷"，认识世界和走向世界；摆脱落后挨打的局面，实现民族振兴。虽然，这种新思潮在本质上带有维护封建统治的色彩，并且，其对西方资本主义以及本国封建主义本质的认识是肤浅和感性的，但却开启了近代中国人民向西方学习、寻求救国救民之路的大门。

综上所述，鸦片战争是中国遭受外国资本主义侵略和奴役的起点，它使中国由封建社会开始向半殖民地半封建社会转化，它改变了中国的社会性质、社会结构以及人民的思想。所以鸦片战争是中国近代史的开端。

2. 资本—帝国主义对中国的政治控制的主要表现是什么？

资本—帝国主义对中国的政治侵略的主要方式是控制中国政府，操纵中国的内政、外交，把中国当权者变成其代理人和驯服的工具，共同镇压中国革命，统治中国人民。资本—帝国主义对中国的政治控制主要表现在以下方面：

一是控制中国的内政外交。帝国主义对中国的政治控制是逐步实现的。在鸦片战争时期，外国侵略者还只能通过清政府内部的妥协派贵族大臣如琦善、耆英等人来施加压力和影响。第二次鸦片战争列强强迫清政府签订了《天津条约》和《北京条约》，并表示愿意帮助清政府镇压太平天国，这才使清政府基本屈服。第二次鸦片战争后，外国侵略势力逐渐直接插手中国的政治和外交，1868 年清政府派出的第一个赴欧美各国的外交使团——蒲安臣使团就是一个典型的例子。资本—帝国主义列强在中国享有领事裁判权和片面最惠国待遇。资本—帝国主义还通过把持中国海关来控制中国的政治、经济和外交。近代中国海关的高级职员几乎全部都由外国人担任，特别是英国人赫德担任中国海关总税务司 40 余年，控制中国的海关大权。

二是镇压中国人民的反抗。资本—帝国主义还勾结清政府镇压中国人民的革命斗争和爱国运动，帝国主义直接派兵帮助清政府镇压了太平天国运动。当中国人民掀起反对外国教会侵略斗争时，外国侵略者更是穷凶极恶，指使清政府屠杀中国人民，惩办对人民镇压不力的地方官员。1901 年签订的《辛丑条约》中规定：永远禁止中国人成立或加入任何反帝组织，清政府各级官员必须弹压惩办中国人民的反抗斗争。列强还获得在北京使馆区和北京周边军事要地的驻兵特权，随时可用武力干涉清政府和镇压中国革命。

三是扶植收买代理人。为了控制中国的政治，把中国变成自己的驯服工具，资本—帝国主义特别注意在中国政府中扶植收买自己的代理人。第二次鸦片战争后，奕䜣、文祥等满族贵族掌握了负责对外交涉的总理各国事务衙门，得到各国列强的支持。在中外勾结共同镇压太平天国的过程中，列强又扶植了一批湘淮系官僚，如曾国藩、李鸿章等，并帮助他们购买洋枪洋炮、练兵及办军事工业。清末，帝国主义又看中了握有军权的北洋军阀头子袁世凯，支持他篡夺了辛亥革命果实，建立起北洋军阀独裁卖国政权。袁世凯死后，列强又分别扶植皖系段祺瑞、直系冯国璋、奉系张作霖等各派系军阀首领作为自己的代理人，指使和支持他们进行军阀割据与混战。

3. 近代中国逐步衰败的原因有哪些？

中国不但是世界上文明发达最早的国家之一，而且在一个相当长的历史时期内，也是世界上最强大、最繁荣的国家之一。但是伴随着嘉（庆）道（光）时期以来清朝统治阶级日趋腐朽的，是生产力发展停滞，整个社会经济呈现出一片衰危破败的景象，近代中国逐步走向衰落。主要原因包括：

一是政治方面。中国封建社会就国体而言是地主阶级专政，与之相适应的政体则是君主专制，这一政治权力结构关系从秦始皇统一中国直至清末持久不衰。中国的这种高度集权的官僚体制以皇权为头脑，地主贵族为骨干，大小官僚为四肢，儒教文明为心肺，科举制度为血液和关节，民众为食粮，自上而下成一完整有机体。这一体系的运作，伴随着历代王朝末期客观上人地矛盾的日渐突出和主观上封建统治者的日渐颓靡，使得治乱循环成为中国封建社会的一个重要特征。

二是经济方面。地主阶级土地所有制和自给自足的自然经济结构极大地限制了社会生产力的发展。地主阶级土地占有制仍旧是封建国家的主要经济基础，以封建地租和重农抑商为基本国策的经济体制，使国民经济就像运转的齿轮，周而复始地做圆周运动，而不能向前挪动一步。个体小农业和家庭手工业相结合的自给自足的自然经济在中国封建社会延续了几千年，农民不仅生产自己所需要的农产品，而且生产自己所需要的手工业品。在自然经济的基础上，封建社会国民经济的发展就像一部沉重的齿轮在缓慢地运动。

三是思想文化方面。以儒家传统文化作为封建专制主义统治的精神支柱。程朱理学与科举考试制度相结合，严密地束缚着人们的思想。

中国是一个多民族的国家，它始终是以接受儒家文化观念的征服者民族居于主导地位，先后不同的征服者民族无论建立何代王朝，都不可能中断儒家文化，这就为民族文化心理因素的积淀提供了前提条件。中华民族文化因中国的地理位置而具有自身的独立性、不可融性，且两者互相支撑，互为推进。其独立性是说在它发生期不曾与其他地区的古老文化彼此渗透、相互影响；不可融性则是指在其发展期始终保持自身的风格和系统，以其特有的惯性和稳定性历朝数代地前后递进，陈陈相因。在古代，中华文化与中亚、西亚文化曾进行过卓有成效的交流，如佛教的传入。但中华文化没有受到外来文化根本性的挑战，加之长久以来中华文明明显高于周边地区的文明，自身的风格仍成一体。这就使中华民族以自己的文化为"唯一的高度文明"，以自己的国度为"世界中心的天朝上国"，千年文化积淀了妄自尊大的心理。任何一个民族，如果不能主动地吸收外来文化的合理部分，不能进行自身的新陈代谢，就意味着它失去了发展的机遇和迎接外来挑战的能力。

四是对外政策方面。千年传统文化积淀而成的妄自尊大的心理态势，导致了行动上盲目排外。长期实行闭关锁国政策，拒绝接受一切外来的先进思想文化与政治制度，拒绝一切改革与借鉴，封建统治阶级的愚昧已经达到了极端的程度。心态上妄自尊大，行为上必然盲目排外，在对外关系上长期实行闭关锁国政策。清政府的闭关锁国政策，不仅束缚了中国商品经济的外向发展，同时也限制了中国资本主义的原始积累，限制了对已经超越中国，而且正在日新月异进步的西方先进科技、经济、文化的吸收，从而使中国经济在国际竞争中的地位迅速下降。反过来，科技、经济、文化的落后，又使政治、军事失去了物质的依托和积极进取的精神支柱，终于从自我封闭走上绝境，导致中国老朽的封建帝国的全面沉沦，与以海洋为依托、以航路为生命线、以海外为主要商品市场的西方国家形成巨大的反差。

4. 近代中国反侵略战争失败的内部原因有哪些？

近代中国人民进行了多次不屈不挠的反侵略民族战争，但是最终都以失败而告终，其原因是复杂的，其内部原因主要包括：

一是生产力和经济基础层面的原因。近代中国之所以一再失败的原因，首先应该考虑的就是生产力当中最为活跃的人的因素。大清帝国，还是传统意义上的文化共同体，还远不是一个近代意义上的民族国家，还是皇权至上的封建王朝。在这一王朝之下，人民被当作奴隶、奴才来对待，最多是当作子民、臣民来对待。因此，彼时的中国人普遍的没有从蒙昧状态当中解放出来。人的蒙昧导致生产力落后，这是中国近代以来一败再败、每每失败的核心原因。

二是社会制度的腐败。1840年以后，中国的封建制度已经腐朽没落，并逐步变为丧失独立主权的半殖民地半封建社会。掌握政权的清朝皇帝和权贵们，昏庸愚昧，不了解世界大势，不少人贪污腐化，贪生怕死，甚至为了统治者的私利，不惜出卖国家和民族的利益。他们不仅不敢发动和依靠人民的力量，而且常常压制与破坏人民群众和爱国官兵的反侵略斗争。首先在政治方面，清王朝高度集权的君主专制制度已腐朽不堪。皇帝专横独断，骄妄自大，沉醉在"天朝上国"的美梦之中。一般封疆大吏愚昧闭塞，官场贪污成风，吏治败坏。乾嘉以来，清政府从中央到地方的高级官僚当中，多次揭露出惊人的贪污案件，这不过是因统治集团内部矛盾而揭发出来的一小部分丑闻而已。当时有人将清朝皇帝查办贪污案讽刺为"宰肥鸭"。贪污在清统治集团中成为不可遏制的一种流行病。结党营私，在当时统治集团中也形成恶劣的风气。在军队方面，武器落后，而且军务废弛，缺乏训练，军纪败坏，国防力量十分虚弱，都到了腐朽不堪的程度。三是思想文化方面，清朝统治者还实行严酷的文化专制政策，沿用八股取士的科举制。大力提倡空疏的宋学即理学和脱离实际的汉学，并大兴文字狱，钳制和禁锢士人的思想。

三是经济和科学技术落后，中国自给自足的自然经济具有落后性和分散性，这就极大的禁锢了社会生产力的发展。中国自清朝以来实行闭关锁国的政策，这就必然是中国与世界隔绝，中国的科学技术远远地落后于世界其他国家，特别是军事技术和武器装备更是远远落后于西方资本主义国家，落后的军事装备在对抗先进的军事武器的过程中，必然败得落花流水。

5. 简述中国人民反抗外国侵略的斗争历程。

1840年鸦片战争以来，资本—帝国主义对中国的侵略必然激起中国人民的抵抗，在帝国主义发动侵略战争时，民族矛盾成为主要矛盾，中国社会的各个阶级、各民族、各派别除了少数叛国分子外，会以民族战争的形式共同抵御外敌，因此这也使得近代中国反侵略斗争呈现广泛性和复杂性。

1840—1919年间在历次民族战争中涌现出大量反侵略的英雄人物和英雄事迹。以下按时间顺序把人民群众和爱国官兵的斗争结合起来的斗争列举出来：

1839年林则徐主持的虎门销烟，向全世界表明中国人民反对外来侵略和维护民族尊严的坚强决心。1840年至1842年，第一次鸦片战争中，各爱国官兵英勇抵抗，殊死奋战。第二次鸦片战争中，直隶提督史荣椿率部应战，开炮还击英法联军进攻大沽炮台，击伤了多艘敌舰后奋勇战死。

太平天国农民战争后期，太平军多次重创英法侵略军和外国侵略者指挥的常胜军和常捷军。

在中法战争期间，1883年法国侵略越南，刘永福率黑旗军在河内击毙法国司令李维业。1884年8月法舰进犯台湾基隆，10月又进犯淡水，督办台湾事务大臣刘铭传指挥守军击退法舰。1885年3月初，法国军队炮轰浙江镇海炮台，也被守军击退，法国舰队司令孤拔受重伤。1885年3月底，冯子材打败法军，取得镇南关大捷和谅山大捷。

在中日战争中，左宝贵和邓世昌等领导威海卫海军奋力抵抗日军的侵略。1895年《马关条约》的签订割让了台湾。之后，抗法英雄刘永福率领黑旗军与台湾人民共同抵抗日本侵略军，1895年6月至10月，台湾军民不畏强暴，与日本侵略军浴血奋战5个月，抗击了日本两个师团和一支海军舰队，台湾军民为保卫祖国神圣领土写下了可歌可泣的一页。

1900年，义和团拳民和部分清军与八国联军展开殊死战斗，极力地抗击外国侵略者，粉碎了帝国主义瓜分中国的狂潮，挽救了民族危亡，显示了中国人民顽强的抵抗精神和不可镇压的力量。

以上仅是近代时期中国军民反对帝国主义军事侵略的一部分战斗历程和英勇事迹。除了武装斗争，中国人民还进行了各种形式的反侵略斗争，例如19世纪60—90年代遍及全国各地的反抗外国教会侵略的斗争，1903年抗议俄国盘踞东北的拒俄运动，1905年抗议美国迫害华工的抵制美货运动，以及清末反对帝国主义霸占中国矿山、铁路权益的收回利权运动。

尽管近代中国历次反侵略战争几乎都失败了，但正是这种英勇顽强、不屈不挠的反侵略斗争，才使中国屡遭侵略而未亡，近代中国人包括统治阶级中的爱国人物在反侵略斗争中表现出来的不畏强暴、赴汤蹈火、宁死不屈的爱国主义精神，值得继承和发扬。

6. 鸦片战争以后，中国逐步变成半殖民地社会和半封建社会的根本原因分别是什么？

鸦片战争以后，随着外国资本—帝国主义的入侵，独立的中国逐步变成半殖民地的中国，封建的中国逐步变成半封建的中国。

中国逐步变成半殖民地的原因。一方面，鸦片战争以后，西方列强通过发动侵略战争，强迫中国签订一系列不平等条约，破坏中国的领土主权、领海主权、关税主权、司法主权等，并一步一步地控制中国的政治、经济、外交和军事。中国已经丧失了完全独立的地位，在相当程度上被殖民地化了。另一方面，西方列强侵略中国的目的，是要把它变成自己的殖民地。但是由于中国长期以来一直是一个统一的大国，特别是中国人民顽强、持久的反抗，同时也由于帝国主义列强间争夺中国的矛盾无法协调，使得它们中的任何一个国家都无法单独征服中国，也使得它们不可能共同瓜分中国。这样，它们才没有能够如英国在印度那样，对中国实行直接的殖民统治，而是通过其代理人对中国实行间接统治。帝国主义势力与中国的封建势力、买办势力相勾结，共同压迫、剥削中国人民，镇压中国革命。因此，近代中国尽管在实际上已经丧失拥有完整主权的独立国家的地位，但是仍然维持着独立国家和政府的名义，还有一定的主权。由于它与连名义上的独立也没有，而由殖民主义宗主国直接统治的殖民地尚有区别，因此被称作半殖民地。

中国逐步变成半封建社会的原因。第一，外国资本主义列强用武力打开中国的门户，把中国卷入世界资本主义经济体系和世界市场之中。随着外国资本主义的入侵，洋纱、洋布等商品在中国大量倾销，逐渐使中国的农业与家庭手工业分离，一方面，破坏了中国自给自足的自然经济的基础，破坏了城市的手工业和农民的家庭手工业；另一方面，则促进了中国城乡商品经济的发展，给中国资本主义的产生造成了某些客观条件。破产的农民和手工业者成为产业工人的后备军，一批官僚、买办、地主、商人投资兴办新式工业，中国出现了资本主义生产关系。中国已经不是完全的封建社会了。第二，西方列强并不愿意中国成为独立的资本主义国家。它们利用获取的政治、经济特权，在中国倾销商品，经营轻工业和重工业，对中国的民族工业进行直接的经济压迫。中国的民族资本主义经济虽然有了某些发展，但是并没有、也不可能成为中国社会经济的主要形式。而在中国的资本主义经济中，外国资本以及依附于它的官僚资本居于主要和支配的地位。在中国农村中，地主剥削农民的封建生产关系，在社会经济生活中依然占据明显的优势。这样，中国的经济既不再是完全的封建经济，也不是完全的资本主义经济，而成为半殖民地半封建的经济了。

四、材料分析题

（一）阅读下列材料，回答问题。

材料一：在江苏，临近上海的松江、太仓一带原本是历史悠久、中外闻名的棉纺织业发达地区，素有"松太所产，为天下甲"的美誉，内销市场广阔。可上海开埠以后，由于英美机织棉布的大量倾销，致使这一地区"布市销减，商贾不行，生计路绌"，甚至出现以纺织为业的能工巧匠已无纱可纺的悲剧。一个英国商人写道："中国人所织的白而结实的布比我们的货物贵得多。我在上海发现，由于我们的布代替了他们的布的结果，他们的纺布业已迅速地下降了。"

在厦门，情况也很不妙，这可以从当时福州将军的一份奏折中略见一斑。奏折写道："……自夷人来厦开市，凡洋货皆系夷商自行转运……且该夷除贩运洋货外，兼运洋布、洋棉，其物充积于厦口，内地之商贩，皆在厦运入各府销变，其质既美，其价复廉，民间之买洋布洋棉者，十室而九，由是江浙之棉不复畅销，商人多不贩运，而闽产之土布土棉，遂亦因之壅滞，不能出口。"

在台湾，由于地不产棉，自古以来所需棉纺织品皆仰仗于闽、浙、苏的供给。然五口开放以后，由于英、美"尼羽之类，其来无穷，而花布尤盛，色样翻新，妇女尤喜用之"，从此出现了"洋布大销"的势头，原来备受欢迎的泉州白布、福州绿布、宁波的紫花布，这时只有在偏僻的乡间还能找到"知音"，但销量也大不如前了。

这些虽只发生在个别通商口岸及其附近地区，但它体现出在外力的强烈作用下，中国社会以小农业和家庭手工业相结合的自然经济结构，日益走向解体的历史趋向。

材料二：据统计，从1840年到抗日战争前的90多年间，资本—帝国主义对华投资总额大约40多亿美元，开办了大量工矿企业，铺设了两万余公里的铁路。

材料三：资本—帝国主义通过不平等条约从中国掠走的财富则超过1000亿两白银。

到1949年，近代工业在国民经济中的比重才占到10%，而90%的农业和手工业仍在国民经济中占主导地位。

请回答：（1）由材料一，能否得出资本—帝国主义的入侵具有进步作用的结论？

（2）阅读材料二、三，谈谈怎样认识近代以来资本—帝国主义国家在中国投资办企业、修铁路等。

（3）综合材料一、二、三，试述近代以来资本—帝国主义的入侵给中国带来了什么。

参考答案要点：（1）材料一说明了，随着资本—帝国主义入侵中国，对于中国社会经济起了很大的分解作用。它破坏了中国自给自足的自然经济基础，破坏了城市的手工业和农民的家庭手工业。这样，就给资本主义造成了商品市场，又给资本主义造成了劳动力市场，为中国城乡商品经济和资本主义生产的发展造成了某些客观的条件和可能。但是，不否认资本—帝国主义对中国资本主义发展的刺激作用，也不能因此而得出资本—帝国主义侵略具有进步作用的结论。

（2）首先必须明确的是，资本—帝国主义国家开办的这些工矿企业为外国资本家所有，并非为中国人民所有。铁路亦然。故意不谈，或忘记了归谁所有这个根本性的问题，自作多情地把这些工矿企业算在中国现代化的账上，说什么资本—帝国主义促进了中国近代工业的发展是荒谬的。对于落后的半殖民地半封建的中国来说，修筑铁路是资本—帝国主义控制、掠夺和剥削中国的重要手段，搜刮中国财富的工具。问题的要害是，在旧中国连主权都丧失了的情况下，这些属于资本—帝国主义所有的铁路、厂矿、企业是不会给中国人民带来文明的果实的。事实上正是由于资本—帝国主义的侵略，才使中国经济发展缓慢，中国近代历史证明，资本—帝国主义的侵略带给中国人民的不是什么近代文明，而是贫穷和落后。材料三所揭示的从鸦片战争开始到新中国成立的 100 余年间，近代工业在整个国民经济中所占的10%的比重就是最好的证明。

毛泽东说："帝国主义列强侵略中国，在一方面促使中国封建社会解体，促使中国发生了资本主义因素，把一个封建社会变成了半封建社会；但是在另一方面，它们又残酷地统治了中国，把一个独立的中国变成了一个半殖民地和殖民地的中国。"又说："帝国主义列强侵略中国的目的，决不是要把封建的中国变成资本主义的中国。帝国主义列强的目的和这相反，它们是要把中国变成它们的半殖民地和殖民地。" 这是对近代中国历史的深刻总结。

（3）综上所述，我们必须清醒地认识到：1840 年鸦片战争以来，资本—帝国主义的入侵给中华民族带来的是深重的灾难。它们强迫中国与之订立了几百个不平等条约，中国的领土被割让，港口被霸占，关税主权被侵夺，财政命脉被操纵，路矿权利被掠夺，列强势力范围遍及全国，国家主权支离破碎，民族经济凋敝萧条，人民生活苦不堪言。近百年来的历史充分证明，资本—帝国主义的侵略和本国统治者的压迫是中国贫穷落后的总根源。

（二）阅读下列材料，回答问题。

材料一：西方的大炮也是一身兼二任，它既是在野蛮地侵略中国，又是在强迫中国这个老大帝国走出封闭，走出中世纪，走向近代化。从某种意义上来说，是鸦片战争一声炮响，给中国带来了近代文明。

——郑焱：《打破束缚，更新观念》，《学术研究》1994年第4期。

材料二："两半"论的失误，在于忽视了资本主义在中国发生和发展的巨大进步意义，尤其是资产阶级在政治上文化上对封建主义的斗争。确切地说，重新检讨"半殖民地半封建"这一提法，是要为设计新的近代史构架寻找理论基点。

——凌峰：《李时岳关于近代中国社会性质问题答记者问》，《学术研究》1988年第6期。

材料三：我曾开玩笑说过，如果中国当时执行一条"孙子"战略（不是《孙子兵法》的孙子，而是爷爷孙子的孙子），随便搭上哪一条顺风船，或许现在的中国会强盛很多。比如追随美国，可能今天我们就是日本。

——李慎之：《从全球化观点看中国的现代化问题——在"重估中国现代化"主题研讨会上的发言》，《战略与管理》1994年第1期。

请回答：（1）材料一实际上是一种什么观点？我们应如何正确看待资本－帝国主义的侵略？

（2）你如何评价材料二的观点？也就是说，你如何看待"半殖民地半封建"的提法？依据是什么？

（3）材料三实际上是一种什么观点？你认为近代中国如果真的搭上顺风船，就可以实现现代化了吗？为什么？

参考答案要点：（1）材料一实际上是一种侵略有功论（或美化侵略）的观点。

对于资本－帝国主义的侵略的看法：

资本－帝国主义的侵略给近代中国带来了深重的灾难，这是不容置疑的。

虽然它客观上也给中国社会带来了某些新变化：封建经济开始解体，资本主义生产关系出现；但是其主观上并非为了中国的富强，而是要使中国成为它们的附庸。

（2）材料二的观点是错误的，"半殖民地半封建"的提法是正确的。

从近代中国的历史进程，可以看到中国半殖民地半封建社会有以下一些基本特征：

第一，资本—帝国主义侵略势力不但逐步操纵了中国的财政和经济命脉，而且逐步控制了中国的政治，日益成为支配中国的决定性力量。

第二，中国的封建势力日益衰败并同外国侵略势力勾结，成为资本—帝国主义压迫、奴役中国人民的社会基础和统治支柱。

第三，中国自然经济的基础虽然遭到破坏，但是封建剥削制度的根基即封建地主的土地所有制依然在广大地区保持着，成为中国走向现代化和民主化的严重障碍。

第四，中国新兴的民族资本主义经济虽然已经产生，并在政治、文化生活中起了一定的作用，但在帝国主义和封建主义的压迫下，它的发展很缓慢，力量很软弱，而且它的大部分与外国资本—帝国主义和本国封建主义都有或多或少的联系。

第五，由于近代中国处于资本—帝国主义列强的争夺和间接统治之下，加上中国地域广大，以及在地方性的农业经济的基础上形成的地方割据势力的存在，近代中国各地区经济、政治和文化的发展是极不平衡的。后来，帝国主义国家还分别支持不同的政治势力以分裂中国，使中国处于不统一状态。

第六，在资本—帝国主义和封建主义的双重压迫下（后来还加上官僚资本主义），中国的广大人民尤其是农民日益贫困化以至大批地破产，过着饥寒交迫和毫无政治权利的生活。

（3）材料三实际上是一种否定革命（或不能正确看待近代中国人民的反抗斗争）的观点。近代中国如果真的搭上顺风船，也不可能实现现代化。

这是因为：

近代以来，中华民族面临两大历史任务，一是争取民族独立和人民解放，二是实现国家繁荣富强和人民共同富裕。

这两大任务是既相互区别又相互紧密联系的：由于腐朽的社会制度束缚着生产力的发展，阻碍着经济技术的进步，必须首先改变这种社会制度，求得民族独立和人民解放，才能为实现国家繁荣富强和人民共同富裕创造前提，开辟道路。也就是说，前一个任务为后一个任务扫清障碍，创造必要的前提；后一个任务是前一个任务的最终目的与必然要求。

（三）阅读下列材料，回答问题。

材料一："无端忽作太平梦，放眼昆仑绝顶来。"（梁启超：《新中国未来记》，1902年）一百多年前，遭遇数千年未有之变局时，梁启超用这样的诗句写出了对中国未来的期望。

材料二：1992年1月29日，南行途中的邓小平来到珠江冰箱厂，当听说这个乡镇企业小厂在7年间，产量增加了16倍，排名全国第一，并出口到东南亚一些国家，他高兴地说："我们的国家一定要发展，不发展就会受人欺负，发展才是硬道理。"

——《发展才是硬道理 小平一言促中国面貌发生改变》，人民网，http://www.people.com.cn/GB/shizheng/1026/2720929.html。

材料三：2012年11月29日，中共中央总书记、中央军委主席习近平和中央政治局常委李克强、张德江、俞正声、刘云山、王岐山、张高丽等，来到国家博物馆，参观《复兴之路》基本陈列，回顾近代以来中国人民为实现民族复兴走过的历史进程，号召全党同志承前启后、继往开来，把我们的党建设好，团结全体中华儿女把我们国家建设好，把我们民族发展好，继续朝着中华民族伟大复兴的目标奋勇前进。

习近平等走进一个个展厅，仔细观看展览，认真听取工作人员讲解。一幅幅图片，一张张图表，一件件实物，一段段视频，把人们带回了近代以来跌宕起伏、波澜壮阔的难忘岁月。

在参观《复兴之路》展览时，习近平总书记引用"雄关漫道真如铁""人间正道是沧桑""长风破浪会有时"三句诗，将中华民族的昨天、今天和明天，熔铸于百余年中国沧桑巨变的历史图景，展现于几代人为民族复兴奋斗的艰辛历程。并指出："我们距离'中国梦'的目标比任何时候都更接近，实现'中国梦'的信心比任何时候都更坚定"。

——人民日报评论员：《勿忘昨天 无愧今天 不负明天——复兴之

路启示之一》,《人民日报》2012年12月1日。

请回答:(1)材料一体现了当时中国社会的什么现实?

(2)结合中国近现代史的史实,谈谈你对材料二中邓小平"发展才是硬道理"观点的理解。

(3)材料三中,习近平引用"雄关漫道真如铁""人间正道是沧桑""长风破浪会有时"三句诗的用意是什么?他为什么说"我们距离'中国梦'的目标比任何时候都更接近,实现'中国梦'的信心比任何时候都更坚定"?

参考答案要点:(1)19世纪40年代的鸦片战争中,侵略者的枪炮把中国人从天朝大国的迷梦中惊醒,中国社会开始逐渐沦为半殖民地半封建社会。中华民族的民族意识与民族精神再次被唤醒。梁启超《新中国未来记》中的诗句,展现出了他对中国未来的梦想和期待。

(2)鸦片战争以来的历史告诉我们,落后就要挨打,发展才能自强。因此,当前,要解决问题、应对挑战,必须抓住重要战略机遇期,必须始终把发展放在第一要务的位置,以发展解决发展中出现的各种问题。

(3)引用三句诗,是为了号召人民"勿忘昨天、无愧今天、不负明天"。中华民族的昨天,可以说是"雄关漫道真如铁"。近代以后,中华民族遭受的苦难之重、付出的牺牲之大,在世界历史上都是罕见的。但是,中国人民从不屈服,不断奋起抗争,终于掌握了自己的命运,开始了建设自己国家的伟大进程,充分展示了以爱国主义为核心的伟大民族精神。中华民族的今天,正可谓"人间正道是沧桑"。改革开放以来,我们总结历史经验,不断艰辛探索,终于找到了实现中华民族伟大复兴的正确道路,取得了举世瞩目的成果。这条道路就是中国特色社会主义。中华民族的明天,可以说是"长风破浪会有时"。

经过鸦片战争以来170多年的持续奋斗,中华民族伟大复兴展现出光明的前景。尤其是改革开放30多年来,我国经济社会发展保持旺盛活力,综合国力、社会生产力、人民生活水平得到极大提升,这是"中国梦"最坚实的基础,让我们能充满自信地向着现代化建设目标稳步前行。因此,习近平说,"现在,我们比历史上任何时期都更接近中华民族伟大复兴的目标,比历史上任何时期都更有信心、有能力实现这个目标"。

第三板块:延伸思考

一、导语

1840年的鸦片战争是中国近代史的起点。鸦片战争以后,随着资本——帝国主义列强的入侵及其与中国封建势力的结合,给中华民族和中国人民带来极其深重的灾难,使中国逐步由封建社会演变为半殖民地半封建社会。通过阅读以下材料,可以帮助学生更好地认识中国近代社会的基本性质,更好地理解和掌握近代中国的基本国情。这是认识中国近代历史中各种社会问题和革命问题的最基本依据。从1840年反对英国侵略战争直到抗日战争胜利以前,近代中国的反侵略战争,均是以中国失败并被迫签订丧权辱国的条约宣告结束。通过阅读以下材料,可以帮助学生更好地了解多次反侵略战争失利的真正原因以及经验教训。

鸦片战争前,中国封建社会政治的基本特征是高度中央集权的封建君主专制制度,社会结构的特点是族权和政权相结合的封建宗法等级制度,其核心是宗族家长制。中国封建社会的文化思想体系以儒家思想为核心。中国封建社会的经济、政治、文化、社会结构,一方面巩固和维系了中国封建社会的稳定和延续,另一方面也使其前进缓慢甚至迟滞,并造成不可克服的统治危机。17世纪下半叶至18世纪,清朝康熙、雍正、乾隆统治时期,是中国封建社会后期的一个鼎盛时期,但同时也渐渐走近了封建社会的尽头。特别是,除了潜伏着的诸多内部危机,清朝闭关自守、故步自封。到了鸦片战争前夜,它已经破烂不堪,与新兴的西方资本主义国家有了很大的差距。

在资本原始积累时期,西方殖民主义者主要是通过海盗式的掠夺土地、财物,欺诈性的贸易和奴隶贩卖等方式攫取巨额财富。19世纪初,英国已经基本上完成工业革命,成为世界头号资本主义强国。英国对华贸易长期处于入超状态,于是,英国殖民者以走私毒品——鸦片作为牟取暴利以及改变贸易逆差的手段,强迫其殖民地印度种植鸦片,再由英国东印度公司垄断收购、加工,然后走私到中国贩卖。在清政府实行禁鸦片措施后,英国很快发动了对华侵略的鸦片战争。

鸦片战争以清政府的失败而告终。其后,英、法、美等西方列强强迫清政府签订了一系列不平等条约,从中国攫取了大量特权。随着外国资本主义的入侵,中国的社会性质开始发生质的变化,中国逐步成为半殖民地半封建国家。随着社会主要矛盾的变化,中国逐渐开始了反帝反封建的资产阶级民主革命。鸦片战争就成为中国近代史的起点。

近代以来中华民族面临的两大历史任务,就是争取民族独立、人民解放和实现国家富强、人民富裕。它们是相互区别又紧密联系的。两大历史任务的主题、内容与实现方式都不一样,前一个任务是从根本上推翻半殖民地半封建的统治秩序,改变落后的生产关系和上层建筑;后一个任务是要改变近代中国经济、文化落后的地位和状况,发展社会生产力,实现中国的现代化。前一个任务为后一个任务扫除障碍,创造必要的前提;后一个任务是前一个任务的最终目的和必然要求。

二、阅读材料及点评

材料一:马克思《英人在华的残暴行动》

几年以前,当在印度施行的可怕的刑罚制度在议会中被揭露的时候,极可尊敬的东印度公司的董事之一詹姆斯·霍格爵士曾厚颜无耻地说,这种说法是毫无根据的。可是后来的调查证明,这种说法是有事实根据的,而且这些事实对东印度公司的董事们来说应当是十分清楚的。因此,詹姆斯爵士只好对于向东印度公司提出的那些可怕的指控,或者承认是"故作不知",或者承认是"明知故纵"。看来,英国现任首相帕麦斯顿勋爵和外交大臣克拉伦登伯爵现在也处于同样的窘境。首相在市长不久前举行的宴会上的演说中,企图为施于中国人的残暴行为进行辩护，他说道：

"如果政府在这种情况下赞同采取无理的行动，毫无疑问，政府便走上了应受议会和全国斥责的道路。但是相反地，我们深信这些行动是十分必要的。我们认为，我国备受欺凌。我们认为，我国同胞在地球的遥远地方遭到了种种侮辱、迫害和虐待，对此我们不能置之不理。（鼓掌）我们认为，我国根据条约应享有的权利已遭到破坏，而有责任保护我国在世界上这个地区内的利益的人员，不仅有权利而且有义务尽量利用他们所能采取的手段来对付这些暴力行为。我们认为，如果我们不赞同采取那些在我们看来是正确的行动，不赞同采取那些当我们自己身历其境时也会义不容辞地采取的行动，那么，我们就会辜负我国同胞所寄予的信任。"

但是，无论英国人民和全世界怎样为这些讲得头头是道的解释所迷惑，勋爵大人自己当然不会相信这些解释的真实性，要是他信以为真，那就表示他故作不知，这同"明知故纵"几乎同样是不可原谅的。自从关于英国人在中国采取军事行动的第一个消息传来以后，英国政府报纸和一部分美国报刊就不断地诬蔑中国人——不分青红皂白地非难中国人违背条约的义务、侮辱英国国旗、羞辱旅居中国的外国人，等等。可是，除了"亚罗号"划艇事件以外，它们举不出一件确凿的罪名，举不出一件事实来证实这一切诬蔑。而且就连这个事件的实情也被议会中的花言巧语歪曲得面目全非，以致使那些认真地想弄清这个问题真相的人大惑不解。

"亚罗号"划艇是一只不很大的中国船，船员都是中国人，但是船为几个英国人所雇用。这只船曾经一时获得悬挂英国国旗航行的执照，可是在现在用作借口的"侮辱事件"发生以前，这张执照已经满期了。据说，这只船曾被用来偷运私盐，而且船员中有几个歹徒——中国的海盗和走私贩子，当局早就因为他们是怙恶不悛的罪犯而想予以逮捕。当这只船不挂任何旗帜下帆停泊在广州时，水师听说这些罪犯藏匿船中，便逮捕了他们；我们的港口警察要是知道附近某一只本国船或外国船上藏有水贼和走私贩子，也一定会这样做的。可是因为这次逮捕妨碍了货主的商务，船长就向英国领事控告。这位领事是个就职不久的年轻人，据说是一个性情暴躁的人。当时他亲自跑到船上，同只是履行自己的公职的水师大吵大闹，结果一无所得。于是他急忙返回领事馆，用命令式的口吻向两广总督提出书面要求：放回被捕者并道歉，同时致书香港的约翰·包令爵士和海军上将西马縻各厘，硬说什么他和英国国旗遭到了不可容忍的侮辱，并且相当明显地暗示说，期待已久的向广州举行示威的良机来到了。

叶总督有礼貌地、心平气和地答复了激动的年轻英国领事的蛮横要求。他说明捕人的理由，并对因此而引起的误会表示遗憾；同时他断然否认有任何侮辱英国国旗的意图，他答应放回水手，因为尽管逮捕这些人是合法的，他却不愿意以这样严重的误会作为逮捕他们的代价。但是这一切没有使领事巴夏礼先生感到满意，他要求正式道歉，并以隆重礼节送回被捕者，否则叶总督应对一切后果负责。接着海军上将西马縻各厘率领英国舰队抵达，旋即开始了另一套公函往来：海军上将态度专横，大肆恫吓，中国官吏则心平气和、冷静沉着、彬彬有礼。海军上将西马縻各厘要求在广州城内当面会商。叶总督说，这违反先例，而且乔治·文翰爵士曾答应不再提出这种要求。如果有必要这样做，他愿意按照常例在城外会面，或者采取其他不违反中国习惯与相沿已久的礼节的方式来满足海军上将的愿望。但是这一切都不能使英国在东方的这位好战的代表称心如意。

这场极端不义的战争就是根据上面简单叙述的理由而进行的——现在向英国人民提出的官方报告完全证实了这种叙述。广州城的无辜居民和安居乐业的商人惨遭屠杀，他们的住宅被炮火夷为平地，人权横遭侵犯，这一切都是在"中国人的挑衅行为危及英国人的生命和财产"这种荒唐的借口下发生的！英国政府和英国人民——至少那些愿意弄清这个问题的人们——都知道这些非难是多么虚伪和空洞。有些人企图回避对主要问题的追究，硬要大家相信，似乎在"亚罗号"划艇事件以前发生的一系列侮辱行为本身已足以构成宣战的理由。可是这些不分青红皂白的说法是毫无根据的。中国人针对着英国人提出的每一件控诉，至少可以提出九十九件控诉。

可是英国报纸对于旅居中国的外国人在英国庇护下每天所遇的破

坏条约的可恶行为是多么沉默啊！非法的鸦片贸易年年靠摧残人命和败坏道德来充实英国国库的事情，我们一点也听不到。外国人经常贿赂下级官吏而使中国政府失去在商品进出口方面的合法收入的事情，我们一点也听不到。对那些被卖到秘鲁沿岸去充当连牛马都不如的奴隶以及在古巴被卖为奴的受骗的契约华工横施暴行"以至杀害"的情形，我们一点也听不到。外国人常常无耻地欺凌性情柔弱的中国人的情形以及这些外国人在各通商口岸干出的伤风败俗的事情，我们一点也听不到。我们所以听不到有关这一切以及其他许多的事情，首先是因为在中国以外的大多数人很少关心这个国家的社会和道德状况；其次是因为精明和谨慎的原则而不去涉及那些不能带来钱财的问题。因此，眼光不超出常去购买茶叶的杂货店的英国人，就完全可以把政府和报纸塞给公众的一切胡说吞咽下去。

同时，本来已趋于平息的、在鸦片战争时期燃起的仇英火焰，在中国爆发成了愤怒的烈火，一切关于和平和友好的声明都未必能扑灭这股烈火。

——《马克思恩格斯全集》第 12 卷，人民出版社 1974 年版，第 175—178 页。

点评：1840 年鸦片战争后，以英国为代表的西方资本主义列强加强了对中国的剥削和掠夺。由于英、法等国资本主义经济的扩张，需要进一步扩大在中国的市场，获得更多的在华特权，加深对中国的剥削和掠夺，为此英、法等国无耻地发动了第二次鸦片战争。在阴谋发动战争之前，英、法等国的资产阶级政府为了混淆视听，掩盖其不可告人的丑恶目的，编造出诸如中国人违背条约的义务、侮辱英国国旗、羞辱旅居中国的外国人以及所谓的"亚罗号"划艇事件等借口。马克思的这篇文章揭露说，这些都是没有事实根据的诬蔑。在这篇文章中，马克思对英国议会歪曲的"亚罗号"划艇事件进行了详细的说明，揭露了这一事件的真相，从而也就揭露了英国阴谋发动侵略战争的真正目的，揭露了这场战争的侵略性质。

马克思详细说明了"亚罗号"划艇事件的具体过程及其细节，指出中国政府逮捕海盗和走私分子的合理性，"我们的港口警察要是知道附近某一只本国船或外国船上藏有水贼和走私贩子，也一定会这样做的"。可是英国政府在中国的领事却蛮横地借此事大做文章，向中国政府提出了苛刻的、完全无理的要求。尽管中国政府尽可能地做出了让步，但根本不可能阻止英国已经箭在弦上的战争图谋。战争使"广州城的无辜居民和安居乐业的商人惨遭屠杀，他们的住宅被炮火夷为平地，人权横遭侵犯，这一切都是在'中国人的挑衅行为危及英国人的生命和财产'这种荒唐的借口下发生的！"马克思严正地指出："这些不分青红皂白的说法是毫无根据的。中国人针对着英国人提出的每一件控诉，至少可以提出九十九件控诉。"马克思指出，英国的资产阶级报纸为本国资产阶级服务，对英国在中国的滔天罪行只字不提，掩盖本国政府的罪恶的行为。而英国公众之所以相信英国报纸的宣传，一方面是因为"在中国以外的大多数人很少关心这个国家的社会和道德状况"，另一方面，赚钱的商业原则也使"眼光不超出常去购买茶叶的杂货店的英国人""不去涉及那些不能带来钱财的问题"。文章的最后，马克思指出，英国对中国的残暴行为已经掀起愤怒的仇恨烈火，中国人一定会为保护自己的民族利益和尊严发起巨大的反英抗英运动。而"一切关于和平和友好的声明都未必能扑灭这股烈火"。

作为西方资本主义国家公民的马克思，却坚持历史唯物主义的原则，还历史以本来面目，对英国的无耻和罪恶行径进行了真实揭露和强烈批判，对被侵略的中国给予了可贵的同情和声援，这充分体现了马克思实事求是的思想立场，以及依据客观事实评判事物本质的严谨性和科学性。

材料二：毛泽东《把我国建设成社会主义的现代化的强国》（1963年9月）

我国从十九世纪四十年代起，到二十世纪四十年代中期，共计一百零五年时间，全世界几乎一切大中小帝国主义国家都侵略过我国，都打过我们，除了最后一次，即抗日战争，由于国内外各种原因以日本帝国主义投降告终以外，没有一次战争不是以我国失败、签订丧权辱国条约而告终。其原因：一是社会制度腐败，二是经济技术落后。

现在，我国社会制度变了，第一个原因基本解决了；但还没有彻底解决，社会还存在着阶级斗争。第二个原因也已开始有了一些改变，但要彻底改变，至少还需要几十年时间。如果不在今后几十年内，争取彻底改变我国经济和技术远远落后于帝国主义国家的状态，挨打是不可避免的。当然，帝国主义现在是处在衰落时代，我国、社会主义阵营、全世界被压迫人民和被压迫民族的革命斗争，都是处于上升的时代，世界性的战争有可能避免。这里存在着战争可以避免和战争不可避免这样两种可能性。但是我们应当以可能挨打为出发点来部署我们的工作，力求在一个不太长久的时间内改变我国社会经济、技术方面的落后状态，否则我们就要犯错误。

——《毛泽东著作选读》（下册），人民出版社1986年版，第848—849页。

点评：本篇是毛泽东审阅《关于工业发展问题（初稿）》时加写的一段文字。近代中国被动挨打就是由于我们的落后，因此建立现代化的强国，是近百年来中国革命的客观要求，只有彻底解决这一问题，才能使中华民族屹立于世界民族之林。实现中国的现代化必须坚持独立自主的探索，坚持走中国道路。

材料三：王晓荣《中国近代民族危机的根本原因是什么》节选

1. 什么是根本原因。

"根本"是指"事物的根源或最重要的部分"。根本原因怎么解释？毛泽东在《矛盾论》中指出："事物发展的根本原因，不是在事物的外部而是在事物的内部，在于事物内部的矛盾性。任何事物内部都有这种矛盾性，因此引起了事物的运动和发展。事物内部的这种矛盾性是事物发展的根本原因。"列宁也认为，唯物辩证法在研究事物发展的时候，"主要的注意力正是放在认识'自己'运动的泉源上"。因此，从语义学概念和哲学学理来看，形成民族危机的根本原因应该从事物内部来探究。

2. 晚清社会的腐朽落后是造成中国近代民族危机的根本原因。

美国著名汉学家费正清指出，当我们观察1800年的中国社会时，我们第一个接触到的惊人的矛盾现象是：社会的体制机构，特别是政府，表现出极差的应变能力……在对帝国统治机构的活动最完善的记录中，对贪污腐败的那层厚厚的外壳的描述是非常之多的。斯塔夫里·阿诺斯也说，这时"中国人对外部世界毫无兴趣。这表现在他们对欧洲和欧洲人一无所知方面。他们几乎不知道欧洲的位置，而且也很少问津。"北京大学王毅教授分析专制皇权给中国带来的弊端时说："这种专制集权体制所形成的一系列的规律性的'制度综合症'，造就了社会文化中的一系列'逆现代性'，并为中国从中世纪迈向现代社会的进程里埋下了巨大障碍。"张岂之主编的大学通识教材说："从乾隆后期开始，中国社会逐渐由盛转衰，到鸦片战争时期已经是危机四伏。"郭廷以教授的结论是："大致看来，十八世纪后期至十九世纪前期，中国内部秩序已不易维持。则令无外来的冲击，清的治权已不易保。"因此，把中国近代民族危机的根本原因归结为列强入侵的确比较牵强。

我们再看一个可比较的论点。国民党由大陆败退台湾，丧失对大陆的统治权，当事人蒋介石认为，国民党在政治、经济、军事、外交和教育上的失败，皆为导致其大陆统治覆灭的原因，但根本原因在于国民党本身的失败，是其"组织瓦解、纪纲废弛、精神衰落、藩篱尽撤之所招致"。事实表明，危机源于内部。因此，著名历史学家汤因比表达了一个看起来惊世骇俗的论点：文明的死亡原因永远是自杀，而不是谋杀。其实，中国有一句深含哲理的名言，与汤因比的思想有异曲同工之妙，即"人必自毁长城而后天毁之"。这已被千百年来的历史所验证。

3. 晚清统治者不变革或变革迟滞加剧了民族危机。

唯物辩证法把事物发展的内因摆到第一位，但并不认为外因无关紧要。对于近代中华文明的衰落，民国以来的历史学者认为是外患与内乱双重作用。徐中约在《中国近代史》中说："中国内部的腐败和外来帝国主义的羞辱性掠夺，如同一对孪生恶魔，给中国带来了长期的衰落。"胡绳在《从鸦片战争到五四运动》中也持此观点："封建王朝的腐朽和帝国主义的侵略导致了中国的衰落"。有关列强侵略掠夺、操控中国政治的史实，众所周知，无需赘述。但是，哪些因素使列强步步紧逼、变本加厉呢？如果一定要分清外患与内忧孰轻孰重的话，东南亚金融危机时,金融大亨索罗斯的观点值得思考。他借用中国一句民间谚语提醒马来西亚总理——苍蝇不叮无缝的蛋。因此,我们还得考察事物的内部原因。

笔者认为晚清统治集团不变革或变革滞后,错失了振兴机遇。雷颐曾指出:"从鸦片战争到清王朝倒塌这70年,我们看到,清政府每当还有一线希望,还能控制一定局面的时候,它总是拒绝变化;而当时机已经消失了,没有机会的时候,它才匆匆忙忙地被迫变革,结果总是越来越被动,这个阶段做上个阶段要做的事情……总是被迫变革,被迫变革就很被动了,最终是垮台。"为什么民族危机步步加深,原因很明了。反观邻国日本,在1853年美国军舰以武力胁迫日本开国之前,日中两国同样是闭关锁国,但之后两国态度迥异。鸦片战争后,日本江户末期思想家、兵法家佐久间象山就尖锐地提出了让许多日本人专注的问题:"为什么中国,一个看上去不会被蛮夷征服的文化典范和强大巨人,居然会在战争中败给像英国这样的突然冒出来的小国?"他回答说:"原因来自文化上的自大。"中国被征服的关键在于制度落后,而落后又不变革,源于自大和愚昧。英国官员埃尔金伯爵说:"中国人和日本人在习惯和感觉方式方面存在着差别,这一差别无疑有这样一个结果:中国人不断后退,并很可能会继续退到帝国彻底崩溃时……处在利用那些中国人不屑一顾,而日本人在开始更加了解我们时多半不但能够采纳并急于采纳的进步和发明的状态之中。"因此,日本迅速成为欧美之外第一个走向现代化道路并取得成功的国家。

这里还有一个耐人寻味的现象:作为侵略者的培里不但没有遭到批评,反而受到日本人的纪念。在当年美军舰队(因涂为黑色,故称黑船)登陆之地,建立了一个培里公园,竖立培里纪念碑,每年都有民间组织在这里举行开国活动纪念,人称"黑船祭"。

——http://www.21ccom.net/articles/lsjd/lccz/article_2012033056578_2.html。

点评:"人必自毁长城而后天毁之"。从鸦片战争到辛亥革命期间,清朝政府曾经有着多次改革机遇,而每次清朝都是与机遇擦肩而过,晚清政府从来就没有改革的诚意和主动性,自身的腐败、愚昧、自大不断地加剧了民族危机。只有推翻封建的愚昧的统治,走符合人类文明的现代化道路才能使中国强大起来,现在中国正在进行现代化建设,同样也面临着肃清封建主义影响的任务。

材料四：高华《近代中国社会转型的历史教训》节选

总结中国变革的经验,可以初步得出以下结论：

(1) 中国的变革与外部世界的挑战密切相连,中国以外的现代化模式对中国变革起着巨大的示范影响。19世纪以后,资本主义的世界化进程加强了全球经济的相互依赖性,中国日益卷入与外部世界的广泛联系中。伴随侵略和压力而来的外来观念冲击着中国社会,改变着中国人的观念和行为,刺激了中国人的强烈的变革图存意识和变革活动。外部世界的冲击具有明显的二元性质,一方面它严重地破坏了中国现代化的展开(以日本侵华破坏最剧),另一方面新型的外部现代化成功模式又刺激了中国现代化因素的增长。在一定程度上,外部世界的侵略、干预和影响,决定了中国变革的反应模式和中国现代化的规模与速度。

(2) 合理地利用注入了变革因素的民族主义,为中国现代化提供了强大动力,为中国变革提供了最重要的条件。但狭隘的民族主义与现代化要求相背离,从而为中国现代化的全面展开制造了无穷的困难。执政者对外部世界的挑战做出反应时,世界观只是一个方面的因素,它固然严重影响了执政者对外部知识的鉴别能力,但维护既得利益则是最重要的因素,统治者只有在变革无碍其统治的前提下才能对变革做出有限的反应,因此在更多的情况下,统治者为了保存既得利益,惯于利用民族主义抗拒变革。

(3) 近代以来在如何对待中国传统的问题上所形成的占压倒优势的"中学为体,西学为用"的思维和选择方式,严重阻碍了中国变革的全面展开,使得中国文化的重建难以实现,不能构成现代化的支持条件。虽然在西方世界的冲击下,中国传统的儒家社会在19世纪末已不可避免走向崩溃,然而在引入西方制度、观念的过程中,由于"中学为体,西学为用"的思维和选择方式的广泛影响,儒家社会的基本内核仍保存了下来。致使产生了新形势下儒家传统社会的变形形式：

儒家内核加现代化外装。在这种社会形态中，传统的中国农业社会结构仍然十分顽固。政治上的分权制衡与制度建设无从实现，市民社会和全面的市场经济无以健康成长，排斥意见多元和思想自由的独断性的意识形态仍表现出极大的生命力，作为这一切的必然结果，传统中国人的国民性无法得到根本改造。中国从19世纪中叶走上变革之途，至20世纪上半叶，有几次现代化的良好机遇。统一的中央权力机构为自下而上的变革提供了保障基础，适时把握住这样的机遇，把传统的连续性和变革的突进性有机结合，进行结构性改革，社会变迁对社会带来的冲击将相对减小，社会也将在稳定与变革的互动状态下，迅速发展。但是外部条件的险恶与内部条件的限制，破坏了这种和平改良的可能性，逼使中国的变革走出另一条途径。然而中国现代化是一历史趋势，客观要求中国人在不断恶化的形势下为此目标做出新的选择和探索。1949年国民党政权的崩溃结束了两大统一政权之间动荡的过渡期，新中国的成立又一次为中国现代化的展开提供了优越的条件，尤其新时期以来中国在新的基础上，以新的思想与精神，重新聚集政治、经济、社会资源，展开前所未有的、深刻的、全面的社会变革。

——http://www.21ccom.net/articles/lsjd/lsjj/article_2010090117395_3.html。

点评：中国在向现代社会的转型中遭遇严重挫折，正是统治阶级顽固维护统治集团利益，拒绝以现代眼光看待变化着的事物所必然导致的结果。统治阶级的传统取向使其无法有机融合现代性与民族性，故而不能为中国提供重建政治共同体所必需的新的制度结构，和能被社会各阶层人民共同接受的新的价值信仰系统。排斥意见多元和思想自由的独断性的意识形态仍表现出极强的生命力，作为这一切的必然结果，传统中国人的国民性无法得到根本改造。19世纪中叶对中国来说是一个意义重大的转折时期，当时，面临着"数千年未有之变局"的古老中国步入了前所未有的、与传统的农业社会迥异的、现代性逐渐增长的历史发展阶段。这条道路在中国充满了深刻的矛盾和冲突。在这条道路上，中国既取得过巨大的成就，也一次次丧失了历史赐予的难得机遇，长期在通往现代的旅途中蹒跚而行。中国变革的艰难无疑与前现代社会的历史遗产有关,也与中国政治中枢的政策选择密切相连,同时它还受到错综复杂的国际环境的巨大影响。中国以迥异于其他国家的特有方式实行社会转型,无论它的成功还是挫折都丰富了人类的经验宝库,为众多的后发展国家提供了深刻的教训和启示。

材料五:金冲及《中国近代历史的几个根本问题》

从 1840 年鸦片战争到 1949 年中华人民共和国成立的 100 多年,是决定我们民族生死存亡的 100 多年,是中国从极度衰败、备受各种屈辱以至于濒临灭亡的边缘,到能够重新站立起来并开始大踏步走向现代化的一个重大的转折时期。这段百余年的历史在中国历史上处于承上启下的地位。在此以前是古代的中国,而在此以后是开始实现社会主义现代化的中国。下面阐述的三个问题,是中国近代历史上三个根本性的问题。

一、为了中华民族的伟大复兴

"实现中华民族的伟大复兴",这是贯穿整个中国近代历史中的一个非常突出、响亮的口号。这里说的复兴跟一般的讲发展不同。复兴是指它曾经有过光辉灿烂的过去,要重新振兴。如果过去一直处在非常落后的状态下,今天只能叫发展,不能称复兴。众所周知,中国是一个有着五千年历史的国家,曾经创造过灿烂的古代文明。汉唐盛世曾在世界上处于领先地位。18 世纪以来康熙至乾隆时代,中国在很多方面仍处在世界的前列。尽管如此,也要看到那时候我们已经暴露出一个很重要的弱点,就是中国社会缺少一种能够使社会迅速发展的内在机制。所以到 19 世纪,中国就落后了,而到 1840 年,英国发动鸦片战争,强迫中国签订《南京条约》,中国开始逐渐变成一个半殖民地半封建社会。中国社会面对的主要问题逐渐成为反对外国侵略者和本国的封建势力。

尽管中国社会已发生那样一个变化,但是当时的中国人并不是立刻就能够清醒地看到这一点。甚至在经历了鸦片战争、第二次鸦片战争之后,中国人还是没有充分认识到自己已经处于那么一个灾难深重的危险的局面。甲午战争就不一样了。甲午战后签订的《马关条约》是空前未有的亡国条约,全中国都为之震动。以前我们只是败给西方的大国,而现在是败给一个东方的小国,而且败得那么惨,签订的条约那么苛。甲午战争把中国人从睡梦中惊醒了。而后发生的八国联军的侵华战争,又给中国人以极深的刺激。

中国曾经有过那样灿烂的过去,到这个时候,却沦落到将被瓜分的悲惨境地。两者之间形成极为强烈的反差,所以孙中山提出"振兴中华",严复喊出"救亡"的口号以后,会产生那么大的影响,就是因为他们喊出了所有中国人的共同心声。

进入20世纪特别是在第一次世界大战以后,日本越来越成为中国的最大威胁。从强迫中国接受"二十一条"到发动九一八事变占领中国东北,再到制造华北五省自治运动,一直到卢沟桥事变,不断加紧侵略中国。历经八年的抗日战争,中华民族第一次战胜了外国侵略者。战后,国民党要打内战,美国又要来控制中国。又经过三年的解放战争,才终于成立了新中国。这个胜利得来确实不容易。中国人受了100多年的屈辱欺压,甚至几乎要灭亡,现在终于站起来,这确实是一个历史性的大变动。

"实现中华民族伟大复兴"这个目标,并不是说到新中国成立就完成了。党的十六大报告里有一个贯穿始终的突出主题,就是"实现中华民族的伟大复兴"。报告从导言"中国共产党的庄严使命"到结语"展望我们的未来"始终贯穿着这么一个重要主题。展望未来的目标是:我们在20年内全面建设小康社会,50年内基本实现社会主义现代化,达到世界中等发达国家的水平,再往后,就是要在建设中国特色社会主义道路上实现中华民族的伟大复兴。这个主题,正是我们中国100多年来以及今后为之奋斗的目标。

二、中国近代的革命和改革

怎样能够把祖国从危难之中拯救出来?怎么才能实现中华民族的伟大复兴?怎么能够使得经济文化落后的中国变成一个现代化的国家?

这就涉及一个革命和改革的问题。这两种方式中哪一种方式好,应该着重采用哪一种方式,不是简单地搬用某一个原理就可以解决的。一切都要根据当时当地的具体历史条件来决定。一般地说,渐进的改革是人类社会前进的经常方式，而革命是它的补充方式。如果客观条件不成熟，是不会立刻发生从根本上改变原有社会秩序的革命的。只有随着社会经济的矛盾积累到一定程度时，当原有的社会秩序已经不能适应新的情况、甚至成为社会生产力发展的严重障碍时，革命才会发生。而当革命成功地建立起新的社会秩序以后，又会开始比较温和的渐进式的改革。

在近代中国，当国家的命运还没有掌握在人民手里的时候，当在国难极端深重而统治者拒绝一切根本的社会变革的情况下，进行大规模现代化建设只能是一句空话。如果事情真能用和平的办法解决，如果这条路还有一点希望能够走得通，那怎么会有那么多人不惜抛头颅、洒热血，做出巨大的自我牺牲，来奋起革命？中国人只是在国家民族的生死存亡悬于一发的不得已的情况下，才会万众一心地起来拼命。千百万人奋不顾身地投身革命，绝不是任何人想这样做就能这样做的，而是由深刻的社会原因造成的。中国近代的革命就是中华民族到了最危险的时候，已经处于被灭亡的边缘的情况下，大家要求政府能够领导人民抵抗外来侵略、在内部进行根本改革，并为之付出一次又一次的努力，但这些最后都落空了。只有在这种情况下，人们才下定决心，拿起武器进行革命。革命是在一种不得已的情况下采取的手段，必然要付出巨大的代价。但是我们也要看到，革命在短时间内对阻碍社会前进的旧事物所起的扫荡作用是平时多少年也无法比拟的，而且要彻底得多，从而为以后社会经济的迅速发展开辟了广阔的道路。

考察世界历史，如美国独立战争、法国大革命，也可以看到这一点。在德国、意大利、日本，也经过了一些战争，但整体来说，它在历史转折关头没有对旧的社会秩序进行一场比较彻底的扫荡，旧事物残留得多，对以后产生的负面影响就大。德国、日本、意大利后来会发展成为军国主义国家和法西斯，都与这有关。所以革命在一个短时间内会造成损失，甚至要付出不小的代价，但从长远的历史进程来看，在历史的转折关头，通常只有革命才能扫荡旧的秩序，建立起一个新的秩序。

当然，当革命取得胜利、对旧的社会秩序进行毁灭性的扫荡、把新的社会制度建立起来以后,情况就不同了。在新中国已经成立并且展开大规模建设以后,再搬用以往革命时期的那些想法和做法,是完全错误的。这种错误的出现也是可以理解的,因为革命的时候,人们总是非常强烈地追求一种完美的理想社会的实现。这种情绪,有时会达到一种狂热的程度。而当革命胜利以后,人们往往容易在思想上形成一种惯性。因为前面的胜利就是那么大刀阔斧干出来的,所以以为我们用同样的方法,也能够很快地在建设中取得同样的成果,而忽略了或者根本没有认识到这样的想法并不符合已经改变了的客观实际。这是一个很重要的教训。我们不能把过去的办法用到今天。但是也不能把今天的想法和做法搬到过去,认为过去的革命是不需要的,甚至还认为它对建设主要起了破坏作用,好像不发生革命,中国的现代化建设倒还会更早地到来,这同样也不是实事求是的,也是不符合当时的客观实际的。

正如党的十六大报告所指出,中华民族在近代面临着两大历史任务,一个是求得民族独立和人民解放,一个是实现国家繁荣富强和人民共同富裕,前者是为后者扫清障碍,创造必要的前提。路要一步一步走,每个阶段有不同的历史任务,不能把过去的事情拿到今天来做,同样也不能把今天的事情、今天的做法套到过去,认为过去也能够那样来做。

三、中国共产党的历史责任

在中国共产党成立前,为了替国家寻找出路,中国人进行过多种多样的尝试,都失败了。实践证明,要想在中国摧毁旧势力,建立新社会,实现国家的独立、富强和现代化,需要具备这样几个条件。

第一个条件,要有一个能够正确把握航向的革命政党作为引路人。这就需要正确理论的指导,要能够正确地分析国情,要能提出正确的路线和政策。中国是一个统一的多民族的国家。这样一个多民族国家的形成不是靠短期的武力征服达到的,它是在几千年长时期的经济、文化交流中间互相融合,才逐渐成为一个整体。在当时的中国,要抵抗外来侵略也好,要实现国内的根本社会改革也好,首先必须推翻当时统治中国的清朝专制政府。辛亥革命提出"反满"的口号,抓住了当时中国社会的中心环节，但这一口号并不很科学。因为它没有提出反对帝国主义的口号，没有提出反对封建势力的口号，没有把革命的矛头对准这两个主要的敌人。反帝反封建的革命口号是到共产党成立后才提出来的。

第二个条件，要团结一切可以团结的力量，特别是要发动并且依靠占人口绝大多数的工人和农民。这也是辛亥革命所缺少的。从全国范围来说，帝国主义和封建势力盘根错节，力量强大，要是没有把占人口最大多数的工人农民发动起来，很快就会觉得自己的力量非常单薄，甚至孤立无援，这就容易走向妥协。

第三个条件，要有一个由一大批有共同理想和严格纪律的先进分子所组成的政党。辛亥革命中领导革命的是中国同盟会，它虽然制定了纲领，即孙中山的三民主义，但三民主义中被多数人接受的只有民族主义，其次才是民权主义，至于民生主义接受的就更少了。这个党在组织上十分松弛，没有严格的纪律。所以辛亥革命一开始，章太炎就讲了一句话："革命军兴，革命党消"。这样的党很难起到号召与核心作用。

这三点归结起来，可以得出这样一个结论：要解决中国的问题，需要有一个能够指出正确方向的党，这个党能够发动和依靠最广大的人民，首先是工人农民，形成一个坚不可摧的力量，而且又有一批有共同理想和严格纪律的先进分子成为它的核心。而中国共产党就是这样的一个党。中国共产党从成立伊始就有两个特点：一个是它有正确的理论即马克思主义作为指导；另一个是它集结起一批有献身精神的先进分子，深入到工人农民之间去做群众工作。这样的党是中国历史上从来不曾有过的。

当然，在中国这样一个人口众多、经济文化落后的东方农业大国，如何把马克思主义的普遍原理同中国的具体实际结合起来，怎么进行革命，怎么进行建设，都没有现成的答案。西方的办法、苏联的办法都不能照搬来用，完全要靠我们自己去闯，在实践中摸索前进。中国的民族危机极端深重，中华民族正处在生死存亡的关头，周围的变化非常快，许多问题都要立刻做出决定，不允许人们都从从容容慢慢地调查清楚以后再来解决。无论在革命时期也好，建设时期也好，在这过程中间的很多挫折，恐怕都需要跟整个探索的过程联系起来才能理解。

在土地革命时期，党曾经犯过三次"左"倾错误。第一次"左"倾是中国共产党在大革命遭受惨重失败后发生的。当时国民党在全国进行了大屠杀。在那种情况下，党内出现了"左"倾盲动主义。第二次"左"倾错误与第一次"左"倾错误有一个很明显的不同。第一次是在革命失败的情况下，带有拼命性质的蛮干，第二次"左"倾则是在革命逐步走向复兴，国民党统治集团内部又出现新的危机的情况下，对形势做出过分乐观的估计而采取的冒险主义行动。第三次"左"倾错误是紧跟着第二次"左"倾来的。这一次与第二次"左"倾又有不同，王明"左"倾中央打着国际路线的旗号，制定贯彻一套更"左"的政策，在党内统治了四年之久，使整个根据地几乎全盘失败，逼着红军走上长征路。

中国共产党内的三次"左"倾错误一次一次地发展下来，也有内在的规律可以寻找。归结起来是这样三点：一是主观主义；二是群众路线问题；三是这三次错误都跟共产国际有关，共产国际要负很大责任。中国革命要由远在万里之外的莫斯科指挥，怎么能不脱离实际？共产国际派来中国的代表也并不都是什么一流人才，更不了解中国情况。所以毛泽东在《反对本本主义》里说，中国革命的胜利要靠中国同志了解中国情况。这句话就是在这种情况下说的。由此可见，后来毛泽东找到"农村包围城市、武装夺取政权"这么一条独特的中国革命胜利的道路，得来多么不易！

以上阐述的三个问题，第一个是主观主义，就是不实事求是。第二个是没有党内民主，不走群众路线。第三个是共产国际瞎指挥，中国党不能独立自主地处理自己的问题。所以《关于建国以来党的若干历史问题的决议》指出，毛泽东思想的灵魂有三条，一个是实事求是，一个是群众路线，一个是独立自主。这几点确实是中国人付出了惨重的代价，在实践中间最后总结得出的最基本的经验教训。有了这些，中国革命才能取得胜利。

——《马克思主义理论研究和建设工程参考资料》第 178 期。

点评：从 1840 年鸦片战争到 1949 年中华人民共和国成立的 100 多年，是决定我们民族生死存亡的 100 多年，是中国从极度衰败、备受各种屈辱以至于濒临灭亡的边缘，到能够重新站立起来并开始大踏步走向现代化的一个重大的转折时期。"为了中华民族的伟大复兴""中国近代的革命和改革"和"中国共产党的历史责任"构成了中国近代历史这一特定历史阶段的三个根本性问题。金冲及此文清晰地阐明了近代中国面临的两大历史任务，以及历史赋予中国共产党的重要使命。

第二章　对国家出路的早期探索

第一板块：学习引导

一、学习目的

了解太平天国农民战争、地主阶级洋务派实行的洋务运动以及资产阶级维新派发动的戊戌维新，都是近代不同阶级及其代表人物对国家出路的探索；认识上述探索的历史作用与局限性，认清这些探索最终都不能为实现中国的独立和富强找到出路的根本原因。

二、重点·难点·热点

重点：从实现近现代中国历史任务的角度，阐明农民阶级、地主阶级、资产阶级对国家出路进行早期探索的历史价值及其内在关联性。

难点：运用马克思主义立场、观点和方法，深入剖析各个阶级的特点及其局限性，对其发动的政治运动做出客观公正的评价，纠正一些错误的、偏颇的认识。

热点：法轮功事件发生后，有人给太平天国时期洪秀全创立的拜上帝教扣上了"邪教"的大帽子，对此究竟应如何看待？洋务运动和戊戌维新都是近代中国重要的改革运动。现在，我国的改革正处于关键时期，当前的改革可以从洋务运动和戊戌维新运动中吸取什么样的经验教训？

三、推荐阅读

1. 茅家琦主编：《太平天国通史》，南京大学出版社 1991 年版。
2. 夏春涛：《天国的陨落——太平天国宗教再研究》，中国人民大学出版社 2006 年版。
3. 罗尔纲：《太平天国史》，中华书局 2009 年版。
4. 王庆成：《太平天国的历史和思想》，中国人民大学出版社 2010 年版。
5. [美]史景迁著，朱庆葆等译：《太平天国》，广西师范大学出版社 2011 年版。
6. 沈渭滨：《太平天国史研究的十大问题》，《史林》2001 年第 3 期。
7. 李时岳、胡滨：《从闭关到开放——晚清"洋务"热透视》，人民出版社 1988 年版。
8. 张国辉：《洋务运动与中国近代企业》，中国社会科学出版社 1979 年版。
9. 夏东元：《洋务运动史》，华东师范大学出版社 2010 年版。
10. 李时岳：《洋务运动研究四十年》，《历史教学》1991 年第 5 期。
11. 姜铎：《洋务运动研究的回顾》，《历史研究》1997 年第 2 期。
12. 王栻：《维新运动》，上海人民出版社 1986 年版。
13. 孔祥吉：《戊戌维新运动新探》，湖南人民出版社 1988 年版。
14. 王晓秋：《戊戌维新与近代中国的改革》，社会科学文献出版社 2000 年版。
15. 汤志钧：《戊戌变法史》（修订本），上海社会科学院出版社 2003 年版。
16. 茅海建：《戊戌变法史事考》，三联书店 2005 年版。
17. 茅海建：《戊戌变法史事考二集》，三联书店 2011 年版。
18. 马勇：《戊戌政变的台前幕后》，江苏人民出版社 2012 年版。
19. 容闳：《西学东渐记》，湖南人民出版社 1981 年版。

20. 沙健孙：《走什么路》，山东人民出版社 1997 年版。
21. 茅海建：《近代的尺度》，上海三联书店 1998 年版。
22. 许纪霖、陈达凯主编：《中国现代化史》，上海三联书店 1995 年版。
23. 罗荣渠：《现代化新论》（增订版），商务印书馆 2004 年版。
24. 陈旭麓：《近代中国社会的新陈代谢（插图本）》，中国人民大学出版社 2012 年版。

第二板块：课后练习

一、单选题

1. 《天朝田亩制度》的中心内容是（　　）。
   A. 推翻清政府的统治　　B. 反对帝国主义的侵略
   C. 解决土地问题　　　　D. 促进农副业生产发展
2. 最能体现太平天国社会理想和这次农民起义特色的纲领性文件是（　　）。
   A.《原道醒世训》　　　B.《天朝田亩制度》
   C.《资政新篇》　　　　D.《劝世良言》
3. 太平天国起义中，用来发动、组织群众的宗教是（　　）。
   A. 白莲教　　　　　　B. 太平道
   C. 摩尼教　　　　　　D. 拜上帝教
4. 拜上帝教是由（　　）创立的。
   A. 洪仁玕　　　　　　B. 洪秀全
   C. 冯云山　　　　　　D. 杨秀清
5. 中国近代历史上第一个比较系统的发展资本主义的方案是（　　）。
   A.《资政新篇》　　　　B.《仁学》
   C.《海国图志》　　　　D.《天演论》
6. 洋务运动时期，清政府建立起四支水师，其中（　　）是海军主力。

  A. 福建水师   B. 广东水师
  C. 南洋水师   D. 北洋水师

7. 洋务派兴办洋务事业的指导思想是（　　）。

  A. "中学为体，西学为用"   B. 救亡图存
  C. "适者生存"   D. "能变则全，不变则亡"

8. 洋务派兴办的民用企业多数采取了（　　）的方式。

  A. 官办   B. 官督商办
  C. 官商合办   D. 商办

9. 康有为创立的宣传维新思想的新式学堂是（　　）。

  A. 时务学堂   B. 万木草堂
  C. 京师大学堂   D. 京师同文馆

10. 中国历史上达到农民战争最高峰的是（　　）。

  A. 大泽乡起义   B. 辛亥革命
  C. 太平天国起义   D. 义和团运动

11. 马克思指出："他们战战兢兢地请出亡灵给他们以帮助，借用他们的名字、口号和衣服，以便穿着这种受崇敬的服装，用这种借来的语言演出历史的新场面。"此观点可用于评价（　　）。

  A. 洪秀全的绝对平均主义
  B. 康有为的变法维新思想
  C. 孙中山的三民主义
  D. 新文化运动前期的指导思想

12. 1861 年，清政府设立总理洋务的中央机关是（　　）。

  A. 外交部   B. 总理各国事务衙门
  C. 内务府   D. 军机处

13. 洋务派所标榜的目标是（　　）。

  A. "自强""求富"   B. "师夷长技以制夷"
  C. "中学为体，西学为用"   D. "振兴中华"

14. 康有为撰写的宣传维新思想的著作是（　　）。

  A.《变法通议》   B.《仁学》

C.《新学伪经考》　　　　　　D.《天演论》

15. 《天朝田亩制度》确立的平分土地的原则是（　　）。
   A. 平均地权　　　　　　　B. 凡天下田，天下人同耕
   C. 均贫富、等贵贱　　　　D. 免劳役、不纳粮

16. 对洋务派兴办洋务事业的指导思想最先做出完整表述的是（　　）。
   A. 奕䜣　　　　　　　　　B. 冯桂芬
   C. 曾国藩　　　　　　　　D. 李鸿章

17. 太平天国农民战争由兴盛走向衰败的转折点是（　　）。
   A. 金田起义　　　　　　　B. 北伐失败
   C. 永安建制　　　　　　　D. 天京事变

18. 戊戌维新运动兴起的社会物质条件是（　　）。
   A. 列强瓜分中国，民族危机急剧激化
   B. 西方科学技术知识的传播
   C. 洋务运动的失败
   D. 中国民族资本主义的初步发展

19. 维新运动时期，梁启超任主笔的影响最大的宣传维新变法的报纸是（　　）。
   A.《万国公报》　　　　　　B.《时务报》
   C.《国闻报》　　　　　　　D.《湘报》

20. 甲午战争中，英勇牺牲的致远舰管带是（　　）。
   A. 邓世昌　　　　　　　　B. 林永升
   C. 刘步蟾　　　　　　　　D. 左宝贵

21. 洋务运动失败的标志是（　　）。
   A. 八国联军入侵北京　　　B. 义和团运动兴起
   C. 北洋水师全军覆没　　　D. 英法联军攻占北京

单选题参考答案

1. C　2. B　3. D　4. B　5. A　6. D　7. A　8. B　9. B　10. C
11. B　12. B　13. A　14. C　15. B　16. B　17. D　18. D

19. B　20. A　21. C

二、多选题

1. 天京事变后，洪秀全为挽救太平天国而提拔的军事和政治人才主要有（　　）。
   A. 李秀成　　　　　　　　B. 石达开
   C. 陈玉成　　　　　　　　D. 洪仁玕
2. 洋务派的主要代表人物包括（　　）。
   A. 曾国藩　　　　　　　　B. 李鸿章
   C. 左宗棠　　　　　　　　D. 张之洞
3. （　　）属于洋务运动时期创办的新式学堂。
   A. 京师同文馆　　　　　　B. 福州船政学堂
   C. 长沙时务学堂　　　　　D. 京师大学堂
4. 资产阶级维新派的主要代表人物包括（　　）。
   A. 康有为　　　　　　　　B. 梁启超
   C. 谭嗣同　　　　　　　　D. 光绪皇帝
5. 资产阶级维新派创办的宣传维新主张的报纸有（　　）。
   A.《时务报》　　　　　　　B.《民报》
   C.《国闻报》　　　　　　　D.《湘报》
6. 为了宣传变法维新，康有为著书立说，主要有（　　）。
   A.《新学伪经考》　　　　　B.《孔子改制考》
   C.《仁学》　　　　　　　　D.《变法通议》
7. 戊戌变法失败后，有六位维新志士同遭杀害，史称"戊戌六君子"。下列人物中，（　　）不属于"戊戌六君子"。
   A. 康有为　　　　　　　　B. 梁启超
   C. 刘光第　　　　　　　　D. 杨锐
8. 维新派创办的宣传维新思想的学会主要有（　　）。
   A. 强学会　　　　　　　　B. 南学会
   C. 保国会　　　　　　　　D. 觉悟社
9.《天朝田亩制度》的主要内容有（　　）。

A. 按人口平均分配土地
B. 分得土地的农民都要参加农副业生产劳动
C. 支出由国库统一分配
D. 禁朋党之弊

10. 1856 年的天京事变是太平天国领导人（   ）之间矛盾爆发的结果。

A. 天王洪秀全　　　　　　B. 干王洪仁玕
C. 东王杨秀清　　　　　　D. 北王韦昌辉

11. 下列关于拜上帝教的说法哪些是正确的？（   ）

A. 拜上帝教是洪秀全创立的
B. 拜上帝教就是西方的基督教
C. 拜上帝教是邪教
D. 太平天国起义利用拜上帝教来发动和组织群众

12. "百日维新"的主要内容包括（   ）。

A. 改革行政机构，澄清吏治，提倡廉政，准许创办报纸和上书言事等
B. 提倡开办实业，保护、奖励农工商业和交通采矿业，改革财政等
C. 裁撤绿营，改练新式陆军，采用西洋兵制，筹设武备学堂等
D. 废除科举制度

13. 19 世纪 60 年代到 90 年代，洋务派举办的洋务事业主要包括（   ）。

A. 创办新式学堂，派遣留学生
B. 兴办军用工业和民用企业
C. 提出准许自由组织学会，奖励创办报刊
D. 建立新式海陆军

14. 洋务派举办的最重要的官督商办民用企业有（   ）。

A. 轮船招商局　　　　　　B. 开平矿务局
C. 天津电报局　　　　　　D. 上海机器织布局

15. 下列关于戊戌维新运动的描述，不正确的是：（　　）。
　　A. 戊戌维新运动是一次爱国救亡运动
　　B. 戊戌维新运动是一场思想启蒙运动
　　C. 戊戌维新运动具有深厚的群众基础
　　D. 戊戌维新运动彻底地反对封建主义

多选题参考答案

1. ACD　2. ABCD　3. AB　4. ABC　5. ACD　6. AB　7. AB
8. ABC　9. ABC　10. ACD　11. AD　12. ABC　13. ABD
14. ABCD　15. CD

三、思考题

1. 众所周知，太平天国起义基本上仍属于旧式农民战争，那么，它在中国已经迈入近代门槛的大背景下还具有进步意义吗？

从近代中国的主要矛盾和历史任务的角度来看，回答应该是肯定的。其历史功绩主要体现在：

第一，起义沉重打击了封建统治阶级，强烈地撼动了清政府的统治根基，加速了清王朝的衰败过程。主要表现为：一、消灭了百万清军，沉重打击了清王朝中央集权君主专制统治秩序，冲击了封建思想文化。二、太平天国在其统治区实行的土地政策，打击了封建地主土地所有制，有利于贫苦农民，促进了农业生产力的恢复和发展。

第二，起义有力地打击了外国侵略势力。定都南京后不久，英、美、法驻华使馆相继派人到天京窥探虚实。英国公使还把《南京条约》的中文本交给太平天国，目的是要太平天国承认这一不平等条约，遭到太平天国政府的严厉拒绝。太平天国还要求外国不得干涉天国的内政和遵守天国的法律。在对外贸易上，天国准许各国到中国自由通商，但必须遵守天令，严禁鸦片贸易。太平军与英法军队及由外国军官组织、指挥的"常胜军""常捷军"进行了英勇斗争。

第三，它是中国旧式农民战争的最高峰，具有不同于以往农民战争的新的历史特点。这次起义规模宏大，历时14年，席卷18个省，攻克600多座城市，建立了与清王朝对峙的政权。在太平天国影响下，各地反清斗争风起云涌。如天地会起义、捻军起义等。1864年天京失陷后，太平天国余部仍坚持斗争达4年之久。起义发生在中国已跨入近代门槛的大背景下，这使得它具有了不同于以往农民战争的新的历史特点。《资政新篇》是近代中国第一部比较完整的资本主义建设方案，是太平天国历史中一个光辉的亮点，使这次农民起义鲜明地不同于历史上其他农民起义，反映了太平天国领导人向西方寻找真理、探索国家出路的一种努力。

第四，它启迪和鼓舞了后来的反帝反封建斗争。太平天国是一场空前的革命风暴，对后来的旧民主主义革命和新民主主义革命都有影响。辛亥革命时期，孙中山和他的同志就以太平天国的后继者自居。中国共产党人也十分注意吸取太平天国的经验和教训。太平天国起义是19世纪中叶亚洲民族解放运动中时间最久、规模最大、影响最深的一次。它和其他亚洲国家的民族解放运动汇合在一起，冲击了西方殖民主义者在亚洲的统治，对其他国家的民族独立和改革运动（如日本明治维新）也有所促进。

2. 洋务运动的主要内容是什么？

19世纪60年代，清政府中一部分中央和地方官僚，掀起了一个延续30多年的向西方学习的社会改革运动，由于这个运动以办洋务为特征，故后人称之为洋务运动。洋务运动的指导思想是"中体西用"。所谓"中体西用"，就是以维护中国封建统治秩序和伦理纲常为主体，以引进西方的近代工业和技术为辅助。也就是说，要用西方近代的工艺、科技来维护清朝的封建统治地位，把西方资本主义文明纳入中国封建主义的轨道里。

洋务运动的内容主要包括以下三个方面：

（1）兴办近代企业。包括军工企业和民用企业。

列强船坚炮利给洋务派留下了最直观而深刻的印象，为了抵御外敌，也为了镇压农民起义，洋务运动初期以练兵和制器（制造军火兵器）为主要内容，就是所谓"自强"。为了制造军火兵器，建立了一些军工企业，主要有江南制造总局、金陵机器局、福州船政局、天津机器局、湖北枪炮厂等，主要生产枪炮、弹药、舰船等。其中江南制造总局由李鸿章建立于1865年，是洋务派创办的规模最大的军工厂；福州船政局由左宗棠在1866年创办，是当时规模最大、设备最齐全的轮船修造厂；天津机器局1867年由崇厚创立，是北中国最大的军火供应基地。为解决军工企业遇到的资金、原料和运输等问题，从19世纪70年代开始兴办民用企业，主要有轮船招商局、开平矿务局、天津电报局、上海机器织布局、汉阳铁厂等。当时发展民用企业的口号是"求富"。以"求富"来支持"自强"，为了"自强"而"求富"。

（2）建立新式海陆军，主要是建立近代海军。

新式陆军主要是淮军、湘军，聘用外国教练，使用洋枪洋炮。鸦片战争以来，列强都是从东南海疆汹汹而来。而清朝原来只有旧式水师，没有近代海军。19世纪60年代初期，曾国藩等洋务派人士就提出要建立近代海军。清政府派管理中国海关的总税务司英国人李泰国，回英国为清朝采购船舰。1863年，舰队采购完成，由英国人阿斯本率领来华，阿斯本宣称这支舰队只能由他指挥，引起反对，最后清政府遣散了这支舰队。这被称为阿斯本舰队事件。1874年日本派2艘铁甲舰和3000名官兵侵入我国台湾后，清政府再次决心建设海军。虽说要建4支海军——福建水师、广东水师、南洋水师、北洋水师，但实际上主要是着力建设北洋海军。1888年北洋舰队正式建成，拥有大小船舰共25艘，主力舰只包括定远、镇远2艘铁甲舰，致远、靖远、经远、来远、济远5艘新式快船，都是从英国、德国购买的。北洋海军成为当时亚洲一支强大的舰队。李鸿章得意地说：这支舰队的建成，就渤海门户而论，已有深固不摇之势。

（3）创办新式学堂，派遣留学生。

办新式企业，建立新式海陆军，都需要大量掌握新学的人才。为了培养洋务人才，19世纪60年代到90年代的30多年间，创办了30多所新式学堂，主要有三种：一是翻译学堂，如京师同文馆、上海广方言馆；一是工艺学堂，如福建船政学堂、天津电报学堂等；一是军事学堂，如天津北洋水师学堂、天津武备学堂、南京水师学堂、广东水师学堂、湖北武备学堂等。同时，派出留美幼童和官费留欧学生共

200多人。

3. 如何评价洋务运动的历史作用？

洋务运动是地主阶级的一部分有识见的人即洋务派，希望通过学习西方使中国走上富国强兵之路的一次尝试或努力，洋务运动有其符合历史进步潮流的积极的一面，但也不可忽视其严重的局限性。

（1）洋务运动的历史功绩。

首先，它有抵御外侮的明确目的，而不仅仅是为了镇压农民起义。其次，洋务运动是中国现代化的起点。洋务运动在取向上是学习西方近代文明，使中国迈出了由"传统社会"向"现代社会"转变的第一步，中国现代化的进程从此真正开始。具体来说：第一，客观上对中国早期工业和民族资本主义的发展起了某些促进作用。洋务企业普遍使用大机器生产，实现了中国从手工业制造转入机器生产的起步，为中国近代工业奠定了一定的基础。第二，通过办新式学堂、留学、翻译西学书籍等途径，传播了新的知识，培养了新式人才。第三，促进了社会风气和价值观念的变化。伴随着资本主义生产方式出现和西方近代文化的传播，传统的"夷夏之防""重本抑末""重义轻利""重农轻商"等观念都受到冲击，工商业者的地位上升。

（2）洋务运动的局限性。

其一，洋务运动起点低，规模非常有限。它不是清政府主持的全国范围内的现代化运动，而只是部分有见识的地方官主持的局部的现代化运动。洋务运动最大的动作是设置总理衙门，这是祖制所无，此外的所有改革都是在原有的皇朝体制和结构之中采取的修补性措施。布新而不除旧是整个洋务运动的特点。也就是说，为减小阻力，在不触动原有旧事物的前提下，在旧物边别置一新物。因此，其保守性是很明显的。洋务运动实际只能说是应付内外危机而仓皇进行的小修小补，其起点和规模远远低于同时期其他国家的早期现代化改革运动。

其二，洋务派想在不触动封建专制制度和帝国主义的前提下来搞现代化，事实证明这是行不通的。洋务派主张承认不平等条约制度，幻想在不受列强干涉甚至获得列强帮助的情况下搞洋务运动。而帝国主义侵略中国的目的是把中国变成它的商品倾销地、原料供应地和投资场所，它绝不会允许中国变成独立的资本主义国家。洋务运动以不触动封建专制制度和帝国主义为前提，但到一定程度，这样的现代化必然就"化"不下去了。民族独立地位的丧失，政治上封建专制主义的顽固存在，像两座巨大的障壁，阻塞了它前进的通道。

4. 戊戌维新运动的历史意义是什么？

第一，戊戌维新运动是一次爱国救亡运动。维新运动作为一次具有相当规模的政治运动的兴起，是甲午战败的强烈刺激下的产物；变法高潮的到来，是列强在华划分势力范围、民族危机激化的产物。维新派的政治实践和思想理论，不仅贯穿着强烈的爱国主义精神，而且推动了中华民族的觉醒。

第二，戊戌维新运动是一场资产阶级性质的政治改良运动。维新派突破"中体西用"思想的局限，主张改革君主专制制度，代之以"君民共主"的君主立宪制度，而让民族资产阶级上层的政治代表参与政权。这就把向西方学习从洋务运动的以"器物"为中心转向了以"制度"为中心，显示出民族资产阶级这一新兴阶级的政治朝气。虽然维新派在百日维新期间并没有明确提出"设议院""开国会""立宪法"，而是主张"开懋勤殿""开制度局"，但这并不影响运动的资本主义性质。因为戊戌变法是在刚刚起步时就被扼杀的。不应当根据运动的起点去判断它的性质，而应当根据维新派的一贯宗旨，去推断运动的前进方向。维新派对政治民主化的大胆追求和改变封建专制政体的公开宣传，正式揭开了中国政治现代化的序幕。

第三，戊戌维新运动更是一场思想启蒙运动。应该特别指出，维新运动在思想文化领域的影响超过了其在政治、经济等方面的影响。戊戌政变之后，百日维新作为一场政治运动失败了，但作为一场思想文化运动，却远不是西太后发动的政变所能剿洗干净的。在维新运动期间，维新派大力传播西方资产阶级的社会政治学说和自然科学知识，宣传自由平等、社会进化观念，批判封建君权和封建伦理纲常，从而把顽固的封建主义思想壁垒打开了一个缺口，有利于民主思想在中国的传播，有利于人们的思想解放。在维新派的推动下，"诗界革命""文体革命""小说界革命""戏剧改良""史学革命"等相继而起，形成了广泛的文化革新运动。为此为起点,资产阶级新文化开始打破封建文化独占文化阵地的局面。维新派争得士人结社、上书言事、开报馆议论时政的权利,以此锻铸传播新政治意识的工具,在当时社会中也都引起了强烈的震动。戊戌维新是中国近代民主启蒙运动的真正起点。

四、材料分析题

(一)阅读下列材料,并回答问题。

材料一:它确立了平均分配土地的方案,即根据"凡天下田,天下人同耕"的原则,将土地按亩产高低分为9等,好坏搭配,按人口平均分配。凡16岁以上的男女,每人皆可分得一份数量相同的土地,不满16岁的减半。太平天国的领导者们希望通过施行这样的方案,建立"有田同耕,有饭同食,有衣同穿,有钱同使,无处不均匀,无人不饱暖"的理想社会。

——本书编写组:《中国近现代史纲要》(2013年修订版),高等教育出版社2013年版,第41页。

材料二:这个改革方案的主要内容是:"在政治方面,主张'禁朋党之弊',加强中央集权,并学习西方,制订法律、制度。在经济方面,主张发展近代工矿、交通、邮政、银行等事业,奖励科技发明和机器制造,尤其是提出'准富者请人雇工',对穷人'宜令作工,以受所值'……在思想文化方面,建议设立新闻官、新闻馆,破除陈规陋俗,提倡兴办学校、医院和社会福利事业。在外交方面,主张同外国平等交往、自由通商,'与番人并雄',但严禁鸦片输入。对于外国人,强调'准其为国献策,不得毁谤国法'"。

——本书编写组:《中国近现代史纲要》(2013年修订版),高等教育出版社2013年版,第42页。

请回答:(1)上述二则材料分别出自太平天国颁布的哪两个重要文献?这两个重要文献分别是什么时候颁布的?核心主张是什么?

(2)简要评价上述两个重要文献的历史地位。

参考答案要点:(1)材料一出自《天朝田亩制度》,颁布于1853

年太平天国定都天京之后，其核心主张是按人口平均分配土地。

材料二出自《资政新篇》，颁布于1859年，核心主张是在政治、经济、思想文化、外交等多方面比较系统地学习西方，发展资本主义。

（2）《天朝田亩制度》是最能体现太平天国社会理想和这次农民起义特色的纲领性文件，它从根本上否定了封建社会的基础即封建地主的土地所有制，把千百年来农民对拥有土地的渴望比较完整地表达了出来，具有进步意义。不过，它并没有超出农民小生产者的狭隘眼界，具有不切实际的空想的性质。

《资政新篇》是太平天国后期颁布的社会发展方案，是中国近代历史上第一个比较系统的发展资本主义的方案，反映了太平天国某些领导人在后期试图通过向外国学习来寻求出路的一种努力。

（二）阅读下列材料，并回答问题。

材料一：谨按商局情弊，非改弦更张，难期振刷，用举一二，缮呈钧览：

……

一、用人之弊，失之太滥。各局船栈，人浮于事，视太、怡行不啻三倍，而得用者无多；甚至首领要缺，委之庸代，如北栈管总、广州局总、各船之"总"，皆不在其事，但挂名分肥而已。……

二、分局之弊，失之太纵。各处栈局经费自包归九五扣用，照出口水脚原较节省；而总局另设包局，包南北栈者，除第一年认真办理后，仍须总局年年贴补，与未包同无限制；且栈租寥寥，不事招徕，何以称职？……

三、总局之弊，失之太浮。举措无当，全凭私臆，有如南洋船只方苦亏耗，忽造致远、拱北、图南、普济四艘，银五十一万两，更无望余利矣。又添造广利、富顺钢身快船两只，银四十余万两，不知是何用意？……

四、账目之弊，失之太浑。不外四柱，有账无实，而每年结账又徒务虚名，纷然划抵，究难取信。患在公私混乱，挪欠自如。……

——马良：《改革招商局建议》（节选），翦伯赞、郑天挺主编：《中国通史参考资料》（近代部分上册），中华书局1980年版，第359—360

页。

材料二：1898年英国人贝斯福参观金陵机器局后写道："厂中机器设备很好；主要购自英国，间或也有德国和瑞士的。没有外国技师或工头。中国总办和官吏们似乎不了解他们在制造什么，为什么制造。机器是现代的、头等的，但用来制造过时的无用的军需品……看他们高兴而努力地在制造一些浪费钱但又无用的军需物品，使人心中感到凄怆。"

——贝斯福：《中国之瓜分》，第298页，转引自苑书义：《李鸿章传》，人民出版社1994年版，第172页。

请回答：（1）举出洋务派创办的具有代表性的军工企业与民用企业。

（2）洋务企业的积极意义和存在的弊端是什么？

参考答案要点：（1）军工企业主要有：江南制造总局、金陵机器局、福州船政局、天津机器局、湖北枪炮厂。

民用企业主要有：轮船招商局、开平矿务局、天津电报局、上海机器织布局。

（2）洋务企业的积极意义：第一，一些企业特别是官督商办的民用企业使用了大机器生产，有雇佣劳动关系，基本上是资本主义性质的新式企业，这无疑是进步的新生事物。洋务企业一定程度上做到了"稍分洋商之利"，在客观上对中国的早期工业和民族资本主义的发展起了某些促进作用。第二，洋务企业的创办，使传统的"重本抑末""重义轻利"及商为"四民"之末等观念都受到冲击，社会风气和价值观念开始变化，工商业者的地位上升。西方的各种技术和器物不再被当作"奇技淫巧"受到排斥，而是被视为模仿、学习的对象。

洋务企业的弊端：管理具有腐朽性，基本上仍是封建衙门式的管理。军事工业完全由官方控制，经营不讲效益，造出的枪炮、轮船往往质量低下。即使是官督商办和官商合办的民用企业，其管理大多也是由政府专派大员主导，商人没有多少发言权，还要承担企业的亏损。企业内部极其腐败，充斥着营私舞弊、贪污受贿、挥霍浪费等官场恶习。大小官员既不懂生产技术，又不懂经营管理，无法维持企业的正常运行。

(三) 阅读下列材料,并回答问题。

材料一:自从一八四〇年鸦片战争失败那时起,先进的中国人,经过千辛万苦,向西方国家寻找真理。洪秀全、康有为、严复和孙中山,代表了在中国共产党出世以前向西方寻找真理的一派人物。那时,求进步的中国人,只要是西方的新道理,什么书也看……我自己在青年时期,学的也是这些东西。这些是西方资产阶级民主主义的文化,即所谓新学,包括那时的社会学说和自然科学,和中国封建主义的文化即所谓旧学是对立的。学了这些新学的人们,在很长的时期内产生了一种信心,认为这些很可以救中国,除了旧学派,新学派自己表示怀疑的很少。要救国,只有维新,要维新,只有学外国。那时的外国只有西方资本主义国家是进步的,它们成功地建设了资产阶级的现代国家。日本人向西方学习有成效,中国人也想向日本人学。在那时的中国人看来,俄国是落后的,很少人想学俄国。这就是十九世纪四十年代至二十世纪初期中国人学习外国的情形。

——毛泽东:《论人民民主专政》,《毛泽东选集》第4卷,人民出版社1991年版,第1469—1470页。

材料二:观大地诸国,皆以变法而强,守旧而亡,然则守旧开新之效,已断可睹矣。以皇上之明,观万国之势,能变则全,不变则亡,全变则强,小变仍亡。

——康有为:《应召统筹全局折》(1898年),《康有为政论集》(上册),中华书局1981年版,第211页。

材料三:法者天下之公器也,变者天下之公理也。大地既通,万国蒸蒸,日趋于上,大势相迫,非可阏制。变亦变,不变亦变。变而变者,变之权操诸己,可以保国,可以保种,可以保教。不变而变者,变之权让诸人,束缚之,驰骤之。呜呼,则非吾之所敢言矣!

——梁启超:《变法通议·论不变法之害》(1896年),《梁启超选集》,上海人民出版社1984年版,第10—11页。

请回答:(1)材料一中提到的康有为、严复和孙中山分别是哪个政治力量的代表人物?与他们相联系的重大历史事件是什么?他们向西方寻找的真理主要是什么？

（2）"要救国，只有维新，要维新，只有学外国。那时的外国只有西方资本主义国家是进步的，它们成功地建设了资产阶级的现代国家。日本人向西方学习有成效，中国人也想向日本人学。"这段话反映的是哪个政治派别的主张？其政治实践的结局如何？为什么？

（3）材料二、材料三反映出的维新派主张"变法"的一个深刻背景是什么？

参考答案要点：（1）材料一中提到的康有为、严复是资产阶级维新派的代表人物，与他们相联系的重大历史事件是戊戌维新运动，他们向西方寻找的真理主要是西方资本主义的君主立宪制度和自由平等、进化论等思想文化。

材料一中提到的孙中山是资产阶级革命派的代表人物，与其相联系的重大历史事件是辛亥革命，其向西方寻找的真理主要是西方资本主义的民主共和制度和自由、平等、民主、博爱、共和等思想文化。

（2）这段话反映的是资产阶级维新派的主张。其政治实践是开展了戊戌维新运动，结果以失败告终。失败原因：一是以慈禧太后为首的强大的守旧势力的反对，二是维新派自身的局限性。主要表现在不敢否定封建主义，对帝国主义抱有幻想，惧怕人民群众。

（3）材料二、材料三反映出的维新派主张"变法"的一个深刻背景是：甲午战争的惨败，造成了新的民族危机，激发了新的民族觉醒。为了救亡图存，必须维新变法。正如材料中所说，只有变法，才能"保国""保种"。

第三板块：延伸思考

一、导语

19世纪后半期，晚清中国面临着数千年未有之大变局，遭遇了数千年未有之强敌。内忧外患的形势下，中国的出路在哪里，中国怎样做才能避免亡国灭种，成为摆在各个阶级、阶层面前的严峻问题。

农民阶级首先做出了自己的回答。存在长达 14 年之久的太平天国为人们勾画出一个"通天下皆一式"的绝对平均主义的理想社会蓝图，后期更推出了向西方学习的改革方案《资政新篇》。然而，现实使他们重重地碰了壁。两大改革方案都无法实施。最终，这个农民政权日益走向封建化，成为一种不成熟的封建政权。农民阶级与旧的生产方式相联系，不是新的生产力和生产关系的代表，他们不可能单凭自己的力量找到一条取代封建制度的出路，更无力承担起反帝反封建、救亡图存的重任。结果，起义悲壮地失败了。

进入 19 世纪 60 年代，地主阶级洋务派希望通过学习西方的军事和科技使中国走上富国强兵之路。洋务运动使中国大地上出现了许多前所未有的新鲜事物（主要包括近代军工和民用企业、新式学堂、新式海陆军、留学生），并由此迈开了现代化的一小步。然而，传统观念的巨大惰性，使得改革步履维艰。当时，洋务派推行的每一项带有创置意义的举措，都会招致愤怒的责难，引发激烈的争论。同文馆之争、海防之争、铁路之争就是代表。结果，洋务运动历时 30 多年，取得了一些成绩，但却没有达到使中国富强起来的目的。甲午战争中，经营多年、被洋务派引以为豪的北洋海军全军覆没，标志着洋务运动的失败。

19 世纪 90 年代，资产阶级维新派突破洋务运动"中体西用"的思想藩篱，主张更深入地学习西方，提出改革不能局限在军事、经济领域，而要触及旧的政治、社会和教育制度。用君主立宪制取代君主专制制度，是维新派的核心目标。然而，改革措施十分温和的百日维新如同昙花一现，只经历了 103 天就夭折了。"戊戌六君子"流血的教训促使人们认识到，在昏庸的清王朝的统治下，企图走自上而下的改良道路是行不通的。

在近代中国，探索救国救民的正确道路是一个长时段的各个阶级、阶层接续奋斗的历史过程，而 19 世纪后半期正是这个历程的开端。回顾这一时段不同阶级和政治派别的救国方案和实践历程，可以发现，每一个方案都不免带着时代和阶级的局限性，而且实践中无一不以失败告终。对此，我们可以从总结历史经验教训的角度加以反思，指出其缺陷和不足，但是，决不能因此而责难和嘲笑前人，因为每一个方案都凝聚着志士仁人的智慧和心血，都是探索国家出路的有益尝试和努力，都有着不可磨灭的历史价值。对于100多年前的这些先辈以及他们的思想和行为，我们应当给予"同情之理解"，怀有"至深的敬意"。

二、阅读材料及点评

材料一：雷颐《"天国"悲剧》节选

从1851年"金田起义"起，太平军一路势如破竹，大败清军，不久就攻占武汉三镇，随后沿江挥师东下，在1853年3月攻克向有虎踞龙盘之称的南京，并在此定都，改称"天京"。

定都天京之后，虽然太平军的北伐失利，但其他军事行动却胜仗连连，尤其是1856年春夏，太平天国在军事上取得了一系列辉煌胜利。在江西，太平军控制了全省五十二个州府；在湖北，西征将士保卫武汉，打退清军一次次围攻；更重要的是在天京外围，太平军先后击溃长期直接威胁天京的敌"江北"、"江南"两个大营，天京终于解围。

但就在这时，天王洪秀全和东王杨秀清的权力之争终于爆发，发展到血洗天京的地步。"天京内讧"使太平天国由盛转衰，成为它从胜利走向失败的转折点。

洪杨矛盾由来已久，与太平天国"政教合一"的体制有极大关系。洪秀全早年自视极高、抱负极大，但偏偏屡试不果，在失意、彷徨、痛苦和憎恨中于1843年与冯云山等创立"拜上帝会"。洪秀全从一些基督教小册子中得到启示，认为只有创造万物、主宰一切的上帝是独一真神，其他一切人们所崇拜的对象都是"邪魔"，必须斩尽杀绝。他宣称自己是上帝的次子、天兄耶稣之弟，受上帝之命下凡"斩邪留正"。不久，他与冯云山来到偏僻的广西山区传教，信者甚众，准备发动起义。但就在紧张准备起义之时，冯云山却在1848年初被捕，洪秀全急忙奔走营救。拜上帝会一时群龙无首，会众发生混乱，面临分裂瓦解。这时，以烧炭为业的杨秀清急中生智，利用当地流行的代鬼传话习俗，忽然口哑耳聋，不吃不睡，假托"天父上帝"下凡附体，怒责动摇分子，要广大会众遵守天父之命跟"万国之主"洪秀全斩妖杀魔。杨秀清的"代天父传言"以天威神力稳定了众心,对维系拜上帝会组织起了重要作用。洪秀全营救冯云山归来后,肯定了杨秀清在关键时刻挽救拜上帝会的功绩,承认"代天父传言"的合法性,承认他受天父特差下凡的地位。这样,太平天国就出现了"一朝二主"的现象。在政治上,洪秀全是天王,是一国之主,称"万岁",杨秀清是东王,位于洪下,称"九千岁",洪、杨是君臣关系。但在宗教神权上,洪只是皇上帝次子,而杨却是皇上帝(天父)的代言人,杨秀清的地位反高于洪秀全,实际剥夺了洪秀全是上帝在人间唯一代表的资格,由于太平天国实行的是"政教合一"的体制,所以这实际上成为对洪秀全在现世权力来源(合法性)的潜在挑战。因此,这种政治上的君(洪)臣(杨)关系和宗教上的父(杨)子(洪)间的矛盾,使洪、杨关系一直十分微妙,为以后的分裂埋下伏笔。

由于杨秀清有卓越的组织、指挥才能,在永安建制封王时杨秀清被封为东王,而且"所封各王俱受东王节制",地位高于其他各王,仅在洪下。不过,由于在神权上杨高于洪,在战斗中杨曾屡次以"天父下凡"鼓舞士气确有实效,所以杨秀清常以"天父下凡"的名义斥责洪秀全,洪秀全虽知这是骗局,但也无可奈何,只能假戏真做,因为神话一旦被揭穿,连自己也被否定。定都天京之后,洪秀全闭在深宫,耽于享乐,荒于政事,杨秀清更是不可一世,屡为无谓小事斥责、羞辱洪秀全,借以树立自己的权威。如1853年12月杨秀清曾以洪秀全虐待宫内女官为由,赶到天王府以"天父下凡"当众怒斥洪秀全:"尔有过错,尔知么?"洪秀全立即下跪回答:"小子知错,求天父开恩赦宥。"杨继续怒喝:"尔知有错,即杖四十。"众人一再替洪求情,杨仍下令杖责,直到洪秀全俯伏在地表示愿意受杖才算罢了。有时深夜杨秀清突往天王府,因朝门紧闭数重,洪秀全迎候稍迟,杨秀清就以天父之名要怒杖洪秀全,洪只得跪求:"求天父恩赦小子迟延之罪!"对天王尚且如此,杨秀清对其他诸王大小官员更是任意打杀。久之,形成许多重大战略和政策都由杨秀清决定,一些典章制度也由他改定,大权由杨总揽的局面。

1856年8月,天京外围敌人威胁解除不久,实权在握的东王杨秀清又假托天父下凡,将天王洪秀全召到东王府,逼洪秀全封他为"万岁",洪只得答应:"东王打江山,亦当万岁。"杨又逼问:"东世子岂止是千岁?"洪又回答说:"东王既万岁,世子亦便是万岁,且世代万岁。"

这样,潜伏已久的洪杨矛盾不能不迅速激化。面对杨的步步紧逼,洪秀全急忙密诏正在江西作战的北王韦昌辉、在丹阳作战的顶天侯秦日纲立即率部回京诛杀杨秀清。9月1日深夜,韦昌辉率精兵三千赶回天京包围东王府,冲入卧室,将熟睡中的杨秀清杀死。而后血洗东王府,将府中其他官员、卫兵、杨的亲属、仆役等不论男女老幼,全部杀尽。杀戒一开便难封刀,韦、秦之部又滥杀无辜,仅9月4日就屠杀已放下武器的杨秀清余部五千人,一个多月下来共杀两万余人,甚至婴幼儿童也不能免,天京城内一片恐怖。

正在湖北战场的翼王石达开听说天京内讧急忙赶回,想要制止韦、秦滥杀。但此时韦昌辉已杀红了眼,不但不听规劝,反而要杀石达开。石达开闻讯慌忙逃出天京,结果,韦昌辉将石达开留在天京的家属满门抄斩。逃出天京后,石达开从湖北调回所部四万精兵攻入天京,斩杀韦昌辉、秦日纲。

经过天京事变,石达开成为众望所归、辅佐朝政的理想人物。但经过这场惊心动魄的事变之后,洪秀全对人更加猜忌,只重用洪氏兄弟,处处防备、排挤、打击、限制石达开。石达开忍无可忍,最后率大批精锐部队出走,六年后终在大渡河被清军围歼。

天京内讧使太平天国元气大伤,而且,"天父""天兄"自相残杀,神话开始受到质疑,信念开始破灭,太平天国的基础开始动摇,预示着以后的失败。

——雷颐:《"天国"悲剧》,《经济观察报》2009年10月16日。

点评:太平天国具有浓厚的宗教色彩。在起义的全过程中,拜上帝教的影响几乎无所不在。需要强调的是,拜上帝教既不是基督教的分支,也不是基督教的异端,更不是什么"邪教",它是政治斗争的宗教形式,是太平天国起义的精神武器。从陈胜、吴广"篝火狐鸣"起,借符谶、宗教等神秘力量起事,是中国农民起义屡见不鲜的法门。早期的拜上帝教教义包含丰富的社会内容。它用宗教的语言抨击现实的黑暗，主张建立没有邪恶、没有强权的平等社会，包含革命的思想和要求，从而得到了饱受压迫的民众的拥护。在起义初期，拜上帝教在发动和组织群众方面所起的积极作用是极其明显的。

然而，拜上帝教毕竟不是科学的思想理论，特别是在世界历史潮流进入需要科学和民主的时代，这种不成熟的旧式思想武器的致命缺陷是显而易见的，它对起义的精神鼓舞作用注定无法持久。拜上帝教那些上帝、耶稣、天堂之类的说教和不拜祖先、不敬神佛以及对儒学和孔子的态度，和传统习俗大相抵触，使普通民众不易接受，知识分子更为反感。天京事变的发生，从表面来看是洪杨矛盾、杨韦矛盾长期积累的总爆发，但追根究底，太平天国"政教合一"的体制以及由此引发的最高权力二元化才是罪魁祸首。天京事变后，拜上帝教威信锐减，再也起不到组织和发动群众的作用了。太平天国失败后，缺乏生命力的拜上帝教便随之夭折，在中国大地上几乎没有留下一丝痕迹。

材料二：《忠王李秀成自述》节选

计开天朝失误有十（因其中第六误重出，实际是十一误）：

一、误国之首，东王令李开芳、林凤祥扫北败亡之大误。

二、误因李开芳、林凤祥扫北兵败后，调丞相曾立昌、陈仕保、许十八去救，到临青（清）州之败。

三、误因曾立昌等由临青（清）败回，未能救李开芳、林凤祥，封燕王秦日昌复带兵去救，兵到舒城杨家店败回。[杨家店清将，现今日久，不能记得姓名。]

四、误不应发林绍璋去相谭（湘潭），此时林绍璋在相谭（湘潭）全军败尽。

五、误因东王、北王两家相杀，此是大误。

六、误翼王与主不和，君臣而（疑）忌，翼起狉（猜）心，将合朝好文武将兵带去，此误至大。

六、误主不信外臣，用其长兄次兄为辅，此人未有才情，不能保国而误。

七、误主不问政事。

八、误封王太多，此之大误。

九、误国不用贤才。

十、误立政无章。

——罗尔纲、王庆成主编：《中国近代史资料丛刊续编·太平天国（二）》，广西师范大学出版社2004年版，第397页。

点评：太平天国运动持续长达十数年之久。然而，最终起义还是失败了。轰开天京城墙的湘军地雷，焚烧天王府的熊熊火光，血流成河的天京城，一起见证了这个悲剧的结局。太平天国后期重要将领忠王李秀成在被俘后写下自述，反思太平天国的失败，总结出失败的十大原因，即所谓"天朝十误"，可谓句句沉痛。然而，更深入地反思运动失败的悲剧意义，诚如著名史学家陈旭麓所言："其悲剧意义不仅在于失败的结局，更在于他们借助宗教猛烈冲击传统却不能借助宗教而挣脱传统的六道轮回。反封建的人没有办法洗净自己身上的封建东西。因此，他们悲壮的事业中又有着一种历史的悲哀。"

材料三：陈旭麓《近代化一小步》节选

今天所称的洋务运动有过好多名目："同治中兴""同光新政""自强新政""地主阶级自救运动"等等。可以说有名有字有号。洋务运动是一个反映时代的概念，它概括了近代历史一个阶段中所出现过的活动和事物，本无褒贬之义。但后来洋务同崇洋媚外联在一起，等同起来，于是，这一概念就带上主观色彩，变成一个贬义词。"同治中兴"是随着太平天国失败而产生的名称。这个名称比附历史，寄托了清王朝的希望，并明显地带有规复旧物的幻想。但中国社会已面临近代化带来的剧烈变动，不会再有本来意义的所谓"中兴"。相比之下，"同光新政"之称稍明新旧区分，因此，更合乎实际一点儿。海外学者则多名以"自强新政"，重在抉示其回应泰西逼迫的一面。

自强，是中国古有的概念。《易·乾象》谓："天行健，君子以自强不息。"但在19世纪60年代，这一概念已被赋予新的意义。奕䜣、文祥、曾、左、李，还有众多知名的和不知名的忧国之士都借它来表达自己的思想和感受。甚至"当和议之成，无人不为自强之言"。其实，那个时候自强一词应有两重含义。一就阶级意义言，它所寻求的是在农民战争（太平天国、捻军）打击面前王朝的自我振兴。对中国社会来说，这多少是一个被重新提出的古老问题；二就民族意义言，它所寻求的是：在"鸱张弥甚"的外国侵略面前，中国的自我图强。

——陈旭麓：《近代中国社会的新陈代谢（插图本）》，中国人民大学出版社 2012 年版，第 103 页。

点评： 新中国成立之后至今，对洋务运动的评价，发生了很大变化。曾几何时，有观点认为，洋务运动"重在防内并无对外的意图"，其作用就是"加深殖民地化"，是反动的卖国的运动。其实，洋务运动不仅仅是为了镇压农民起义，其抵御外侮的意图是非常明显的。特别是太平天国和捻军被镇压下去后，洋务运动抵御外来侵略一面越发增多。最明显的，建立新式海军，主要就是针对列强的。发展若干民用企业，也是试图"稍分洋商之利"。

材料四：梁启超《李鸿章》节选

吾敬李鸿章之才，吾惜李鸿章之识，吾悲李鸿章之遇。……

西哲有恒言曰，时势造英雄，英雄亦造时势。若李鸿章者，吾不能谓其非英雄也；虽然，是为时势所造英雄，非造时势之英雄也。……

李鸿章不识国民之原理，不通世界之大势，不知政治之本原。当此十九世纪竞争进化之世，而惟弥缝补苴，偷一时之安。不务扩养国民实力，置其国于威德完盛之域，而仅撷拾泰西皮毛，汲流忘源，遂乃自足。更挟小智小术，欲与地球著名之大政治家相角，让其大者，而争其小者。非不尽瘁，庸有济乎？……凡人生于一社会之中，每为其社会数千年之思想、习俗、义理所困，而不能自拔。李鸿章不生于欧洲，而生于中国；不生于今日，而生于数十年以前。先彼而生、并彼而生者，曾无一能造时势之英雄以导之、翼之，然则其时、其地所孕育之人物，止于如是，故不能为李鸿章一人咎也。而况乎其所遭遇，又并其所志而不能尽行哉！吾故曰，敬李之才，惜李之识，而悲李之遇也。……

——梁启超：《李鸿章》，湖北人民出版社 2004 年版，第 5—7 页。

点评： 关于洋务运动的破产，人们往往强调运动的封建性、依赖性和腐朽性，强调它仅学西方的皮毛才导致运动最终走入穷途末路，并认为这是由洋务派的政治地位和阶级立场决定的。这虽有一定道理，但是，时代的局限往往比阶级和地位的局限更深刻，更难以突破。李鸿章是洋务派的中坚。梁启超在评价李鸿章时，一方面敬佩其才能出众、惋惜其见识有限，一方面也为他的生不逢时感到悲哀，认为不能将洋务运动的失败完全归咎于李鸿章，而应更多地考虑社会历史的因素。这确实是通达公允之论。

洋务运动兴起之时，整个社会风气未开，夷夏之防、重义轻利、重本抑末、守卫祖宗之法等传统观念在大多数官僚士大夫和普通百姓心中根深蒂固，于是，顽固成为一种社会病症，犹如一张无所不在的巨大网罗，制约着洋务运动的发展。被后人视为规模有限、并不辉煌的洋务事业，当时是在一片责难、争论乃至切齿痛恨声中，逾越重重障碍才艰难做成的。洋务官员也是备受攻讦。恭亲王奕䜣被称为"鬼子六"，洋务大员丁日昌则被称"丁鬼奴"。李鸿章晚年曾辛酸地说自己"三十年来无时不在被谤"。郭嵩焘的境遇更为凄惨。作为洋务派中见识超群的佼佼者，加之个性耿直敢言，郭嵩焘备受攻击，仕途坎坷。他在一片骂声中走出国门，担任第一任驻外使节，任职期间不断遭到顽固派的无理弹劾，最终任期未满就被召回国，此后再未获起用。在他生前，他所写的出使日记《使西纪程》被毁版；在他死后的庚子年间，顽固官僚还奏请戮他的尸。

不管洋务派的主观动机如何，不管洋务运动有多少失误，洋务运动的实践从总体上说是符合历史进步潮流的。它趔趔趄趄地迈开了中国现代化的一小步，使中国社会出现了一些带有资本主义色彩的新事物和新观念，这无疑是一个进步，而不是倒退和反动。洋务运动为中国现代化留下了虽然菲薄却极其宝贵的物质遗产。其开风气之先、筚路蓝缕的历史功绩，应该被铭记。

材料五：梁启超《变法通议·论不变法之害》节选

今有巨厦，更历千岁，瓦墁毁坏，榱栋崩折，非不枵然大也。风雨骤集，则倾杞必矣。而室中之人，犹然酣嬉鼾卧，漠然无所闻见；或则睹其危险，惟知痛哭，束手待毙，不思拯救；又其上者，补苴罅漏，弥缝蚁穴，苟安时日，以觊有功。此三人者，用心不同，漂摇一至，同归死亡。善居室者，去其废坏，廓清而更张之，鸠工庀材，以新厥构。图始虽艰，及其成也，轮焉奂焉，高枕无忧也。惟国亦然：由前之说罔不亡，由后之说罔不强。

……

要而论之，法者，天下之公器也；变者，天下之公理也。大地既通，万国蒸蒸，日趋于上。大势相迫，非可阏制。变亦变，不变亦变。变而变者，变之权操诸己，可以保国，可以保种，可以保教。不变而变者，变之权让诸人，束缚之，驰骤之，呜呼，则非吾之所敢言矣！是故变之途有四：其一，如日本，自变者也；其二，如突厥，他人执其权而代变者也（埃及、高丽等国皆是）；其三，如印度，见并于一国而代变者也（越南、缅甸等国皆是）；其四，如波兰，见分于诸国而代变者也。吉凶之故，去就之间，其何择焉？……

——《梁启超选集》，上海人民出版社1984年版，第4—11页。

点评：戊戌维新作为一场政治运动失败了，但作为一场空前的思想启蒙运动，却产生了深远的影响。梁启超堪称当时最有号召力的政论家。他宣传维新变法的政论文章思想新颖，文风通俗流畅，在知识界大受欢迎，产生了广泛的影响。他的新文字风格被称为"时务体"（又称"新文体"），风靡全国；他主持的《时务报》创刊后8个月之间就行销万余份，传布之广泛是空前的，对变法维新思想的传播做出了突出的贡献。梁启超撰写的系列政论文章《变法通议》在《时务报》上连载，思想犀利，条理清晰，感情奔放，痛快淋漓，传诵一时。对于梁启超的文笔，黄遵宪曾有过高度的评价："惊心动魄，一字千金，人人笔下所无，却为人人意中所有，虽铁石人亦应感动。从古至今，文字之力之大，无过于此者矣。"可以说，梁启超的思想和文字，对几代知识分子都起到了思想启蒙的作用。

材料六：冯苏宝《五百年间中国三次丧失了对外开放的机会》节选

明代海禁首次错失开放机遇

放眼几千年来的中国历史，王朝循环是中国的一种规律性模式，但史料为证，战国先秦以来，即便是建立了大一统王朝，但中国仍然具有开放兼容的基本传统。除鼎盛的唐朝外，五代时，中国打通了东南海路；宋代，政府大力鼓励发展对外贸易和海上贸易，铜钱成了世界上第一代"国际货币"。而元朝京城大都也是当时世界上著名的经济中心之一。

然而从公元十四世纪下半叶开始，明代主动推行海禁政策，使自先秦以来，特别是宋元时期的"开洋裕国"为代表的开放政策发生了方向性转变。明朝虽有郑和下西洋，但基本格局是在封闭式、内向化的轨道上发展。明朝厉行海禁政策正处在地理大发现的历史背景下，葡萄牙、西班牙、荷兰、英国等原本处于欧洲文明圈边缘地带的国家纷纷通过大航海活动向全球扩张，迅速登上世界历史舞台，先后成为显赫一时、影响遍及全球的世界强权国家。

奇悖的是，郑和七下西洋使中国的开放水平达到巅峰，率先揭开大航海时代序幕并占据了航海制高点，但明朝却实行起严格的海禁政策，主动关闭了积极进取、外向拓展的海洋发展大门，放弃了与西方海洋强国一道参与全球化整体发展的竞争机会，由此走上了保守、封闭、排外的发展道路，此后，中国虽然在总体上仍保持世界大国的优势，但逆时代潮流的保守封闭内向化发展道路，使其慢慢失去引领世界的先行优势，渐次从"千年黄金"战略发展期中滑落出来，最终陷入清代后期的停滞与衰落。

康乾盛世再失开放机遇

乾隆十五年，即公元1750年，中国的国民生产总值占世界的32%；到乾隆五十五年，即1790年中国人口达到3亿零148万，也占到全球人口的31%；从乾隆三十一年起，即公元1766年起，每年国家财政库银都在6000万两以上，为年度财政收入的1.5倍，其中乾隆三十七年更多达8000余万两。乾隆在位的60年，正是英国产业革命兴起的60年。中国巨大的经济实力和积聚的财富，人口众多的庞大市场，吸引了世界眼球，特别是经过率先产业革命、生产力得到迅速发展的英国高度重视。1792年9月，英国国王乔治三世派出由马戛尔尼率领的使团到达中国，要求通商，提出了八项要求，中心是在中国开辟新的港口、市场，实行贸易交流。乾隆皇帝弃大取小，拘泥于晋见礼仪而争执不休，以至颁旨称"于礼节多未谙悉，朕心深为不惬"。谈判不果，最后乾隆在给英国国王的敕谕中，逐一驳斥和拒绝英方的要求，声称"天朝物产丰盈，无所不有，原不藉外夷货物以通有无"。"天朝抚有四海"，"天朝德威远被，万国来王，种种贵重之物，梯航毕集，无所不有。"至于恳请派驻华代表一事，乾隆答称："此则与天朝体制不合，断不可行。"并说此例一开，其他国家仿效，"岂能一一听许？此事断断难行。"乾隆的答复，最终关上了和平通商的大门。半个世纪以后，英国维多利亚女皇向国会发表演说，态度强硬，于1840年派遣海陆军25000人，军舰16艘，用坚船利炮轰开中国的广州、厦门、定海大门，由武装入侵开始的割地赔款、丧权辱国外交接踵而至，中国成了世界上由封闭导致国势急骤没落的全球唯一大国。

晚清再三错失强国机遇

鸦片战争后，清王朝在"三千年未有之大变局"和被动开放的条件下进行了洋务运动、维新变法和立宪新政等自强运动。这一系列旨在复兴王朝的维新运动盖因改革不彻底和错过最佳改革时机而归于失败。

洋务运动是面对国门屈辱开放，西学东渐形势，在"师夷长技以制夷"和"中体西用"理念下，由以恭亲王奕䜣为代表的中央实权派，曾国藩、左宗棠、李鸿章、张之洞等地方实力派和龚自珍、林则徐、魏源等有识之士发起的运动，学习和引进西方军事工业和当代先进实业。在国内可谓是同气相求，志同道合，国际环境也不失为和平，外国列强不但积极出兵帮助清政府镇压太平天国运动，还与清廷和官员合作，在保持条约权利的前提下承认中国的大部权益。洋务运动前后历时约30年，出现了"同治中兴"的王朝复兴气象。但在后来的中法战争和中日甲午战争的考试中没有过关，证明失败了。

戊戌变法（通常又称为百日维新、戊戌维新、维新变法）是在光绪皇帝领导，康有为、梁启超等维新派人士推动下进行的政治改革运动，其目的是通过变革政治体制从而把中国推上君主立宪的现代化道路。在6月11日至9月21日历时103天的时间内，光绪帝"深观时变，力图自强"、"政厉雷霆"、"令如流水"，发布了涵盖文化教育、经济、军事、政治等多项新政诏令。但这些诏令没有得到全面实施，维新志士便被以慈禧为代表的清廷保守派扑杀。应该说，戊戌变法是清王朝改革的最佳时期，它的失败使清政府失去了和平转型的机会。

1900年的义和团运动和八国联军侵华战争再次使中国陷入内忧外患之中。为了顺应形势和继续维持统治，慈禧太后在逃亡西安期间发布"罪己诏"，并于1901年1月颁发"改革"谕旨，由此开始了持续十余年的清末新政。新政的举措不仅与光绪皇帝主导的维新变法相类似，并且在政治体制改革的深度和广度上都超过了百日维新。但为时已晚，大厦将倾。

而与中国形成鲜明对照的是日本。在第一次鸦片战争结束后的仅仅相隔13年，即1853年7月8日，美国佩里率领的四艘舰船到达日本江户湾（今东京湾）的浦贺冲，要求开港通商，惊动日本朝野。第二年，佩里再次率舰访日，幕府决定放弃实行200多年的"锁国令"，与美国签订《日美亲善条约》。14年后，日本明治维新开始，提出"脱亚入欧"，制定"富国强兵，殖产兴业，文明开化"三大目标，以开放的姿态快步走向世界，并迅速成为二十世纪亚洲第一个也是唯一的工业化国家。……晚清的自强维新同日本的明治维新在起点上是相似的，但结局完全不同，一个以失败告终，不但要继续饱受因盛世时期错失开放所带来的苦果，还不断陷入由于强国举措不当和失误结果没有能够完成在被动开放条件下实现早期现代化越来越深的困境；另一个则是抓住开放机遇全面推进强国之举并取得成功，顺利完成从封闭到开放的历史性转型，实现从封闭国门到开放强国的早期现代化过程。

——冯苏宝：《五百年间中国三次丧失了对外开放的机会》，《经济导报》（香港）2013年第12期。

点评：研究世界各国历史，可以发现一个普遍的、规律性的现象，那就是凡是实行良政的国家，顺应世界潮流、实行对外开放，适时调整和完善开放理念、政策和方法，消除不符合本国国情的负面因素，这个国家就充满生机和活力，兴旺发达，国力昌盛，人民生活不断改善。相反，如果只重个人统治，思想保守，孤陋寡闻，施行劣政，视对外开放为洪水猛兽，或者时开时闭，直至闭关锁国，就必定背离世界潮流，国家机体丧失活力，经济社会状况每况愈下，人民社会生活长期处于困境。这个历史现象在 15 世纪地理大发现以后尤为明显，成为近 500 年世界舞台上的主旋律。汉唐以降的历代盛世，无不与当政者实行开明、开放政策成正相关效应，而由封闭导致国家与社会逆势而行，国策反动、积贫积弱的历史教训比比皆是。中国在近代时期国力一落千丈，由世界性大国衰落成受西方列强侵略压迫的半殖民地半封建社会，其根子并不完全在 19 世纪中期以后的 100 年，而是应当溯源到 18 世纪后半叶的乾隆盛世。自 15 世纪世界地理大发现以来的五百年间，中国多次丧失了对外开放的机会而走向国运式微。

第三章　辛亥革命与君主专制制度的终结

第一板块：学习引导

一、学习目的

1. 要求学生深刻认识革命与改良的关系，既要充分肯定革命的必要性、正义性和进步性，又要客观评价改良的作用；

2. 深入分析南京临时政府的政权性质和辛亥革命的伟大意义，要充分肯定资产阶级民主革命的进步性，并认识到辛亥革命是 20 世纪中国历史上第一次历史性巨变；

3. 深入分析辛亥革命失败的原因和教训，并进一步总结归纳资产阶级共和国方案在中国行不通的原因。

二、重点·难点·热点：

1. 阐明革命与改良的关系，阐明辛亥革命胜利的历史意义，阐明辛亥革命失败的原因和教训，使大学生深刻体会辛亥革命是中国近代史上一次伟大的反帝反封建的资产阶级民主革命，是本章的重点内容。

2. 如何全面客观地评价革命与改良的关系，如何阐明资产阶级共和国方案在中国行不通，如何正确认识资产阶级民主革命的局限性，是本章的难点。

3. 深刻理解辛亥革命的历史贡献和精神遗产是本章的热点。必须要加强对辛亥革命历史意义的阐述，进一步强调辛亥革命推动了中华民族的思想解放，促使中国在社会经济、思想习惯和社会风俗等方面发生了新的积极的变化。

三、推荐阅读

1. 毛泽东：《纪念孙中山先生》（1956年11月），《毛泽东著作选读》下册，人民出版社1986年版。
2. 周恩来：《在孙中山先生诞生一百周年纪念大会上的讲话》，《人民日报》1966年11月13日。
3. 江泽民：《在纪念辛亥革命九十周年大会上的讲话》（2001年10月），《人民日报》2001年10月10日。
4. 胡锦涛：《在纪念孙中山诞辰140周年大会上的讲话》（2006年11月），中国新闻网，2006年11月12日。
5. 李文海、颜军：《走向现代化的必由之路——纪念辛亥革命》，《中国人民大学学报》2002年第1期。
6. 张磊：《孙中山与辛亥革命——纪念辛亥革命90周年》，《广东社会科学》2001年第5期。
7. 龚书铎：《近代中国的革命和改良》，《思想教育理论导刊》2006年第10期。
8. 李毅：《"告别革命"论三谬》，《高校理论战线》2005年第6期。
9. 郭世佑：《辛亥革命的历史条件与历史结局再认识》，《清史研究》1995年第3期。
10. 胡绳武、金冲及：《辛亥革命史稿》，上海人民出版社1991年版。
11. 萧功秦：《危机中的变革：清末现代化进程中的激进与保守》，上海三联书店1999年版。

第二板块：课后练习

一、单选题

1. 20世纪中国的第一次历史性巨变是（ ）。

A. 太平天国革命 B. 义和团运动
C. 戊戌变法 D. 辛亥革命

2. 近代中国第一个资产阶级政党是（　　）。

A. 兴中会 B. 光复会
C. 中国同盟会 D. 华兴会

3. 孙中山三民主义思想的核心是（　　）。

A. 民族主义 B. 民生主义
C. 民权主义 D. 平均地权

4. 中国历史上第一部资产阶级共和国宪法是（　　）。

A.《中华民国临时约法》 B.《钦定宪法大纲》
C.《中华民国约法》 D.《中华民国宪法》

5. 被誉为"革命军中马前卒"的（　　）写了《革命军》，号召人民推翻清王朝，建立"中华共和国"。

A. 黄兴 B. 宋教仁
C. 邹容 D. 陈天华

6. 辛亥革命的失败是指（　　）

A. 没有完成反帝反封建的任务
B. 没有推翻清政府的统治
C. 没有打击帝国主义的在华势力
D. 没有促进中国革命的向前发展

7. 1894年孙中山在檀香山组织的反清革命组织是（　　）。

A. 华兴会 B. 兴中会
C. 光复会 D. 同盟会

8. 辛亥革命的最大功绩是（　　）。

A. 使人民获得了一些民主和自由的权利
B. 结束了2000多年的君主专制政体，建立了资产阶级共和国
C. 为资本主义的发展创造了条件
D. 使民主共和观念深入人心

9. 同盟会成立后，资产阶级革命派发动了一系列武装起义，其中影响最大的是（　　）。

A. 萍浏醴起义 B. 惠州起义
C. 镇南关起义 D. 黄花岗起义

10. 辛亥革命与戊戌变法的不同之处是，辛亥革命（　　）。
   A. 由中国民族资产阶级领导和发动
   B. 以挽救民族危机、发展资本主义为目的
   C. 没有改变中国的社会性质
   D. 改变了中国的国体

11. 同盟会的机关报是（　　）。
   A.《时务报》 B.《新民丛报》
   C.《民报》 D.《万国公报》

12. 武昌起义胜利后成立湖北军政府，推举的都督是（　　）。
   A. 孙中山 B. 黄兴
   C. 黎元洪 D. 宋教仁

13. 为反对袁世凯刺杀宋教仁和"善后大借款"，孙中山在 1913 年领导了（　　）。
   A. 辛亥革命 B. 二次革命
   C. 护国运动 D. 护法运动

14. 20 世纪初，邹容发表的宣传民主革命思想的著作是（　　）。
   A.《驳康有为论革命书》 B.《革命军》
   C.《警世钟》 D.《猛回头》

15. 20 世纪初，在民主革命思想传播中发表《警世钟》的是（　　）。
   A. 章炳麟 B. 邹容
   C. 陈天华 D. 严复

16. 1911 年 4 月，资产阶级革命党人在黄兴率领下举行了（　　）。
   A. 广州起义 B. 惠州起义
   C. 武昌起义 D. 黄花岗起义

17. 1905 年，第一次登载孙中山论述三民主义学说的报刊是（　　）。
   A.《新民学报》 B.《民报》
   C.《苏报》 D.《时务报》

18. 1911年夏,湖北、湖南、广东和四川爆发的民众运动是（　　）。
   A. 拒俄运动　　　　　　　　B. 拒法运动
   C. 保路运动　　　　　　　　D. 护法运动

单选题参考答案

1. D 2. C 3. C 4. A 5. C 6. A 7. B 8. B 9. D 10. A
11. C 12. C 13. B 14. B 15. C 16. D 17. B 18. C

二、多选题

1. 孙中山先生的三民主义是（　　）。
   A. 民主　　　　　　　　　　B. 民生
   C. 民族　　　　　　　　　　D. 民权

2. 1905年至1907年间,革命派和改良派论战的内容有要不要（　　）。
   A. 以革命手段推翻清王朝　　B. 推翻帝制,实行共和
   C. 进行民主革命　　　　　　D. 进行社会革命

3. 在辛亥革命的酝酿阶段资产阶级领导的爱国运动中,规模较大、具有代表性的有（　　）和保路运动等。
   A. 拒俄运动　　　　　　　　B. 拒法运动
   C. 抵制美货运动　　　　　　D. 收回利权运动

4. 清末新政改革的主要内容有（　　）。
   A. 裁撤绿营,建立新军
   B. 设立商部、学部、巡警部等中央行政机构
   C. 颁布商法商律,奖励工商
   D. 鼓励留学,颁布新的学制

5. 1904年开始,各地建立的资产阶级革命团体有（　　）等。
   A. 华兴会　　　　　　　　　B. 科学补习所
   C. 光复会　　　　　　　　　D. 岳王会

6. 1913年至1917年间,反对北洋军阀统治的革命斗争有（　　）。
   A. 二次革命　　　　　　　　B. 护国运动

C. 第一次护法运动　　　　　　D. 黄花岗起义

7. 清政府实施新政，在文化教育方面也采取了系列措施，主要内容包括（　　）。

A. 废除科举　　　　　　　B. 设立学堂
C. 奖励留学　　　　　　　D. 禁止缠足
E. 修改刑律

8. 北洋军阀集团在袁世凯死后分裂为三大派系，分别为：（　　）。

A. 以段祺瑞为首的皖系　　　B. 以冯国璋为首的直系
C. 以陈炯明为首的粤系　　　D. 以张作霖为首的奉系
E. 以阎锡山为首的晋系

9. 1905年，中国同盟会制定的革命纲领是（　　）。

A. 驱除鞑虏　　　　　　　B. 恢复中华
C. 创立民国　　　　　　　D. 平均地权

10. 1911年，直接参与领导武昌起义的革命组织是（　　）。

A. 共进会　　　　　　　　B. 文学社
C. 中华革命党　　　　　　D. 中国国民党

11. 辛亥革命的历史局限性主要是（　　）。

A. 没有提出彻底的反帝反封建的革命纲领
B. 没有改变国体
C. 没有充分发动和依靠群众
D. 没有建立坚强的革命政党及其领导核心

12. 1913年，资产阶级革命派发动的二次革命的导火索是（　　）。

A. 段祺瑞拒绝恢复国会
B. 宋教仁被刺
C. 袁世凯与日本签订"善后大借款"
D. 张勋复辟帝制

多选题参考答案

1. BCD　2. ABD　3. ABCD　4. ABCD　5. ABCD　6. ABC
7. ABC　8. ABD　9. ABCD　10. AB　11. ACD　12. BC

三、思考题

1. 论述革命派与改良派的论战。

1905年同盟会成立后，围绕孙中山的三民主义，革命派代表人物汪精卫、陈天华、朱执信、胡汉民等人纷纷在《民报》上发表文章。立宪派代表人物梁启超则在《新民丛报》上撰文，批评《民报》发表的一些重要文章。《民报》作者则给予有力回击，自此双方开始了1905—1907年的著名笔战，即革命和立宪两派在思想领域展开的一场激烈论战。

革命派以同盟会机关报《民报》为阵地，立宪派以《新民丛报》为核心，主要阵地在日本，美国、加拿大、新加坡及上海、香港等地的报纸也分成两派，参与了论战。1906年、1907年达到高潮。这次论战的持续时间之长，涉及范围之广泛，斗争之激烈，影响之深远，在中国近代史上是绝无仅有的。

在民族主义方面辩论的主要问题是：要不要以革命手段推翻清政府的统治；在民权主义方面的主要问题是：要不要推翻帝制，实行共和；在民生主义方面的主要问题是：要不要平均地权，实行社会革命。

革命派通过这场论战，划清了革命与改良的界限，传播了民主与革命思想，促进了革命形势的发展，澄清了在中国进行革命的必要性和正义性：

第一，在中国必须进行一场革命，革命固然会流血牺牲，但这种流血牺牲更多的是带来历史的发展和社会的进步，更多的是给人们带来福祉。

第二，现在的君主专制制度是中国"恶劣政治的根本"，不是"国民恶劣"，而是"政府恶劣"，只有兴民权、改民主，才是中国唯一的出路。

第三，中国现在的土地制度极不合理，"地主强权"，"地权失平"。必须通过平均地权实现土地国有，在进行政治革命的同时实现社会革命，才能避免贫富不均等社会问题。

这场论战也暴露了革命派在思想理论方面的弱点。比如，他们主张推翻清政府，但对"革命是否会招致帝国主义干涉"的问题不敢做出理直气壮的正面回答，只是希望通过"有秩序的革命"来避免动乱和帝国主义的干涉。他们所说的"国民"，主要还是指资产阶级及其知识分子，而不是广大人民群众。他们对封建地主土地所有制是否应该改革的问题也是语焉不详，并且反对贫困农民"夺富人之田为己有"。这些理论和认识的局限不可避免地会影响辛亥革命的进程和结局。

2. 三民主义的主要内容是什么？怎样评价？

三民主义是同盟会的政治纲领，主要包括民族主义、民权主义、民生主义，其主要内容是驱除鞑虏，恢复中华，创立民国，平均地权。

所谓民族主义，包括"驱除鞑虏""恢复中华"两项内容。一是要以革命手段推翻清朝政府，改变它一贯推行的民族歧视和民族压迫政策；二是追求独立，建立"民族独立的国家"。孙中山指出，民族主义"并非是遇着不同种族的人，便要排斥他"，自然也"不是恨满洲人，是恨害汉人的满洲人"，如果满洲人不会阻碍革命，革命党人则"绝无寻仇之理"。民族主义是"要将满洲政府所有压制人民之手段、专制不平之政治、暴虐残忍之刑罚、勒派加抽之苛捐与及满洲政府所纵容之虎狼官吏，一切扫除"。也就是要结束清政府的专制统治及其媚外政策。

民权主义的内容是"创立民国"，即推翻封建君主专制制度，建立资产阶级民主共和国。这就是孙中山所说的政治革命，是三民主义的核心。孙中山强调，政治革命应当与民族革命并行。民族革命是扫除"现在的恶劣政治"，而政治革命则是扫除"恶劣政治的根本"，从而把斗争矛头直接指向集国内民族压迫与封建专制统治于一身的清政府。

民生主义在当时指的是"平均地权"，也就是孙中山所说的社会革命。其主要内容是解决土地问题。针对西方资本主义制度的弊病和劳资对立、贫富分化等社会问题，孙中山认为中国革命不能停留在"媲迹于欧美"，而应"睹其祸害于未萌"，"举政治革命、社会革命毕其功于一役"。因此，为了预防土地集中和贫富分化，平均地权就成为中国社会革命的迫切任务。具体办法是，首先核定天下地价，规定土地现有价值属原主所有，革命后土地在原价之外的增额一律归于国家，为国民所共享。其次，国家采用土地价值的标准，征收土地税，将增加的地价以租税的形式转归国家。除此之外，国家还可以根据需要，依照土地原价收买地主的土地。通过上述三项措施，逐步实现土地的国有化。孙中山希望以此既使中国富强，又避免产生贫富悬殊的现象，达到"举政治革命、社会革命毕其功于一役"。

三民主义是中国历史上第一个较为完整的资产阶级民主革命纲领。它主张通过民族革命、政治革命、社会革命，推翻清朝统治和君主专制制度，建立资产阶级民主共和国，以实现民族独立、人民民主和国家富强。这揭示了近代中国民主革命的时代主题，在动员和组织群众、指导革命实践中发挥了重大作用。但三民主义在反对帝国主义和封建主义方面又具有不彻底性和片面性。以革命排满为表现形式的民族主义没有从正面鲜明地提出反对帝国主义的主张，相反则幻想通过继续履行不平等条约、赔偿外债等妥协方式，换取列强的支持，实现对外的民族独立。同时，也没有明确地把汉族军阀、官僚、地主作为革命对象。民权主义虽然强调了要建立民主共和国，却忽略了广大劳动群众在国家中的地位，因而难以使人民的民主权利得到真正的保证。民生主义没有正面触及封建土地所有制，没有提出土地分配的具体方案，因而无法满足广大农民的利益和要求，在革命中难以成为发动广大工农群众的理论武器。在实际宣传过程中，孙中山等人又将民族主义置于首要地位，忽视了民权主义在民主革命中的核心地位。此外，革命人士在接受和理解三民主义的过程中，出现了诸多差异，或倾向于民族主义，或倾向于民权主义，对民生主义则表现淡漠，语焉不详。这种理论认识上的差异和缺憾，势必会对此后的革命行动造成一定的消极影响。

3. 辛亥革命的历史贡献是什么？

第一，它使中国的封建统治秩序再也无法稳定下来。中国封建社会的代表是皇帝，他是大权独揽的绝对权威，是反动统治秩序赖以保持稳定的重心。推翻皇帝制度，这是辛亥革命的最大意义。辛亥革命动摇了中国人对两千年来似乎千古不变的封建专制——皇权统治的崇拜，用武装起义的方式掀倒了皇帝的宝座，这是历史的巨大进步。中国历史上掀倒皇帝宝座的例子很多，每次掀倒后，又有新的皇帝重新登上那个宝座。近代中国也是这样：太平天国农民起义，虽然号称建立新天、新地、新世界，也免不了要登上皇位；戊戌变法也是一场以拥立皇帝为目的的改良运动；义和团反帝爱国运动的旗帜上写的是"扶清灭洋"，就是说反对外国侵略，拥护皇帝。辛亥革命则不同，不是以拥立新皇帝为目的，而是推倒任何皇帝。皇帝掀倒了，皇帝宝座废除了，人民接受了与中国传统政治完全不同的共和立宪观念，成立了共和国，这就是中华民国，从而结束了几千年习惯了的对皇帝、宰相、大臣的顶礼膜拜。从此以后，形成了一个新的观念：敢有帝制自为者，天下共击之。袁世凯称帝，张勋复辟，便是天下共击之的例子。政治鼎革，带来了社会经济、文化发展一系列的变化，带来了对外关系的一系列变化，影响了中国与世界的关系，也影响了中国与周边国家的关系。辛亥革命在这里所起的巨大作用是无法抹杀的，它为中国的进步打开了闸门，为中国人民革命的胜利开辟了道路。

第二，它间接破坏了帝国主义的在华殖民统治。辛亥革命前，西方列强通过迫使清政府与之签订《南京条约》《马关条约》《辛丑条约》等手段，使清政府一步步沦为"洋人的朝廷"。西方列强在避免陷入"中国泥潭"的同时，以清政府为"买办"，间接统治中国，获取无限制的在华利益。但在辛亥革命后，列强再也无法找到在华势力的统一代言人了，这就间接破坏了帝国主义的在华殖民统治和在华利益。

第三，它使中国人民在思想上获得了一次大的解放。皇帝过去是至高无上、神圣不可侵犯的，如今都可以打倒，那么，还有什么陈腐的东西不可以打破？思想闸门一经打开，这股汹涌澎湃的思想解放潮流就奔腾向前，不可阻挡了。尽管辛亥革命后，政治形势还十分险恶，但人们已开始大胆地寻找新的救中国的出路，不久便迎来了五四运动和马克思主义的传播，开启了近代中国的政治进步与觉醒。所以说，近代中国的政治进步与觉醒，是辛亥革命开启的。辛亥革命为20世纪中国的历史性进步打开了闸门，拉开了序幕。辛亥革命是旧民主主义革命的高峰，又为新民主主义革命奠定了一定的基础。不否定皇帝专制，就难以得到辛亥革命后的大幅进步，就难以发生新文化运动和五四运动，就不会有马克思主义的广泛传播，就不会有中国共产党在艰难中诞生、发展和壮大，就不会有中华人民共和国的诞生，就不会有现代中国在世界上的地位。甚至辛亥革命失败的历史教训，辛亥革命反帝不彻底，辛亥革命未能成功地发动和解决农民的问题，都对后来的中国共产党人提供了重要的历史启示。

4. 辛亥革命的精神遗产是什么？

第一，实现共和宪政。共和国的执政者只能在宪法的范围内活动，这是辛亥革命留给后人的最大遗产。武昌首义后，湖北军政府成立，随即发布文告，宣布"永久建立共和政体，与世界列强并峙于太平洋之上，而共享万国和平之福"。不久就颁布《中华民国鄂州约法》。《鄂州约法》是中国历史上第一部具有宪法性质的地区性资产阶级民主立法，为以后南京临时政府制订和颁布《中华民国临时约法》提供了范本。《临时约法》贯彻了主权在民、三权分立等近代西方资产阶级共和宪法的基本原则，具有鲜明的资产阶级民主色彩，是中华民国第一部具有宪法性质的国家根本大法。《临时约法》具有鲜明的民权宪法性质，人民的民主权利在此得到较为充分的肯定。因此，《中华民国临时约法》在中国宪政史上具有特别重要的意义。尽管袁世凯和北洋政府破坏了《临时约法》，但法制观念仍为民众所接受。用宪法代替封建专制，这是共和宪政最大的特点。

第二，提出民族平等和中华民族新概念。辛亥革命是以民族革命为起点的革命，"五族共和"思想和中华民族概念为此后中国的民族平等提供了思想基础。从民族革命角度说，反满是要反对满族作为统治阶级的特权。这种统治特权反映在民族关系上，就是民族不平等。因此，孙中山曾说，民族主义，是要扫除民族的不平等。当然，这个民族不平等，也包括后来他所说的列强对中华民族的不平等。取消民族不平等，是辛亥革命对中国历史的贡献。孙中山在1912年元旦就任临时大总统时宣布："国家之本，在于人民。合汉、满、蒙、回、藏诸地为一国，即合汉、满、蒙、回、藏诸族为一人，是曰民族之统一。"这就是"五族共和"的主张。五族共和是以取消民族不平等为先决条件的，五族共和就是五族平等。随着五族共和主张的提出，就是中华民族新概念的出现。中华民族的概念规定了中国境内各民族是一律平等的。民族平等,是孙中山民族主义的核心观念,为统一的多民族国家的建立提供了丰厚的理论基础。中华民国成立以来,中华民族这个称呼为全国各民族人民所接受。

第三,提倡以人民为本位的公仆精神。孙中山就任临时大总统,自称人民公仆,从而确认以人民为本位。1911年12月29日,孙中山为感谢各省代表选举他为临时大总统,在致各省都督电中称:"今日代表选举,乃认文为公仆"。把大总统等同于人民的仆人,体现了人民至上的革命精神。他曾以大总统名义发布通令,要求所有政府官员"皆系为民服务,官规具在,莫不负应尽之责任,而无特别之利益"。他还说过:"国中之百官,上而总统,下而巡差,皆人民之公仆。"孙中山自己更是以身作则,廉洁自持,始终保持国民公仆形象。孙中山曾对来访者言:"总统在职一天,就是国民的公仆,是为全国人民服务的。""总统离职以后,又回到人民的队伍里去,和老百姓一样。"这是一种伟大的公仆精神,也是孙中山、辛亥革命留给后人的珍贵的政治和精神遗产。

四、材料分析题

(一)阅读下列材料,回答问题。

材料一:要而论之,法者天下之公器也,变者天下之公理也。大地既通,万国蒸蒸,日趋于上,大势相迫,非可阏制。变亦变,不变亦变。变而变者,变之权操诸己,可以保国,可以保种,可以保教。

——梁启超:《变法通议》,华夏出版社2002年版,第15页。

材料二:1911年中国民主革命的先行者孙中山先生领导的辛亥革命,终结了统治中国两千多年的君主专制制度。但是,辛亥革命后试图模仿西方民主制度模式建立的资产阶级共和国,包括议会制、多党制等,并没有实现中国人民要求独立、民主的迫切愿望,很快就在中外各种反动势力的冲击下归于失败。中国人民仍然处于被压迫、被奴役、被剥削的悲惨境地。中国的出路在哪里?中国人民在黑暗中思考着、摸索着、奋斗着。

——中华人民共和国国务院新闻办公室:《中国的民主政治建设》

(2005 年 10 月 19 日)。

请回答：（1）材料一反映的是哪个派别的救国方案？结局如何？并分析其原因。

（2）结合材料二，分析为什么辛亥革命"没有实现中国人民要求独立、民主的迫切愿望"。

参考答案要点：（1）资产阶级维新派。失败。

失败原因：

客观原因：新旧力量对比悬殊。

当时民族资本主义经济力量还十分微弱，民族资产阶级的社会基础相当狭窄。民族资产阶级的政治代表维新派的势力更是非常弱小，很多人自身还保留着封建士大夫的痕迹。他们既没有严密的组织，也不掌握实权和军队，更没有去发动群众。他们只是把自己的全部希望寄托在没有实权的光绪帝身上。百日维新中的每一项改革，都惹恼了守旧派。慈禧太后对戊戌变法的成败起到决定性的作用。戊戌新政开始时，主要是在经济、军事、文教方面进行改革，而且是看慈禧太后的脸色行事的。

主观原因：维新派本身的局限性。

首先，不敢否定封建主义。他们在政治上不敢根本否定封建君主制度，只是幻想依靠光绪皇帝，通过和平、合法的手段，实现自上而下的改革，让资产阶级和开明士绅的代表参加政权，逐步实现君主立宪。

其次，对帝国主义抱有幻想。他们虽然大声疾呼救亡图存，却又幻想西方列强能帮助自己变法维新。维新派尖锐地揭露了沙俄侵华的事实，却幻想依靠与英、日结成同盟来抵抗沙俄。

最后，惧怕人民群众。维新派的活动基本上局限于官僚士大夫和知识分子的小圈子。他们不但脱离人民群众，而且惧怕甚至仇视人民群众。

（2）着重分析辛亥革命失败的原因。

客观上，帝国主义与以袁世凯为代表的大地主、大买办势力及旧官僚、立宪派相互勾结。

主观上：

第一，在反帝问题上，资产阶级革命党人虽然有强烈的爱国之心和民族独立的愿望，但在反帝反封建问题上缺乏足够的勇气，不敢也不能提出彻底的反帝反封建的纲领，甚至幻想通过与革命的敌人妥协来实现资产阶级民主政治。

第二，在反封建问题上，资产阶级革命党人与封建统治阶级势不两立，但对封建主义的本质缺乏科学、深刻的认识，对封建主义传统对中国社会的影响估计不足。

第三，在依靠对象问题上，资产阶级革命党人没有唤起广大民众，一般的民众特别是农民基本上没发动，人民群众的革命力量始终没有成为主流。

第四，在组织领导上，始终没有形成强有力的领导核心。作为资产阶级革命党的同盟会，在革命过程中，始终没有统一思想，统一组织，统一领导，统一行动，上至同盟会总部，下到各地的支部，基本上处于组织涣散的状态，组织分裂、另组他党的情况时有发生。

（二）阅读下列材料，回答问题。

材料一：诸国同时并域，独能自致富强，岂非相类而易行之尤大彰明较著者？如以中国之伦常名教为原本，辅以诸国富强之术，不更善之善者哉？

——冯桂芬：《校邠庐抗议》，中州古籍出版社1998年版，第211页。

材料二：民国元年的《中华民国临时约法》，在那个时期是一个比较好的东西；当然，是不完全的、有缺点的，是资产阶级性的，但它带有革命性、民主性。

——《毛泽东文集》第6卷，人民出版社1999年版，第325—326页。

材料三：当时先进的知识分子认为：要拥护那德先生，便不得不反对孔教、礼法、贞节、旧伦理、旧政治；要拥护那赛先生，便不得不反对旧艺术、旧宗教；要拥护德先生又要拥护赛先生，便不得不反对"国粹"和旧文学。……他们大声疾呼："国人而欲脱蒙昧时代，羞为浅化之民也,则急起直追,当以科学与人权并重。"

——中共中央党史研究室:《中国共产党历史》(第一卷上册),中共党史出版社 2002 年版,第 37 页。

请回答:(1)上述三则材料分别反映了中国近代史上哪三件大事?这三件大事在中国近代史上发挥的积极作用是什么?

(2)试从现代化角度分析上述三件大事之间的异同点。

参考答案要点:(1)三件大事是洋务运动、辛亥革命、五四以前的新文化运动。

洋务运动的意义:

第一,在客观上对中国的早期工业和民族资本主义的发展起了某些促进作用。

第二,洋务运动通过开办新式学堂,派留学,翻译西学西书等,给当时的中国带来了新的知识,使人们打开了眼界。

第三,传统的观念受到冲击,社会风气和价值观念开始变化,工商业者的地位上升。

辛亥革命的意义:

辛亥革命是资产阶级领导的以反对君主专制制度、建立资产阶级共和国为目的的革命,是一次比较完全意义上的资产阶级民主革命。

第一,辛亥革命推翻了清王朝的统治,沉重打击了中外反动势力。

第二,辛亥革命结束了统治中国两千多年的封建君主专制制度,建立了中国历史上第一个资产阶级共和政府,使民主共和的观念开始深入人心。

第三,辛亥革命给人们带来了一次思想上的解放。

第四,辛亥革命促使社会经济、思想习惯和社会风气等方面发生了新的积极变化。

五四以前的新文化运动的意义:

第一,所提倡的民主、科学的口号具有振聋发聩的作用。

第二,新文化运动的倡导者并没有因为批判孔学就否定中国的全部传统文化。

第三,新文化运动的倡导者在社会上掀起了一股思想解放的潮流。

（2）相同点：

都是面向西方寻求国家出路，都是现代化进程中的重要环节。

不同点：

学习西方搞现代化的侧重点有所不同，分别是器物、制度和思想文化。

第三板块：延伸思考

一、导语

1911年，武昌城头一声炮响，辛亥革命爆发，至今已百年有余。辛亥百余年，对辛亥革命的研究也已有百年，但是对这次革命的若干问题的探讨依然在继续。辛亥革命到底是中国革命的"早产儿"，还是历史发展的必然？到底是资产阶级改良道路更好，还是暴力革命道路更适合当时的国情？孙中山先生领导的辛亥革命是中国近代史上一次伟大的反帝反封建的资产阶级民主革命，但为什么这样一场伟大的革命会屡战屡败呢？对这诸多问题的探讨，能够让我们更好地了解我国的历史和国情，增强爱国主义意识和历史使命感。

20世纪初中国民族民主革命思潮的兴起，中国同盟会的成立，革命派与改良派的大辩论，以及全国革命形势的极度高涨，这一切说明历史为清王朝提供了变革政体以生存下去的条件，但清王朝只有自我挽救的意识，而没有相应的变革意识，认不清时代潮流，最终落得个被革命风暴完全摧毁的下场。也就是说，暴力革命是不得已的最后选择，是改良之路走不通之后才不得不选择的方式。对这一点我们必须要有清楚的认识。革命与改良究竟哪种好，不能抽象地论定。对革命、改良的得失，必须做出实事求是的具体的分析，完全抹杀革命、一味颂扬改良是错误的。在一个国家内部的变革中，是采取革命的方式还是改良的方式，完全取决于这个国家的历史状况、社会政治状况、阶级状况等现实国情。就近代中国而言，无论是戊戌维新运动还是立宪运动，对中国社会发展都曾不同程度地起过积极推动作用。但无论是维新派还是立宪派,他们以改良的方式来解决中国问题的尝试,均以失败而告终。近代中国的革命要破坏什么样的旧的政治制度,建立什么新的政治制度,都是很明确的。至于辛亥革命后由于资产阶级共和道路走不通,出现的帝制复辟、军阀割据和混战的局面,这不是辛亥革命的结果,而是袁世凯及其他军阀造成的,是帝国主义和封建主义造成的。辛亥革命的失误,恰是它对旧制度破坏不彻底,未能完成反帝反封建的历史任务,才为日后的袁世凯窃取革命果实和军阀混战留下了隐患。从辛亥革命发生的历史背景,我们可以看出,近代中国的革命可以说是外国侵略者和本国反动统治者逼出来的。辛亥革命的领导人和不少骨干分子,并非一开始就主张以武装革命推翻清政府,而是经历了一个从改良到革命的过程。

由于中国民族资产阶级的软弱性和不彻底性,辛亥革命及其后来的斗争最终都以失败而告终。资产阶级共和国方案在中国行不通,是由于帝国主义的压迫,由于中国的民族资产阶级的软弱性,由于中国资本主义经济的薄弱,它的成败与暴力革命这种方式并无直接关系。

辛亥革命与中国历史上发生过的王朝更替性质不同,它不是以一个王朝取代另一个王朝,而是以一种社会制度取代另一种社会制度。而且它不是依靠中国固有的儒家经典作为思想武器,而是以19世纪末以来的新型知识分子从欧美各国学到的社会革命理论作为理论支撑。推翻帝制,建立共和,是以孙中山为首的革命党人的坚定理想。从20世纪开始,进步的知识分子便相信只有革命才能救中国,以武昌起义发端的辛亥革命,标志着中国从此踏上革命之路。但由于时代条件的局限性和历史的复杂性,辛亥革命又是一次不彻底的革命。它以自己的胜利和失败,留给我们中国人一份非常宝贵的遗产。

二、阅读材料及点评

材料一

按照孙中山原先的构想,他好像并不是一开始就要反对满洲人,就要排满就要革命。他在留学期间确实接受了许多西方新思想,具有传统中国士大夫不一样的政治情怀,但他毕竟还是中国人,所以在他从香港医学院毕业后，在他从事了一段时间专业后，孙中山还是想进入体制，因为在中国这种威权体制下，大约只有体制内最保险最有把握。

　　基于这种设想，孙中山在 1894 年春天起草了一份上李鸿章书。这份重要文献现在完整留存，从中我们可以看出孙中山的政治思想和改革主张并没有多少新奇的地方，或为老生常谈，或为政治常识，对李鸿章这样的大臣来说，孙中山的这些建议没有一点儿新鲜感。孙中山没有中国体制所需要的功名，他之所以写这份上李鸿章书，说实在的，也不是真有真知灼见要表达要建议，孙中山只是期望通过上书这种形式引起李鸿章的重视，能够出于同情出于礼贤下士而给他一个机会。

　　像孙中山这样偏锋取胜的年轻人在传统中国社会所在多有，不足为奇，同时代的康有为在没有获取功名之前也曾不止一次上书言事，寻找机会。康有为此奋斗了好多年，终于获得了回报，而孙中山仅仅经过一次挫折，就改弦更张另起炉灶。孙中山的这个重要改变不仅重塑了自己的人生道路，而且深刻影响了中国历史的走向。

　　当孙中山携带郑观应等上海滩一批名流的推荐信引荐函于 1894 年抵达天津时，中日之间因为朝鲜而引发的紧张局势一触即发。李鸿章原本就是一个不要战争的兵法高人，他之所以建设一支强大的北洋舰队，其实就是不要用这支舰队去打仗，而是一种威慑，一种制衡，是不战而屈人之兵，让敌人望而却步。现在由于中国先前几十年的增长和胡吹，中国人的浮躁暴露无遗，隐忍了几十年的委屈被一个描绘的巨大泡沫刺激起来了，不愿再隐忍了。中日之间只能通过战争去解决问题，在某种程度上说，中国当时其实也需要一场战争，一场局部的可控制的战争，否则国内激进的民族主义情绪无法安抚，不是向外而是向内可能导致的结局更可怕。于是，朝廷责成李鸿章全权负责指挥这场战争，一个反战者做了自己最不愿意做的事。

　　战前的紧张是必然的，所以孙中山在天津逗留的那些日子根本没有机会见到李鸿章，更不要说李鸿章能够将他收到门下，或者拉进体制了。孙中山带着些微遗憾离开了天津，在周游了北部中国之后转身向东，跑到檀香山闹革命去了。

现在可以比较有把握地说，孙中山在天津时并不知道中日之间的紧张局势，不知道中国当时处在什么样的形势中，那是因为中国一直消息比较闭塞，人们根本不清楚中国与外国的真实关系。但当孙中山重回檀香山之后，一个开放的社会环境和毫无限制的媒体环境使孙中山大吃一惊，中国军队在战场上节节败退一溃千里望风而逃更是震动了孙中山，联想早些日子在天津的观感，孙中山很快意识到中国的失败是必然的，因为现在的中国不是中国人的中国，现在中国统治者满洲贵族只是周边一个异族，非我族类，其心必异。所以在孙中山的政治概念中，中国已亡两百多年，满洲人入主中原，其实就是对中国的殖民统治。由此，孙中山萌发了排满思想，萌发了革命意识，他认为中国要想改变目前在国际上被动挨打局面，要想像其他国家一样在国际上享有地位和应有尊严，第一步就是要驱逐鞑虏，将满洲人从中原赶出去，恢复中华，这是重建中国走向复兴的第一步。

——马勇：《辛亥革命发生的历史必然性》，中国网，2011 年 8 月 29 日，http://www.china.com.cn/xhgm/2011-08/29/content_23306141.htm。

点评：孙中山的反满革命思想与其在李鸿章那里受阻有一定的关系，但不是根本原因。根本原因是清廷的政治腐败，历史给了清廷变革政体以生存下去的机会，但都被清廷不知不觉放弃了。以孙中山为首的革命者，为了"振兴中华"，推动中国社会的进步，决心用社会革命的方式，推翻"洋人的朝廷"。孙中山、黄兴等组织了中国第一个具有政党性质的资产阶级革命团体——同盟会，把分布在海内外的中国革命者和先进的知识分子团结在自己的周围，为反清革命做了大量的思想启蒙、舆论宣传工作，发动了多次武装起义，大大推动了中国反清革命的进程。1911 年 4 月的广州黄花岗起义、8—9 月的四川保路运动、10 月武昌首义以及随后的各省响应，是标志辛亥革命必然发生的一系列政治事件。

清政府 30 多年的洋务新政只是造成了一种虚假的畸形繁荣，并没有在制度等方面做更多积极的工作，这是中国在甲午战争中失败的根本原因，也是孙中山排满革命思想得以发生的背景。孙中山不仅是一个理想主义者，他发现了中国问题的症结，而且试图提出解决问题的办法,他的排满革命就是为中国寻找出路。1894年底他就在海外鼓动华侨参加革命,明确告诉他们革命的目的就是要将满洲人赶出中国,重建中国人的天下。第二年,孙中山就着手发动了一场武装起义,这虽然不可能从根本上动摇清廷的政治根基,但毫无疑问,孙中山是在知其不可为而为之。

材料二

1911年(宣统三年)5月以后,正当民主革命风声激荡,清王朝统治摇摇欲坠的时刻,湖南、湖北、广东、四川发生了轰轰烈烈的保路运动。其中以四川的运动最为壮阔,它促进了武昌起义的爆发,加速了清王朝的覆灭。

保路运动是因英、美、德、法四个帝国主义国家勾结清政府夺取已准归商办的粤汉、川汉两路路权而激发起来的。借用外债修筑两路的谈判从1908年起已开始进行,由于帝国主义国家之间的矛盾,到1910年5月它们才达成借款协定。1911年4月清政府代表、邮传部尚书盛宣怀与四国公使议定了借款合同细节,等待各该国政府批准后就要正式签字了。

要批准这个出卖路权的合同,必须将商办铁路收归官办。于是,清政府在5月9日下达了"干路均归国有"的"上谕",5月20日正式签字借款合同。

首先起来反对"国有"政策的是湖南。继湖南之后,湖北群众也行动起来,上书抗争,集会声讨;广东人民在得知"国有"政策后,反应异常强烈,也起来进行斗争。

"干路国有"的消息传到四川,群情汹汹,要求抵制。6月13日丧权卖国的"四国借款合同"寄到成都,原来赞成"国有"的立宪派们,转向了"保路"的立场,他们在6月17日发起成立"保路同志会"。

保路同志会的成立受到群众的欢迎,仅仅四天,成都一地签名入会的已超过10万人。不久,成都以外地区也陆续成立"保路同志协会",到9月7日为止,成立"协会"的共有64个县。

在各地组织保路同志会的过程中,秘密的哥老会会员得到公开活动的机会;同盟会的革命主张也不断渗透到群众中去。就在这时,以滥杀无辜著称的"赵屠户"——新任总督赵尔丰带着"从严干涉"的命令来到成都。这时,群众更加怒不可遏,由此导致8月24日从成都开始的罢市、罢课、抗粮、抗捐斗争。

清政府为了维护其统治,一面命端方率领鄂军入川"认真查办";一面令赵尔丰"切实镇压"。

赵尔丰以有人散布一种宣传君主立宪、地方自治主张的小册子《川人自保商榷书》作口实,硬把"隐含独立"的罪名扣在立宪派首要人物的头上。9月7日便将蒲殿俊、罗纶、邓孝可、颜楷、彭芬、张澜等人逮捕。

蒲、罗等被捕后,尽管赵尔丰马上贴出"只拿首要,不问平民","聚众入署,格杀勿论"的告示,但成千的群众奔向总督衙门请愿,要求释放被捕者。当他们涌向辕门时,赵尔丰下令开枪,并用马队来回驰逐。当场死者,经查明的32人,伤者无法统计。这就是骇人听闻的成都血案。

当赵尔丰的大屠杀开始后,同盟会员龙鸣剑、朱国琛、曹笃等人,用木板数百片,写上"赵尔丰先捕蒲、罗,后剿四川,各地同志速起自救自保"的字样,然后把木片涂上桐油,包上油纸,投入锦江。这种"水电报"使下游的人迅速知道了省城出事,纷纷揭竿而起,开始了轰轰烈烈的保路同志军的起义。

武装起义的形势发展很快。七八天中逼近成都的起义军达一二十万之众。赵尔丰既要防内又要攻外,顾此失彼,狼狈不堪,急切通电求援。

警电传至北京,清政府决定:饬派鄂、湘等6省援军赴川,催令端方迅速起程西上,起用曾任川督的岑春煊入川会同办理剿抚事宜。但是:鄂军入川,削弱了湖北的兵力,有利于革命党人在武昌起义;端方西上,仅至资州就被部众所杀;岑春煊"奉旨"后畏缩不前,后来见风使舵反而电请清廷"组织共和政治"。

在武装斗争中,同盟会员吴永珊(玉章)、王天杰宣布荣县独立,建立了同盟会领导的第一个县政权。川西、川北的藏族、彝族群众也投身起义。

——包子衍：《四川保路运动》，原载《人民日报》1981年10月6日，引自：http://www.people.com.cn/GB/shizheng/252/6534/6560/20010928/572483.html。

点评：四川保路运动是辛亥革命的重要组成部分。波澜壮阔的保路运动，沉重地打击了帝国主义及清王朝在中国的统治，极大地鼓舞了资产阶级革命党人的斗志，为中国资产阶级民主革命立下了不朽的功绩。保路运动使得清王朝的统治率先在四川被冲破，为武昌起义创造了条件，从而加速了全中国革命高潮的到来，成为中国资产阶级民主革命的先导和重要一环。

孙中山先生是这样评价四川保路运动的功绩的："若没有四川保路同志会的起义，武昌革命或者要迟一年半载。"应该说，这是很客观的评价。

材料三

辛亥革命之后，社会风气为之一新，中国的进步开始变得不可阻挡。回望百年之前，社会风气的变革，新旧两种风气的激荡，无不惊心动魄。

今日男子头发留长留短很自由，但在百年之前剪除发辫的激荡则不小。其时，革命党人早早地剪去辫子，继而发动群众剪。南京临时政府成立后，发布了剪辫的通令。从清初为留长辫发布"留发不留头、留头不留发"的"薙法令"，到民初发布"剪辫通令"以及"欲削夺其选举权，以实行强迫手段"的舆论谴责，即可知一些重要的社会生活习俗亦是"兵家必争之地"，所折射的正是习俗变化对社会进步的推动力。

如果说剪发辫是一种强力倡导，那么乘车变化则是自由选择带来的习俗变革。旧时达官贵人、士绅商贾多以轿子"肩舆"代步，男女不同乘。辛亥革命之后，坐新交通工具成为时髦，男女同车而行亦为时髦，最终解构了轿子所形成的隐性社会等级秩序。当时的上海，"有乘各式汽车、马车、电车者，有乘轿者，有徒步者，有男女携手同行者，有男女同车左拥右顾疾驰而过者"。至此，虽有力挽旧秩序、护"舆制"官威者指斥为有伤风化，亦已无力回天。

辛亥革命的移风易俗之力,所带来的冲击和解构是全方位的。比如推动妇女解放,使妇女挣脱三从四德的枷锁。比如服饰纷呈,"西装东装,汉装满装,应有尽有,庞杂至不可名状"。比如革除缠足等恶习,促使社会上渐对"涂朱傅粉穿耳缠足之习""视同怪物"。移风易俗所带来的积极变化也是明显的,黄炎培就曾这样写道:"社会风俗人心,从某些部分看来,辛亥革命以后和以前大大改变了,所以卑贱、颓废、放荡行为,有些少了,有些完全消灭了……总之,辛亥革命无数头颅换来的,除推翻封建帝制以外,广大民众的体格、品格相当提高了。"

社会的移风易俗,源自辛亥革命在政治、经济、文化领域的巨大变革对社会所产生的巨大影响。正如马克思所说,"随着每一次社会制度的巨大历史变革,人们的观点和观念也会发生变革"。当封建帝制被推翻、皇帝被拉下马,"国不可一日无君"的帝王思想就被破除。当民族工商业实现大发展,实业救国、科学救国思潮即兴起和普及。当禁锢人们的封建专制主义旧制度、旧思想、旧观念、旧习俗被批判,带来的便是思想的启蒙和观念的现代化。这一切作用在社会领域,就是旧的社会风俗与秩序不断被消解,各种新风气不断形成,社会观念在"润物无声"中发生悄然转变。我们说辛亥革命打开了中国进步的闸门,一个重要方面就体现在开启社会风气和推动社会进步上。

当现代化的大门被开启,中国的进步也就开始蓄势不可挡的社会力量。辛亥革命以后,一个最显著的变化就是"谁要再想做皇帝,就做不成了"。袁世凯的皇帝梦只做了83天,张勋复辟丑剧更是昙花一现,这一切正应了孙中山先生所说,"世界潮流,浩浩荡荡,顺之则昌,逆之则亡"。

——陈家兴:《辛亥革命开启社会新风气》,《人民日报》2011年9月27日,http://cpc.people.com.cn/GB/64093/64099/15761083.html。

点评:辛亥革命所带来的社会风气的变革,其影响是巨大的。南京临时政府成立后,按照资产阶级民主、平等、自由、博爱的原则,建立现代化的社会生活。提倡除旧布新、改革旧习、改良社会,社会面貌呈现出崭新的气象。主要有:改革称呼、保障人权、限期剪辫、劝禁缠足、禁止买卖人口、禁止鸦片、禁止跪拜、禁止赌博、禁止搞封建迷信，等等。最为突出的便是对"发辫"态度的转变。清朝政府在入主中原时，剃发改装是第一严令，以强迫男人留辫子来推行自己的统治。因此在民国初年，人们在心理上就较为自然地把剪辫子与封建专制的对立面——民主共和紧密联系在了一起。武昌起义一成功，就顺理成章地引发了一场空前绝后的剪辫风暴。剪掉辫子，犹如解除了中国人身上的精神枷锁。

辛亥革命对人们交通方式、妇女解放带来的影响也是巨大的。与对乘轿子的废除相关，新的交通方式带来的是等级观念一定程度的解体，对打破中国人长久形成的等级观念和官本位意识也有很大冲击。辛亥革命后，妇女解放运动兴起，禁缠足，兴女学，反对父权和夫权，这都极大解放了妇女。妇女可以出外活动，参加生产实践，经济地位的提高带来了社会地位的提高，很多陋习也被废除。值得一提的是，一些知识女性开始投身政治，组织了女子北伐军、女子敢死队、女子同盟会、女子参政团、女子自由党等。一些知识女性组成了参政同志会，宗旨为普及女子政治学识，养成女子从政能力，期得国民完全参政。这说明，遭受封建专制压抑几千年的中国妇女界开始觉醒，为了自身的权利去争取、去抗争，这种觉醒、这种抗争是最为可贵和可取的。

第四章 开天辟地的大事变

第一板块：学习引导

一、学习目的

1. 了解中国先进分子对资产阶级民主主义产生怀疑的原因，了解他们在十月革命以后怎样经过比较、探求选择了马克思主义，认识举起马克思主义旗帜的巨大而深远的意义；

2. 了解工人阶级政党的产生是近代中国社会发展和革命发展的客观要求，了解中国共产党是马克思列宁主义与中国工人运动相结合的产物，认识它的创建是开天辟地的大事变；

3. 联系第一次工人运动的高潮特别是大革命兴起和发展的历史情况，认识中国共产党一经成立就使中国革命的面貌焕然一新。

二、重点·难点·热点

1. 让大学生了解马克思主义在中国传播的背景，认识五四运动是中国新民主主义革命的伟大开端，继承和发扬五四运动的光荣传统；认识中国共产党是马克思列宁主义同中国工人运动相结合的产物，它的产生是近代中国社会经济发展的必然结果，领会中国共产党的建立对中国革命的伟大意义；了解国共合作对推动中国革命的重大作用，并从国民革命的胜利和失败中认识革命统一战线中坚持无产阶级领导权的重要性，是本章的重点内容。

2. 如何认识中国的先进知识分子为什么选择了马克思主义，如何认识五四运动之前的新文化运动的局限性以及这种局限性如何推动他们去探索挽救民族危亡的新的途径，是本章的难点内容。

3. 历史和人民为什么和怎样选择了马克思主义和中国共产党，中国共产党在中国的建立是开天辟地的大事变，是本章的热点问题。

三、推荐阅读

1. 陈独秀：《敬告青年》（1915年12月），《青年杂志》第1卷第1号（1915年12月）。
2. 李大钊：《我的马克思主义观》（1919年5月），《新青年》第6卷第5号和第6号（1919年5月）。
3. 龚书铎：《五四新文化运动的评价问题》，《河北大学学报》1996年第1期。
4. 金冲及：《五四运动的两个特点》，《百年潮》2009年第6期。
5. 沙健孙：《中国早期马克思主义思想运动的历史特点》，《马克思主义研究》1995年创刊号。
6. 沙健孙：《五四时期的思想解放运动与马克思主义》，《中共党史研究》1989年第3期。
7. 金冲及：《他们为什么选择了社会主义——五四时期先进青年思想变动轨迹的剖析》，《学习与研究》1989年第9期。
8. 龚书铎：《五四运动与马克思主义》，《求是》1999年第8期。
9. 仝华：《中国共产党的成立是"开天辟地的大事变"》，《思想理论教育导刊》2006年第11期。
10. 倪兴祥：《中国共产党创建史研究》，上海人民出版社2012年版。
11. 邵维正：《中国共产党创建史》，解放军出版社1991年版。
12. 高敏：《关于第一次国共合作几个问题的思考》，《中共党史研究》2008年第4期。
13. 黄修荣：《国民革命史》，重庆出版社1992年版。
14. 刘曼容：《孙中山与中国国民革命》，广东人民出版社1996年版。

第二板块：课后练习

一、单选题

1. 下列观点中，不属于新文化运动倡导者的观点的是（　　）。
   A. "儒教不革命、儒学不转轮，吾国遂无新思想、新学说"
   B. 中国的全部传统文化应该否定
   C. "孔学优点，仆未尝不服膺"
   D. 孔学并不等于全部国学
2. 中国人是从（　　）开始真正了解马克思主义的。
   A. 新文化运动后　　　　B. 五四运动后
   C. 辛亥革命后　　　　　D. 俄国十月革命后
3. 中国第一个传播马克思主义并主张向俄国十月革命学习的先进分子是（　　）。
   A. 李大钊　　　　　　　B. 陈独秀
   C. 鲁迅　　　　　　　　D. 毛泽东
4. 标志中国新民主主义革命开端的是（　　）。
   A. 新文化运动　　　　　B. 中国共产党的诞生
   C. 五四运动　　　　　　D. 辛亥革命
5. 下列新文化运动倡导者中，不是早期马克思主义信仰者的是（　　）。
   A. 李大钊　　　　　　　B. 毛泽东
   C. 胡适　　　　　　　　D. 蔡和森
6. 李大钊成为中国的第一个马克思主义者的标志，是他于 1919 年 9 月、11 月发表的文章（　　）。
   A.《法俄革命之比较观》　B.《庶民的胜利》
   C.《Bolshevism 的胜利》　D.《我的马克思主义观》
7. 中国共产党历史上有"南陈北李，相约建党"的说法，其中"陈""李"分别指（　　）。

A. 陈独秀　李达　　　　　B. 陈独秀　李大钊
C. 陈潭秋　李大钊　　　　D. 陈潭秋　李达

8. 毛泽东认为，（　）是一个"开天辟地的大事变"。
A. 十月革命　　　　　　　B. 五四运动
C. 中国共产党的成立　　　D. 第一次国共合作

9. 中国共产党从（　）开始，不仅有了最高纲领，而且有了最低纲领。
A. 中共一大　　　　　　　B. 中共二大
C. 中共三大　　　　　　　D. 中共四大

10. 第一次国共合作正式形成的标志是（　）。
A. 中共一大
B. 中共二大
C. 中共三大
D. 中国国民党第一次全国代表大会

11. 国共合作之下进行的北伐战争所喊出的（　）口号响彻大江南北。
A. 外争国权，内惩国贼　　B. 打倒列强，除军阀
C. 打倒土豪，分田地　　　D. 停止内战，一致对外

单选题参考答案

1. B　2. D　3. A　4. C　5. C　6. D　7. B　8. C　9. B　10. D　11. B

二、多选题

1. 北洋军阀统治中国的主要社会基础是（　）。
A. 地主阶级　　　　　　　B. 买办资产阶级
C. 外国帝国主义　　　　　D. 民族资产阶级

2. 新文化运动的主阵地是（　）。
A. 民友社　　　　　　　　B.《新青年》杂志
C. 北京大学　　　　　　　D. 政学会

3. 新文化运动的基本口号是（　　）。
   A. 独立　　　　　　　　B. 富强
   C. 民主　　　　　　　　D. 科学
4. 下列选项中，属于早期新文化运动主要内容的是（　　）。
   A. 提倡新文学，反对旧文学
   B. 提倡民主和科学，反对迷信和愚昧
   C. 提倡个性解放，反对封建礼教
   D. 主张实行文学革命
5. 下列选项中，属于对早期新文化运动的正确认识的是（　　）。
   A. 在当时的社会环境中，要想从根本上改造国民，仅依靠少数人改造国民性，仅依靠少数人的呐喊是不可能的
   B. 五四以前的新文化运动是资产阶级民主主义的新文化反对封建主义的旧文化的斗争
   C. 新文化运动的参加者基本局限在知识分子的范围内
   D. 为中国人民提供一种正确认识中国国情的思想武器
6. 早期新文化运动中的左翼人士已经开始对资产阶级民主主义怀疑，他们是：（　　）。
   A. 陈独秀　　　　　　　B. 李大钊
   C. 毛泽东　　　　　　　D. 胡适
7. 对于俄国十月革命的历史意义的正确说法有（　　）。
   A. 它是一个具有划时代意义的世界性的历史事件
   B. 它是世界革命的新纪元
   C. 它是人类觉醒的新纪元
   D. 它昭示了资本主义制度并不是永恒的
8. 参加五四运动的社会阶级和阶层有（　　）。
   A. 工人阶级　　　　　　B. 农民阶级
   C. 小资产阶级　　　　　D. 民族资产阶级
9. 中国早期马克思主义思想运动的特点是（　　）。
   A. 重视对马克思主义基本理论的学习
   B. 明确地同第二国际的社会民主主义划清界限

C. 注意从中国实际出发，学习、运用马克思主义的理论

D. 开始提出知识分子应当同劳动群众相结合的思想

10. 中国共产党早期组织的主要活动有（　　）。

A. 研究和宣传马克思主义

B. 进行关于建党问题的讨论和实际组织工作

C. 在工人中进行组织和宣传工作

D. 成立社会主义青年团

11. 下列对中共一大内容的描述不正确的有（　　）。

A. 陈独秀作为代表出席大会，并被选为中央局书记

B. 大会确定党的名称为中国共产党

C. 大会确定了党的最高纲领和最低纲领

D. 正式宣告了中国共产党的成立

12. 下列各项活动为中国共产党的诞生创造条件的有（　　）。

A. 马克思主义在中国的广泛传播

B. 中国工人阶级的成长、壮大，工人运动的发展及其水平的提高

C. 党的早期组织的成立

D. 一批具有初步共产主义思想的知识分子的日益成熟

13. 中共二大通过的民主革命纲领的内容包括（　　）。

A. 实现社会主义、共产主义

B. 打倒军阀

C. 推翻国际帝国主义的压迫

D. 统一中国为真正民主共和国

14. 下列事件中，由蒋介石亲手制造的有（　　）。

A. 中山舰事件　　　　　　B. 四一二反革命政变

C. 马日事变　　　　　　　D. 七一五反革命政变

15. 1921年中国共产党的成立，是中国革命历史上划时代的里程碑，中国革命从此焕然一新。从此中国革命有了（　　）。

A. 正确的革命道路　　　　B. 科学的指导思想

C. 坚强的领导力量　　　　D. 崭新的奋斗目标

多选题参考答案

1. AB 2. BC 3. CD 4. ABCD 5. ABC 6. ABC 7. ABCD
8. ACD 9. ABCD 10. ABCD 11. AC 12. ABCD 13. BCD
14. AB 15. BCD

三、思考题

1. 五四运动的思想渊源是什么？

五四运动的巨大动力，来自于日趋成熟的反帝反封建的民主革命思想。

（1）新文化运动为五四运动提供思想铺垫。

第一，新文化运动形成了前所未有的启蒙运动和空前深刻的思想解放运动。如火如荼的新文化运动对民主与科学的张扬，对旧文化、旧民俗、旧礼教的批判，在政治上和思想上，给封建主义一次前所未有的沉重的打击，它加速了中国人民的觉醒。

第二，客观上为马克思主义的传播创造了条件。广大知识分子冲破夷夏之辨、中体西用的束缚，放眼世界，大胆拿来，新思想、新观念、新文化犹如脱缰的野马，闯进了死气沉沉的中国，整个社会风气为之一变。新文化运动否定了两千年来封建正统思想的权威，人们敢于独立思考问题，敢于吸收新思想了。这就客观上为马克思主义的传播创造了条件。正因为如此，毛泽东对它的评价为："这个运动是生动活泼的，前进的，革命的。""自从有中国历史以来，还没过这样伟大而彻底的文化革命。"

第三，五四以前新文化运动，是资产阶级民主主义的新文化反对封建主义的旧文化的斗争。

这些都为五四运动提供了思想文化上的积累和铺垫。

（2）新文化运动部分知识分子对西方资产阶级思想的怀疑。

第一，西方资本主义已经充分暴露并在第一次世界大战中以极端形式进一步暴露的内部的、制度的矛盾，对把中国之前途寄希望于西方文明的中国人来说，无疑是当头一棒。看到欧洲的景象，和西方物质文明的堕落，科学的进步非但未能制止大战，反而加剧了战争的残酷性和危害性。许多中国人，特别是放眼看世界的中国人，转而对资本主义文明深感失望、惶恐和愤慨，资本主义文明破产了的观念深入人心。西方人都对自己怀疑了。李大钊当时说，"此次战争使欧洲之文明之权威大生疑念，欧人自己亦对其文明之真价，不得不加以反省"。梁启超的《欧游心影录》中有美国记者赛蒙与他的谈话，赛蒙不赞成把西方文明输入中国，他对梁启超说：等回去就是关起大门等着，等你们把中国文明输进来，救助我们。可见世界大战的灾难确实给西方思想界带来了危机。于是，新文化运动的思想武器本身是从西方武器库中搬出来的，但最终批判的武器变成了武器的批判。

第二，中国人学习西方一再碰壁，给中国人民极大的刺激，从而对资本主义方案产生了更大的怀疑。在中国，从19世纪下半叶开始的思想领域的激荡，没能改变中华民族在风雨中飘摇的命运。"这种痛苦的经历，对中国的先进分子来说是一件好事，旧的路走不通了就会寻找新的出路"。这就为中国的先进分子寻找马克思主义提供了土壤。加上中国在巴黎和会上的外交失败，更使中国人对资本主义产生避害意识，当时一些激进的民主主义者如李大钊等在新的历史条件下开始探索新的救国救民的方案。

(3) 十月革命对中国的影响。

第一，十月革命由于发生在和中国情况相同或者近似的俄国，也就是封建压迫严重、经济文化落后的俄国，因而对中国的先进分子具有特殊的吸引力和亲和力。十月革命证明，物质文明不高不阻止社会主义的进行，落后国家也可以用社会主义思想指引自己走向解放之路。它使陷于苦闷彷徨的中国先进分子看到了民族解放的新希望，可谓"山重水复疑无路，柳暗花明又一村"。毛泽东当时就兴奋地说，俄式系诸路皆走不通了新发明的一条路，此方法较其他方法所含可能性为多。其他人也有类似的话，比如，中国国情、社会组织、工业状况、人民境遇与俄国相近似，俄之过激主义可以行于中国。

第二，新生的俄国号召反对帝国主义和以平等的态度对待中国，有力地推动了中国的先进分子向往社会主义。

第三，十月革命给中国的先进分子以新的革命方法的启示。如十月革命中群众运动的方法，就得到了中国先进分子的注意和学习。

于是，在中国就出现了一批真诚赞成俄国十月革命和具有初步共产主义思想的知识分子。李大钊是在中国大地上，举起十月革命社会主义旗帜的第一人，以李大钊为代表的这批具有初步共产主义思想的知识分子，通过对各种学说、各种救国方案的反复比较和思考之后，终于选择了马克思主义道路。如果说，在这之前，当人们冲破封建思想的牢笼之后，曾经在资本主义的死胡同里徘徊过，如今这个死胡同的墙壁被推倒了，人们进入了一个广阔的新天地。也只有在这个时候，中国人从思想到行动才出现了一个崭新的时期。

中国的先进分子转向马克思主义，具有特定国际环境的双向作用：一是第一次世界大战和中国人对资本主义方案的怀疑、抛弃，二是作为马克思主义实践成果的十月革命的胜利。

同时，又具有反帝反封建的双重诉求：从内部来看，封建的政治、经济和文化成为当时中国社会发展的巨大障碍；从外部来看，帝国主义对中国的鲸吞蚕食，使救亡图存成为中国振兴、自强的先决条件。

因为这些条件，中国的反帝反封建民主革命思想日趋成熟，并最终推动了五四运动的爆发，并使它成为了新民主主义革命的开端。

2. 五四运动的历史特点和历史评价是什么？

（1）五四运动的历史特点：

第一，五四运动表现了反帝反封建的彻底性。

对"彻底性"的理解，一是"彻底性"不是指完成了反帝反封建的任务，而是指斗争的坚决性和不妥协性。毛泽东指出，五四运动的意义"在于它带着辛亥革命还不曾有的姿态，这就是彻底地不妥协地反帝国主义和彻底地不妥协地反封建主义"。

二是从感性的排外到理性地认识到，帝国主义的内部和外部的各种矛盾，帝国主义和中国封建势力的联合。在运动中，提出"外争国权，内惩国贼""改造强盗世界""另起炉灶，组织新政府"等口号。

第二，五四运动是一次真正的群众运动。

这是指五四运动体现了近代以来历次斗争所不具有的广泛性、群众性。五四运动所取得的胜利成果，不仅是国内学生、工人、广大市民共同努力的结果，而且国外的外交人员、华工和留学生也有贡献。1919年6月28日，中国代表拒绝在巴黎和约上签字，除了国内五四运动的影响和压力之外，以顾维钧为代表的外交人员也是有贡献的。中国代表团断然决定"不往签字"时，尚未接到北洋政府"拒绝签字"的电报，是自行决定的。还需要提到的是旅法勤工俭学的留学生的作用。6月28日，华工及留学生集合至三万余人，将各专使寓所围住，"不准专使出门，扬言如果出门，当捕杀之"。留学生事先还约定："每一个专使的命用三个人的命去偿他。这预备偿命的人已开了名单，不管要出门的专使是谁打死的，这预备偿命的人总去偿命。"

第三，五四运动促进马克思主义在中国的传播及与工人运动的结合。

经过五四运动之后，新文化运动呈现出向更深层次发展的趋向。作为各种思潮之一的马克思主义，最终被中国先进知识分子所接受。具有初步共产主义思想的中国知识分子，不仅从理论上一般地认识到工人阶级的历史地位和历史使命，而且亲眼看到中国工人阶级的强大力量。他们开始到工人中去宣传马克思主义和进行组织工作，促进了马克思主义与中国工人运动的结合，为中国共产党的成立准备了条件。所以，毛泽东说，"五四运动时无产阶级开始有了觉悟，五四运动发生在1919年，1921年便产生了中国共产党"。

五四运动具备了上述新的历史特点，它也就成了新民主主义革命的开端。

（2）对五四运动的评价：

第一，五四运动是近代中国历史上第一次由学生、工人和广大市民发动的反帝反封建爱国运动，不仅规模之大遍及全国，而且斗争方式是崭新的。这种崭新的斗争方式就是群众广泛地组织起来，各阶级阶层的群众的联合斗争。

第二，在五四运动中，爱国的青年起到了先锋作用。开始的时候，学生的运动带有自发性，由于陈独秀、李大钊等通过学生社团，对进步学生的及时指导，推动运动的发展，所以整个运动比较有组织，并且把这场反帝反封建的爱国运动坚持到底。

第三，在五四运动中，中国的无产阶级开始作为独立的政治力量登上历史舞台。他们以巨大的规模参加反对帝国主义、反对封建军阀的政治斗争，在运动中发挥了主力军的作用，给反动统治阶级造成了强有力的威胁。

3. 中国人如何认识和选择了马克思主义？

（1）自从1840年鸦片战争发生后，中国人民就开始了向西方学习和探索国家出路的斗争。太平天国农民起义，地主阶级改革派的洋务运动，都没有能够挽救中国。然后中国人开始学习西方资本主义国家的君主立宪制和民主共和制度。康有为、梁启超等领导的维新运动的失败，说明资产阶级改良派不能救中国；再接着是资产阶级革命派领导的1911年的辛亥革命，结果被袁世凯窃取了革命胜利果实，辛亥革命未能改变中国半殖民地半封建的社会性质，辛亥革命宣告失败，说明资产阶级革命派不能救中国。一些先进的中国人总结戊戌变法维新和辛亥革命失败的教训，痛感以往少数先觉者发动的救国斗争之所以不能奏效，多数国民对之"若观对岸之火，无所容心"是一个重要原因，于是决心倡导新文化运动，开展反封建的思想斗争，以便为建立真正的共和国奠定基础。

（2）五四运动以前的新文化运动以传播民主、科学思想为主要内容，仍然把建立资产阶级民主共和国作为共同奋斗目标。广大知识分子冲破夷夏之辨、中体西用的束缚，放眼世界，大胆拿来，新思想、新观念、新文化犹如脱缰的野马，闯进了死气沉沉的中国，整个社会风气为之一变。新文化运动否定两千年来封建正统思想的权威，人们敢于独立思考问题，敢于吸收新思想了。这就客观上为马克思主义的传播创造了条件。

但他们中间少数具有远见卓识的人物，已经开始对资产阶级的民主政治和文化思想持有某种保留的态度了。这是因为：

第一，在帝国主义时代，资本主义制度的内在矛盾已经比较充分地暴露出来。第二，1914年至1918年的第一次世界大战，以极端的形式进一步暴露了资本主义制度固有的、不可克服的矛盾。中国人民是否应当对欧洲文明亦步亦趋,当然成了问题。第三,中国人学习西方的努力屡遭挫折和失败,更使他们对资产阶级共和国方案在中国的可行性产生了极大的疑问。新文化运动左翼人士对资产阶级民主主义的怀疑,推动他们去探索挽救中国危亡的新途径,为他们尔后接受马克思主义准备了土壤。

(3) 1917年俄国爆发的十月社会主义革命,推动中国的先进分子把自己的目光从西方转向东方,从资产阶级民主主义转向社会主义。它给中国思想界的影响在于:

第一,十月革命给予中国人的一个启示是:经济文化落后的国家也可以用社会主义思想指引自己走向解放之路。十月革命发生在其国情与中国相同(封建压迫严重)或近似(经济文化落后)的俄国,对中国的先进分子具有特殊的吸引力。因此,毛泽东说:"我看俄国式的革命,是无可如何的山穷水尽诸路皆走不通了的一个变计"。第二,十月革命诞生的社会主义俄国号召反对帝国主义,并以新的平等的态度对待中国,有力地推动了社会主义思想在中国的传播。1919年苏维埃俄国第一次对华宣言声明放弃沙俄在中国攫取的一切特权,更引起人们很大的震动。第三,十月革命中俄国工人、农民和士兵群众的广泛发动并由此赢得胜利的事实,给予中国的先进分子以新的革命方法的启示,推动他们去研究这个革命所遵循的主义。

(4) 五四运动前,信仰马克思主义的,还只是李大钊这样个别的人物,马克思主义是在五四运动的推动下,才在中国传播开来的。

1919年爆发的"外争国权,内惩国贼"享誉于世的五四反帝爱国运动,促进了马克思主义在中国的传播及与工人运动的结合。

在五四运动中,工人阶级显示了伟大的力量。工人在斗争中发挥决定性的作用这个事实,给予先进的知识分子以真切的教育。正如邓中夏所说:"'五四'运动中有一部分学生领袖,就是从这里出发'往民间去',跑到工人中去办工人学校,去办工会"。那些接触了社会主义思潮、初步掌握了马克思主义的知识分子脱下学生装,穿上粗布衣,开始到工人中去进行宣传工作和组织工作。他们发挥了某种先锋和桥梁的作用。而先进知识分子与工人群众相结合的过程，也就是马克思主义与中国工人运动相结合的过程。这样，五四运动就为1921年中国共产党的成立做了思想上和干部上的准备。

五四运动以后，社会主义思潮在中国蓬勃兴起，马克思主义开始在知识界中得到广泛传播。在李大钊等的影响和当时形势的推动下，一批爱国的进步青年，尤其是那些具有初步共产主义思想的知识分子，经过各自的摸索，逐步划清了资产阶级民主主义与无产阶级社会主义、科学社会主义和其他社会主义流派的界限，走上了马克思主义的道路。

4. 五四运动后，新文化运动是怎样发展的？

这主要表现为新文化运动阵营的分化。

（1）新文化运动阵营中的论争。

新文化运动前期，陈独秀、李大钊、胡适等，提倡民主和科学。

五四运动后，分为两派，一为以李大钊、陈独秀为代表的，提倡马克思主义、提倡社会主义；另一为以胡适、张东荪为代表的，反对马克思主义、反对社会主义。

当时，中国的政治、经济和社会处于危机之中，在马克思主义被炮声送到中国的同时，西方的各种思潮也纷纷登陆中国并顽强地表现自己，试图影响以至主宰中国的未来走向。它们在中国的信仰者紧随其后，挑起了对社会主义思潮的论战。

马克思主义在中国的传播并不是一帆风顺的，而是经历了斗争。

第一，问题与主义之争。

一派是胡适，一派是李大钊。他们争论的焦点是中国要不要马克思主义，要不要革命。

胡适提出，"要一个一个地研究问题，一点一滴地解决问题。"其实质是，反对从根本上改革腐朽的社会制度，宣扬资产阶级改良主义。

而李大钊提出，"必须有一个根本的解决，才有把一个一个具体问题都解决了的希望。"它的实质是，主张以马克思主义为指导进行社会革命，认为"问题"与"主义"不能截然分开，两者应该并行不悖。

第二，关于社会主义的争论。

一派是张东荪、梁启超，一派是李达、陈独秀。其争论焦点是社会主义是否适合中国国情。

第三，马克思主义与无政府主义之争。

一派是黄凌霜、区声白，一派是陈独秀、李达。争论焦点为中国应该走社会主义道路还是走资本主义道路，实行社会革命还是实行社会改良和需不需要建立无产阶级政党。

当时，远在法国的周恩来，为了坚持马克思主义的观点，竟和无政府主义者争得面红耳赤，甚至因为有人诽谤《共产党宣言》，一向文雅的周恩来竟会勃然大怒。其当时为血气方刚的十九岁的青年。

马克思主义同改良主义、无政府主义之间的论战，其结果是：一是使许多并不了解社会主义的人也转而信仰社会主义了；二是帮助倾向于社会主义的进步分子划清了社会主义与资本主义的界限，科学社会主义同资产阶级、小资产阶级社会主义流派的界限，推动他们转变为马克思主义者，并迅速投入到宣传马克思主义与工人群众相结合的创建中国共产党早期组织的行动中去。

（2）新文化运动中的马克思主义化。

五四运动以前，新文化运动的倡导者陈独秀等还不是马克思主义者，他们提倡民主、科学的主张代表了历史唯物主义的必然要求，所以他们大倡民主和科学又是符合马克思主义的，因为马克思主义当然包括民主和科学。五四运动以后，中国的先进分子在选择接受马克思主义以后，并没有抛弃五四运动以前新文化运动的民主和科学的精神，而是在马克思主义的基础上，对它们进行改造，从而赋予民主和科学以新的含义。民主的新含义表现为，民主不再是指狭隘的资产阶级民主，而是指多数人的民主、劳动阶级的民主。科学的新含义是指，除自然科学之外，就社会科学而言，主要是指马克思主义的科学世界观和方法论。所以，五四运动以后，马克思主义的传播逐渐成为五四新文化运动的主流。

马克思主义的传播，并没有如有人宣传的那样，取消反封建的启蒙工作。中国早期的马克思主义者，运用唯物史观的武器，深刻地揭示了封建文化思想的根源，他们还把反封建的立足点和出发点，从争取个人的个性解放上升到争取人民群众的社会解放的高度，把反封建主义的斗争方式，从少数人进行的思想的批判，发展到主要由人民群众进行的革命实践。这样，他们就使得反封建的启蒙工作，在量上得到了空前的扩大和在质上得到了空前的提高，从而推动了中国人的思想在更大的范围内和更深刻的程度上获得解放。

5. 为什么说中国共产党的产生是中国革命的客观要求？

（1）中国革命的敌人异常强大，为了战胜这个敌人，革命营垒需要有坚强的领导者、组织者。

帝国主义和中华民族的矛盾，封建主义和人民大众的矛盾，是中国近代社会的主要矛盾；而帝国主义和中华民族的矛盾，是近代中国社会最主要的矛盾。帝国主义势力来到中国，不是为了把中国变成为一个独立富强的资本主义国家，而是为了掠夺中国而发展他们的资本主义；不是为了在平等的基础上同中国发展经济往来，而是为了在不平等条约的保护下，把中国变成他们庞大的商品倾销地、廉价劳动力和廉价原料的供应地、理想的资本输出的对象。如果中国成为一个独立富强的资本主义国家，他们就不可能做到这一切，而且还会增加一个强大的竞争对手，这种情况是他们所不愿意看到的。所以，毛泽东说，"帝国主义侵略中国，反对中国独立，反对中国发展资本主义的历史，就是中国的近代史。无数革命的先烈，为此而抱终天之恨。"

（2）面对异常强大的敌人，软弱的中国的民族资产阶级及其政党不能领导中国革命取得胜利。

作为中国旧民主主义革命的领导者，中国民族资产阶级恰恰由于生长在半殖民地半封建社会而显得极其软弱，生不逢时，先天不足，后天失调，未老先衰，这是中国民族资产阶级软弱性的特征。它既不敢彻底反帝，也不敢彻底反封建，这种情况就决定了中国民族资产阶级及其政治代表，既提不出反帝反封建的革命纲领，又不能放手发动人民群众，因而不能领导革命取得成功。当时连孙中山先生也认为国民党不行了，才去搞中华革命党，还是不行。1919年中华革命党解散，成立了中国国民党，但是中国国民党在五四运动中没有起领导作用。

在五四运动中，国民党站在运动之外不闻不问，北京、上海的学生虽然派代表见过国民党，而孙中山竟以无力为由拒绝参加，结果这个革命的高潮竟脱离了过去指导过革命的政党,这是何等的有意义呀,这个趋势足可以证明国民党已不能领导革命了。所以蔡和森说,"一个革命的政党在革命的高潮中完全不能领导,可见他快要死亡了,故此次运动中的一般新领袖对于国民党均不满意,而有利于新的政党的产生,中国革命需要组织各派力量以反对帝国主义而引导革命的党了。"

另外,资产阶级力量薄弱,虽参加了革命,但不能指导革命;小资产阶级虽参加了革命,但领导的方法策略是不对的;农民没有起来;无产阶级应是各种势力之组织者、领导者。由中国革命历史上的分析,客观主观都要求强势的阶级作中国革命的领导的势力。尤其是在五四以后,证明过去指导革命的党是不行了,要求有新的政党、新的方法来团结、组织各种反帝国主义、反军阀的群众,以使中国革命进行到底,并领导无产阶级得到解放,这即是中国共产党在历史上所应担负的使命,所应有的政治责任。

正因为中国民族资产阶级政党不行,中国革命要胜利,中国社会要有光明的前途,就不能依靠中国资产阶级及其政党的领导,而必须依靠新的革命阶级及其政党的领导。中国工人阶级的政党——中国共产党,正是适应中国革命的这种要求而成立的。

6. 中国共产党产生的三个条件是什么?

(1)第一次世界大战期间中国工人阶级的成长壮大和工人运动的发展为党的产生奠定了阶级基础。

中国共产党作为中国工人阶级的政党,它的产生是以中国工人阶级的成长和中国工人运动的发展为前提的。没有中国工人阶级及其斗争,就不可能产生中国共产党。中国工人阶级是随着资本主义在中国的发生发展而逐步形成的。19世纪中叶,外国在中国创办的企业中出现了一批中国最早的近代产业工人,19世纪六七十年代在官督商办、官商合办的企业和民族资本经营的企业中,出现了中国第二批和第三批近代产业工人。中国工人阶级人数不多,1894年至1914年期间达到100万人左右。1914年至1918年第一次世界大战期间,由于欧洲资本主义国家忙于在欧洲战场上的厮杀,暂时放松了对中国的经济侵略,只有日本、美国在华经济实力仍然有所扩张,因此,中国的民族资本主义经济在短时内获得了相当迅速的发展。与此相联系，中国的民族资产阶级和工人阶级的力量也进一步壮大起来。1919 年五四运动前夕，产业工人已达到 200 万人左右。伴随着中国资本主义的发展，中国工人阶级队伍迅速壮大，引发了中国工人运动的深入发展，并出现了新的前所未有的变化，这就是工人的罢工不但次数日益增多，而且罢工由单纯的经济斗争逐渐转向政治斗争，由自发的、分散的斗争逐渐转向有组织、有领导的斗争，中国的工人阶级正处在由自在的阶级向自为的阶级的发展变化之中，迫切需要有属于本阶级的思想武器的指导和革命政党的领导。所以，列宁在 1912 年发表的《中国的民族主义和民粹主义》一文中预言，"由于在中国将出现更多的上海，中国无产阶级也将日益成长起来。它一定会建立这样或那样的中国社会民主工党。"

（2）俄国十月革命后，马克思主义在中国的广泛传播，为党的产生奠定了思想基础。并不是有了中国工人阶级和工人运动，就能产生中国共产党，因为中国共产党不是如同工会那样的工会群众组织，它是工人阶级的先锋队。为此，它要通晓社会发展和革命发展的规律，并通过对这种规律的认识来指导中国工人阶级和人民群众进行革命斗争。而要做到这一点，就必须用科学社会主义武装工人阶级，而科学社会主义是不能从自发的工人运动中产生出来的，它必须从外部输入到工人运动中去。俄国十月革命一声炮响，给中国人民送来了马克思主义，使中国人民找到了解放自己的思想武器，而在这之前，就不具备这样的条件。例如，1912 年上海报纸曾出现征求中国共产党党员的启事，但是，此后就再也没有消息了，不了了之。而十月革命后，一大批宣传新思想的进步刊物像雨后春笋般在全国各地涌现出来，学习、研究马克思主义的团体纷纷成立，大批知识分子接受马克思主义，这样马克思主义的广泛传播就为党的产生奠定了思想基础。

（3）五四运动促成了马克思主义与中国工人运动的结合，为党的成立做了思想上和干部上的准备。五四运动不仅促进了马克思主义的传播，而且推动了马克思主义与中国工人运动的结合。五四运动期间，学生寻求支援，学生没有想到工人，沿街跪求商人罢市，可是商人不答应。而到了 6 月 5 日，工人自发起来，挺身而出，对运动的胜利起了决定性的作用。中国先进知识分子看到了中国工人阶级巨大的政治声势，特有的组织纪律性和坚定的革命精神，由此认识到了工人阶级的力量的伟大。例如，邓中夏说，"五四运动中一部分学生领袖就是从这里出发，'往民间去'，跑到工人中去办学校，去办工会。"邓中夏还到长辛店工人中做革命宣传，开始同工人建立联系。

这样，一方面，一部分工人在与这部分知识分子的接触中，接受了马克思主义的教育，从而使自己有了阶级觉悟，从而出现了一批工人阶级的先进分子，例如邓培。另一方面，知识分子理解工人的疾苦，看到了工人阶级的优秀品质，使自己在思想感情上同情工人，使得知识分子工人化。例如，俞秀松改名换服到工厂去做工，并给工人讲课；李中以湖南第一师范学生的身份，到江南造船厂打工，并帮助陈独秀等组织上海机器工会。

由于五四运动后中国知识分子和中国工人阶级中都有了先进分子，所以毛泽东说，1919年发生了五四运动，1921年便有了共产党，五四运动是在思想上和干部上准备了1921年中国共产党的成立。

7. 大革命中的中国共产党人对中国革命基本问题的探索是什么？

轰轰烈烈的大革命，一方面，为中国共产党人提供了前所未有的社会大课堂，使他们学到了许多新鲜的社会经验；另一方面，纷繁复杂的革命斗争又把许多没有现成答案的问题摆在他们面前，要求他们对大革命的性质、对象、任务、前途、领导权和中国社会各阶级的经济地位、政治态度等问题，做出马克思主义的回答。

为了指导中国革命，中国共产党人在大革命时期，对中国革命的基本问题进行了多方面的思考和探索：

（1）关于中国革命的性质问题。中国共产党着重探索了新旧民主主义革命之间的不同之处的事实，尽管中国共产党人还没有提出新旧民主主义革命的概念，但是他们已经开始从时代条件、革命的领导力量、斗争目标等根本问题上区分开了新旧民主主义革命，这无疑为党后来明确提出新民主主义革命的理论打下了基础。

（2）关于无产阶级领导权问题。中国共产党对这个问题经历了一个曲折复杂、逐步提高的过程，中国共产党人在事实的教训下，已经从一般的争夺无产阶级领导权上升到考虑如何在国民党内部争取政治指导的地位，这相较过去无疑前进了一大步。

（3）关于民族资产阶级问题。中国共产党已经明确把中国资产阶级划分为买办资产阶级和民族资产阶级，指出民族资产阶级可能成为民主革命的同盟军，但不是革命的主要力量，更不能充当革命的领导者。

（4）关于农民同盟军问题。农民问题是中国革命中的一个重要问题。党的四大肯定了农民是无产阶级革命的同盟者，毛泽东对农民问题的认识丰富了马克思列宁主义关于农民问题的理论。

（5）关于武装斗争的问题。例如，瞿秋白在《中国革命中之武装斗争》一文中，比较系统地论述了武装斗争和革命军队的问题。这是党内早期专门论述武装斗争问题的文章，为后来党探索革命道路问题做出了开拓性的贡献。

（6）关于中国革命前途的问题。党的二大初步提出了中国革命分两步走的思想。此外，中国共产党对工作重心、战略方针等方面也做了探索，初步划分了民主革命与社会主义革命的界限。例如，中共一大提出社会革命，二大提出民主革命，三大提出国民革命，这也是马克思主义中国化可贵的探索。

中国共产党人在大革命时期对中国革命基本问题做了卓有成效的探索，虽然这些探索还有许多不成熟、不确切、不完备的地方，彼此间的意见也不是完全一致的。但是，必须承认的是，这些思想是中国共产党人努力运用马克思主义理论解决中国实际问题的宝贵成果，对于后来的中国新民主主义革命理论的形成，具有重大的意义。

8. 第一次国共合作形成后，国民革命出现的新局面是什么？

（1）国共两党都得到了大发展。

（2）工农运动蓬勃高涨。

如 1925 年爆发的五卅运动，它不仅是中国人民反抗帝国主义的一个伟大的运动，并且是中国工人阶级全体直接参加和领导反帝国主义的一个空前的斗争。如五卅运动后，中国共产党独立领导的省港大罢工，更是把中国人民的反帝斗争提高到了一个新的水平。

再如从1926年秋到1927年秋出现的全国农民运动的高潮，这场农民运动是在中国共产党直接领导下发动的，共产党人毛泽东、彭湃、方志敏和国民党左派领袖邓演达等，站在斗争的前列，不断地从理论上、实践上给这场农民运动以有力的指导。1927年初，毛泽东到武汉任全国农民运动总干事，同时创办中央农民运动讲习所，短期内就为全国17个省市培养了800多位农民运动骨干。随着北伐军的胜利进军，农民运动由南向北，由秘密走向公开，得到迅猛发展，到1927年春，全国农民协会会员总数达900多万人，其中，湘、鄂、赣三省最多，湖南农会会员达到450多万，湖北达250万，江西达40余万，其他各省的农民运动也有较大的发展，农民们一经组织起来，就在农村兴起了一场空前深刻的大革命。贫苦农民扬眉吐气，土豪劣绅威风扫地。在这场空前的农村大革命中，土豪劣绅、不法地主，各种宗法思想和制度、封建习惯都成为攻击的对象。总之，这场农村大革命，从根本上动摇了帝国主义、封建势力统治中国社会的基础，充分显示出农民在国民革命中的伟大力量。

（3）革命武装力量不断扩大。

辛亥革命以来的中国，几大政治力量都在寻求着对于中国的统一。面对北洋军阀的金戈铁马，国民党和共产党人在几次挫折后顿悟：必须以武装的革命对付武装的反革命。在中国政坛上发言的分量轻重，关键要看枪杆子。

1924年5月，在苏联的援助下，创办了黄埔军校。孙中山亲任校总理，委派蒋介石为校长，廖仲恺任党代表。这是一所国共合作培养军事人才的学府。军校学习苏联红军的经验，建立了政治工作制度；高强度军事训练的同时又注重加强对学员的政治教育，把政治教育提到和军事训练同等重要的地位，注重培养学生的爱国思想和革命精神，为改造旧军队、建立新式军队做了很大贡献。中共还选派周恩来任军校政治部主任，熊雄、恽代英、聂荣臻任军事和政治教官，同时还选派大批中共党团员和进步青年入校学习。黄埔军校短期内培养了大批军政干部，他们成为不久之后建立的国民革命军的骨干，在统一广东和推动北伐中都成为军中英杰。以后辅佐国民党的杜聿明、黄维、郑洞国、范汉杰、李仙洲,成为有名的战将;投身共产党的徐向前、林彪、陈赓、左权、周士第、王尔琢,更成为中国现代军事史上的灿烂军星。黄埔军校也因之彪炳于中国现代史。

(4) 国民革命思想得到了空前的传播。

共产党人彭湃、阮啸仙、毛泽东等主办的农民运动讲习所,培养了许多农民运动的骨干,广泛传播了国民革命的思想,各种革命报刊相继创办,促进了国民革命思想由南向北的传播。

(5) 举行了反对北洋军阀的北伐战争。

1916年袁世凯死后,北洋军阀分为直系、皖系、奉系军阀和其他地方军阀等,各系军阀为争夺地盘,扩充实力,连年混战,民不聊生。"打倒北洋军阀,结束封建军阀的黑暗统治",已经成为中国人民的迫切要求。

1926年7月,以推翻北洋军阀为目标的北伐战争开始。国民革命军在工农群众的支援下,采取各个击破的战略,在不到一年的时间里,先后基本上摧毁了北洋军阀吴佩孚、孙传芳的主力,革命势力发展到了长江流域和黄河流域的大部分地区,帝国主义和封建势力的统治受到了严重的打击,北伐战争取得了胜利。

四、材料分析题

(一) 阅读下列材料,回答问题。

材料一:新文化运动的倡导者们指出:要拥护那德先生,便不得不反对孔教、礼法、贞节、旧伦理、旧政治;要拥护那赛先生,便不得不反对旧艺术、旧宗教;要拥护德先生又要拥护赛先生,便不得不反对"国粹"和旧文学。他们明确宣告:我们现在认定只有这两位先生,可以救治中国政治上、道德上、学术上、思想上一切的黑暗。他们大声疾呼:"国人而欲脱蒙昧时代,羞为浅化之民也,则急起直追,当以科学与人权并重。"

——中共中央党史研究室:《中国共产党历史》(第一卷上册),中共党史出版社2002年版,第37页。

材料二：法律之前，人人平等也。个人之自由权利，载诸宪章，国法不得而剥夺之，所谓人权是也。

——陈独秀：《东西民族根本思想之差异》，《青年杂志》第 1 卷第 4 号，1915 年 12 月 15 日。

材料三：吾人既未能置政治潮流以外，则开宗明义之第一章，即为抉择政体良否问题。古今万国，政体不齐，治乱各别。其拨乱为治者，罔不舍旧谋新，由专制政治，趋自由政治；由个人政治，趋于国民政治；由官僚政治趋于自治政治。此所谓立宪制之潮流，此所谓世界系之轨道也。吾国既不克闭关自守，即万无越此轨道逆此潮流之理。进化公例，适者生存，凡不能应四周情况之需求而自处于适宜之境者，当然不免于灭亡。日之与韩，殷鉴不远。吾国欲图世界的生存，必弃数千年之官僚的、专制的个人政治，而易以自由的、自治的国民政治也。

——陈独秀：《吾人最后之觉悟》，《新青年》第 1 卷第 6 号，1916 年 2 月 15 日。

请回答：（1）材料一中的"德先生""赛先生"分别指什么？说出其具体含义。

（2）结合材料二，分析早期新文化运动的倡导者们的奋斗目标是什么。

（3）结合所学内容，试析早期新文化运动存在的局限性。

参考答案要点：（1）"德先生"是指民主，"赛先生"是指科学。新文化运动倡导的民主，有两层含义，一是指民主精神和民主思想，二是指与封建君主专制相对立的资产阶级民主政治制度。新文化运动倡导的科学，也有两个方面的含义，一是指与封建迷信、蒙昧无知相对立的科学思想、科学精神以及认识和判断事物的科学方法，二是指具体的科学技术、科学知识。

（2）早期新文化运动倡导者的奋斗目标是在中国建立西方资产阶级的民主法治国家。

（3）早期新文化运动的局限性：

第一，新文化运动的倡导者们批判孔学，是为了给中国发展资本主义扫清障碍。但资产阶级共和国的方案在中国是行不通的,所以新文化运动并不能为人们提供正确认识中国进而改造中国的思想武器。

第二,新文化运动的参加者基本局限在知识分子的范围,没有同广大劳动群众相结合。运动回避反对军阀统治的斗争,没有正面提出反对帝国主义的任务。

第三,离开改造产生封建思想的社会环境的革命实践,仅仅依靠少数人的呐喊,依靠有限的宣传手段,是不可能从根本上改造当时的社会环境所产生的国民性的。

第四,新文化运动的许多领导人物,采用的是形式主义的态度分析问题,没有马克思主义的批判精神,这对当时的运动和后来的历史发展都产生了消极的影响。

(二)阅读下列材料,回答问题。

材料一:党的一大通过的中国共产党纲领,确定党的名称为"中国共产党",规定党的纲领是:革命军队必须与无产阶级一起推翻资本家阶级的政权;承认无产阶级专政,直到阶级斗争结束,即直到消灭社会的阶级区分;消灭资本家私有制,没收机器、土地、厂房和半成品等生产资料,归社会公有;联合共产国际。纲领明确提出要把工人、农民和士兵组织起来,并确定党的根本政治目的是实行社会革命。同纲领规定的奋斗目标相适应,大会要求党集中力量领导工人运动,首先是组织工会和教育工人。党的一大通过的《关于当前实际工作的决议》,对开展工人运动的组织工作和宣传工作,做了具体的规定。大会决定,在反军阀官僚的斗争中,在争取言论、出版、集会自由的斗争中,党应采取独立的政策以维护无产阶级的利益,不同其他党派建立任何联系。

——中共中央党史研究室:《中国共产党历史》(第一卷上册),中共党史出版社 2002 年版,第 86—87 页。

材料二:党的二大通过的宣言是一份具有重大历史意义的文件。它分析资本主义、帝国主义列强侵略中国和中国社会演变为半殖民地半封建社会的历史,着重指出:"各种事实证明,加给中国人民(无论是资产阶级、工人或农民)最大的痛苦的是资本帝国主义和军阀官僚的封建势力,因此反对那两种势力的民主主义的革命运动是极有意义的;即因民主主义革命成功,便可得到独立和比较的自由。"宣言在分析国际国内形势和中国社会性质的基础上,提出在目前的历史条件下,党的奋斗目标是:消除内乱,打倒军阀,建设国内和平;推翻国际帝国主义的压迫,达到中华民族完全独立;统一中国为真正的民主共和国。

二大宣言初步阐明了现阶段中国革命的性质、对象、动力、策略、任务和目标,指明了中国革命的前途。

大会通过的《关于共产党的组织章程决议案》《关于"工会运动与共产党"的决议案》和《关于议会行动的决议案》等文献中,在阐明党的性质时认为,中国共产党是无产阶级中最有革命精神的分子所组成的政党。为了把党建设成为一个革命群众性的无产阶级政党,大会提出两个重要原则:一是党的一切活动都必须深入到广大的群众里面去;二是党的内部必须有严密的、高度集中的、有纪律的组织和训练,并且要求个个党员不应只是在言论上表示是共产主义者,重在行动上表现出来是共产主义者。

——中共中央党史研究室:《中国共产党历史》(第一卷上册),中共党史出版社 2002 年版,第 100、102 页。

请回答:(1)结合材料一和材料二,分析中共二大与中共一大相比有哪些明显的进步。

(2)结合上述材料,分析中国共产党的成立使中国革命面貌焕然一新。

参考答案要点:(1)中共二大与中共一大相比,其进步性表现在:

第一,中共二大宣言分析了中国半殖民地半封建社会的基本国情,提出了党在民主革命阶段的革命纲领。

第二,初步阐明了中国革命的性质、对象、动力、策略、任务和目标,指明了中国革命的前途。

第三,提出同民主主义势力建立革命统一阵线。

第四,提出了新的革命方法,即群众路线的方法。

(2)中国共产党的成立,使中国革命的面貌焕然一新。中国共产党第一次提出了反帝反封建的民主革命纲领，为中国人民指出了明确的斗争目标。中国革命有了新的斗争方法，开始采取民族资产阶级、小资产阶级政党和政治派别没有采取过也不可能采取的革命方法，即群众路线的方法。中国革命有了坚强的领导力量和领导核心。

（三）阅读下列材料，回答问题。

材料一：改组以前，国民党的活动范围基本局限在狭小的上层社会，缺乏下层的群众工作。国民党的组织只在广东、上海、四川、山东等少数省、区和海外存在。共产党员加入国民党后，在各地积极帮助创建和发展国民党组织，使国民党在全国范围内得到空前的大发展。到1926年1月，国民党已有正式省党部11个，特别市党部4个，正在筹备的省党部8个，除新疆、云南、贵州等少数省、区外，已在全国大多数省、区建立起党部组织。这些党部大都是以共产党员和国民党左派为骨干建立起来的，其中许多党部的实际负责人是共产党员。总之，在国民党中央党部和各级地方党部的工作中，共产党人发挥了重大的作用。

——中共中央党史研究室：《中国共产党历史》（第一卷上册），中共党史出版社2002年版，第146—147页。

材料二：随着国民党各级组织的建立，国民党党员人数迅速增加，到国民党二大前夕，已达到20万之多。据统计，北京执行部所辖华北、东北、西北15个省、区，有党员1.4万余人。江苏省党部改组后，县、市、区党部发展到25个，党员达3500多人。浙江省党部在20多个县建立了组织，党员约有2000人。四川的国民党党务工作在共产党员吴玉章主持下，更是成绩斐然，党员发展到8000多人。

——中共中央党史研究室：《中国共产党历史》（第一卷上册），中共党史出版社2002年版，第147页。

材料三：在国民党人数增加的同时，党员成分也发生很大变化，工人、农民和青年学生占了相当大的比重。如广东各县党部，农民党员占80%；广州市党部中，工人党员占60%。又如山东省党部的党员，学生占40%，工人占25%，农民占15%，教师占15%，其他占5%。湖北省党部组织部在陈潭秋的主持下，十分注意吸收工农分子参加，到 1925 年 10 月,全省国民党党员中,工、农和青年学生占 75%以上。

——中共中央党史研究室:《中国共产党历史》(第一卷上册),中共党史出版社 2002 年版,第 147 页。

请回答:(1)结合以上材料分析国民党发生以上变化的原因。

(2)第一次国共合作的政治基础是什么?

(3)结合材料及所学知识,分析第一次国共合作给国民党带来的变化。

参考答案要点:(1)国民党发生以上变化的原因在于:国民党一大重新解释了三民主义,融入了反帝、反封建、民主权利应为一般平民所共有,平均地权、节制资本等内容,确立了联俄、联共、扶助农工的三大革命政策。共产党员、共青团员以个人身份加入国民党,为其注入了新的血液,增强了国民党的活力。

(2)第一次国共合作的政治基础是国民党的新三民主义的政纲,它同中国共产党在民主革命阶段的纲领基本一致。

(3)第一次国共合作给国民党带来了很大的变化。

第一,经过共产党的帮助,国民党有了一个比较明确的反帝反封建的政治纲领:新三民主义和联俄、联共、扶助农工三大革命政策。

第二,促进了广东工农运动的高涨,其影响及于邻近的湖南、江西等省,推动了北伐的顺利进展。

第三,训练了一支党军:国民革命军。

第四,改组了国民党,大大发展了国民党的组织。

(四)阅读下列材料,回答问题。

材料一:中国无产阶级最早产生在 19 世纪中叶的外国在华企业中,随后又出现在 19 世纪 60 年代清朝官办的企业和 70 年代兴办的民族资本企业中。到 1894 年,中国近代产业工人约有 10 万人。到 1914 年,增加到 100 万人以上。到 1919 年五四运动前夕,已达 200 万人以上。

——中共中央党史研究室:《中国共产党历史》(第一卷上册),中共党史出版社 2002 年版,第 32 页。

材料二:十月革命一声炮响,给我们送来了马克思列宁主义。十月革命帮助了全世界也帮助了中国的先进分子,用无产阶级的宇宙观作为观察国家命运的工具,重新考虑自己的问题。走俄国人的路——这就是结论。

——《毛泽东选集》第4卷,人民出版社1991年版,第1471页。

材料三:"五四"运动中一部分学生领袖,就是从这里出发"往民间去",跑到工人中去办学校,去办工会。

——《邓中夏文集》,人民出版社1983年版,第431页。

材料四:中共一大通过的《中国共产党第一个纲领》明确规定,中国共产党"承认无产阶级专政,直到阶级斗争结束,即直到消灭社会的阶级区分";"承认苏维埃管理制度把工农劳动者和士兵组织起来"。中共二大提出民主革命纲领:"消除内乱,打倒军阀,建设国内和平";"推翻国际帝国主义的压迫,达到中华民族完全独立"。

——《中共中央文件选集》第1册,中共中央党校出版社1989年版,第3、115页。

请回答: 为什么说中国共产党的成立"是开天辟地的大事变"?

参考答案要点:(1)工人阶级政党产生的基本条件。

第一,无产阶级政党的产生,需要工人运动。

第二,工人阶级政党的产生,需要科学社会主义。

第三,无产阶级政党的产生,需要上述二者的结合。

(2)中国共产党是中国工人运动与科学社会主义相结合的产物,这是以往所不曾有的。

第一,俄国十月革命后,马列主义在中国的传播,为建党准备了思想基础。

第二,1919年的五四运动从多方面准备了中国共产党的成立。

(3)中国共产党产生后,中国革命的面貌为之一新。

第一,中国共产党成立后,中国革命有了科学的、明确的纲领和方向。

第二,中国共产党成立后,中国人民的反帝斗争和工人运动的水平空前提高,成效也十分明显。

第三,中国共产党成立后,中国农民运动得到迅猛的发展。

第三板块：延伸思考

一、导语

"开天辟地的大事变"，发生在辛亥革命之后的中华民国，发生在北洋军阀割据纷争混战不断、资产阶级民主共和制不断扭曲变形之时，中国的出路在哪里又一次成为中国的知识精英痛定思痛的问题。

对于资产阶级革命寄予厚望的中国知识分子，面对民国初年北洋军阀统治的混乱局面深深地感到失望，继而思考为什么在西方行之有效的东西却不能使中国走上资本主义的发展道路呢？深思的结果是，中国虽然建立了资产阶级共和制度，但旧的思想观念仍然禁锢着人们，需要有一场资产阶级的思想启蒙运动。因此，1915年，以《青年杂志》（后改为《新青年》）的创建为标志，中国开始了影响深远的新文化运动。新文化运动的主帅陈独秀十分自信地说，"我办十年杂志，全国思想全都改观。"早期的新文化运动高扬民主、科学两大旗帜，对封建的伦理道德观念给予了猛烈的批判，目的仍然是走资本主义的道路。

但是，在中国的先进分子宣传资产阶级民主主义的时候，就开始对它有所怀疑和保留了。因为在帝国主义时代，尤其是第一次世界大战的爆发，资本主义制度的内在矛盾已经充分暴露出来，中国人向西方学习又一再挫败，批判的武器变成了武器的批判。正是在这个时候，1917年俄国十月社会主义革命爆发，令中国的思想界"柳暗花明又一村"，推动中国的先进分子把目光从资产阶级民主主义转向社会主义，开始产生了赞成俄国十月社会主义革命、具有初步共产主义思想的知识分子，李大钊确信"将来的环球，必是赤旗的世界"。尤其是五四运动的发生，使新文化运动的阵营分裂，其内容和性质也发生了变化，成为宣传马克思主义的阵地，成为新民主主义的文化运动。

中国是一个幅员广大、人口众多、经济落后、政治保守的半殖民地半封建的国家，必须要有一个具有先进思想武器的现代政党作为指导。中国共产党正是适应这种国情、代表中华民族的利益应运而生的。

五四运动的发生和马克思主义在中国的广泛传播,为中国共产党在中国的创建做了干部和思想上的准备。中国共产党的成立,标志着近百年来前赴后继、英勇奋斗却又屡战屡败、愈挫愈奋的中国人开始有了一个革命的坚强核心,表明了中国人在经过艰苦探索后对于适合中国国情的马克思主义的历史性选择。

"自从有了中国共产党,中国革命的面貌就焕然一新了",这是一个新纪元的开始。中国共产党成立后,各地的共产党员如星星之火撒在神州大地上。他们宣传马克思主义,组织工人运动和农民运动,向强大的封建主义、帝国主义和军阀势力公开挑战。初步的胜利大大鼓舞了工人、农民的斗志;挫折和失败也使共产党人和民众更加清楚地认识到,单靠工人、农民的孤军奋战,单靠合法的斗争形式无法根本改变工人、农民被剥削、被压迫的地位,也无力扭转帝国主义和军阀控制中国政治的局面。正是带着这些血与火的教训换来的宝贵经验和教训,中国共产党人投入到了以国共合作为基础的大革命的洪流中。

在国共合作的推动下,1924年至1927年间的国民革命,其斗争规模之大、民众参与之广、社会震动之大,都是近代中国革命史上前所未有的。

二、阅读材料及点评

材料一:胡适与白话文的趣闻

胡适在五四时期,提倡白话文,说"文言是半死文学","可读而听不懂"。

他一生以白话文的布道者自居,始终关注白话文的发展和命运,还特意编著了一部《白话文学史》。

记得1934年秋,胡适在北大讲课时又对白话文的优点大加颂扬,这时,有些醉心文言文的同学,听不入耳,心中厌烦,不免萌生了抵触情绪。正当胡适讲得得意时,一位姓魏的同学,突然站起来,声色俱厉地提出抗议道:"胡先生,难道说白话文就没有丝毫的缺点吗?"胡适冲着他微笑着说:"没有的。"那位同学更加激愤地反驳道:"肯定是有的!白话文语言不精练,打电报用字多,花钱多。"

胡适扶扶眼镜透露出沉思的目光，然后柔声细气地解释道："不一定吧！前几天行政院有位朋友给我打来电报，邀我去做行政院秘书，我不愿从政，决定不去，为这件事我复电拒绝。复电是用白话写的，看来也很省字。请同学们根据我这一意愿，用文言文编写一则复电，看看究竟是白话文省字，还是文言文省字？"胡教授说完这段话后，只听得课堂内"嚓、嚓"的取纸声，顿时整个教室呈现出紧张沉寂的气氛，每个同学都在开动脑筋，认真地编写电文。

15分钟过后，胡适让同学们自动举手，报告用字数目，然后从中挑选一份用字最少的文言电稿，电文是这样写的："才学疏浅，恐难胜任，不堪从命。"

胡适说，这份写得确实简练，仅用了12个字。但我的白话电报却只用了5个字："干不了，谢谢。"

胡适又解释说："干不了"就含有才学疏浅，恐难胜任之意；"谢谢"既对友人费心介绍表示感谢又暗示拒绝之意。由此看来，语言的精练与否，不在白话与文言的差别。客观事物是曲折复杂的，必须反复研究，才能恰当地反映，所谓研究，就是细心琢磨问题的中心所在，恰如其分地选用字词，白话文较文言文是更可省字的。

经胡先生这一精辟阐述和热情的鼓励，那些对白话文不感兴趣的同学，连笔者在内都受到了启迪和教育。

——《胡适趣闻》，http://book.sohu.com/20070523/ n250183359. shtml。

点评：正如拉丁文是欧洲中世纪教士们的专利品一样，长期以来，文言文也为中国士大夫所垄断。白话文运动无疑将打破士大夫对思想文化的垄断，是白话文提倡者为启蒙大众而采取的有意识的变革，也是知识分子自觉推动的建立现代国语即民族共同语的过程。

胡适之所以在五四新文化时期"暴得大名"，首先是因为其对白话文运动的倡导。五四白话文运动的开展，极大地推动了中国思想文化的变革，并且使胡适很快就成为新文化运动的一个公认的中心人物。白话文运动不仅为胡适建立了不朽的声誉，而且也充分代表了五四时期中国思想文化以及价值变化的深度。白话文运动是中国现代文化转型的一个最明显的标志。

当然，对于胡适白话文运动的理论主张，后人不乏各种批评和修正。有人批评胡适"把白话和文言割裂成为两种毫无关系的对立体"，认为"白话代表的是现代语，文言代表的是古代语"。事实上，这两者之间并非截然对立。看不到文言文和白话文之间的历史继承关系，认为二者是二元对立的，显然是错误的。二者其实是一脉相承的关系。

材料二：火烧赵家楼

巴黎和会上中国外交失败的消息传到国内，群情激愤，久积在中国人民胸中的怒火，像火山一样爆发出来了。5月3日晚，北京大学校园一片沸腾，北大、高师、工专、法政等校学生代表1000多人，聚集在北大法科礼堂，讨论如何拯救祖国、挽回主权等问题。会上做出四条决定：一、联合各界一致斗争；二、急电参加巴黎和会的中国代表，坚持拒签和约；三、通电各省于5月7日举行示威游行；四、定于5月4日齐集天安门举行学界大示威。

5月4日下午，北京大学等13所大专学校3000多人在天安门前集会，随后举行示威游行。他们高呼"还我青岛""收回山东主权""取消二十一条""外争国权，内惩国贼"等口号，要求拒绝在和约上签字，惩办亲日派官僚曹汝霖（签订"二十一条"时任外交次长，这时任交通总长）、陆宗舆（签订"二十一条"时任驻日公使，这时任币制局总裁）和章宗祥（这时任驻日公使）。学生们的游行队伍由广场出发，出中华门，向东交民巷使馆区走去。在东交民巷西口，游行队伍受到中国巡捕阻拦，游行队伍从东交民巷向北，来到赵家楼胡同曹汝霖住宅前。愤怒的学生们高喊罚办亲日派卖国贼曹汝霖、章宗祥、陆宗舆的口号，冲入曹宅。

学生们痛打了正在曹汝霖家的章宗祥，放火点燃曹汝霖的住宅。北京民国政府出动武装军警镇压，逮捕示威学生32人（其中有北大学生20名）。为抗议反动政府的镇压和营救被捕学生，北京各大专学校的学生从5月5日起进行总罢课。社会各界也纷纷举行罢市、罢工以支持学生们的爱国行动。在群众运动的强大压力下，5月7日，被捕的32名学生全部获释。5月9日，北京大学校长蔡元培因同情学生而被迫辞职出走。北京学生强烈要求政府挽留蔡元培，各校教职员也同学生一起参加斗争。19日，北京专科以上学校学生再次总罢课。

北京学生的爱国运动，得到了各地青年学生和人民群众的同情和支持，学生爱国运动的烈火迅速燃遍全国，发展成为全国性的反帝爱国运动。济南、天津、上海、南京、成都、长沙、武汉、广州等大中城市的学生，在日本、法国的中国留学生，以及广大海外华侨，都积极展开各种形式的反帝爱国运动。

5月21日，日本驻华公使提交"紧急照会"，威胁北京政府，要它加紧镇压学生运动。6月1日，北京民国政府下令取缔学生的一切爱国行动。这就更加激起了学生群众的愤怒。北京学生从6月3日起再次走上街头演讲，遭军警镇压。有170多人被捕。第二天又有700多名学生被捕。但是，学生们并未屈服。第三天上街演讲的学生增加到5000余人。

北京民国政府对学生爱国行动的野蛮镇压，激起了全国人民的极大愤慨。6月4日，上海学联得知消息后，立即通电全国，呼吁各界"主持公理，速起救援"。6月5日，上海工人自动举行罢工，支援北京学生。在工人阶级的带动下，上海实现了学生罢课、工人罢工、商人罢市的斗争局面。随之，全国兴起罢工风潮。沪宁、沪杭、京汉、京奉等铁路和汉口、长沙、芜湖、南京、济南等城市的工人也纷纷罢工。商人罢市也遍及各地城镇。五四爱国运动已突破了知识分子的范围，发展成为以工人为主力、有小资产阶级和资产阶级参加的全国范围的群众爱国运动。

在全国人民的强大压力下，北京民国政府被迫于6月7日释放被捕学生。10日，罢免亲日派卖国贼曹汝霖、陆宗舆、章宗祥三人的职务。这是五四运动的初步胜利。

——《五四运动》, http://news.xinhuanet.com/ziliao/2004-04/27/content_1441831.htm。

点评：以"火烧赵家楼"事件为代表的五四运动，表现出来的彻底反封建性，首先体现在将斗争目标指向北京民国政府，指向那些出卖国家和民族利益的卖国贼。广大青年学生和工人阶级、小资产阶级及部分资产阶级,联合行动,不畏强权,不怕反动政府的威胁和镇压,不受反动政府的利诱,表现了一种不达目标决不罢休的决心。这种可歌可泣的革命精神,是近代以来反对封建统治者斗争传统的继续和发展。值得注意的是,在反对勾结帝国主义的北京民国政府时,觉悟的人们提出了根本改造中国社会的主张,"另起炉灶,组织新政府",这为中国先进分子进一步提出"根本改造中国"的马克思主义主张奠定了基础。

五四运动中,年轻的中国工人阶级第一次以独立的姿态登上历史舞台,发挥了决定性作用。

材料三:马克思学说在中国的最早传入

中国书刊首次提到马克思的名字,可以追溯到1898年夏上海广学会出版的英人克卡朴著、胡贻谷译的《泰西民法志》(原名为《社会主义史》)。此书专门辟有"马克思"一章,较为详细地介绍了马克思、恩格斯的生平及其思想。书中说道:"马克思是社会主义史中最著名和最具有势力的人物,他及他的同心朋友昂格斯(即恩格斯)都被大家承认为科学的和革命的社会主义派的首领。这一派在文明各国都有代表,而大家对于这一派认为是社会主义中最可怕的新派。"1899年2月(旧历己亥正月)出版的《万国公报》第121期发表李提摩太节译、蔡而康撰文、英国进化论者颉德著的《大同学》(原名《社会的进化》)第一章说:"其以百工领袖著名者,英人马克思也。"4月出版的第123期《大同学》第三章说:"德国之马客偲,主于资本者也"。虽然把马克思的国籍都弄错了,但马克思是工人领袖和著《资本论》却是事实。

最早在著作中引述马克思名字的中国人是资产阶级改良派代表人物梁启超。1902年9月,他在《新民丛报》第18号上发表《进化论革命者颉德之学说》,次年发表《二十世纪之巨灵托辣斯》,都附带提到过马克思,译文作"麦喀士",并分别在两文的注释中称:马克思"日耳曼人,社会主义之泰斗也","社会主义之鼻祖,德国人,著述甚多"。但并未对马克思学说做介绍。1903年上海广智书局和《浙江潮》分别出版了《近世社会主义》(日本福井准造著)和《社会主义神髓》(日本幸德秋水著）的中文译著，简要介绍了马克思、恩格斯的生平及其学说。同年10月，《浙江潮》第8期刊登了署名"大我"的文章《新世界之理论》。该文对马克思（译作"埋蛤司"）、共产主义者的国际组织（译作"万国劳动党"）和马克思主义原理做了介绍，并赞叹道："今社会主义之披摩欧美，为雷奔电掣，山摧海啸之奇观。"

在翻译和介绍马克思主义方面，资产阶级革命派比改良派有所前进。1903年2月，马君武在《译书汇编》杂志发表《社会主义与进化论比较》（附社会党巨子所著书记）称："马克司者，以唯物论解历史学之人也，马氏尝谓阶级竞争为历史之钥。"文末"马克司所著书"列举了《英国工人阶级状况》（系恩格斯著）《哲学的贫困》《共产党宣言》《政治经济学批判》《资本论》等。1906年1月，朱执信在同盟会机关报《民报》第2号上发表了《德意志社会革命家小传》，第一次对马克思、恩格斯的生平，《共产党宣言》（译作《共产主义宣言》）的要点和"十条纲领"以及《资本论》做了较多介绍，并指出了马克思主义和空想社会主义的不同。尽管朱文对马克思主义还有很多误解，但其贡献不可抹杀。1912年10月，孙中山发表《社会主义之派别及批评》一文，称赞马克思"研究资本问题垂30年之久，著为《资本论》一书，发阐真理，不遗余力，而无条理之学说，遂成为有系统之学理。研究社会主义者，咸知所本"。

另外，中国无政府主义者创办的刊物也介绍过马克思、恩格斯及其学说。如刘师培、何震主编的《天义报》1908年第15号上刊登了恩格斯1888年为英文版《共产党宣言》所写序言的译文。该刊第16—19号刊载了《共产党宣言》第一章译文和恩格斯的《家庭、私有制和国家的起源》的节译本。1912年上海出版的《新世界》连载恩格斯《社会主义从空想到科学的发展》的大部分译文，题为《理想社会主义和实行社会主义》。

——王树荫、温静：《论马克思主义在中国早期的传入与传播》，《思想政治教育研究》2011年第6期，收入本书时删去了参考文献。

点评：19世纪末至20世纪初，马克思主义传入中国，但是只是零星的、片面的，甚至有误解和歪曲，其社会影响微不足道。可以说，马克思主义最初传入中国，只是作为西方思潮的一个流派传入的，不具有特殊性，属于"欧风美雨"的一部分。译介者由于理解程度、外文水平等原因，并不懂得马克思主义，更谈不上研究马克思主义。

当时的资产阶级改良派认为马克思主义在中国行不通，当时的革命者也只是抱着预防资本主义弊病的主观愿望介绍马克思学说的，认为中国可以不经过无产阶级革命和无产阶级专政而实现社会主义，这就从根本上曲解了马克思主义。十月革命前马克思主义未能在中国传播开来，究其原因是当时中国的境况与马克思主义诞生的发达资本主义国家相差甚大，当时的中国工人阶级数量很小，没有形成独立的政治力量，阶级基础不具备；封建主义思想根深蒂固，禁锢着人们的头脑；加上第二国际的领袖们并不重视殖民地、半殖民地的革命运动，这都影响了马克思主义在中国的传播。

材料四：李大钊的马克思主义观与无政府主义

李大钊深受无政府主义影响是无可争议的事实。他何时接受了无政府主义，是一个很难考证的史实。Didik 认为，李大钊很可能是受《劳动》的影响。其实，在此之前，李大钊便有强烈的民粹主义和无政府主义倾向，但是他没有无政府主义者所共有的激烈的斗争意识。李大钊对新文化运动激进的抗争意识似乎也持保留态度。他在1917年4月发表在《新青年》上的《青年与老人》一文中指出："现代之文明，协力之文明也。贵族与平民协力，地主与佃户协力，老人与青年亦不可不协力。"

在五四运动期间，李大钊全面接受了克鲁泡特金的无政府主义，其集中体现是他在1919年7月6日发表的《阶级竞争与互助》一文，他把互助视为人类进化的真理，同时把阶级竞争视为人类前史的特征，是"洗出一个崭新光明的互助的世界"的一条不可避免的途径。经考证，这篇文章写于李大钊著名的《我的马克思主义观》一文之前，事实上，《我的马克思主义观》除了客观详细地介绍马克思的学说以外，李大钊依然坚持他在《阶级竞争与互助》一文中的观点，他认为必须把物质改造与精神改造，即阶级竞争与阶级互助结合起来。

李大钊接受无政府主义，与其深受儒家思想影响有着密不可分的关系。与儒家士子们一样，李大钊在分析问题时倾向于诉诸道德，个人道德的修养以及积极进取的人生观的确立，被视为创造"青春中国"的根基。在他看来，"一切形式的社会主义根萌，都纯粹是伦理的。……互助的原则，是改造人类精神的信条。"他指出："我们主张物心两面的改造，灵肉一致的改造。"在这里，"修齐治平"的儒家信念在李大钊的无政府主义中凸现出来，道德理想主义既是目标也是手段。同时，儒家的另一个基本信念，即小我与大我同一，也始终呈现在李大钊的文字中，在他那里，个性的解放，自我的修养以及青年的进取精神，都只有在创造"青年中国"以及改造世界的活动中才具有其价值。他坚信，"人类的进化，是由个人主义向协力与平等的方面走的一个长路程。"因此，个人的我融入整体的"我"，人生才有意义。

正是基于对无政府主义式道德乌托邦的追求，李大钊对北京大学的无政府主义乌托邦的活动予以热烈支持。他为"工读互助"活动热心捐款，并称"耕读作人"是一句绝好的新格言。当这种乌托邦实践失败之后，李依然保持乐观，主张"欲实行一种新生活的人，可以在乡下购点廉价的地皮，先从农作入手"。表现出民粹主义倾向。李大钊把"少年中国"运动看成是"物心两面改造的运动，是灵肉一致改造的运动，是打破知识阶级运动，是以村落为基础建立小组织的运动，是以世界为家庭扩充大联合的运动。"在研究社会主义以及马克思主义的过程中，李大钊与北京大学的无政府主义者合作无间。1920年秋，他在创建北京共产主义小组时，黄凌霜、陈德荣等无政府主义者也是其主要成员。同年12月，李大钊等人创办了"北京大学社会主义研究会"，八位发起人中有两位是奋斗社的成员，即郭梦良和陈顾远。

——顾昕：《无政府主义与中国马克思主义的起源（上）》，《开放时代》，1999年第2期。

点评：20世纪初，中国经历了翻天覆地的变化。传统的政治秩序倾覆了；既有礼教丧失了理论的说服力，也丧失了情感的吸引力；昔日官僚帝国的等级体系受各种因素影响也分崩离析，尤其是科举制度的废除使处于社会中心地位的中国传统的士大夫变成了边缘化的知识分子。中国知识分子需要找到新的意识形态，既为外在的社会奠定秩序的思想基础，也为内在的心灵寻觅安身立命之地。这是一个需要乌托邦并且产生乌托邦的时代。无政府主义，与其他社会主义的流派一道，自1910年左右起，便构成了中国现代意识形态的主旋律，激进主义知识分子也成为中国现代化舞台上的主角。

中国传统文化中的乌托邦精神在促使中国知识分子接受无政府主义上发挥着重要的作用。以拯救民族危亡为使命的先进知识分子，很多都曾经是无政府主义的信徒。李大钊接触无政府主义的时间更早，成为无政府主义的信徒也更早，也参与无政府主义实践活动。当我们回过头来看中国共产党早期领导人的思想发展史时，可以看到，诸如蔡和森、毛泽东、周恩来等人，都曾经被无政府主义所吸引。但是现实告诉他们，无政府主义是乌托邦，不能落地生根，当马克思列宁主义在俄国取得胜利时，他们也就自然选择了马克思列宁主义，抛弃了无政府主义。无政府主义是作为他们思想发展的一个阶段而存在的。

材料五：中国共产党的生日为什么是7月1日？

众所周知，每年的7月1日是中国共产党的建党纪念日，不过纪念日不等于诞生日，标志着中国共产党成立的是第一次代表大会，这次代表大会于1921年召开，过去人们都把1921年的7月1日作为代表大会的召开日，但是真实的时间在很长时间内人们并不清楚，在1938年以前也没有一致的意见，这是由于建党本身要经历一个较长的过程，并不是像人的婴儿那样有一个从母体诞生的准确日子。

中国共产党一大以后，长时间处于秘密状态，早期的党员大部分都牺牲了或者脱党了，早期的文献在国内也大多数都没有保存下来，1937年中共中央进入延安以后环境变化了，需要在全国扩大影响并凝聚全党，1938年春天，毛泽东决定举行建党纪念，并把党的一大作为党的正式诞生日，当时在延安参加过一大的只有毛泽东、董必武两个人，他们两个人又都没有当年的文字材料，只记得7月间到上海开会，毛泽东、董必武经过研究决定取7月月首这一天，也就是7月1日为建党纪念日。

1938年5月毛泽东在延安的演讲中正式提出7月1日是中国共产党建立17周年纪念日，应该说这句话的用语还是很慎重的，只认为这一天是纪念日,不过后来一些宣传材料的撰写者想当然地理解毛泽东这句话,把纪念日写成诞生日,因此一直到1980年以前,国内的史书都把一大写成是1921年7月1日召开,其实解放初期一些领导人曾做过一大的考证工作,20世纪50年代,参加过一大的李达夫妇和已经脱党的包惠僧、刘仁静等人都在回忆录中讲,一大是在暑假期间召开的,因为当时包括毛泽东在内的多数代表都在学校里头读书或者教书,只有放假才能脱身,而当时的国内放暑假时间是在7月中旬以后,1957年当时的苏共中央把共产国际中间的中共档案移交到北京,其中就有一大的重要线索,可惜的是当时的国内党史界鉴于中央已经确定7月1日是建党日了,就没有人认真考证苏联带来的那些材料来研究准确的日子。

1978年末中共中央十一届三中全会开始了拨乱反正,对党史问题进行了全面的科研。1979年中央党校集中了一批史学家,以解放军后勤学院教员绍为正为首的小组负责考证一大的具体情况,他们首先从1957年苏联移交的档案中找到了一大召开的日期是7月23日的材料,因为当时苏联有代表来参加,不过需要国内的材料佐证才能最后认定,根据众多的当事人回忆和国际代表的报告都说会议在上海开了8天,研究人员就开始查找当年的报纸,果然在1921年8月初的《申报》上查到了大东旅馆谋杀案的时间就是在7月31日凌晨,7月31日再往前推8天,正好是7月23日,有关一大召开日期的研究成果在1980年就上报了中共中央,当时中共中央书记处还讨论了是不是修改建党纪念日,但是考虑到几十年来的习惯,再加上毛泽东当时只确定了"七一"是纪念日,因此中央最后决定还是不予改变,不过在中共党史年表中和后来的党史书籍中把党的诞生日写为7月23日。

——《1921年7月1日共产党成立》,http://news.takungpao.com/history/ontoday/2013-07/1726604.html,收入本书时略有改动。

点评:党的纪念日是"七一",党的诞生日是1921年7月23日。一大以后,中国共产党长时间处于秘密状态,早期的党员大部分都牺牲了或者脱党了,早期的文献在国内也大多数都没有保存下来,这导致党的诞生日在很长的时间里都不能确定。但是,这并不有损于党的伟大,正说明了革命年代是多么艰苦。1938年时,党才决定把党的一大作为党的正式诞生日,可见最初有关党的诞生日并没有达成共识。1920年,党在上海的早期组织就已经成立,并命名为"中国共产党",而后1921年党的一大召开,中国共产党才正式成立。这说明党的成立是一个自然的历史过程,是历史发展的必然结果。

材料六:旅欧中国少年共产党的性质是什么?

旅欧的中国先进青年,于一九二二年六月在巴黎建立了统一的旅欧共产主义青年组织——旅欧中国少年共产党。后经同年十月全体总投票表决和翌年二月的临时代表大会,将"旅欧少共"改为"旅欧中国共产主义青年团",并归属国内的中国社会主义青年团,为其"旅欧支部"。对此变化经过,有的同志认为:"'少共'和改名后的共青团,是性质不同的两个阶段,不能混为一谈,改名前的性质是'党'";"不能把前后性质不同的两个阶段,简单地写成'中国少年共产党'(即青年团)";"'少年共产党,就是'党'的性质","应该把'中国少年共产党'的建立,作为旅欧党组织建立的标志"。上述看法,并非仅见,而是在一些回忆录和文章中屡屡出现,不能不予以重视。

这里提出的是一个很重要的问题:"旅欧中国少年共产党"的性质是党还是团?它改称"旅欧共青团"是性质的变化还是名称的改变?

"旅欧少共"的主要发起者是赵世炎、周恩来、张申府、李维汉等。他们在当时或事后曾留下一些文字的记载或者回忆录,这足以成为我们进行考察的重要依据。赵世炎在一九二二年四月二十六日即"旅欧少共"正式成立前一个多月,写给国内吴明的信说:"欧洲方面决定成立一个'青年团'(大约一月以内可以完成)"。在这封信中,他特别提到了"青年团"与"少共"之间的相互关系:"我们已认定青年团之内幕即'少年共产党'"。接着,在同年四月三十日给吴明的另一封信中,赵世炎说:"我今天正在忙迫,明天'五一'去巴黎,并拟去蒙达尼、里昂、准也儿等处绕一遍,完全为青年团事"。"所谓'全欧大组织'即青年团,依我所计人数约三四十"。

这些都说明,在赵世炎看来,"旅欧少共"与"青年团"是名称上的差别,其"内幕"即实质内容是一致的。正由于这个缘故,在六月举行的"旅欧少共"成立大会上,当代表们对名称问题发生争论时,赵世炎也才可能表示对名称不多计较,同意不用"青年团"而采用"旅欧中国少年共产党"的名称。在这次成立大会上,周恩来同志作为旅德青年的代表出席。在讨论名称时,他"提议名为'共产主义青年团'"。可见周恩来同志也是主张这个统一的旅欧中国先进青年组织应该是团。如果说回忆材料不能作为唯一可靠的证据,那就让我们看看周恩来同志一九二三年三月亲笔写给团中央的第一号报告吧!报告叙述了"旅欧少共"申请归属国内青年团的经过,并谈到当年一月中国赴"共产国际"和"少年共产国际"代表团在复信中提出"旅欧少共"改称等问题,他们由此益觉"团体的名称组织有急于改换的必要,于是乃有多数同志提议不待国内信至即实行改组,立即归属国内本团,以明我们去年六月大会组织旅欧少共团体的始衷,执行委员会因此更进一步于二月间召开临时代表大会,实行改组"。这段话中,非常值得注意的是"以明我们去年六月大会组织旅欧少共团体的始衷"一句。"去年六月大会"系指一九二二年六月举行的"旅欧少共"成立大会,"始衷"者,"当初之意"也。全句即"以表明我们当初召开成立大会时的本意"。

这就明确地告诉我们,"旅欧少共"的性质是"青年团",这在"旅欧少共"成立时就是确定了的。

——王永祥:《关于"旅欧中国少年共产党"几个问题的商榷》,《南开学报(哲学社会科学版)》1980年第4期。

点评:1921年底至1922年初,蔡和森、赵世炎、周恩来、李维汉等在法国发起筹建的"旅欧中国少年共产党",是中国共产党创建时期的一个重要组成部分。它在中国共产党的历史上具有十分重要的地位与作用,为中国革命培养了大批领袖人物与中坚力量。蔡和森、赵世炎、周恩来等同志是为了探求救国真理来到欧洲的,比在国内更能直接地、系统地学习马克思主义原著,更顺利地尽快掌握马克思主义的精髓。他们走向共产主义,都是在大量阅读、亲历欧洲资本主义当时的衰败等情况下,思想自然发展的结果。

他们与共产国际、少共国际发生密切联系,而且直接与所在的法国、德国、比利时等国家的共产党发生关系,有的还直接参加了当地的共产党。这样，他们不仅及时了解了国际共产主义运动的发展过程，而且培养了无产阶级的国际主义精神，开拓了国际视野，这为未来他们参加和领导中国革命创造了有利条件。

材料七：马林与第一次国共合作

马林，荷兰人，1883年5月13日生于鹿特丹，本名亨德里克斯·斯内夫利特，曾用过马丁、马灵、马伦、斯列夫利特等十多个化名。1920年7月，他作为荷属东印度——印尼的共产党团的代表参加了共产国际第二次代表大会，并当选为共产国际执行委员会委员和民族殖民地委员会书记。1921年6月3日，受列宁委派，马林来到上海，为推动中国共产党的建立发挥了重要作用。

1921年12月下旬，马林南下首次会晤孙中山，三个月之后，即1922年3月回到上海。在这次考察中，马林认真思考了中国革命的实际情况，深入分析了国共两党的优势与不足。从这里，他找到了自己在中国开展下一步工作的切入点——国共合作。

4月1日，由北京返回上海后，马林立即把自己的这一大胆设想告诉了陈独秀和张国焘等中共领导，建议陈独秀改变中共一大决议中不同任何其他党派建立联系的政策，具体说就是要放弃排斥国民党的态度。可是，陈独秀等人坚决反对。他认为国民党身上毛病太多，如注重上层，勾结土匪，投机取巧，易于妥协，等等。后来，中共各地方组织讨论这一问题时，也都是异口同声反对，有人甚至表示，如果与国民党合作，他们宁可退党，如陈望道、李达等人，后来果真这样做了。

对于陈独秀和中共的坚决反对，马林颇感应对乏策。最后，他想只有回莫斯科请示共产国际了。4月24日，马林启程离沪。到了莫斯科后，马林向共产国际执行委员会详细介绍了中国的情况。共产国际执行委员会认为马林在华工作非常有力而且是很成功的，他们接受了马林对中国问题的观察和认识，认为在中国应立即实行国共两党合作。

张国焘参加远东各民族革命团体和劳动人民代表大会归来后，向陈独秀和中共其他领导人汇报了大会的情形，其中特别谈到列宁对中国革命及国共两党合作问题的关心。至此，陈独秀和其他人才不再一概反对国共两党合作了。两个月后，即 1922 年 6 月 15 日，陈独秀执笔起草了《中国共产党第一次对时局的主张》，里面第一次提出了建立"民主主义联合战线"的主张。

1922 年 8 月 12 日，马林拿着共产国际的"八月指示"经北京回到上海，立即通过张太雷把共产国际的指示传达给了陈独秀，还让张太雷与陈独秀等人联系并商量，在近期召开一次党的会议，以郑重讨论国共合作的具体方法问题。

8 月 28 日至 30 日，中共中央特别会议在杭州西湖举行，除了马林外，中共主要领导人陈独秀、李大钊、张国焘、蔡和森、张太雷、高君宇等六人参加了大会。会议一开始，马林先传达了共产国际的决定，接着便坚持认为只有以共产党员和共青团员个人名义加入国民党组织的方式，才是实现国共合作的唯一可行的具体方法。与会人员却起而反对，他们提出，会议没有必要接纳马林的主张，并希望共产国际重新考虑在中国的这种政策指导。陈独秀对马林的主张也持反对意见，但到最后，他又退一步声言说："如果这确是共产国际的不可改变的决定，我们似应当服从。至多，我们只能寻机申诉我们的不同意见。"

见陈独秀做此表示，马林急忙站起来说道："这当然是共产国际已经决定了的政策。"俨然一副"钦差大臣"的模样。陈独秀最见不得这个，便说："国际指示我们当然应该执行，但这也必须是有条件地执行。这条件便是，只有孙中山同意取消打手模及宣誓服从他个人等原有的入党办法，并根据民主主义原则改组国民党组织，中共党员才可以加入进去。否则，即使是共产国际的指令，我也要坚决反对的。"

会议由此陷入僵局。在这种情状下，李大钊只好从中做和解和劝慰工作。到了最后，会议在一种互相谅解的气氛中，通过了陈独秀所提出的国民党取消打手模和宣誓效忠个人以后，中共少数负责同志可以根据党的指示先行加入国民党的决定。至此，马林总算舒了一口气。

杭州西湖会议后，马林与李大钊、陈独秀又亲赴上海与孙中山沟通。孙中山欣然同意，应允取消打手模等原有入党办法，并依据民主主义精神改组国民党。几天后，中共的陈独秀、李大钊、蔡和森、张太雷等便由张继介绍，孙中山亲自主盟，正式宣誓加入了国民党。近一年后的 1923 年 6 月,在广州召开的中共三大上,马林的国共合作方案才被通过。至此,马林倡导的以国共合作的方式作为党建立革命统一战线的策略方针最终确立起来。

——聂红琴:《共产国际的神秘人物马林:参加建党 促国共合作》(3),http://dangshi.people.com.cn/GB/85038/15155212.html。

点评:20 世纪 20 年代,刚刚成立的中国共产党是新兴的、先进的、朝气蓬勃的,但太小太年轻,无论规模和影响力都远远不够,更谈不上有领导革命的任何经验。工人阶级虽然先进,但是中国工人阶级数量太少;工人阶级虽然分布集中,但是大城市统治阶级的反动力量更强大。这些决定了中国共产党独立领导革命的条件还不成熟。而孙中山领导的国民党基础好,影响大,尤其是孙中山本人的革命精神和毅力,更是不可忽视的。从这里,马林和共产国际找到了自己在中国开展下一步工作的切入点——国共合作。

第一次国共合作很显然是共产国际极力促成的,正所谓强扭的瓜不甜,这次合作注定会有一个不圆满的结局。两个政党有着不同的阶级基础,中国共产党内部也一直有着反对合作的声音,国共合作的大本营在广东,中共中央却在上海,这充分表明了中共中央的谨慎态度。国民党内部也一直有反对声音和反动力量,当"苏援"可以替代,国民党力量足够强时,国共合作也就走到了尽头。但是,客观上说,国共合作对于国民革命起到了关键作用,对于中国打倒军阀统治、取得暂时的统一,发挥了积极作用。

材料八:广东农王——彭湃

在党的早期农民运动史上,彭湃与称为"湖南农王"的毛泽东齐名,是著名的"广东农王"。彭湃本人出身大地主家庭,他却走出家庭寻找救民的革命真理,以此发动农民创建海陆丰根据地,直至英勇牺牲。其壮丽的一生,在近代革命史册上写下独特的篇章。

彭湃于 1896 年出生于广东海丰县有名的大地主家庭,自述其家况是:"被统辖的农民男女老幼不下千五百人。我的家庭男女老幼不上三十口,平均一人就有五十个农民做奴隶。"他在家乡读了小学,又到海丰县城和广州上中学,后赴日本就读早稻田大学政治经济科。在那里,他读到河上肇翻译的马列著作，受到启发，曾拜访这位日本的社会主义思想启蒙者当面求教。因他积极组织爱国学生活动，受警视厅监视并一度被捕。1921 年，彭湃回国后即在广州加入社会主义青年团，又回县被任命为教育局长。1923 年初，彭湃在海丰组织起中国革命史上第一个县总农会，并担任会长。同年，他加入中国共产党，还担任了国民党广东省党部农民部长，被公认为"广东农王"。

1925 年，彭湃首次发动海陆丰农民起义，反抗军阀陈炯明，在当地建立起农民自卫军。1927 年春，他到武汉参加中共"五大"，当选中央委员。后随南昌起义军南下广东，于 10 月间领导海陆丰农民配合起义军发动起义，占领了海丰、陆丰两县城，建立了苏维埃政府，开辟了地跨两县的革命根据地。不过，在"红色恐怖"的口号下，海陆丰的肃反政策有过火之处，面对强敌围攻又采取硬打硬拼，加上背靠大海没有回旋余地，根据地于 1928 年春基本失陷。在艰苦的斗争中，彭湃总是身先士卒，打仗时带头冲锋，他的爱人许玉庆也丢下吃奶的孩子跟着冲杀，并在战斗中牺牲。当时在那里的徐向前元帅曾回忆彭湃说："他个头不高，身着普通农民的衣服，脚穿草鞋，不论走到哪里，都能和群众谈心、交朋友……饭碗上沾着鸡屎，他毫不在乎，端起碗就吃。这一点确是难能可贵的，我很佩服他。彭湃也有弱点，主观、急躁，有时'左'一些。这同革命初期经验不足有很大关系。"

1928 年 5 月，在海陆丰根据地危急之际，党中央将彭湃调到上海，中共"六大"上缺席选举他为中央政治局候补委员，任农委书记。1929 年 8 月 24 日，彭湃同杨殷等五同志在上海新闸路军委秘密机关开会时，突然被闯进来的警特逮捕。告密者是曾在海陆丰作战又借故逃离的原红四师的团长白鑫，这个黄埔生因对革命前途悲观失望，加之贪图富贵，担任中共中央军委秘书后就向过去的校长蒋介石写密信，报告了军委碰头开会的时间地点。正巧，周恩来当天因事未到，才免于被捕。

彭湃被押入上海市公安局后，大义凛然地对审问者厉声说："似你们这班反革命党，我们在海陆丰不知杀了多少，你现在不必再问，将我枪毙好了！"周恩来当时决定出动特科全部会打枪的人，在敌人押送彭湃的途中截车，可惜负责运枪的人用车将手枪送到时，枪上的润滑油没有擦去,大家用煤油将其洗净后,再装扮成拍摄电影外景的队伍前往预定地点,却已经错过了时间。彭湃因连遭毒刑,腿部骨折,几次昏厥,醒来仍坚贞不屈。

1929年8月30日,蒋介石亲自下令,在龙华警备司令部内枪杀彭湃和其他三人。临刑前,彭湃砸翻了狱警端来的"送终餐"。

得知彭湃、杨殷等同志牺牲,周恩来流着泪水起草了告人民书,并提出"一定要把叛徒白鑫干掉!"同年11月,专杀叛徒的"红队"在霞飞路击毙了白鑫和保护他的特务。法医检查尸体时,发现白鑫脑后所中来自不同方向的三枪竟是从一个弹孔中打进!"伍豪之剑"的威力,使叛徒特务们丧胆,此后很久不敢随便上街活动,中共中央在上海的安全在一段时间内得到保障。

——徐焰:《彭湃——壮怀激烈农民王》,《北京青年报》2001年4月28日。

点评:彭湃领导的海陆丰农民运动,是中国共产党领导的早期农民运动之一。农民运动与武装斗争相结合,为全党提供了示范作用。1925年从广州出发的两次东征对海陆丰农民运动起了巨大的推动作用。海陆丰农民运动的蓬勃兴起,又极大地支援了两次东征的胜利。可见,农民运动与武装斗争的密切结合,首先是海陆丰革命运动创造出来的重要教训,这也是大革命时期的一个重要经验。

大革命时期海陆丰农民运动取得很大成绩,农民运动与武装斗争相结合的经验也为土地革命时期中国共产党领导中国革命奠定了基础。由于大革命时期农民运动主要是中国共产党领导,但是党对武装领导权的重视不够,这成为大革命失败的主要原因之一。也正是吸取了这方面教训,大革命失败后,毛泽东提出了"枪杆子里面出政权"的理论。

大革命失败后海陆丰根据地也在全国最先树起了苏维埃旗帜。1927年11月中旬,陆丰、海丰分别召开县工农兵代表大会,正式成立了海丰、陆丰两县苏维埃政府。这也为土地革命时期中国共产党的革命政权建设提供了经验。

第五章　中国革命的新道路

第一板块：学习引导

一、学习目的

1. 把握国民党政权的性质及其一党独裁专制统治的实质，认清推翻国民党反动统治、国民党不可能领导中国革命取得成功的真正原因。

2. 掌握农村包围城市道路理论，认清这是以毛泽东为代表的中国共产党人把马克思列宁主义理论同中国革命实践相结合的一次伟大创造，推进了马克思主义中国化的历史进程。

3. 正确看待中国共产党的三次路线错误，认清中国共产党从幼年走向成熟，难免要出现错误、经历挫折，但是中国共产党最终能够依靠自身力量克服错误、战胜挫折，要坚定中国共产党领导的信念。

4. 掌握中国共产党探索中国革命新道路艰苦历程的历史事实，认清中国共产党是中国革命的真正领导力量、历史是如何选择中国共产党的。

二、重点·难点·热点

1. 懂得推翻国民党一党专政的军事独裁统治对中国历史发展的影响；把握中国共产党开辟中国革命新道路的艰难历程，理解毛泽东关于农村包围城市、武装夺取政权的革命道路理论，领会把马克思主义普遍原理同中国革命具体实践相结合的极端重要性；认识中国共产党总结历史经验，推动马克思主义中国化的进程，对于加强党的思想理论建设的重要意义，是本章的重点内容。

2. 懂得把马克思主义基本原理与中国革命具体实际相结合的极端重要性，不断认识到马克思主义的指导地位是中国人民的历史性选择；了解这一时期错误路线给中国革命造成的严重危害，认识遵义会议和红军长征在中国革命过程中的地位和作用；认识中国革命的长期性、曲折性和不平衡性，是本章的难点。

3. 懂得新形势下要继续大力弘扬长征精神，不断推进中国特色社会主义道路建设、理论建设和制度建设，是本章的热点。

三、推荐阅读

1. 张宪文主编：《国民政府与中国社会转型》，南京大学出版社2011年版。
2. 马广荣：《论南京国民党政权的腐败》，《广西社会科学》2002年第6期。
3. 刘景岚、栾雪飞：《南京国民党政权失败原因再探讨》，《史学月刊》2007年第5期。
4. 毛泽东：《中国革命战争的战略问题》，《毛泽东选集》第1卷，人民出版社1991年版。
5. 毛泽东：《实践论》，《毛泽东选集》第1卷，人民出版社1991年版。
6. 毛泽东：《矛盾论》，《毛泽东选集》第1卷，人民出版社1991年版。
7. 李淼翔：《广州起义对探索中国革命新道路的重要贡献》，《广东社会科学》2008年第4期。
8. 本书选编组：《第二次国内革命战争时期土地革命文献选编（1927—1937）》，中共中央党校出版社1987年版。
9. 毛泽东：《中国的红色政权为什么能够存在？》，《毛泽东选集》

第 1 卷，人民出版社 1991 年版。

10. 毛泽东：《井冈山的斗争》，《毛泽东选集》第 1 卷，人民出版社 1991 年版。

11. 毛泽东：《反对本本主义》，《毛泽东选集》第 1 卷，人民出版社 1991 年版。

12. 江泽民：《在纪念红军长征胜利六十周年大会上的讲话》，人民出版社 1996 年版。

13. 胡锦涛：《在纪念红军长征胜利 70 周年大会上的讲话》，人民出版社 2006 年版。

14. 何毅亭：《遵义会议的伟大意义和深刻启示》，《求是》2006 年第 19 期。

15. 蒋建农：《遵义会议后中国革命的历史性转折》，《史学月刊》2007 年第 1 期。

16. 刘家国：《论朱德对红军长征胜利的作用及贡献》，《军事历史研究》2009 年第 2 期。

第二板块：课后练习

一、单选题

1. 大革命失败后，国民党逐渐在全国建立起一党专政的军事独裁统治，代表的是（　　）。
    A. 帝国主义在华利益
    B. 民族资产阶级利益
    C. 地主阶级利益
    D. 地主阶级和买办性的大资产阶级利益

2. 1928 年底，国民党实现了表面的和不稳定的"统一"，在全国范围内建立自己的统治，标志性事件是（　　）。
    A. 四一二政变　　　　　　B. 七一五政变
    C. 张学良宣布"改易旗帜"　D. 宁汉合流

第五章 中国革命的新道路 161

3. 中国民族工业有过短暂的繁荣是在（　　）。
 A. 1927年至1928年间　　B. 1928年至1929年间
 C. 1929年至1930年间　　D. 1930年至1931年间
4. 中国共产党确立"开展土地革命和武装反抗国民党反动统治"总方针的会议是（　　）。
 A. 中共五大　　　　　　B. 中共六大
 C. 八七会议　　　　　　D. 古田会议
5. 提出"须知政权是由枪杆子中取得的"著名论断的会议是（　　）。
 A. 洛川会议　　　　　　B. 遵义会议
 C. 八七会议　　　　　　D. 瓦窑堡会议
6. 中国革命由大革命失败到土地革命战争兴起的转折点是（　　）。
 A. 遵义会议　　　　　　B. 八七会议
 C. 三湾改编　　　　　　D. 党的六大
7. 中国共产党打响武装反抗国民党反动统治第一枪的是（　　）。
 A. 南昌起义　　　　　　B. 秋收起义
 C. 广州起义　　　　　　D. 武昌起义
8. 中国共产党独立领导革命战争、创建人民军队和武装夺取政权的开端是（　　）。
 A. 南昌起义　　　　　　B. 秋收起义
 C. 广州起义　　　　　　D. 武昌起义
9. 1927年9月9日，毛泽东等领导的秋收起义爆发，起义军公开打出的旗帜是（　　）。
 A. 工农红军　　　　　　B. 工农革命军
 C. 人民解放军　　　　　D. 国民革命军
10. 毛泽东等领导的秋收起义在攻打长沙的计划受挫后，起义部队决定南下，开始了创建农村革命根据地的斗争，这一根据地是（　　）根据地。
 A. 井冈山　　　　　　　B. 湘南

C. 湘鄂西　　　　　　　　D. 海陆丰

11. 1927 年 12 月，领导广州起义牺牲的中共广东省委书记是（　　）。

A. 张太雷　　　　　　　　B. 周文雍

C. 恽代英　　　　　　　　D. 叶挺

12. 南昌起义和广州起义都参与领导的是（　　）。

A. 叶挺　　　　　　　　　B. 叶剑英

C. 恽代英　　　　　　　　D. 周恩来

13. 毛泽东最早深刻阐明坚持辩证唯物主义的思想路线即坚持理论与实际相结合的原则的极端重要性的著作是（　　）。

A.《中国的红色政权为什么能够存在？》

B.《井冈山的斗争》

C.《星星之火，可以燎原》

D.《反对本本主义》

14. 毛泽东提出"没有调查，没有发言权"重要思想的著作是（　　）。

A.《中国的红色政权为什么能够存在？》

B.《井冈山的斗争》

C.《星星之火，可以燎原》

D.《反对本本主义》

15. 1928 年 12 月，毛泽东主持制定的中国共产党历史上第一个土地法是（　　）。

A.《井冈山土地法》

B.《兴国土地法》

C.《中国土地法》

D.《关于清算、减租及土地问题的指示》

16. 1929 年 4 月，毛泽东主持制定第二个土地法，将"没收一切土地"改为"没收一切公共土地及地主阶级的土地"，这一原则性的改正保护了（　　）。

A. 地主的利益　　　　　　B. 富农的利益

C. 中农的利益 D. 贫农的利益

17. 将"没收一切土地"改为"没收一切公共土地及地主阶级的土地"的法规是（　　）。

　A. 井冈山土地法　　　　B. 兴国土地法
　C. 中国土地法大纲　　　D. 土地问题决议案

18. 毛泽东指出左翼文化运动的最伟大和最英勇的旗手是（　　）。

　A. 瞿秋白　　　　　　　B. 矛盾
　C. 邹韬奋　　　　　　　D. 鲁迅

19. 毛泽东思想初步形成的标志是（　　）。

　A. 新民主主义理论的提出
　B. 农村包围城市、武装夺取政权理论的提出
　C. 论十大关系的提出
　D. 关于正确处理人民内部矛盾问题的讲话

20. 中华苏维埃共和国实行（　　）。

　A. 工农兵代表大会制度　　B. 人民代表大会制度
　C. 工农军代表大会制度　　D. 人民代表会议制度

21. 1935年1月召开的遵义会议，集中解决了（　　）。

　A. 党的政治路线问题　　　B. 红军的前进方向问题
　C. 军事问题和组织问题　　D. 土地革命的政策问题

22. 中央红军二万五千里长征胜利结束的标志是中央红军同红十五军团会合于（　　）。

　A. 陕北延安地区　　　　　B. 陕北洛川地区
　C. 陕北瓦窑堡地区　　　　D. 陕北吴起镇

23. 红军长征途中犯下分裂中央、分裂红军严重错误的是（　　）。

　A. 瞿秋白　　　　　　　　B. 王明
　C. 张国焘　　　　　　　　D. 李立三

24. 三大主力红军长征胜利结束的时间是（　　）。

　A. 1936年10月　　　　　B. 1935年10月
　C. 1934年10月　　　　　D. 1936年11月

25. 土地革命战争时期中国共产党最伟大的历史贡献是（   ）。
   A. 发动、领导了著名的秋收起义
   B. 开辟了农村包围城市、武装夺取政权的道路
   C. 领导中国人民推翻了三座大山
   D. 推动了抗日民族统一战线的建立

单选题参考答案

1. D 2. C 3. B 4. C 5. C 6. B 7. A 8. A 9. B 10. A
11. A 12. A 13. D 14. D 15. A 16. C 17. B 18. D 19. B
20. A 21. C 22. D 23. C 24. A 25. B

二、多选题

1. 国民党政府实行一党专政的军事独裁统治，主要表现是（   ）。
   A. 建立了庞大的军队
   B. 建立了庞大的全国性特务系统
   C. 大力推行保甲制度
   D. 厉行文化专制主义

2. 为了镇压人民和消灭异己力量，国民党建立的庞大的全国性特务系统有（   ）。
   A. "中统"   B. "军统"
   C. "保甲"   D. "青帮"

3. 在大革命失败后的白色恐怖下，毅然加入中国共产党的是（   ）。
   A. 郭沫若   B. 徐特立
   C. 贺龙   D. 彭德怀

4. 1927年7月中旬，在革命的危急关头，中共中央临时政治局常委会决定（   ）。
   A. 将党所掌握和影响的部队向南昌集中，准备起义
   B. 组织湘、鄂、赣、粤四省的农民，在秋收季节举行暴动

C. 召集中央会议，讨论和决定新时期的方针和政策
D. 进行土地革命

5. 八七会议是中国革命史上一个历史的转折点，这次会议（　　）。

　　A. 决定举行秋收起义
　　B. 总结了大革命失败的经验教训
　　C. 确定了土地革命和武装反抗国民党反动派的总方针
　　D. 彻底清算了大革命后期的陈独秀右倾机会主义错误

6. 南昌起义、秋收起义和广州起义后，中国革命发展到了一个新的阶段，即（　　）。

　　A. 土地革命战争时期　　　B. 抗日战争时期
　　C. 解放战争时期　　　　　D. 十年内战时期

7. 毛泽东在 1928—1930 年期间论述农村包围城市、武装夺取政权革命道路的主要著作是：（　　）。

　　A.《星星之火，可以燎原》
　　B.《反对本本主义》
　　C.《中国的红色政权为什么能够存在？》
　　D.《井冈山的斗争》

8. 对于红军、游击队和红色区域的建立和发展，毛泽东在《星星之火，可以燎原》中指出（　　）。

　　A. 这是半殖民地中国在无产阶级领导下的农民斗争的最高形式
　　B. 这是半殖民地农民斗争发展的必然结果
　　C. 是促进全国革命高潮的最重要因素
　　D. 中国革命斗争的胜利要靠中国同志了解中国情况

9. 1931 年 11 月，中华苏维埃第一次全国工农兵代表大会在江西省瑞金县举行，会议的主要内容是（　　）。

　　A. 通过了《中华苏维埃共和国宪法大纲》以及土地法令、劳动法等法律文件
　　B. 选举产生了中华苏维埃共和国中央执行委员会
　　C. 成立了中华苏维埃共和国临时中央政府，毛泽东当选为主席

D. 选举产生了中华苏维埃共和国临时中央执行委员会

10. 1931 年，中国共产党在中国历史上第一个制定了比较完整的土地革命纲领和路线是（　　）。

　　A. 依靠贫农、雇农

　　B. 联合中农

　　C. 限制富农

　　D. 保护中小工商业者，消灭地主阶级

11. 从 1927 年大革命失败到 1935 年 1 月遵义会议召开之前，中共中央的领导机关所犯的"左"倾错误是（　　）。

　　A. "左"倾盲动错误　　　　B. "左"倾冒险主义

　　C. "左"倾教条主义　　　　D. "左"倾投降主义

12. 在 20 世纪 30 年代前期、中期，中国共产党内屡犯"左"倾错误的多方面原因是（　　）。

　　A. 八七会议后党内存在着浓重的"左"倾情绪

　　B. 共产国际对中共党内事务的错误干预和瞎指挥

　　C. 全党的马克思主义理论准备不足，理论素养不高，实践经验缺乏

　　D. 对于马克思列宁主义的理论和中国革命的实践没有统一的理解

13. 遵义会议后，中共中央成立了新的三人团，全权负责红军的军事行动，三人是（　　）。

　　A. 毛泽东　　　　　　　　B. 周恩来

　　C. 朱德　　　　　　　　　D. 王稼祥

14. 中国共产党从两次失败中两次崛起并达到政治上成熟，两次崛起是（　　）。

　　A. 抗日战争胜利

　　B. 人民军队、农村革命根据地的创建

　　C. 解放战争的胜利

　　D. 红军长征的胜利

15. 20 世纪 30 年代中期，以毛泽东为主要代表的中共中央从思想

上、理论上武装了中国共产党人，拨乱反正了党的（　　）。
  A. 政治路线　　　　　　B. 军事路线
  C. 组织路线　　　　　　D. 思想路线

多选题参考答案

1. ABCD　2. AB　3. ABCD　4. ABC　5. BCD　6. AD　7. ABCD
8. ABC　9. ABC　10. ABCD　11. ABC　12. ABCD　13. ABD
14. BD　15. ABD

三、思考题

1. 国民党政权的性质是什么？

看一个政权的性质，主要看它所推行的内外政策所代表的阶级利益，是否推动社会生产力的发展。

从国民党政权来说：

第一，对外投靠帝国主义，为帝国主义对华扩张敞开大门。由于国民党政府是在帝国主义的支持下建立起来的，因此，中国没有能够摆脱帝国主义的压迫，相反，外国垄断资本不断深入中国，牢牢地控制了中国的经济命脉。抗战前夕，在重工业方面，外国资本控制了煤产量的 55.2%、新法采煤量的 77.4%、冶铁工业的 95%、石油工业的 99%、发电量的 77.1%。在中国的现代工业和运输业中，外国资本占到了 71.6%。外国银行资产也要比中国银行多 1/3。外国资本不仅垄断了中国的重工业、交通运输业，而且控制了中国的财政、金融以及若干主要的轻工业。国民党政府依靠帝国主义的结果必然导致外交上实行屈辱的外交政策，突出表现是对南京惨案的处理。1927 年北伐战争时，英美帝国主义武装干涉中国革命，炮轰南京，残杀中国军民。该事件本应追究英美的责任，但是，1928 年 3 月 30 日，国民政府外交部与美国代表达成的解决南京惨案的换文，竟把事件发生的原因归咎于"共产党的煽动"，承认美国军舰炮轰南京是为了保护美侨，声明答应向各国道歉、赔偿。甚至按照美国代表的旨意，下令通缉在南京领导反抗帝国主义侵略的中国共产党党员林伯渠，以此向美国表示忠诚。

第二，地主土地所有制在中国社会经济活动和土地关系中仍居统治地位。中国广大的乡村基层政权被地主阶级和富农所把持，地主阶级逐渐变成了帝国主义的附庸，成为帝国主义统治中国的支柱。国民党政权继续维护封建土地所有制，不承认中国有土地问题，拒绝在农村开展土地革命，农村社会没有发生大的变动。

第三，利用超经济的力量，即依靠国家政权力量，一方面掠夺工农劳动群众及其他小生产者，另一方面压迫民族资产阶级、兼并民族资本，聚敛大量财富，逐步形成以四大家族为代表的官僚资本，控制全国经济命脉。官僚资本不是中国经济发展的正常产物，而是半殖民地半封建社会的特殊产物，是国民党政权的经济基础。

由此可见，国民党政权和人民的利益是根本对立的。国民党政府所推行的内外政策，既不代表广大劳动人民的利益，也不代表民族资产阶级的利益，而是代表地主阶级和买办性的大资产阶级的利益。正如毛泽东所说："国民党新军阀的统治，依然是城市买办阶级和乡村豪绅阶级的统治。"

2. 国民党政权建立后，为什么中国仍需要反对封建主义？

国民党政权建立后，中国社会的半殖民地半封建性质主要反映在国民党的军事独裁措施中。

第一，实行"训政"。

南京国民政府成立之际，便借用孙中山革命程序说颁行了《训政纲领》，确立国民党一党专政的政治制度，"为求达训练国民使用政权"，"于必要时，得就于人民之集会、结社、言论、出版等自由权，在法律范围内加以限制"。这就把中国国民党法定为最高训政者。

1928年8月，国民党二届五中全会做出实施"训政"的决议。10月3日，国民党中央常务委员会通过《训政纲领》，宣告"军政"时期结束，"训政"时期来临。

第二，建立庞大军队。

据1929年3月的官方材料，"全国军额达二百万"，实际兵员数远不止此。中国常备军数量之多，超过当时世界上任何一个国家。九一八事变后，南京政府进一步整编加强正规军。国民政府还建立省以下的地方保安机构、民团和保安队，平时执行宪兵警察的职务，保卫地方治安，战时则加入正规部队。

第三，建立庞大特务组织。

1928年，蒋介石授意陈果夫、陈立夫成立"中央俱乐部"，形成了以二陈为中心的CC（Central Club）系。二陈又在国民党中央组织部内设立了"党务调查科"，在各地设立调查室，建立了全国调查网，专门从事特务活动，侦查、逮捕异己分子和共产党人。

1932年3月，蒋介石指使黄埔军人贺衷寒、戴笠、康泽等人，成立了"中华民族复兴社"。接着在复兴社内成立了核心组织力行社，主要在国民党军事系统从事特务活动。

1937年4月，党务调查处和军委会特务处合并为"国民政府军事委员会调查统计局"，陈立夫兼局长。1938年8月，其中的第一处扩大为"中国国民党中央执行委员会调查统计局"（简称"中统"），第二处扩大为"国民政府军事委员会调查统计局"（简称"军统"）。"中统"和"军统"两大特务系统的建立，标志着国民党政权的进一步法西斯化。

第四，推行保甲制度。

保甲制度的实质是通过联保连坐法将全国变成大囚笼。联保就是各户之间联合作保，互相担保不做"通共"之事；连坐就是1家有罪，9家举发，若不举发，10家连带坐罪。

由于国民党对工农红军进行军事"围剿"不力，认为剿共不力的原因之一是民众不支持政府，于是再次实行已在民国初年废弃的保甲制度，并在江西首先试行保甲制度，1934年，向全国推广。保甲制的基本形式是：10户为1甲，设甲长；10甲为1保，设保长。10保以上为乡镇。保甲组织以"管、教、养、卫"的原则进行活动。"管"，是清查户口，检查出入境居民，监视居民言行，并实行"连坐法"，即一户犯罪，各户株连；"卫"，就是组织地主武装，分区分期集训，搜查、缉捕革命者，还协助国民党政府抓壮丁，并组织壮丁队修筑公路、碉堡等。

第五，实行文化专制。

国民政府在其统治时期出台了大量审查新闻舆论、图书杂志的法令、法规。凡宣传共产主义便是"反动宣传品",批评国民党便是"危害民国",对其统治不满则是"反动"。这些文稿一律禁止出版。凡被认为"有不利影响之消息"、不符合标准的新闻、社评、书稿等,都加以删改或扣留。被删改文稿还不得留下空白,不能注明上略、中略、下略等字样或符号,也不许"开天窗"、"打××"。有时,新闻官员们还自作主张,违反作者原意,大量修改原稿件,加入"党化"言论,强迫报刊照登。据称,1927年4月至1937年7月10年间,被国民党政权各检查机构查禁的社会科学书刊达1028种、进步文艺书刊达458种。其罪名是:含有反动意识、攻击党政当局、挑拨阶级斗争、宣传共产主义、不妥、欠妥、鼓吹抗日、普罗文艺、左倾、言论反动、妖言惑众、讥评政府等等。

因此,国民党政权建立后,中国传统的封建专制思想仍然浓厚,中国人民仍处于封建专制统治的压迫中,依旧需要进行反对封建主义的资产阶级民主革命。

3. 大革命失败后,探索中国革命新道路的历史背景是什么?

客观上来看,中国革命已陷入低潮。

(1) 革命阵线的缩小。在国民党的残酷镇压下,革命力量受到极大摧残,中国共产党被迫转入地下,党的许多优秀干部被捕被杀,阶级力量发生新的组合,民族资产阶级退出革命营垒,附和了大资产阶级,上层小资产阶级发生动摇而离开革命,继续坚持革命斗争的只剩下无产阶级、农民和贫苦的小资产阶级。

(2) 革命力量被摧残。1927年4月19日,即南京国民政府成立后第2天就发出"秘字第一号命令",厉行"清党",通令"缉拿"共产党领导人和著名的国民党左派领袖190人。此后,大批共产党员、青年团员和其他革命者、民主人士,均以各种罪名被杀害。据中国共产党第六次全国人民代表大会的不完全统计,从1927年3月到1928年上半年,被杀害者达31万多人,其中共产党员2.6万多人。共产党的许多优秀领导人如陈延年、赵世炎、罗亦农、萧楚女、向警予、彭湃、恽代英、蔡和森等先后被杀害。著名国民党左派人士邓演达等也被杀害。

共产党的队伍也发生激剧分化，有的叛变，有的退党、脱党，有的另组新党，企图在国共两党之外寻求新的出路。共产党员由 5.7 万多人减少到 1 万人左右。

（3）工农运动被破坏。大革命高潮时的工会会员近 300 万，而 1928—1930 年间，赤色工会的会员始终只有几万人；大革命高潮时各地农民协会的会员近千万，大革命失败后也基本上被解散，豪绅地主疯狂进行反攻倒算，许多农民运动的领袖和积极分子惨遭杀害。

这些都说明，国内政治形势已经发生逆转，革命已暂时转入低潮，中国共产党继续对中国革命道路进行新探索。

主观上来说，八七会议重新确定了中国革命的道路。

1927 年 8 月 7 日，中共中央在汉口召开紧急会议。到会代表有 20 余人。会议听取了共产国际代表罗明纳兹所做的报告和瞿秋白关于党的新任务的报告。毛泽东、邓中夏、蔡和森、罗亦农、任弼时等在会上做了发言。会议发表了著名的《告全党党员书》。会议主要解决了两个方面的问题：第一，总结了大革命失败的经验教训，坚决地纠正了陈独秀的右倾错误，撤消了陈独秀在党中央的领导职务，选出了以瞿秋白为首的新的临时中央政治局。第二，确定了土地革命和武装反抗国民党反动派的总方针，并把发动农民举行秋收起义作为当前党的最主要任务，决定在湘、鄂、赣、粤等地发动秋收起义。

八七会议在革命的危急关头纠正和结束了中共党内的右倾错误，明确了党在新时期的斗争方向，使中国革命进入了以武装斗争为主要形式，以土地革命为中心内容的新阶段。根据八七会议确定的方针，从 1927 年秋到 1928 年底，中国共产党在全国各地发动了武装起义，中国革命走上新的道路。

4. 1927—1928 年，中国共产党在全国发动的武装起义中，最有代表性的有哪些？（列举三个）

（1）南昌起义。1927 年 7 月 25 日，中共中央临时政治局常务委员会"决定集中中共党掌握和影响下的部队，在南昌举行起义"。7 月 27 日，成立了中共前敌委员会，周恩来任书记，刘伯承任参谋长。7

月 28 日,南昌起义总指挥部成立,贺龙任起义总指挥。参加起义的部队被整编为三个军:即第 9 军,朱德任副军长;第 11 军,叶挺任军长;第 20 军,贺龙任军长。1927 年 8 月 1 日,南昌起义的枪声打响。

南昌起义是中国共产党独立策划和领导的,但又是以统一战线的形式,打着国民党左派的旗帜发动的,仍沿用国民革命军第二方面军番号。南昌起义使国民党大为震动,急忙调集军队围攻起义部队。鉴于此,8 月 3 日至 7 日,起义部队相继撤离南昌南下,经三河坝和潮汕两次分兵,遭到国民党军队优势兵力围攻而失散。在这种情况下,根据中共中央指示,起义主要领导人分批撤离部队。起义军一部由颜昌颐、董朗率领进入海陆丰地区,另一部由朱德、陈毅率领进入湘粤赣边开展游击战争。

南昌起义打响了反抗国民党反动派的第一枪,树立了坚持革命斗争的旗帜。南昌起义是中国共产党创建军队、独立领导武装斗争的开始。同时,南昌起义缺乏在新形势下如何坚持革命的经验,没能与当地农民运动相结合,形成孤军南下的局面,加上两次分兵的失误,最后在优势敌军的围攻下失败。

(2) 秋收起义。八七会议后,毛泽东以中央特派员的身份被派到湖南领导秋收起义。1927 年 8 月 18 日,改组了湖南省委,成立了以毛泽东为书记的前敌委员会;会议还决定,不再沿用国民党和国民革命军称号,而以共产党的名义相号召,以工农革命军的名义来组织部队。

9 月 9 日,从破坏铁路切断敌人交通开始,起义爆发。参加起义的武装力量共计 5000 人,最初仍以夺取湖南的中心城市长沙为目标。起义军虽按计划先后攻占了一些县城,但损失惨重,攻取长沙的目标已不可能实现。9 月 19 日,各路起义军退却到文家市,毛泽东主持召开了前委会议,否定了原来攻打长沙的计划,决定向敌人统治薄弱的罗霄山脉中段进军。这就成为中国革命重心由城市转向农村的具有决定意义的新起点。9 月底,部队在江西永新县的三湾进行了改编。10 月底,部队到达井冈山的中心地带茨坪,开始创建井冈山革命根据地。

湘赣边界秋收起义是继南昌起义后,中国共产党又一次以武装起义形式反抗国民党的壮举。同时,由于起义抛弃了国民党和国民革命军的称号,鲜明地打出了中国共产党的党旗和中国工农革命军的军旗,从而扩大了中国共产党在人民群众中的影响。更可贵的是,当起义受挫时,起义领导者迅速选择了到敌人统治力量薄弱的农村去的方向,并着手创建井冈山革命根据地。这样,就为国民革命失败后坚持革命斗争找到了一条正确的道路。

(3) 广州起义。这是一次工人和士兵联合的城市武装起义。中共广东省委书记张太雷任起义总指挥。是时,广州处于粤系张发奎部占据下,但政治军事局面不稳定,广州兵力空虚。1928年12月11日凌晨3时许,起义爆发,经过两个多小时的战斗,便占领了绝大部分市区。6时,广州苏维埃政府宣告成立,苏兆征任主席(苏在上海,由中共广东省委书记张太雷代),起义军改称工农红军,叶挺任工农红军总司令。

广州起义后,国民党粤、桂军阀立即停止争斗,集中5万兵力进攻广州。经过3天3夜的英勇奋战,起义军没能抵抗住优势敌军的进攻,也没有来得及转入农村,最后遭到镇压。张太雷和七八千起义军及革命群众惨遭杀害,牺牲极为惨痛、悲壮。

广州起义是中国共产党挽救革命的又一次重要尝试,再一次以血的代价证明,在革命低潮时期和敌强我弱形势下,占领敌人统治中心的大城市已是不可能。

此外,1927年9月至1929年底,中国共产党领导发动的武装起义达百次,遍及10多个省、140多个县。

5. 中国革命新道路理论的基本内容是什么?

中国革命新道路理论,即农村包围城市、武装夺取政权的理论。这一理论的基本内容包括三方面。

(1) 开创这条道路的基本依据——以乡村为中心的思想。

中国革命新道路的理论,概括地说,就是以乡村为中心,在乡村中建立和发展红色政权,实行工农武装割据,在长期的斗争中继续和发展革命力量,待条件成熟时夺取全国政权。以乡村为中心的思想,是这个理论的核心内容,也是为什么必须走这条道路的基本依据。原因有三方面：

从中国社会性质看，中国革命要从农村武装斗争开始。毛泽东指出，西方资本主义国家的无产阶级可以利用资产阶级的民主制度，从中心城市发动和平斗争开始，再转变为武装斗争夺取政权，中国则不同。由于中国是一个半殖民地半封建国家，内无民主，外无民族独立，没有任何进行合法斗争的可能性。因此，为了战胜强大的中外反动派，必须把革命斗争的重心放到农村，从敌人统治力量比较薄弱的农村开始发动和发展武装斗争，逐步实现武装斗争夺取全国政权。

从中国革命的性质与特点来看，农民占全国人口的绝大多数，农民问题是中国革命的基本问题。农民不仅是无产阶级可靠的同盟军，而且是中国革命的主力军。因此，无产阶级要领导革命取得胜利，就必须派遣自己的先锋队到农村去，团结、组织和发动广大农民开展土地革命和游击战争，建立农村革命根据地与革命政权，积聚革命力量，以推动全国革命形势的发展。

从敌我力量对比与分布来看，中国革命的敌人是异常强大的，他们长期占据着中心城市，而广大农村则是他们统治的薄弱环节。因此，无产阶级要积聚和锻炼革命力量，并避免在力量不够的时候与强大的敌人决战，就必须把工作重心放到农村，把落后的农村造成先进的、巩固的根据地，造成军事上、政治上、经济上和文化上的伟大革命阵地，借以反对凶恶的敌人，并在长期的斗争中逐步争取全国革命的胜利。

（2）实行这条道路的基本条件——红色政权存在和发展的原因。

毛泽东分析了中国革命能在农村建立小块红色政权再逐步扩大形成农村包围城市局面、最后夺取全国政权的条件：

第一，中国是一个被几个帝国主义国家间接统治的、政治经济发展不平衡的半殖民地半封建的大国。

第二，大革命影响的存在。

第三，全国革命形势的继续向前发展。

第四，有相当力量的正式红军的存在。

第五，共产党组织的有力量和它的政策的不错误。

(3) 实现这条道路的基本途径——工农武装割据的思想。

毛泽东认为,所谓"工农武装割据",就是在中国共产党领导下,以土地革命为基本内容,以武装斗争为主要形式,以农村革命根据地为战略阵地的三者密切结合。

6. 中国革命新道路理论的形成过程和意义是什么？

(1) 形成过程。武装起义和根据地的创建,从实践上开辟了一条复兴和发展中国革命的正确道路。但是,这条道路是否走得通？在中国共产党和红军内部存在不同的认识："左"倾冒险主义者把共产国际的指示神圣化。把苏联十月革命的经验教条化,仍然照搬十月革命的中心城市武装起义的经验,不认识或拒绝承认我国建立农村革命根据地的战略意义。同时,在敌强我弱的形势下,根据地又屡遭优势敌人的围攻,因此,红军和根据地内的一些人就产生了消极悲观情绪,提出了"红旗到底打得多久"的疑问,认为革命形势"未可乐观",革命前途"渺茫得很"。再者,总结以井冈山为中心的湘赣边界以及各地工农武装割据的经验,也是发展中国革命的需要。

从1928年10月至1930年1月,毛泽东相继写成了《中国的红色政权为什么能够存在？》《井冈山的斗争》等著作,分析了中国半殖民地半封建社会的特点,第一次从理论上回答了中国红色政权能够长期存在和发展的原因和条件,并把共产党领导的武装斗争、土地革命和农村根据地建设三者密切结合起来,全面阐述了工农武装割据的内容及意义,为具有中国特色革命道路理论奠定了基础。

随着中国革命的发展进程,革命实践经验的丰富,毛泽东又把红色政权理论进一步完整地发展为农村包围城市、武装夺取政权的中国革命道路的理论。

1930年1月,为批判党内存在的悲观思想和主张流动游击观点,毛泽东给林彪写了《星星之火,可以燎原》的党内通信。这篇文章发展了毛泽东的"工农武装割据"思想。文章从中国革命发展的大趋势展开,分析了中国内外的尖锐矛盾,揭示了中国革命"以农村为中心"的必然规律,明确提出了农村包围城市、武装夺取政权的革命思想,表明了毛泽东在中国革命发展新道路问题上认识的飞跃,标志着农村包围城市、武装夺取政权革命道路理论的基本形成。

农村包围城市、武装夺取政权革命道路理论的创立和成功实践，使中国共产党人更加深刻地认识到，"马克思主义不是教条，只有正确运用于实践并在实践中不断发展才具有强大的生命力"。要想取得革命和建设的胜利，"必须始终坚持马克思主义基本原理同中国具体实践相结合，坚持科学理论的指导，坚定不移地走自己的路"。

（2）意义。

第一，这一理论是中国长期革命战争和根据地斗争经验的科学总结，揭示了中国革命发展的客观规律，指明了大革命失败后中国革命继续前进的正确道路，为夺取革命在全国的最后胜利提供了理论依据。

第二，这一理论是以毛泽东为代表的中国共产党人创造性地把马克思列宁主义关于武装夺取政权的原理同中国革命具体实践相结合的光辉典范，为马克思列宁主义的理论宝库增添了独创性的新经验、新结论，在毛泽东思想形成和发展史上具有极为重要的意义。

第三，这一理论是以毛泽东为代表的中国共产党人坚持实事求是原则，一切从实际出发，从中国革命的具体实践中得来的，带有强烈的求实、实践精神和敢于冲破理论禁区、勇于创新的精神，这对于我们进行现代化建设具有重要的启迪意义。

7. 土地革命的失误和转折是什么？

（1）失误：

第一次，瞿秋白在八七会议中提到过的，广泛开展土地革命战争，但是以盲目的"左"倾冒险主义为指导，最终使得广州起义失败。

第二次，李立三在1930年的"左"倾错误，同样是"左"倾冒险主义，要求红军攻打大城市，"先打下一两个省，全国的革命形势就大好了"，并且要求白区的地下工作者全力配合，发动工人罢工、学生游行。结果是白区的党组织遭到了毁灭性的破坏，红军主力也在攻打大城市中受到了极大的损失，而且更为严重的是，引起了当时正参加中原大战的蒋介石的警觉，所以在中原大战结束后，他立刻调集重兵开始了五次围剿作战。

第三次，是最严重的一次，是王明的"左"倾错误。当时因为在上海的中共中央遭到了严重破坏，被迫转移到了苏区，在王明的错误思想影响下，"左"倾错误在根据地得到了全面贯彻，进攻中的冒险主义，防御中的保守主义，退却中的逃跑主义，后果是被迫撤离根据地。

这几次"左"倾错误，尤其是以王明为代表的"左"倾错误，使中国革命的复兴受到严重挫折。

在20世纪30年代前期、中期，中国共产党内屡次出现严重的"左"倾错误，其原因是多方面的：

第一，出于对国民党屠杀政策的愤怒，党内普遍存在着一种及早拼命情绪；同时一些犯过右倾错误的人，怕重犯右倾错误，认为"左"比右好，从而为"左"倾错误的发展提供了温床。八七会议以后党内一直存在的这种浓厚的"左"倾情绪始终没有得到认真的清理。

第二，共产国际对中国共产党内部事务的错误干预和瞎指挥。

第三，中国的历史条件。中国共产党长期处于农民阶级和小资产阶级的包围之中，受小资产阶级思想的影响比较严重，这是犯错误的重要原因。

第四，主要原因在于，全党的马克思主义理论准备不足，理论素养不高，实践经验也很缺乏。

(2) 转折：1935年1月，中央红军在渡过乌江，攻占黔北重镇遵义之后，15日至17日，中共中央政治局召开了扩大会议，史称"遵义会议"。

这次会议集中全力解决了当时最紧迫的军事问题和组织问题，通过了《中共中央关于反对敌人五次"围剿"的总结的决议》。批判了王明的"左"倾冒险主义军事方针，重新肯定了以毛泽东为代表的红军作战原则；改组了中央领导机构，增选毛泽东为政治局常委，取消了博古、李德的最高指挥权，后来又组成了由毛泽东、周恩来、王稼祥三人参加的军事指挥小组。

遵义会议开始确立了以毛泽东为代表的马克思主义的正确路线在中共中央的领导地位，从而在极端危急的关头，挽救了红军，挽救了党，挽救了中国革命，成为中国共产党历史上一个生死攸关的转折点。遵义会议是中共独立自主地运用马克思列宁主义原理，解决中国革命问题的一次极为重要的会议，使党的路线开始转到把马克思列宁主义普遍真理同中国革命实际相结合的正确轨道上来，是中国共产党从幼年走向成熟的标志。

8. 长征胜利后，中国共产党从土地革命到抗日战争在思想上的转变过程是什么？

民族危机的日益加深和抗日民主运动的迭起，要求国内各政党对国内形势和阶级关系的新变动做出科学的分析和估量，并据此制定相应的政策。

1935年12月中下旬，中共中央在陕北瓦窑堡召开政治局会议。会议听取了中共驻共产国际代表张浩所做的共产国际关于建立反法西斯统一战线的报告，分析了国内形势和阶级关系的新变化，讨论了中国共产党面临的主要任务，以及完成这一任务应当采取的战略和策略。25日，会议通过了《关于目前政治形势与党的任务决议》，提出了实现反日、反卖国贼的民族统一战线的政治措施。

为了贯彻瓦窑堡会议精神，进一步从理论上说明党的抗日民族统一战线策略，彻底批判党内"左"倾关门主义错误，同时注意防止右倾错误的出现，毛泽东于12月27日在陕北瓦窑堡党的活动分子会议上做了《论反对日本帝国主义的策略》的报告，分析了九一八事变以来国内政治形势的特点以及敌我力量的对比情况，阐明了建立抗日民族统一战线的可能性和必要性。

瓦窑堡会议是中国共产党历史上极为重要的一次会议，实现了党的政治路线的真正转变；同时，为了迎接抗日战争的到来，以毛泽东为核心的党中央对土地革命战争10年的经验教训做了认真总结。

在政治路线方面，对中国革命基本问题的认识取得重大突破。毛泽东在重新区分了资产阶级的两部分，初步揭示了民族资产阶级两面性的来源及其表现特点，确定又联合又斗争的策略的基础上，提出了革命转变的新思路。在1937年5月召开的苏区党代表会议上，毛泽东针对即将到来的抗日战争的新形势和党内的思想状况，集中论述了无产阶级领导、革命前途和转变问题，指出中国资产阶级民主革命任务不能由资产阶级领导完成，必须经过无产阶级领导才能完成。因此，革命归谁领导"乃是革命成败的关键"。

在军事方面，系统总结革命战争的经验，尤其是第五次反"围剿"失败的教训，彻底清算"左"倾教条主义的军事路线，揭示了中国革命战争的特点、规律，形成了一整套军事思想体系与具有鲜明中国特色和中国气派的人民军队的战略战术原则。毛泽东在《中国革命战争的战略问题》中，着重反对了那种只重视掌握战争的一般规律，忽视掌握中国革命战争的特殊规律，喜欢照抄军事条令，照搬俄国革命战争经验的教条主义，指出"各个国家各个民族特别是大国家大民族均有其特点，因而战争规律也各有其特点，同样不能呆板地移用"，在战争规律的研究上，"应该着眼其特点和着眼其发展，反对战争问题上的机械论"。

在思想路线方面，初步清算了教条主义，系统论述了马克思主义的思想路线。为使全党从教条主义束缚下解放出来，1937年7—8月，毛泽东写了《实践论》和《矛盾论》。从思想方法论的高度分析了发生"左"倾和右倾错误的原因，深刻地批判了主观和客观相分裂、理论和实践相脱离的教条主义和形式主义，论证了马克思主义普遍原理与中国革命实际相结合的必要性和极端重要性，提出了实践是检验真理的标准、实践第一、具体问题具体分析等一系列重要的理论观点，从而为中国共产党认识中国革命规律奠定了坚实的思想基础。

四、材料分析题

（一）阅读下列材料，并回答问题。

材料一：一党负责，应解为目前过渡时代之办法，并非禁他党之发生及存在。故对于政治结社之自由，应予开放；人民批评政治之言论自由，应予以充分之保障。

——《党治杂感》，《大公报》1930年3月1日。

材料二：惜乎国民党执政以还，摧残言论，压迫报界，成为一时风气，方法之巧，干涉之酷，军阀时代，绝对不能梦见。……向使国民党采取开放言论政策，使全国报界皆得为党国之诤友，对党部或民众团体之工会、商协、农协、学生会等等，予报界以充分纠察规劝之自由，则一方面可使党部不致变成衙门，党员不致化为官僚，或沦为暴民。而一般民众亦至少不至对党部及其指导下之民众团体，有恐怖、厌恶、忌避、冷淡、隔膜等种种心理，于党于国，固有大益。

——《报纸如何可以为民众说话》，《大公报》1930年7月15日。

材料三：各省地方报纸之地位，完全为奴隶的，被征服的，毫无法律保障，遑论言论自由。……宜由国民会议，郑重决议，请国民政府，通令全国文武官吏，保障言论自由，非依法不得对出版品为任何之处分。……健全舆论之事难言矣，无已。先求法治，有法胜无法，而实行尤要。吾人为全国各省同业计，最要为请求修正出版法，而确实行之。各省文武官吏不能凭喜怒好恶以自由摧残报业，则中国已为进一步矣。

——《国民会议与言论自由》，《大公报》1931年5月12日。

请回答：（1）这组材料说明的主要问题是什么？

（2）这一问题反映了什么？

参考答案要点：（1）这一组材料说明国民党实行文化专制主义统治，剥夺民众的言论和出版等自由，及民众要求保障言论、出版等自由的问题。

（2）这一问题反映了国民党实行一党专政的军事独裁反动统治，是地主阶级和买办性的大资产阶级利益的代表，因此，中国人民要争得民族独立和自身解放，就必须同这个反动统治做坚决的斗争。

（二）阅读下列材料，并回答问题。

材料一：虽有很好的工农群众，若没有相当力量的正式武装，便决然不能造成割据局面，更不能造成长期的和日益发展的割据局面。所以"工农武装割据"的思想，是共产党和割据地方的工农群众必须充分具备的一个重要的思想。

——毛泽东：《中国的红色政权为什么能够存在？》，1928年10月。

材料二：只要买办豪绅阶级间的分裂和战争是继续的，则工农武装割据的存在和发展也将是能够继续的。

以农业为主要经济的中国的革命，以军事发展暴动，是一种特征。

——毛泽东：《井冈山的斗争》，1928年11月。

材料三：红军、游击队和红色区域的建立和发展，是半殖民地中国在无产阶级领导之下的农民斗争的最高形式，和半殖民地农民斗争发展的必然结果；并且无疑义地是促进全国革命高潮的最重要因素。

——毛泽东：《星星之火，可以燎原》，1930年1月。

请回答：（1）上述材料主要阐明的理论是什么？请分析其中的关系。

（2）这一理论的提出有什么意义？

参考答案要点：（1）上述材料主要阐明的是中国共产党农村包围城市、武装夺取政权的理论。其中，土地革命、武装斗争和根据地建设三者之间是辩证统一的关系。

（2）农村包围城市、武装夺取政权理论的提出，标志着中国革命找到了一条适合中国国情、具有中国特色的革命道路，标志着中国化的马克思主义即毛泽东思想的初步形成。这是马克思主义在中国的创造性运用和发展。

（三）阅读下列材料，并回答问题。

材料一：没收一切土地归苏维埃政府所有，用下列三种方法分配之：（一）分配农民个别耕种；（二）分配农民共同耕种；（三）由苏维埃政府组织模范农场耕种。以上三种方法，以第一种为主体。遇特别情形，或苏维埃政府有力时，兼用二、三两种。

一切土地，经苏维埃政府没收并分配后，禁止买卖。

分配土地之后，除老幼疾病没有耕种能力及服公众勤务者以外，其余的人均须强制劳动。

以人口为标准，男女老幼平均分配。

以乡为单位分配。

——《井冈山土地法》，1928年12月。

材料二：没收一切公共土地及地主阶级的土地归兴国工农兵代表会议政府所有，分给无田地及少田地农民耕种使用。

一切公共土地及地主阶级的土地，经工农兵政府没收并分配后，禁止买卖。

以人口为标准，男女老幼平均分配。

以乡为单位分配。

——《兴国县土地法》，1929年4月。

材料三：省苏应该通令各地各级政府，要各地政府录令布告，推促农民耕种，在令上要说明过去分好了的田（实行抽多补少、抽肥补瘦的）即算分定，得田的人，即由他管所分得的田，这田由他私有，别人不得侵犯。以后一家的田，一家定业，生的不补，死的不退，租借买卖，由他自主。田中出产，除交土地税于政府外，均归农民所有。吃不完的，任凭自由出卖，得了钱来供给零用，用不完的由他储蓄起来，或改田地，或经营商业，政府不得借词罚款，民众团体也不得勒捐。……农民一家缺少劳力耕田不完，或全无劳力一点不能自耕的，准许出租。租完多少，以两不吃亏为原则，由各处议定。

——毛泽东：《关于加强春耕工作的意见》，1931年2月。

请回答：（1）《井冈山土地法》的颁布有何意义？材料一所引条文中有哪些不适合当时中国农村实际的政策规定？

（2）比较材料二与材料一，土地政策有什么原则的修正？为什么做这样的修正？

（3）比较材料三与材料一，土地政策又有哪些原则的修正？为什么做这样的修正？

（4）从上述土地政策的调整中可以获得什么教益？

参考答案要点：（1）《井冈山土地法》是毛泽东主持制定的中国共产党历史上第一个土地法，以立法的形式，首次肯定了广大农民以革命的手段获得土地的权利。由于缺乏经验，这个土地法关于没收一切土地归苏维埃政府所有、禁止土地买卖等方面的规定，并不适合中国农村的实际。

（2）原则的修正是将"没收一切土地"改为"没收一切公共土地及地主阶级的土地"。做这样的修正，保护了中农的利益使之不受侵犯，可以争取中农成为革命的一支力量。

（3）毛泽东等进一步总结根据地土地革命的经验，规定了土地革命中的阶级路线和土地分配方法，即：坚定地依靠贫农、雇农，联合中农、限制富农、保护中小工商业者、消灭地主阶级；以乡为单位，按人口平分土地，在原耕地的基础上，实行抽多补少、抽肥补瘦。这样可以充分调动广大农民发展生产和参军参战的积极性，根据地开展了热火朝天的"打土豪，分田地"的斗争。

（4）在中国共产党的土地革命纲领和路线的指引下，根据地开展了热火朝天的"打土豪，分田地"的斗争，充分调动了广大农民发展生产和参军参战的积极性。因而，只有制定和执行了坚决的土地纲领，为农民利益而认真奋斗，才能获得广大农民群众对革命的支持，成为中国共产党的伟大同盟军。中国革命在大革命失败后能够得到坚持和发展的根本原因，就在于中国共产党紧紧地依靠了农民，领导农民进行了土地制度的革命。

（四）阅读下列材料，并回答问题。

材料一：讲到长征，请问有什么意义呢？我们说，长征是历史纪录上的第一次，长征是宣言书，长征是宣传队，长征是播种机。……它向全世界宣告，红军是英雄好汉……长征宣告了帝国主义和蒋介石围追堵截的破产。长征又是宣传队。它向十一个省内大约两万万人民宣布，只有红军的道路，才是解放他们的道路。……没有共产党，这样的长征是不可能设想的。

——毛泽东：《论反对日本帝国主义的策略》。

材料二：长征的胜利，最具有深远意义的是，确立了毛泽东同志在红军和党中央的领导地位，开始形成以毛泽东同志为核心的第一代中央领导集体，这是我们党和革命事业转危为安，不断打开新局面的最重要的保证。

伟大的长征给党和人民留下了伟大的长征精神。

——江泽民：《在纪念红军长征胜利六十周年大会上的讲话》。

材料三：伟大的红军长征，具有更深远意义的是，形成了中国革命成熟的坚强领导核心。红军长征从被动到主动、踏上胜利道路，转折点是遵义会议。遵义会议确立了毛泽东同志在红军和党中央的领导地位，开始确立了以毛泽东同志为代表的党中央的正确路线，使红军和党中央得以在极其危急的情况下保存下来，为我们党从挫折走向胜利提供了重要保证。这是我们党走向成熟的重要标志。以毛泽东同志为核心的党的第一代中央领导集体逐步形成,是我们党在领导中国革命的实践中、经过胜利和失败的长期比较做出的历史性选择。

红军长征之所以成为我们党从挫折走向胜利、中国革命由波折坎坷走向蓬勃发展的重大转折,关键是以毛泽东同志为代表的中国共产党人在实践中深刻认识到,在我们这样一个半殖民地半封建的东方大国里进行革命,必然遇到许多特殊的复杂问题,靠背诵马克思列宁主义一般原理和照搬外国经验不可能解决这些问题,只有创造性地运用马克思列宁主义基本原理,实事求是、独立自主地解决中国革命的重大问题,才能把革命事业引向胜利。这是红军长征给我们的最可宝贵的启示。

在新长征的征途上,我们一定要把长征精神作为加强社会主义精神文明建设的重要内容,作为在全体人民特别是青少年中进行理想信念和思想道德教育的重要内容,坚持不懈地发扬光大,把长征精神一代一代传下去。

——胡锦涛:《在纪念红军长征胜利 70 周年大会上的讲话》。

请回答:(1)材料中所说的长征精神是什么?

(2)长征中具有转折意义的会议是什么?其解决的主要问题是什么?

(3)长征给我们的最可宝贵的启示是什么?

参考答案要点:(1)长征精神,就是把全国人民和中华民族的根本利益看得高于一切,坚定革命的理想和信念,坚信正义事业必然胜利的精神;就是为了救国救民,不怕任何艰难险阻,不惜付出一切牺牲的精神;就是坚持独立自主、实事求是、一切从实际出发的精神;就是顾全大局、严守纪律、紧密团结的精神;就是紧紧依靠人民群众,同人民群众生死相依、患难与共,艰苦奋斗的精神。

(2)红军长征中具有转折意义的会议是遵义会议,主要解决了当时具有决定意义的军事问题和组织问题。

(3)在中国,无论是革命、建设、改革,都必须创造性地运用马克思列宁主义基本原理,实事求是、独立自主、与时俱进地解决中国革命、建设、改革的重大问题，才能把革命、建设、改革事业引向胜利。

第三板块：延伸思考

一、导语

从同盟会到国民党，从中华革命党到中国国民党，从广州国民政府到武汉国民政府、南京国民政府，中国国民党及其政权几经变革。1928年底，张学良发出"改易旗帜"的通告，标志着国民党政权结束了自袁世凯去世后10多年的北洋军阀混战局面，结束了中国南北几个政府并存的状况，基本实现了全国的统一，尽管是表面的、不稳定的统一，但是其历史的意义和价值必须肯定。然而，孙中山先生去世之后的中国国民党及其建立的新政权，代表的阶级基础发生重要改变，为了实现其阶级利益，建立了庞大的军队，推行了特务系统、保甲制度、文化专制等统治方式，并且对外投靠帝国主义，这一政权"依然是城市买办阶级和乡村豪绅阶级的统治"，仍然是中国革命的主要对象。

经历大革命失败的短暂低潮后，中国共产党开始了武装反抗国民党统治的斗争，创建了人民军队，纠正了党内右倾机会主义错误，中国革命发展到一个新阶段，即土地革命战争时期。一方面，中国共产党发动了南昌起义、秋收起义、广州起义，创建了井冈山、左右江等革命根据地，在农村开展了热火朝天的"打土豪，分田地"斗争，开辟了农村包围城市、武装夺取政权的新道路，这是一条具有中国特色的革命道路，是中国共产党把马克思主义基本原理与中国革命实际相结合的产物，是马克思主义中国化取得的重要理论成果。正是因为开辟了这样一条新的革命道路，中国革命才最终取得伟大胜利。因此，这样一条新的革命道路，这样一种开创新道路的革命精神，这样一次推进马克思主义中国化的历史经验，都值得高度肯定和倍加珍惜。另一方面，中国共产党尚处于幼年时期，马克思主义理论准备不足，党内出现三次"左"倾错误,尤其是王明的"左"倾错误影响最大,直接导致红军第五次反"围剿"的失败,中央红军不得不进行二万五千里的长征。长征途中的遵义会议,是中国共产党历史上一个生死攸关的转折点,是中国共产党从幼年走向成熟的标志。红军长征最终取得伟大胜利,铸就了伟大的长征精神。新时期以来,中国特色社会主义建设堪称是一次新的伟大长征,长征精神仍然具有强烈的时代价值,马克思主义中国化仍然需要与时俱进。

二、阅读材料及点评

材料一:张作霖被炸死始末

1928年6月4日清晨,皇姑屯一声惊天巨响,日本侵华的一次重大事件——刺杀张作霖在沈阳郊外日军控制的三洞桥写入了历史。

北伐后期,由于长期和日军合作的奉系大帅张作霖逐渐开始摆脱日方控制,向北伐军通电求和,更因为关东军内部石原莞尔等强硬派意图制造事端,发动占领东三省的军事冒险行动,日军以关东军高级参谋河本大作为主,策划了在张作霖回沈阳途中利用在关东军控制的南满铁路三洞桥处放置炸药,将张炸死途中的阴谋。

由于筹划周密,日军的刺杀行动完全成功,张作霖座车被爆后身负重伤,当天伤势无法控制而死亡。张作霖被炸时已经起床,正在和吴俊升闲谈,张左吴右,张的左边还有卫士温守善。爆炸后温被碎木压住,仍然奋力爬出,抢救张作霖,张喉部撕裂,温用手绢立即包扎。也是他把张抱上汽车的。

在汽车驶向大帅府的路上,张作霖还清醒,闭着眼用很小的声音问温守善说:"逮住了没有?"温守善安慰他说:"逮住了!"张又问:"哪儿的?"温说:"正审问呢,还不知道是谁干的。"温又说:"最好安神,不要打听了。"张安静了一会儿又问:"到底是谁干的?"温说:"不是一般手榴弹炸的,是火车走到日本南满铁路桥时,一颗巨型炸弹炸的,除日本人外别人干不了!"张在昏迷中还说个"打"字。又过了一会儿,张又对温说:"我要撒泡尿,到家看看小五(指五少爷)和五太太。"又说:"我要走了(意指要离开人世了)"。张作霖被送回帅府后，医护人员曾尽力抢救，终因伤势过重，两三个小时后，便停止了呼吸。

但是，由于当时主持东北军政的臧式毅危急关头沉着应对，一面隐瞒张作霖的死讯，一面暗渡陈仓，着张学良化妆为士兵，混在黄显声（就是后来小萝卜头在白公馆的老师）旅出关的列车上返回奉天，稳定了形势。日军乘机占领东三省的计划没有实现。

事实上，事件主谋河本大作回忆，他为爆炸成功后的行动安排了三个计划。首先，他预先联络关东军几名带兵军官，准备在沈阳市内某饭店附近集结约一个旅的兵力，爆炸发生后立即突击张作霖的大帅府，解除卫队武装，但是，因为传递消息有误，部分日军没有如期到达，这个计划未能实现。其次，他准备借张作霖死亡之际，借东北军群龙无首之际，怂恿关东军司令部借稳定东北局势出兵占领沈阳。然而，臧式毅诈称张作霖未死，使关东军犹豫未敢发难。最后，他还有一个计划是乘机以东北军中的内应张景惠发动独立行动，造成东北局势的复杂化，从而为日军介入制造借口，但是张学良的火速出关，平稳接掌权力，使河本的第三个计划也没能实现。但是张景惠最终下水当了汉奸，后来成为伪满内阁总理大臣。

关东军刺杀张作霖的事件，不但河本本人供认不讳，"远东国际法庭"开庭审判日本战犯时，日本前田中内阁海军大臣冈田启介也出庭供认了张作霖被炸是关东军策划的经过。

——《日方机密照片再现张作霖被炸死全过程（组图）》，http://news.xinhuanet.com/blog/2007-03/02/content_5792692.htm。

点评：英国人加文·麦柯马克在《张作霖在东北》一书中说："就与日本帝国主义关系而言，张比一个纯粹的傀儡还多些什么，但却比一个民族主义者少些什么"。这一评价是比较客观的，评价历史人物应当充分考虑历史人物所处的时代。近代中国的对外交涉，整体上是处于弱势状态。张作霖统治东北时期，在两大强邻的欺压之下，交涉谈判多处于被动地位，在这种情况下，妥协让步是不可避免的。他的最终命运也说明，游刃于强国之间，没有强大的国力，即使再精明的个人，只要不能满足他国利益要求，其结果将是悲惨的。这充分表明了

"弱国无外交"，中国要想维护本民族的利益，只有先实现民族独立，进而实现国家的富强，才能实现。

材料二：国民党的特务组织"军统"和"中统"

国民党蒋介石集团为维护和巩固其反动统治，对付中国共产党及民主进步人士，以及国民党内的反对派，建立了"中统"和"军统"两大特务组织，成为蒋介石专制独裁统治的重要工具。

"军统"的前身和班底是1932年春成立的三民主义力行社特务处。力行社是蒋介石召集黄埔少壮军人滕杰、贺衷寒等20余人建立的秘密政治核心组织，对外用它的外围组织"中华民族复兴社"相称。力行社特务处也称作复兴社特务处，于1932年4月1日定为创业纪念日，"军统"的历史就从这时算起。特务处由戴笠任处长，成员以戴笠此前跟随蒋介石做情报工作的密查组成员为基础，并吸收王孔安、乔家才等黄埔毕业生多人组成。1932年9月，戴笠奉派为军事委员会调查统计局第二处处长，将特务处挂靠在这一政府正式机构，以取得编制和经费，但不受这时期的军统局领导。特务处成立后，先后在南京开设参谋本部特务警员训练班，在杭州警校开设甲、乙、丙三种特训班及电讯班，大力培训特工人才。1935年蒋介石将对付中共苏区的南昌行营调查科划归特务处，人员扩大到700余人。特务处先后在重要地区设区一级单位，各省及大城市设站，并在军、警、宪以及铁道等部门建立起特务组织，或由特务骨干担任许多部门的要职，形成了从点到面的特务网络。

戴笠的指导方针是"秉承领袖意旨，体念领袖苦心"，一切听命于蒋介石，在抗战前贯彻执行蒋介石"攘外必先安内"的政策，把破坏中共组织，监视、逮捕、屠杀中共党员及爱国民主人士作为基本任务。例如，1933年6月，将中国民权保障同盟总干事杨杏佛杀害，以威吓宋庆龄等爱国进步人士；是年底十九路军领导人蒋光鼐、蔡廷锴等联合西南方面李济深等发动反蒋抗日的"福建事变"，戴笠派执行科科长邱开基等策反十九路军将领，配合蒋介石的军事进攻对福建事变进行破坏。1934年将著名报人、爱国人士史量才杀害于沪杭公路上；是年命北平站长陈恭澍会同天津站对著名爱国抗日将领吉鸿昌（中共秘密党员）进行暗杀，虽然吉只是受伤，幸免于难，却因这一事件被国民党当局从天津租界当局引渡到北平处死。1936年西南方面陈济棠等联合桂系李宗仁等打起抗日救国的旗帜发动"两广事变"反蒋，戴笠又指挥西南的特务组织收买粤空军将领倒戈得逞，将"两广事变"瓦解。"西安事变"和平解决后，蒋介石背信弃义将张学良扣押，其监管囚禁一直由戴笠安排特务组织执行。

"中统"是国民党CC系领导人陈果夫、陈立夫所控制的特务组织，其前身就是由CC系分子所组成的国民党中央组织委员会党务调查科。调查科成立于1928年2月，最初分设采访、整理两个股，1930年调查科内增设"特务组"和"言文组"，以对付共产党和负责搜集各省市的报刊杂志内容和言论。1932年中央组织部将调查科扩编为特工总部。1935年党务调查科升格为国民党中央委员会党务调查处，直属蒋系国民党中央。1937年，党务调查处并入军事委员会调查统计局第一处。

"中统"早期工作中心之一就是专门破坏中国共产党组织，迫害革命党人和进步人士，对被其逮捕的共产党员和进步人士采取"非叛即杀"的残暴政策；还制定"重用叛徒，扩大自首潮流，以毒攻毒"的政策，在各省设立"反省院"。例如，1931年，曾为上海中共中央政治保卫工作的领导人顾顺章被捕变节，他曾编写《情报业务》一书作为调查科组织训练特务的教材，为特务们传授技术。

——《揭秘历史上真实的"军统"及"中统"》，http://www.chinanews.com/cul/news/2009/04-29/1668787.shtml。

点评： 蒋介石建立"军统""中统"等特务组织，与其早期经历与性格有关。蒋早年家境一度不错，但因丧父而迅速中落，又受乡吏欺侮，体验了世态炎凉。这形成了他复杂的性格：固执、倔强、多疑与以自我为中心。他年轻时留学日本，接受过粗浅的军国主义教育，与陈其美交谊，这些经历铸成了他蛮干、注重情报搜集和效忠个人的特殊心态，这是他组织特工机构的思想根源。通过"军统"和"中统"等特务组织，国民党破坏革命行动，绑架或暗杀革命者和异己分子，控制人民的言论和思想。

材料三：陈独秀辞去总书记职务，还是八七会议被撤销总书记职务？

蒋介石发动四一二反革命政变后，国共两党的关系开始处于风雨飘摇之中，而斯大林与共产国际却在此时给中共下达自相矛盾的指示，一面要中共尽快实现土地革命，一面又让维持与国民党的良好关系。陈独秀百思不得其解，如此相互抵触的指示，到底是如何发出的，他充满牢骚地说："究竟叫我怎么领导？我这个领导怎么领导法？"

陈独秀的领导危机自此开始呈现，这就是瞿秋白在《多余的话》中所说："在中国共产党第五次大会上（一九二七年四五月间），独秀虽然仍旧被选，但是对于党的领导已经不行了。"1926年12月，苏联代表那桑诺夫等带着斯大林的"新路线"来到中国，他们认为陈独秀是贯彻"新路线"的障碍，有意要撤换他，只是因为时机不成熟而作罢。

陈独秀在党内，除了李大钊外，几乎无人能和他相俦并尊，党的中央委员会内，多是他的学生、翻译、秘书，而且又多是晚辈，党内同志多对他以"老先生"相称。但是，中共五大后，他的话再也不是那么灵了，冲撞"老先生"的事情也时有发生。

1927年5月，武昌和长沙相继发生反革命武装叛乱。面对险恶的局势，鲍罗廷在中共中央政治局会议上表示，为维护我们与国民党左派的关系，必须纠正工农运动的过火行动，否则，中国革命将难以继续下去。罗易却极力反对鲍罗廷的意见，大声疾呼推翻武汉的国民党中央。他说，这样做只会使国民党更民主化，而决不会影响我们同国民党的关系。

他们之间喋喋不休的争论，使中国共产党很难统一思想，也自然而然地消解了陈独秀在党内的领导作用。作为那个时代那一事件的经历者郑超麟在《怀旧集》中回忆，1927年，中央在武汉时，"不是陈独秀决定问题，而是三巨头（瞿秋白、张国焘、谭平山）决定问题。"中共五大前，"共产国际已有撤换陈独秀的计划，但一时找不到适当的接班人"。

陈独秀陷入矛盾与迷茫之中，在共产国际的指示原则下，中共既要与国民党保持良好关系，又要推行土地革命，惩罚反动军官。这般逻辑混乱的政策，自然使包括陈独秀在内的中共领导人无所适从，不知所措。蔡和森就说：那时"中央政治局的精神愈益混乱不堪，大家都沉闷得很，又像迷失路途似的。对于每一个问题都是动摇的，犹疑的。"瞿秋白也有同样的感觉，他说："当时政治局委员之中，个个都是动摇无主的，即使有若干不同的倾向，也无甚作用，对各个自己都无作用，不能说对于群众及'大计方针'了。"

共产国际如此地指导中国革命，也就难怪继陈独秀后的瞿秋白在被共产国际罢免，而让比他更"左"的李立三取代时，才从恍恍惚惚的梦中惊醒，不无感慨地说："我根本上不愿意自己来代替他们——至少是独秀⋯⋯等到实逼处此，要我取独秀而代之，我一开始就觉得非常之'不合适'。"这种"不合适"，只有体验这个过程的人，才会有真切的感受。

夏斗寅、许克祥叛变后，冯玉祥、汪精卫等国民党左派领袖们，一个个露出了庐山真面目，国民党内的共产党员已无法存身，纷纷被逐出国民党，国共合作彻底破裂。陈独秀再提退出国民党的要求，共产国际拒绝了陈独秀的请求，并由此而对他越来越不满意。

陈独秀是个率性而为的人，索性在中央政治局会议上批评共产国际的出尔反尔、始终不一的路线，他说："以前季诺维也夫一向教我们帮助资产阶级，现在斯大林教我们二十四点钟内实行土地革命。"共产国际于6月下旬指示，批判机会主义错误，调回鲍罗廷，甚至表示："不遵守国际训令者剥夺其在中央之领导权。"锋芒直指陈独秀。鲍罗廷得到这个指示，并没有立即传达，而是一直挨到7月12日，才根据共产国际指示，重新改组中共中央，由张国焘、张太雷、李维汉、李立三、周恩来组成临时中央局兼常委。

陈独秀被停职，怅惘、疲惫地隐藏在工人住宅区内。在百无聊赖之中，他给临时中央局去了一封信，说："国际一面要我们执行自己的政策，一面又不许我们退出国民党，实在没有出路，我实在不能工作。"从而辞去总书记职务。

——《揭秘：陈独秀辞去总书记职务真相》，http://news.xinhuanet.com/xhfk/2011-03/20/c_121207868_4.htm。

点评：国民大革命的失败，原因是多方面的，其中一个很重要的原因是在国共合作问题上，共产国际决策的失败。鲍罗廷在国民革命时期发挥了很重要的作用，大革命后期又竭力维护统一战线，努力与国民党保持合作关系。国民大革命失败后，需要人负责。当时苏共正发生斯大林与托洛斯基的斗争，有关中国问题政策的差异是争论焦点之一，在这种情况下，斯大林不可能承认在中国问题上他的决策失误，就这样陈独秀成了替罪羊。当然，作为中国共产党从一大到五大的总书记，对国民大革命的失败，陈独秀有不可推卸的责任，明知共产国际的决策是错误的，但是又不得不执行；与共产国际有不同意见时，又不坚决与之斗争。这些原因导致了国共合作的破裂。陈独秀担任总书记期间，其家长制作风，对于不同意见的压制，也是不可否认的。如果能够切实实行民主集中制，集思广益，那么减少国民大革命失败的损失，也是可能的。

材料四：“枪杆子里面出政权”意味着专制吗？

"枪杆子里面出政权"是毛泽东同志的著名论断。这一论断是中国共产党进行和完成中国革命的指导思想，它影响巨大且深远。历史证明了它的正确性。但是，现在有人把这个论断与政权性质联系起来，甚至说枪杆子里面出来的政权，就是专制主义的政权。显然，这明显曲解了这一名言的意思，也存在错误的引申，是不能不辨析的。

首先，"枪杆子里面出政权"论断的产生，有深刻的历史背景，是中国共产党在国民党背叛革命后复兴革命的战略选择。

1924年至1927年的第一次国共合作，在全国强劲地传播了反帝反封建的革命思想，掀起了前所未有的大革命高潮，从根本上动摇了北洋军阀的统治，开创了中国民主革命的大好局面。但1927年，蒋介石、汪精卫相继背叛革命，破坏了国共合作，埋葬了这个蓬勃兴起的革命。当时，国民党还疯狂屠杀共产党员和革命群众。在四一二政变中，上海有300多人被杀、500多人被捕、5000多人失踪。广州国民党当局在发动四一五政变的当天，就捕捉了共产党员和革命群众2000多人，封闭工会等团体200多个。

面对国民党的背叛和疯狂屠杀，面对两党合作和中国革命遭到破坏的局面，矢志革命的中国共产党只能在白色恐怖中进行武装革命。1927年8月7日，在中国共产党著名的"八七会议"上，毛泽东提出了"枪杆子里面出政权"的论断。这个论断，阐述了如何复兴革命的关键问题，从此成为中国共产党动员人民进行革命的理论武器。它是对大革命失败的经验教训的总结，是在当时历史条件下中国共产党继续革命的唯一选择，是被国民党用枪杆子逼出来的。

其次，枪杆子里面出政权，但枪杆子并不决定政权的性质。

中外历史清楚地说明，枪杆子是夺取政权的主要方式，是维护和巩固政权的主要工具，是非常重要的。但是，它不决定政权的制度和性质。客观地说，政权性质是多种因素的产物，包括历史、国情、经济等许多因素，但其中一个主要的具有决定性影响的是掌握枪杆子者的政治理念，是掌控政权者的政治选择。不同的政治制度，不同的政权性质，是各个政党不同选择的结果。

再次，中国共产党依靠枪杆子夺取了全国政权，但新政权是通过民主协商和民主选举建立的。无论局部执政时期，还是掌握全国政权之后，中国共产党都努力代表全国人民的意志和利益，致力于人民民主政治的建设和扩大。

在新民主主义革命的过程中，毛泽东在新民主主义理论中，创造性地勾画了新中国的蓝图，规定在政治上实行无产阶级领导下的各革命阶级联合专政，实行民主集中制、人民代表大会和民族区域自治的政治制度。1948年，中国共产党发表著名的"五一口号"，号召各民主党派到解放区共商建国大计。在广泛酝酿和充分筹备的基础上，1949年中国人民政治协商会议召开，会上中国共产党与各民主党派一起制定了"共同纲领"，并据此选举产生了中华人民共和国中央人民政府。1954年，第一次全国人民代表大会召开，制定了新中国第一部宪法。中国人民由此开始依法行使选举权和被选举权，社会主义民主得到广泛实行。

——李东朗：《"枪杆子里面出政权"就意味着专制吗》，《解放日报》2009年9月21日。

点评："枪杆子里面出政权"是中国革命的基本经验之一，是中国共产党探索中国革命的结果。近代中国在辛亥革命胜利后虽有过短暂的议会政治时期，这是与民国初期军阀割据、北京政府在全国的统治力较差有关，也因此有了北京民国政府时期思想言论较为自由的局面，但也是中国历史上民不聊生的时期。大革命失败后，南京国民政府实现了国民党在全国范围内名义上的统一，由于国民党建立了庞大的反革命军队，在全国实行特务统治，镇压人民和消灭异己力量，这就使得通过合法议会斗争，进而取得政权成为幻想。为了挽救中国革命，实现民族的独立和人民的解放，中国共产党被迫走上了武装斗争的道路，也提出了"枪杆子里面出政权"的理论。

以中国共产党领导人自身来说，他们属于知识阶级，受中国传统文化影响，追求"和合"。面对民族危亡的局面，他们曾经多次做出选择。毛泽东、蔡和森等人曾经信仰过无政府主义，也进行过无政府主义的实践，但是这些实践无不以失败而告终。十月革命后，在不断比较和深入思考后，他们选择了马克思列宁主义。在中国共产党最初的革命实践中，最看重的并不是武装斗争，而是工人运动。大革命时期和大革命失败后最初一段时期，中国共产党把工作重心放在城市工人运动，然而由于中国大城市反动力量过于强大，通过工人斗争进而取得革命胜利的"苏俄模式"在中国并没有成功。正是在这种情况下，中国共产党才逐渐把目光转移到农村。以毛泽东同志为代表的中国共产党人在农村的革命实践中，探索出了农村包围城市、武装夺取政权的新道路。

材料五：秋收起义中毛泽东为啥要当"山大王"？

秋收起义爆发后，国民党反动当局立即"通令各军，如获毛逆者，赏洋5000元"。国民党军队的前堵后追，给工农革命军的转移造成了极大的困难，使得南下路途充满了险情。

这时，工农革命军领导层内部发生了严重问题。担任工农革命军第一师师长的余洒度，原来并不归湖南省委领导，也没有把毛泽东这个中央特派员和前敌委员会书记真正放在眼里。前委从安源通知他率第一团到铜鼓和第三团会合进攻浏阳，他不予理睬，擅自下令进攻平江，结果遭受严重损失。到文家市后，他又主张经浏阳进攻长沙，同毛泽东发生激烈争执。部队进入莲花县城后,在余洒度召集的军事会议上,毛泽东刚介绍完情况,余洒度立即表示反对:"如此决策,叫人怎能苟同?前番说去湘南,占据湘粤大道,一本正经决议下来,这会儿又说要去宁冈,简直是朝秦暮楚,让人无所适从。"毛泽东平静地说:"这并不是朝秦暮楚、毫无定见,而是适应形势的变化。中央有明确规定,前委到了哪个省,就要受哪个省委的节制。现在江西省委发来指示信,要求我们到宁冈去。我看宁冈是个好地方,那儿又叫井冈山,我以前听人说过,是个囤积粮草兵马的好去处。""《水浒传》里有个水泊梁山,朝廷的千军万马拿他们没得办法。我们到了井冈山这样的地方去,反动派也奈何不了我们。我们就是到那儿去,当红色的'山大王'。"

在毛泽东的坚持下,前委会议决定放弃去湘南的计划,向宁冈进军。9月26日,工农革命军离开莲花县城,向永新方向前进。部队自转兵南下以来,一路上连续作战,战斗力大大减弱,少数伤病员因缺医少药而牺牲,有些人因为怕艰苦不辞而别。

毛泽东为此内心焦灼,他清楚地知道,如果不马上解决这些问题,部队就很难继续前进。9月29日,部队来到永新县三湾村。当晚,毛泽东召开中共前敌委员会扩大会议,讨论部队现状及解决的措施,决定对部队实行整顿和改编,这就是我军历史上著名的"三湾改编"。

毛泽东亲自对刚刚进行了整编的部队做动员,针对少数人的悲观情绪,毛泽东鼓动说:"敌人只是在我们后面放冷枪,这有什么了不起?大家都是娘生的,敌人他有两只脚,我们也有两只脚。贺龙同志两把菜刀起家,现在带了一军人。我们现在还不只两把菜刀,我们两营人,还怕干不起来吗?你们都是起义出来的,一个可以当十个,十个可以当他一百。我们现在有这样几百人的队伍,还怕什么?没有挫折和失败,就不能有成功。"

随后,毛泽东宣布了行军纪律:说话要和气,买卖要公平,不拿群众一个红薯。工农革命军以崭新的面貌,士气高昂地踏上了新的征途。毛泽东率领这支小部队继续向井冈山转移。从文家市到茨坪,历时一个多月,行程1000多里,工农革命军在毛泽东的领导下,经过秋收暴动和艰苦转战,终于将红旗插上了井冈山。

——张福兴:《中国1927——解密80年前中国政局的历史谜团》,中共党史出版社2007年版。

点评:在1927年8月召开的八七会议上,中国共产党确定了土地革命和武装反抗国民党的总方针,开始了独立领导武装斗争的历程。但是,会议对国民革命失败后革命的低潮形势缺乏深刻的了解和足够的估计,对于农村在中国革命中的重要地位和建立农村革命根据地的意义还认识不清,因而仍然将党的工作重心放在城市,主张进攻和中心城市暴动路线。会议前后进行了以南昌起义、秋收起义和广州起义为代表的上百次起义和暴动,结果都失败了。

在此情况下,能否从中国国情出发,走出中心城市武装起义模式的阴影,按照中国革命的特点和规律,找到一条适合中国革命的发展道路,就成为中国共产党人亟待回答的问题。在探索中国革命新道路的实践中,共产党人开始把马克思列宁主义同中国革命的具体实践相结合,逐步将工作重心向农村转移。

八七会议结束后,毛泽东作为中央特派员回湖南领导秋收起义。在各路起义军先后受挫的情况下,毛泽东当机立断,及时调整进攻方向,决定将部队撤离平江、浏阳地区,向敌人力量薄弱的湘赣边界山区农村进军,以保存革命力量,谋求发展。9月29日,起义军到达江西省永新县三湾村。在这里毛泽东领导进行了著名的三湾改编,建立了军队的政治工作和党代表制度,确立了党对军队的绝对领导。10月上旬,毛泽东率领起义部队到达宁冈县茅坪,将工农革命军的红旗插上了井冈山。井冈山根据地的建立具有深远的历史意义,它把革命的退却和革命的进攻有机地结合起来,成功地实现了中国革命的伟大战略转移,从此,中国革命实际上从以城市为中心走上了工农武装割据的道路。

毛泽东在创建井冈山革命根据地的过程中,做出了最卓越的贡献。他领导了文家市退兵,点燃了井冈山斗争的"圣火";领导了改造袁文才、王佐部队,确定了在井冈山建立革命根据地的决策;领导创建了边界三县红色政权,奠定了井冈山革命根据地的坚实基础。并且,他还创造性地解决了根据地建设中的一系列重大问题,确保了井冈山革命根据地沿着正确的航道健康发展。

材料六:毛泽东对中国革命道路的论述

一国之内,在四围白色政权的包围中,有一小块或若干小块红色政权的区域长期地存在,这是世界各国从来没有的事。这种奇事的发生,有其独特的原因。而其存在和发展,亦必有相当的条件。第一,它的发生不能在任何帝国主义的国家,也不能在任何帝国主义直接统治的殖民地,必然是在帝国主义间接统治的经济落后的半殖民地的中国。……第二,中国红色政权首先发生和能够长期地存在的地方,不是那种并未经过民主革命影响的地方,例如四川、贵州、云南及北方各省,而是在一九二六和一九二七两年资产阶级民主革命过程中工农兵士群众曾经大大地起来过的地方,例如湖南、广东、湖北、江西等省。……第三,小地方民众政权之能否长期地存在,则决定于全国革命形势是否向前发展这一个条件。……第四,相当力量的正式红军的存在,是红色政权存在的必要条件。……第五,红色政权的长期的存在并且发展,除了上述条件之外,还须有一个要紧的条件,就是共产党组织的有力量和它的政策的不错误。

——自毛泽东:《中国的红色政权为什么能够存在?》(1928年10月5日),《毛泽东选集》第1卷,人民出版社1991年版,第48—50页。

一国之内,在四围白色政权的包围中间,产生一小块或若干小块的红色政权区域,在目前的世界上只有中国有这种事。我们分析它发生的原因之一,在于中国有买办豪绅阶级间的不断的分裂和战争。只要买办豪绅阶级间的分裂和战争是继续的,则工农武装割据的存在和发展也将是能够继续的。此外,工农武装割据的存在和发展,还需要具备下列的条件:(1)有很好的群众;(2)有很好的党;(3)有相当力量的红军;(4)有便利于作战的地势;(5)有足够给养的经济力。

——毛泽东:《井冈山的斗争》(1928年11月25日),《毛泽东选集》第1卷,人民出版社1991年版,第57页。

如果认清了中国是一个许多帝国主义国家互相争夺的半殖民地,

则一，就会明白全世界何以只有中国有这种统治阶级内部互相长期混战的怪事，而且何以混战一天激烈一天，一天扩大一天，何以始终不能有一个统一的政权。二，就会明白农民问题的严重性，因之，也就会明白农村起义何以有现在这样的全国规模的发展。三，就会明白工农民主政权这个口号的正确。四，就会明白相应于全世界只有中国有统治阶级内部长期混战的一件怪事而产生出来的另一件怪事，即红军和游击队的存在和发展，以及伴随着红军和游击队而来的，成长于四围白色政权中的小块红色区域的存在和发展（中国以外无此怪事）。五，也就会明白红军、游击队和红色区域的建立和发展，是半殖民地中国在无产阶级领导之下的农民斗争的最高形式，和半殖民地农民斗争发展的必然结果；并且无疑义地是促进全国革命高潮的最重要因素。六，也就会明白单纯的流动游击政策，不能完成促进全国革命高潮的任务，而朱德毛泽东式、方志敏式之有根据地的，有计划地建设政权的，深入土地革命的，扩大人民武装的路线是经由乡赤卫队、区赤卫大队、县赤卫总队、地方红军直至正规红军这样一套办法的，政权发展是波浪式地向前扩大的，等等的政策，无疑义地是正确的。

——毛泽东：《星星之火，可以燎原》（1930年1月5日），《毛泽东选集》第1卷，人民出版社1991年版，第98页。

点评：大革命失败后，以毛泽东为代表的中国共产党人，高举起土地革命和武装反抗国民党反动统治的旗帜，肩负起独立领导中国民主革命的重任，实行武装斗争，经过创建、发展红军和农村革命根据地的实践，提出了农村包围城市、武装夺取政权的思想，逐步找到了一条适合中国特点的民主革命的正确道路。

1928年10月，湘赣边界党的第二次代表大会通过了毛泽东起草的决议案。这个决议案的第一部分"政治问题和边界党的任务"，即毛泽东的《中国的红色政权为什么能够存在？》一文。毛泽东在文中指明了中国革命的性质、任务以及中国红色政权的实质，总结了井冈山根据地及其他地区建立小块红色政权的经验教训，首次提出"工农武装割据"的重要思想，分析了中国红色政权能够发生、存在的原因和条件，回答了"红旗到底打得多久"的问题。

会后不久，毛泽东于同年 11 月代表中共红四军前委给中央写报告，即毛泽东的《井冈山的斗争》一文，进一步总结井冈山工农武装割据的经验，进一步阐明"工农武装割据"的思想，得出中国红色政权能够继续存在和发展的结论。

1929 年 1 月，毛泽东、朱德率领红四军的主力从井冈山出发，向赣南、闽西进军。经一年多的艰苦转战，红四军同其他红军合编为红军第一军团，并且在赣南、闽西地区建立了中央革命根据地的基础。在同一时期，赣东北、洪湖、湘赣边、鄂豫皖以及其他农村革命根据地也都在不断粉碎敌军进攻中站住了脚，获得了初步发展。这样，"红旗到底打得多久"的问题，也就是毛泽东论证的"中国的红色政权为什么能够存在"的问题，已经由实践做了肯定的回答。

毛泽东提出的实行"工农武装割据"的思想，就是在中国共产党领导之下，把武装斗争、土地革命、建立革命政权三者结合起来，它为党在大革命失败后成功地把工作重点由城市转入农村，在农村建立革命根据地，走农村包围城市、武装夺取政权的道路奠定了基础。

材料七：邓小平舌战"喝过苏联洋墨水"的中央代表

1933 年 3 月下旬，临时中央撇开中共江西省委，直接主持召开了会昌、寻乌、安远 3 县党的积极分子会议，公开批判邓小平，以此揭开了反对"邓、毛、谢、古"为代表的所谓的"江西罗明路线"的序幕。

中央代表一开始就定了调子："会昌、寻乌、安远等县的党的领导机关，特别是主要负责同志，过去是执行了一条同党的进攻路线完全相反的退却逃跑的单纯的防御路线，是我们在赣南会议上早已批判过的逃跑主义路线的翻版。这一条路线，同福建杭、永、岩的罗明路线没有什么大的区别。这 3 县过去在邓小平为首的中心县委的领导下，对于党员同志、群众的力量没有丝毫的信心，所以，一听到敌人进攻苏区的消息，立即就惊惶失措，退却逃跑，将整个寻乌县拱手让给广东军阀，这同党的进攻路线没有丝毫相同的地方。这是不是还在执行我们党内那老牌的右倾逃跑主义路线？"

显然，临时中央代表不仅要把账算在邓小平头上，而且还要追究到毛泽东的身上。邓小平听后非常气愤，他正要站起来辩解，那个中央代表用手势进行制止，继续说道："在今后的斗争中，再也不要相信什么'诱敌深入'的战术了，那是狭隘的经验论，要御敌于根据地之外。什么'诱敌深入'，那根本不符合马克思主义的军事作战原则。当然，提出这个战术的人是没有见过大世面的山沟里的秀才，蹲在山沟里怎么能出马克思主义呢？真是笑话！所以必须肃清'逃跑主义'在党内和红军内的影响，坚决执行中央的进攻路线！"

听到这里，特别是听到那一系列的攻击毛泽东的言论，邓小平再也按捺不住了，他霍地站起来，非常愤慨地打断那个中央代表的话："我不能接受你的意见，有什么不同看法，是党内存在的正常现象，不能对同志搞人身攻击。你们说毛泽东是逃跑主义者，那井冈山革命根据地和中央苏区是谁领导创建的？"说到这里，邓小平向那个"喝过苏联洋墨水"的中央代表轻蔑一笑，便反唇相讥："你们是马克思主义者，是百分之百的布尔什维克，为什么不能在上海待下去？而中央苏区又为什么搞得红红火火？你们在大城市产生了'立三路线'，而我们在山沟里却产生了中国式的马克思主义，你难道能说毛泽东不懂马克思主义吗？"

在邓小平义正词严地一连串的反诘之下，中央代表招架不住了，不得不宣布会议结束，将邓小平强行关进"审讯室"。

"左"倾领导把邓小平的检查登在中央机关报《斗争》上，并冠之以《试看邓小平的自我批评》的题目，斥责邓小平"依然站在机会主义的观点上"，"在'检查'的长篇文章中，没有一个字批评自己对纯粹防御路线所负的责任"，责令邓小平立即向党写出申明书，彻底坦白"机会主义路线和派别观念，直至派别行动的全部"。

——孟昭庚：《中央苏区"邓、毛、谢、古"被整始末》，《文史精华》2008 年第 2 期。

点评：中国共产党探索中国革命道路的历程是艰苦的，斗争也是激烈的，既要同国民党反动派进行军事斗争，又要与党内各种"左"倾错误思想做政治斗争。由于对中国国情缺乏认识，中国共产党内开始滋长"左"的急躁情绪。从 1927 年 7 月大革命失败到 1935 年 1 月遵义会议召开之前,"左"倾错误先后三次在党中央的领导机关取得了统治地位。

第一次是 1927 年 11 月至 1928 年 4 月以瞿秋白为代表的"左"倾盲动错误,第二次是 1930 年 6 月至 9 月以李立三为代表的"左"倾冒险主义错误,第三次是 1931 年 1 月至 1935 年 1 月遵义会议以前以王明为代表的"左"倾教条主义错误。这几次"左"倾错误,尤其是以王明为代表的"左"倾教条主义错误,使中国革命受到严重挫折。

中共党内连续出现三次"左"倾错误,主要原因有:旧中国经济文化的落后和小资产阶级的革命急性病,是产生"左"倾错误的社会根源和阶级根源;党在政治上的不成熟和缺乏独立领导中国革命的经验,是产生"左"倾错误的主观原因;共产国际的错误影响和错误领导,是产生"左"倾错误的重要外部原因。

教条主义的教训是深刻的。我们无论在革命或是建设时期,都要具体问题具体分析。在具有两千多年封建社会历史的东方大国,经济上相对落后,文化传统上有东方的特点,这就要求我们党只有将马克思主义理论与中国的具体实际结合起来,才有可能取得革命和建设的胜利。

材料八:遵义会议上"关键的一票"

1935 年 1 月 15 日,中央政治局在遵义召开扩大会议。这时,我党和红军的命运正处在生死存亡的关键时刻。由于"左"倾冒险主义的错误,中央红军第五次反"围剿"遭到严重失败,于 1934 年 10 月被迫开始长征。长征途中,"左"倾错误的领导人博古、李德又犯了逃跑主义错误,在突破敌人的湘江封锁线时,红军由出发时的 8 万多锐减到 3 万多名,损失惨重,士气十分低落,领导集团分歧严重,而敌人已调集 40 万军队,准备围歼向湘西转移的红军,形势十分严峻。12 月,红军进入湖南通道县,中央在这里举行了军委扩大会议,讨论红军的战略行动方针问题。毛泽东提出改向敌人力量薄弱的贵州进军,以避免全军覆没的危险。这个主张得到王稼祥、周恩来、张闻天等人的赞成。于是,红军立即由湖南进入贵州黎平县,在这里,中央政治局召开了会议,采纳了毛泽东提出的新的行动方针,放弃到湘西与红

二、六军团会合的计划,并确定适当时候召开政治局扩大会议,以便审查黎平会议的决定和总结五次反"围剿"及长征以来的军事指挥上的经验教训。

王稼祥在长征途中,因伤痛缠身,不能承担具体工作事务,但他仍然视革命事业为第一生命,关注和思考如何摆脱困境,使红军转危为安。他觉察到博古、李德在军事指挥上的错误,必须下决心来一个根本转变。

在红军长征途中,王稼祥积极主动地做了许多工作。他首先与毛泽东沟通思想,向毛泽东倾吐了自己的担忧和疑虑。他说,如果这样下去,红军就不行了,要改变目前危急局面,必须纠正军事指挥上的错误,改变中央的错误领导。毛泽东很赞赏他的想法。接着,他又把自己的想法和毛泽东的观点,同张闻天交谈,取得了一致意见。他还利用各种机会,找了其他一些负责同志交换意见,并取得了这些同志的支持。由于王稼祥的工作,使毛泽东的正确主张,逐步为中央多数同志所拥护,为酝酿和准备召开中央政治局扩大会议奠定了基础,这对于挽救中国革命的危局,确实是难能可贵的。

1935年1月红军进占遵义城,获得了短期休整的时机,于是在遵义召开了中央政治局扩大会议。会上博古做第五次反"围剿"的总结报告,他极力为自己与李德的错误辩解,把失败的原因归咎于客观方面,对自己的错误毫无认识。周恩来做了军事问题的补充报告,实事求是地分析了军事指挥上的错误。张闻天做了批判"左"倾军事路线的报告,这个报告是毛泽东、王稼祥和他自己的集体意见。接着,毛泽东首先起来对第五次反"围剿"和长征以来的失败教训做了长篇发言,对博古、李德在军事上的错误做了透彻的分析和有力的批判,并正确阐述了中国革命战争的战略问题,指明了今后正确方向。这时,两种完全对立的思想观点和方针路线,完全摆到桌面上来了。在此关键时刻,当毛泽东话音一落,王稼祥马上站起来,旗帜鲜明地支持毛泽东的意见,严厉批判了李德、博古在军事上的错误,郑重建议取消李德、博古的军事指挥权,并由毛泽东出来指挥中国工农红军。由于王稼祥第一个出来明确而坚决地支持毛泽东的观点,接下来绝大多数同志相继支持毛泽东。在选举时增选毛泽东为中央政治局常委，增补王稼祥为中央政治局委员。随后，成立了由毛泽东、周恩来、王稼祥参加的三人军事指挥小组，指挥全军的军事行动。从此，结束了王明"左"倾冒险主义在党中央的统治，确定了毛泽东在红军中和党中央的领导地位，在危急关头，挽救了红军，挽救了党。历史事实证明，王稼祥在这个历史关键时刻，对党和革命做出了重大贡献。

以后，在党的七大期间，毛泽东曾说："如果没有洛甫、王稼祥两个同志从第三次'左'倾路线分化出来，就不可能开好遵义会议。""没有他们的赞助，遵义会议的成功是不可能的。"在十年动乱中，毛泽东又说："遵义会议王稼祥投了关键的一票。"陈毅对王稼祥在遵义会议的历史功绩，还曾做了生动的比喻："稼祥同志好比楚汉之争的韩信，韩信归汉则汉胜，归楚则楚胜，是个举足轻重的人物。"

——戴惠珍：《王稼祥在中国革命中的地位和作用——纪念王稼祥逝世二十周年》，《安徽史学》1994年第1期。

点评：无论是在中国共产党的历史上，还是在中国革命的历史上，遵义会议都是一次极其重要的会议。1935年1月15日至17日，中共中央在遵义召开了政治局扩大会议。遵义会议结束了王明"左"倾教条主义错误路线在党中央的统治，确立了以毛泽东为代表的新的中央的正确领导，把党的路线转到了马克思列宁主义的轨道上来。遵义会议在中国革命的危急关头，挽救了党，挽救了红军，挽救了中国革命，是中国共产党历史上一个生死攸关的转折点。遵义会议是中国共产党第一次独立自主地运用马列主义基本原理解决自己的路线、方针和政策的会议，它是中国共产党从幼年走向成熟的标志。从此，中国革命就在以毛泽东为代表的正确路线指引下走上胜利发展的道路。

遵义会议实际上确立了毛泽东同志在全党、全军的领导地位，可以说，遵义会议是中国革命的一个转折点，历史在这里选择了毛泽东。但历史的选择离不开人为的因素，提到遵义会议，有一个人是不得不提的，那就是王稼祥，他为遵义会议的召开起到了至关重要的作用。

长征路上的王稼祥因伤一直躺在担架上，也正是这次受伤却给他提供了一个和毛泽东相处的机会。通过充分的接触，王稼祥逐渐意识到党和红军必须改弦更张,更换领导,该是毛泽东"出山"的时候了。考虑周全后,王稼祥不顾伤痛,开始"活动",联络了周恩来、朱德、洛甫等人。

1935年1月,红军占领贵州遵义。敌军追兵一时还未跟上,部队得到10余天休息。中央利用这一机会召开了政治局扩大会议。在毛泽东发言批评错误的领导后,王稼祥接着发言,第一个在会上提出应由毛泽东来领导红军。在绝大多数同志的拥护下,会议改选了领导,毛泽东成为政治局常委,王稼祥也被增选为政治局委员。这次会议,成为中国革命的一个转折点,中国共产党在毛泽东等人的领导下终于转危为安。

王稼祥是从教条宗派集团转变到正确路线方面来的第一人;是提议召开遵义会议的第一人;是在毛泽东发言后支持毛泽东的第一人。后来,毛泽东高度评价王稼祥:"他是有功的,他是在教条主义中第一个站出来支持我的。""遵义会议上他投了关键的一票。"

第六章　中华民族的抗日战争

第一板块：学习引导

一、学习目的

1. 正确理解八年抗战与十四年抗战的关系。既要充分了解 1937 年七七事变后开展的全民抗战，又要充分认识 1931 年九一八事变后中国共产党独立领导的抗日斗争。

2. 正确理解敌后战场与正面战场的关系。既要充分肯定正面战场发挥的作用，更要明确敌后战场的重大历史功绩。

3. 正确理解中国人民抗日战争与世界反法西斯战争的关系。既要看到世界人民对中国的支持和援助，更要了解中国人民对世界反法西斯战争做出的巨大牺牲和贡献。

4. 正确理解中国共产党的中流砥柱作用与全民族抗战的关系。既要充分肯定各个阶级、阶层、政党、团体和海外华侨华人为抗战做出的巨大努力，更要明确中国共产党在全民族抗战中发挥的中流砥柱作用。

5. 正确理解爱国主义与狭隘民族主义的关系。既要大力弘扬在抗日战争中得到丰富发展的爱国主义精神，同时又要防止助长狭隘民族主义情绪。

6. 正确理解广大日本人民与极少数军国主义分子的关系。既要坚决揭露日本军国主义的滔天罪行，又要强调广大日本人民也是战争的受害者，坚持以史为鉴，面向未来，促进中日睦邻友好关系的发展，努力实现两国人民世代友好重要目标。

二、重点·难点·热点

1. 重点：揭露日本侵华战争的侵略性质和野蛮暴行，戳穿日本右翼势力歪曲历史、美化侵略的谎言，提高大学生对帝国主义侵略本质的认识，增强忧患意识和加快发展的紧迫感；使大学生理解中国共产党在抗日战争中所起的中流砥柱作用及其原因，坚定新时期在中国共产党的领导下沿着中国特色社会主义道路实现中华民族伟大复兴的信心；阐明中国人民抗日战争是神圣的民族解放战争，使学生认识到抗日战争的胜利是中华民族振兴的新起点，增强民族自尊心和自信心。

2. 难点：如何全面客观地评价国共两党的两条抗战路线及两个战场的地位和作用，如何从国内和国际两个角度理解中国人民抗日战争的胜利是中华民族振兴的新起点。

3. 热点：如何看待中日两国在诸多历史问题上的分歧；如何看待中日关系的现状和未来。中国人民的抗日战争是抗击日本帝国主义侵略的正义战争，其正义性不容挑战。日本军国主义给中国人民制造了深重的灾难，但日本国内否认战争罪行、美化侵略历史的右翼势力一直存在，对此应保持警惕。前事不忘后事之师，吸取教训，避免历史悲剧的重演，维护中日友好和亚洲稳定发展的大局。

三、推荐阅读

1. 毛泽东：《新民主主义论》（1940年1月），《毛泽东选集》第二卷，人民出版社1991年版。

2. 毛泽东：《论持久战》（1938年5月），人民出版社1960版。

3. 江泽民：《在首都各界纪念抗日战争暨世界反法西斯战争胜利五十周年大会上的讲话》（1995年9月3日），《人民日报》1995年9月4日。

4. 胡锦涛：《在纪念中国人民抗日战争暨世界反法西斯战争胜利60周年大会上的讲话》（2005年9月3日），《人民日报》2005年9月

4 日。

5.《中共中央关于目前形势与党的任务的决议》（1937 年 8 月 25 日），《中共党史教学参考资料》（抗日战争时期，上），中国人民大学中共党史系资料室，1980 年。

6. 龚育之：《关于抗日战争史研究》，《中共党史研究》1995 年第 6 期。

7. 荣维木：《近十年来抗日战争研究述评》，《教学与研究》2005 年第 8 期。

8. 何理：《抗日战争与中国复兴》，《群言》2005 年第 9 期。

9. 龚书铎：《应加强青少年抗日战争史教育》，《党的文献》2005 年第 5 期。

10. 沙健孙主编：《中国共产党与抗日战争》，中央文献出版社 2005 年版。

11. 全国政协文史资料委员会编：《抗日战争的正面战场》，安徽人民出版社 2000 年版。

12. 张宪文：《南京大屠杀史料集》1—55 卷，江苏人民出版社 2005 年至 2007 年版。

第二板块：课后练习

一、单选题

1.（   ）标志着日本全面侵华战争的开始。
　　A 九一八事变　　　　　　B. 华北事变
　　C. 卢沟桥事变　　　　　　D. 一·二八事变

2. 日军在中国的最后一次大规模进攻是（   ）。
　　A. 淞沪会战　　　　　　　B. 豫湘桂战役
　　C. 南昌战役　　　　　　　D. 武汉会战

3. 中华苏维埃共和国临时中央政府宣布对日作战的时间是（   ）。

A. 1932 年 4 月 15 日　　　　　B. 1935 年 8 月 1 日
　　C. 1935 年 12 月 9 日　　　　　D. 1937 年 7 月 8 日
4. 抗日根据地建设首要的、根本的任务是（　　）。
　　A. 加强文化建设　　　　　　　B. 加强经济建设
　　C. 加强政权建设　　　　　　　D. 加强社会建设
5. 1935 年 8 月 1 日，中共驻共产国际代表团以中华苏维埃共和国临时中央政府和中共中央的名义发表了（　　）。
　　A.《停战议和一致抗日》
　　B.《为抗日救国告全国同胞书》
　　C.《中国共产党为公布国共合作宣言》
　　D.《反日反蒋的初步协定》
6. 抗日战争的战略防御阶段是指（　　）。
　　A. 1935 年华北事变到 1938 年 10 月广州、武汉失守
　　B. 1935 年华北事变到 1940 年百团大战
　　C. 1937 年 7 月卢沟桥事变到 1938 年 10 月广州、武汉失守
　　D. 1937 年 7 月卢沟桥事变到 1940 年百团大战
7. 在抗日战争中牺牲的国民党最高将领是（　　）。
　　A. 佟麟阁　　　　　　　　　　B. 赵登禹
　　C. 张自忠　　　　　　　　　　D. 左权
8. 全国性抗战开始后中国军队取得了第一次重大胜利，打破了日军不可战胜的神话的战役是（　　）。
　　A. 台儿庄战役　　　　　　　　B. 平型关大捷
　　C. 百团大战　　　　　　　　　D. 忻口会战
9. 在中国共产党的历史上，第一次鲜明地提出"马克思主义中国化"命题和任务的会议是（　　）。
　　A. 中共二大　　　　　　　　　B. 遵义会议
　　C. 中共六届六中全会　　　　　D. 中共七大
10. 1938 年 10 月后，抗日战争进入相持阶段在中国方面的主要原因是（　　）。
　　A. 中国地域辽阔，战线长，敌后战场的开辟

B. 中国在经济上军事上仍相对弱小，无力开展反击
C. 中国国民党不积极抗战
D. 中国抗战得不到国际社会的支持，十分困难

11. 中国共产党正式把毛泽东思想确定为自己指导思想的会议是（　）。

　　A. 八七会议　　　　　　B. 遵义会议
　　C. 中共六届七中全会　　D. 中共七大

12. 1938年8月，中国共产党通过《抗日救国十大纲领》的会议是（　）。

　　A. 瓦窑堡会议　　　　　B. 中共六届六中全会会
　　C. 中共六届七中全会　　D. 洛川会议

13. 抗日战争进入相持阶段后，日本帝国主义对国民党政府采取的方针是（　）。

　　A 以军事打击为主，政治诱降为辅
　　B 以政治诱降为主，军事打击为辅
　　C. 军事打击和政治诱降并重
　　D. 速战速决，武力征服

14. 中国的抗日战争取得最后胜利的最关键阶段是（　）。

　　A. 战略防御阶段　　　　B. 战略相持阶段
　　C. 战略进攻阶段　　　　D. 战略反攻阶段

15. 1945年4月，联合国制宪会议在旧金山举行，中国解放区代表（　）出席了会议。

　　A. 董必武　　　　　　　B. 林伯渠
　　C. 周恩来　　　　　　　D. 王若飞

单选题参考答案

1. C　2. B　3. A　4. C　5. B　6. C　7. C　8. B　9. C　10. A
11. D　12. D　13. B　14. B　15. A

二、多选题

1. 日军在 1938 年 10 月占领广州、武汉后,开始实施的对华策略是（　　）。
   A. 以华治华　　　　　　　B. 以战养战
   C. 速战速决　　　　　　　D. 持久战

2. 1937 年 2 月 10 日,中共中央致电国民党五届三中全会,提出如果国民党将停止内战、一致对外等五项要求定为国策,共产党愿意实行四项保证,包括（　　）。
   A. 停止武力推翻国民党政府的方针
   B. 苏维埃政府改名为中华民国特区政府,红军改名为国民革命军
   C. 特区实行彻底的民主制度
   D. 停止没收地主土地的政策

3. 1937 年 8 月,红军主力改编为国民革命军第八路军。八路军下辖的师包括（　　）。
   A. 第一一五师　　　　　　B. 第一二〇师
   C. 第一二九师　　　　　　D. 第一六八师

4. 中国共产党提出巩固抗日民族统一战线的策略方针是（　　）。
   A. 发展进步势力　　　　　B. 争取中间势力
   C. 孤立顽固势力　　　　　D. 坚持独立自主

5. 中国共产党在抗日民主根据地实行"三三制"原则,即（　　）各占 1/3。
   A. 共产党员　　　　　　　B. 非党的左派进步分子
   C. 国民党员　　　　　　　D. 中间派

6. 以国共两党第二次合作为基础的抗日民族统一战线正式建立的标志是（　　）。
   A. 国民党中央通讯社发表《中共中央为公布国共合作宣言》
   B. 国民党五届三中全会的召开

C. 蒋介石发表实际上承认了中国共产党的合法地位的讲话
D. 中共洛川会议通过了《抗日救国十大纲领》
7. 在战略防御阶段，国民党军队组织了（　　）等一系列大战役。
   A. 淞沪会战　　　　　　　　B. 徐州会战
   C. 长沙会战　　　　　　　　D. 武汉会战
8. 抗日民族统一战线中的中间势力包括（　　）。
   A. 民族资产阶级　　　　　　B. 开明绅士
   C. 城市小资产阶级　　　　　D. 地方实力派
9. 在抗日民族统一战线中，进步势力主要是指（　　）。
   A. 工人　　　　　　　　　　B. 农民
   C. 城市小资产阶级　　　　　D. 民族资产阶级
10. 与国民革命统一战线相比，抗日民族统一战线呈现出的新特点是（　　）。
    A. 实行党内合作，形成了统一的政府
    B. 广泛的民族性和极大的复杂性
    C. 是国共两党两个政权、两个军队的合作
    D. 没有双方共同遵守的共同纲领和固定的组织形式
    E. 处于一个既有利又极其复杂的国际环境中
11. 1937年11月8日太原失守后，中国共产党先后创建的根据地有（　　）。
    A. 晋察冀抗日根据地　　　　B. 晋西北抗日根据地
    C. 晋冀豫抗日根据地　　　　D. 赣南、闽西根据地
12. 1945年毛泽东在中共七大上作的《论联合政府》的报告，主要内容是（　　）。
    A. 提出废除国民党一党专政的主张
    B. 提出多党多派建立民主联合政府的主张
    C. 全面阐述了建立民主联合政府的具体步骤和各方面的施政纲领
    D. 提出实现社会主义的宏伟目标
13. 中国共产党在新民主主义革命中战胜敌人的主要法宝是

（　　）。
  A. 土地革命　　　　　　B. 统一战线
  C. 武装斗争　　　　　　D. 党的建设

多选题参考答案

1. AB　2. ABCD　3. ABC　4. ABC　5. ABD　6. AC　7. ABD
8. ABD　9. ABC　10. BCDE　11. ABC　12. ABC　13. BCD

三、思考题

1. 日本帝国主义是如何一步步实施灭亡中国的计划的？

  日本侵略中国的图谋由来已久，16世纪的丰臣秀吉、18世纪前后的佐藤信渊、19世纪前后的山县有朋等人逐步细化对华侵略扩张的战略构想。从1874年进犯中国台湾开始，日本每隔几年就要发动一次对外侵略战争，其中大多是侵华战争。在近代史上，日本是对中国发动侵略战争次数最多的国家，是世界近代最富于侵略性的国家之一。

  （1）20世纪20年代末，为了摆脱经济危机，日本军国主义者加紧实施其既定的侵华政策。

  1929年10月，由美国开始的经济危机席卷整个资本主义世界，日本深受打击。面对严重的经济、政治危机，日本统治集团更急于发动侵略中国的战争，以缓和国内的阶级矛盾，摆脱经济危机带来的困境。日本军国主义者煽动侵华浪潮，日本政府疯狂地扩军备战，把整个国民经济纳入了军事化的战时经济轨道，使日本的军事力量迅速增强。随着军事准备的完成，日本对华侵略的挑衅行为也不断升级。

  （2）从九一八事变到华北事变，日本侵略中国的计划步步得逞。

  九一八事变是日本政府长期以来推行对华侵略扩张政策的必然结果，是它企图变中国为其独占殖民地而采取的严重步骤。1931年9月18日晚上，日本驻中国的侵略军——关东军，自行炸毁沈阳北郊柳条湖附近南满铁路的一段路轨，反诬中国军队破坏铁路，并借此突然袭击了东北军驻地北大营和沈阳城。随即在几天内侵占20多座城市及其周围的广大地区。面对日寇的大举进攻，在"攘外必先安内"的方针下，国民政府一再退让。1932年2月，中国东北全境沦陷。仅四个月零十天，日军就占领了山海关至黑龙江之间相当于日本本土3倍的110万平方公里中国领土，3000万中国同胞惨遭日军蹂躏。

随后，日军入侵中国华北地区。1933年初，日军侵占了战略要地山海关，又于3月初占领了热河省会承德，逼近长城各口，矛头直指平、津。1935年在华北制造了一系列事端，向中国政府提出了使华北政权"特殊化"的要求。通过"秦土协定"和"何梅协定"，华北成为日军可以自由出入的"真空地带"，中国政府在河北、察哈尔两省的主权大部分丧失。接着，日方又策动华北五省（河北、察哈尔、绥远、山西、山东）两市（北平、天津）"防共自治运动"，培植傀儡"冀东防共自治政府"，使冀东22县沦入日伪之手。这就是华北事变。

（3）华北事变后，日本法西斯军人加紧发动全面侵华战争的部署。

1936年2月26日，日本法西斯军人发动军事政变，广田弘毅内阁上台后，于同年8月制定了侵略中国、进攻苏联、待机南进以至发动太平洋战争的侵略计划。据此，日本参谋本部制定了对华作战的具体计划，准备以14个师团的兵力占领华北、华中和华南地区，一举灭亡中国。11月，日本同德国签订《反共产国际协定》，欧亚两个法西斯国家打着"反共"的旗号结成了反动同盟（意大利1937年加入）。从此，欧亚两个战争策源地联结在一起，公开声称要取得世界霸权，在全世界推行法西斯制度。1937年6月，日本陆军首脑会议决定立即从国内出兵，向中国发动攻击。这个决定得到了日本内阁和天皇的批准。这样，日本全面侵略中国就只需要一个借口了。

（4）卢沟桥事变后，日本动员几乎全部军事力量发动了全面侵华战争。

1937年7月7日，卢沟桥事变爆发，日本全面侵华战争由此开始。卢沟桥事变以后，日本动员几乎全部军事力量，采取"速战速决"的战略，向华北、华东、华中地区发起战略进攻。日军相继占领了北平、天津、太原、上海、南京、武汉、广州等一大批城市。1938年10月，日本占领广州、武汉后，在遭到中国军民顽强抵抗的情况下，被迫停止对正面战场的战略性进攻。在坚持灭亡中国的总方针下，日本调整侵华政策，实施"以华制华"和"以战养战"策略，对国民党政府采取政治诱降为主、军事打击为辅的方针；在占领区加紧扶植傀儡政权，建立和发展汉奸组织；逐步将主要兵力用于对共产党领导的敌后抗日根据地进行"扫荡"。1944 年 4 月至 1945 年 1 月，日本发动打通中国大陆交通线的豫湘桂战役，占领 20 万平方公里的中国领土。这是日军在中国发动的最后一次大规模进攻。1945 年 5 月，德国法西斯政权彻底垮台。日本法西斯企图继续顽抗，受到中国人民和世界人民相互配合的对日作战的坚决打击。同年 8 月 15 日，日本天皇发表终战诏书，日本侵华战争最终遭到彻底失败。

2. 简述日本侵华战争给中华民族造成的极为深重的灾难。

日本发动的侵华战争给中华民族造成的极为深重的灾难，主要体现在两个方面：一是侵华日军在战争中直接犯下的空前严重的战争罪行，二是日本侵略者在其占领区实行的残暴殖民统治。

第一，侵华日军在战争中犯下了空前严重的战争罪行。

（1）在占领区制造一系列惨绝人寰的大屠杀。如 1937 年 12 月占领中国国民政府首都南京后，残杀中国平民和被俘士兵 30 余万人。为了征服中华民族，他们对中国人民实行"从精神上摧残，从物质上摧毁，从肉体上消灭"的种族灭绝政策，所过之处，一路血腥，一片火海。例如：1937 年 9、10 月间的 30 天中，日军连续血洗山西天镇等 7 座县城，屠杀无辜百姓 1.6 万余人；1941 年 1 月 25 日，日军在河北唐山地区丰润县制造潘家峪惨案，全村 1700 人，1239 人被屠杀；华北每个县都有惨案发生。

（2）对抗日根据地开展大规模"扫荡"，实行"三光"政策。战争相持阶段到来后，日军对中国共产党领导的八路军、新四军及其抗日根据地展开大规模的"扫荡"，实行"杀光其居民、烧光其房屋、抢光其粮食"的"三光"政策。

（3）对许多城镇的非军事目标进行狂轰滥炸。自 1937 年 7 月至 1938 年 6 月底，日本空军无视国际公法，对中国 16 个省的 257 座城市先后出动飞机 1.67 万架次，进行了 2472 次轰炸。

（4）对中国军民悍然实行细菌战和毒气战。为了制造细菌和生化武器，日军在东北建立了"关东军防疫给水部"（又称731部队）和"关东军兽疫预防部"（又称100部队），还灭绝人性地用中国人做试验品，甚至进行活体解剖。

（5）在占领区掳掠和残害中国劳工。抗日战争期间，日本在华各沦陷区全面推行公开的强制劳动制度，强掳了上千万中国劳工，为其修建军事工程和筑路开矿。

（6）强迫中国妇女充当日军"慰安妇"。日本侵略军实施的慰安妇制度，是人类数千年文明史上罕见的野蛮暴行，它长期地、公开地、有计划有组织地胁迫包括中国妇女在内的成千上万的各国妇女充当日军官兵的性奴隶与性工具，充分暴露了日本军国主义的残忍、野蛮和暴虐。

第二，日本侵略者在其占领区实行了残暴的殖民统治。

日本侵略者不仅在战争中犯下了空前严重的战争罪行，而且还对占领区人民进行政治上的殖民统治、经济上的疯狂掠夺和和思想上的强制奴化，以支撑其在战场上直接的武装军事侵略。

（1）设立殖民统治机构或扶持拼凑傀儡政权。如1932年成立伪"满洲国"，使中国东北成为日本的殖民地。1940年3月策动汪精卫在南京成立伪"中华民国政府"，实质为日寇控制下的傀儡政权。

（2）疯狂掠夺中国的资源与财富。如东北的"南满铁路株式会社"和"满洲重工业股份公司"控制东北经济命脉，肆意掠夺东北资源。

（3）对占领区人民强制推行奴化教育。日寇企图通过奴化教育泯灭中国人民的民族意识和抗日精神，以维护其殖民统治。

综上所述，日本军国主义在侵华战争中犯下的空前严重的战争罪行、在其占领区实行的残暴的殖民统治，使源远流长的中华文明遭受了惨重破坏，使中华民族蒙受了巨大损失，给中华民族造成了极为深重的灾难。

3. 为什么说中国的抗日战争是一场神圣的民族解放战争？

抗日战争是中华民族全民族的反侵略战争，是一场正义战争。在波澜壮阔的全民族抗战中，全体中华儿女同仇敌忾、共赴国难，各阶级、各阶层、各民族、各党派、各团体都以不同形式参加抗日民族统一战线，表现出空前的民族大团结。因此，抗日战争是一场神圣的中华民族的解放战争。

抗日战争在地域上是全中国投入的抗击外敌的战争。尤其七七事变后，长城内外，大江南北，到处燃起抗日的烽火。在前线，军民坚决抵抗日军进攻；在后方，掀起了全国性的救亡运动。

全国各阶级、各阶层、各民族都参加了抗日斗争。中国各阶级、各阶层在抗日战争中的团结是空前的。工人阶级是抗日的先锋，成千上万的工人参加八路军、新四军和游击队。农民作为抗日的主要力量，踊跃地支前参战。城市小资产阶级特别是大量知识分子接受了中国共产党抗日民族统一战线的主张，积极投身抗日救亡运动。大批青年学生投笔从戎，献身抗日激流。民族资产阶级也表现了爱国主义精神，踊跃认购救国公债，为前线将士捐赠物资。在抗战大潮中，我国的56个民族几乎都直接参加了保卫祖国的战斗。中华民族的空前团结，正是抗日战争取得胜利的重要条件之一。

（3）全国各党派、各团体求同存异、团结抗日。日本帝国主义的侵华战争，促进了中国各党派的团结。全国各个党派，包括掌握全国政权的国民党和在全国有巨大影响的共产党，都以民族存亡为重，结束了分裂对抗的局面，求同存异，在抗日的基础上团结一致，同仇敌忾，共同对敌。国共合作的建立，推动了抗日民族统一战线的发展。第三党、国家社会党、青年党、救国会、中华职业教育社、乡村建设派等，它们的政治倾向一直是抗日的。

（4）全国军队包括国共两党的军队都一致抗日。在中国特殊条件下形成了既统一又独立的国民党正面战场和共产党敌后战场，两个战场在战略上互相配合、共御外侮。以国民党军队为主体的正面战场，组织了一系列大战役，特别是全国抗战初期的淞沪、忻口、徐州、武汉等战役，粉碎了日军速战速决灭亡中国的美梦。中国共产党领导的敌后战场，广泛发动群众，开展游击战争，八路军、新四军、华南游击队、东北抗日联军和其他人民抗日武装力量奋勇作战，钳制和歼灭日军大量兵力和绝大部分伪军，逐渐成为中国人民抗日战争的主战场。

（5）抗日战争有着极为广泛的群众基础。共产党努力发动和组织了广大工农群众,特别是把亿万农民发动、组织和武装起来,使抗日战争有了极大的群众基础和力量源泉,汇合成全民族抗战的洪流,陷敌于人民战争的汪洋大海。

综上所述,中国人民的抗日战争完全是中华儿女为捍卫民族的生存权、发展权而进行的一场神圣的民族解放战争。在祖国存亡危急的关头,中华儿女表现了空前的民族大团结,他们以自己的血肉之躯,筑成了捍卫祖国的钢铁长城。这是中国人民爱国主义精神的整体性大发扬,是在敌强我弱形势下能够坚持全民族抗战八年之久并最后胜利的基本原因。

4. 抗日民族统一战线是如何形成的?

抗日民族统一战线是在中华民族危机加深、全国救亡运动高涨的背景中,中国共产党及时提出抗日民族统一战线的新政策,并积极推动下逐渐形成的。

(1)九一八事变后,抗日救亡运动在全国兴起。九一八事变激起了各阶层人民的强烈反抗,引起了国内阶级关系的重大变化,声势浩大的抗日救亡运动在全国兴起。中国共产党率先举起了武装抗日的旗帜。中共中央在九一八事变后发布了一系列文告,号召各党派抛弃过去的成见,停止内战,一致对外,建立抗日民族统一战线。

(2)一二·九运动促进了中华民族的觉醒,标志着中国人民抗日救亡运动新高潮的到来。华北事变进一步引起了中国国内阶级关系的深刻变化,中日民族矛盾进一步激化,并急剧上升为中国社会的主要矛盾。国民党政府奉行攘外必先安内的反动政策,使民族危机空前严重。中国共产党的抗日救国号召和红军长征的胜利,有力地鼓舞并推动了抗日救亡运动的迅猛发展。在此形势之下,爆发了著名的一二·九运动。

(3)在全国抗日救亡运动高涨之际,中国共产党及时提出了抗日民族统一战线的新政策。1935年12月17日至25日,中共中央在陕北瓦窑堡召开政治局扩大会议,讨论军事战略问题、全国的政治形势和党的策略路线问题。会议通过张闻天起草的《中央关于目前政治形势与党的任务决议》。12月27日,毛泽东根据会议精神,在党的活动分子会议上作题为《论反对日本帝国主义的策略》的报告。瓦窑堡会议决议和毛泽东的报告，奠定了中国共产党抗日民族统一战线的理论基础和策略基础，从而解决了遵义会议没有来得及解决的党的政治路线问题。中国共产党在新的历史时期即将到来时掌握了政治上的主动权。

（4）西安事变的和平解决，成为时局转换的枢纽，十年内战的局面由此结束，国内和平基本实现。西安事变和平解决后，内战在事实上大体停止下来，国共两党关系开始改善。为了促进国共合作的实现，1937年2月10日，中共中央致电国民党五届三中全会，提出五项要求和四项保证。促进国共两大政党和两个政权对立的消除，实现国共合作，一致反抗日本的侵略。这五项要求和四项保证引起巨大反响，并得到国民党内部抗日派的赞同。宋庆龄、何香凝、冯玉祥等还在国民党五届三中全会上提出恢复孙中山联俄、联共、扶助农工三大政策的紧急议案。这次全会表示同意国共两党进行谈判，并在会议文件上第一次写上了"抗日"字样，标志国民党最高当局由内战"剿共"、对日妥协向和平、抗日的转变。在国难当头的时刻，国共两党进行第二次合作成为一股不可抗拒的历史潮流。

（5）卢沟桥事变后，国共两党共赴国难，实现了第二次国共合作，中国人民抗日战争进入了全国性抗战的新时期。在中国共产党的多次催促下，国民党中央通讯社9月22日发表《中共中央为公布国共合作宣言》；9月23日，蒋介石发表实际上承认中国共产党合法地位的谈话，标志着以国共两党合作为基础的抗日民族统一战线正式形成。全国各族人民、各进步党派、抗日团体和社会各阶层爱国人士以及海外侨胞热烈欢迎国共两党重新合作，并以不同形式，参加了抗日民族统一战线，显示出中华民族空前的大团结。

抗日民族统一战线的正式形成，推动了中华民族的大团结，促成了全国军民的大合作，促进了人民革命武装力量的大发展。它"在中国革命史上开辟了一个新纪元，这将给予中国革命以广大的深刻的影响，将对于打倒日本帝国主义发生决定的作用"。

5. 为什么说中国共产党是抗日战争的中流砥柱？

中国共产党以自己的坚定意志和模范行动，在全民族抗战中发挥了中流砥柱的作用：

第一，以毛泽东同志为杰出代表的中国共产党人，把马列主义同中国革命具体实际相结合，创立和发展了毛泽东思想的科学理论，对抗日战争发挥了重要的思想和战略指导作用。

抗日战争时期，是中国共产党探究和掌握中国革命规律的重要时期，是中国共产党真正走向成熟的关键时期，以毛泽东为代表的中国共产党人坚持马克思主义基本原理同中国具体实际相结合的原则，取得了马克思主义中国化的丰硕成果。中国共产党的新民主主义革命的理论及其路线、方针、政策，不仅为抗日战争的胜利，而且为新民主主义革命的胜利，提供了科学的指导；中国共产党的持久战以及人民战争的军事战略更是为抗日战争的胜利，发挥着战略指导作用。

第二，中国共产党坚持抗战、反对妥协，坚持团结、反对分裂，坚持进步、反对倒退，成为引导全民族抗战走向胜利的一面旗帜。

九一八事变后，中国共产党率先举起了抗日民族解放战争的旗帜，坚定地主张武装抗日，并且直接领导了东北人民的抗日游击战争。七七事变后，中国共产党多次强调，只有全民族实行抗战，才是中华民族的唯一出路；反对一切形式的民族投降主义，为实现全民族抗战作出了不懈努力。相持阶段到来后，针对汪精卫集团的叛国投降和蒋介石集团的动摇妥协倾向，中国共产党及时提出了坚持抗战、反对妥协，坚持团结、反对分裂，坚持进步、反对倒退的三大口号，号召全国人民坚持抗战到底，成为引导全民族抗战走向胜利的一面旗帜。

第三，中国共产党积极倡导、促成、维护抗日民族统一战线，最大限度地动员全国军民共同抗战，成为凝聚全民族力量的杰出组织者和鼓舞者。

抗日民族统一战线，是打败日本侵略者，取得全民族抗战胜利的决定性因素。中国共产党既是抗日民族统一战线的积极倡导者、有力推动者，又是抗日民族统一战线的模范执行者和坚定维护者。

第四，中国共产党坚持全面抗战路线，制定正确的战略策略，实施动员人民、依靠人民的路线政策，提出持久战的战略总方针和一整套人民战争的战略战术，开辟广大的敌后战场，成为坚持抗战的中坚力量。

中国共产党领导的抗日游击战争，促成全民族抗日战争相持阶段的提前到来，把大量日、伪军牵制在敌后战场，从战略上有力配合了正面战场的作战；抗日游击战争还变侵华日军的后方为前方，极大地破坏了日军的"以战养战"政策。中国共产党领导的敌后战场成为抗击日军的坚强堡垒，成为坚持抗战的中坚力量。

第五，中国共产党人以自己最富于牺牲精神的爱国主义、不怕流血牺牲的模范行动，支撑起全民族救亡图存的希望，成为夺取抗战胜利的民族先锋。

抗日战争的历史生动有力地证明，中国共产党人不仅是坚定的马克思主义者，而且首先是最热烈、最忠诚、最彻底的爱国主义者。没有中国共产党人做中流砥柱，抗日战争的坚持和胜利是不可想象的。

6. 怎样评价国民党政府在抗日战争中执行的路线和正面战场的地位与作用？

第一，国民党政府执行的是片面抗战路线，即不敢放手发动和武装民众，实行单纯的政府和正规军的抗战；在战略战术上，没有采取积极防御的方针，而是进行单纯的阵地防御战。这是国民党政府的阶级本质和阶级利益所决定的，不仅使国民党正面战场节节失利，而且危害群众利益，不得人心，使国民党政府孤立于人民群众之外。

第二，国民党领导的正面战场对抗日战争的胜利作出了重要贡献。特别是在抗日战争初期的战略防御阶段，以国民党为主体的正面战场，担负了抗击日军战略进攻的主要任务。国民党军队组织了淞沪、忻口、徐州、武汉会战等一系列大战役。

第三，国民党领导的正面战场在抗战各阶段中表现不同，其地位和作用也不同。抗战初期的战略防御阶段，国民党政府积极抗战，正面战场在整个抗战中起了重要作用，对抗战的坚持起了重大作用。但由于其实行片面抗战路线，也遭受了巨大损失，特别是进入战略相持阶段后，国民党一面消极抗战，一面制造反共摩擦事件，其在抗战中的地位和作用明显下降。在战略反攻阶段，国民党虽然坚持抗战，但重点在准备抢夺抗战胜利果实，对夺取抗战最后胜利的作用十分有限。

7. 为什么说中国人民抗日战争是弱国战胜强国的范例？其基本经验是什么？

中国人民抗日战争是弱国战胜强国的范例：

第一，从实力对比看，抗日战争是弱国对强国的战争。中国是半殖民地半封建社会，政治、经济、军事、文化等各方面的综合实力都很落后，是弱国。而日本是世界上一等强国，军事、经济实力和政治组织力量都很强大。

第二，从战略对比来看，抗日战争是大国对小国的战争。中国虽弱，但很大，地域广阔，人口众多，资源丰富，兵源和物资补给充足，能长久坚持抗战。日本虽强，但很小，且是深入中国的广阔领土，使得其人力、军力、财力、物力均感缺乏，经不起长期的战争。

第三，从战争性质看，抗日战争是中国抵御日本侵略的正义战争。中国是正义的，进步的，得道多助，得到广泛的国际援助。而日本是非正义的，野蛮的，失道寡助。

第四，从战争的结果看，抗日战争取得了胜利。中国经过14年抗战，以3500万人的伤亡和6000多亿美元的经济损失，战胜了日本帝国主义，取得了抗战的最后胜利，捍卫了中国的国家主权和领土完整，使中华民族避免了遭受殖民奴役的厄运，促进了中华民族的觉醒和复兴。

中国人民抗日战争胜利的基本经验：

第一，全国各族人民的大团结是中国人民战胜一切艰难困苦、实现奋斗目标的力量源泉。没有全国各族人民的大团结，就没有抗日战争的伟大胜利。

第二，以爱国主义为核心的伟大民族精神是中国人民团结奋进的精神动力。以爱国主义为核心的中华民族精神是抗日战争得以坚持和胜利的重要思想保证。

第三，提高综合国力是中华民族自立于世界民族之林的基本保证。一个国家只有首先自强，才能在世界上自立。

第四，中国人民热爱和平，反对侵略战争，同时又决不惧怕战争。

第五，只有坚持中国共产党的领导，中华民族才能捍卫自己生存和发展的权利，才能创造美好的未来。

8. 中国人民抗日战争胜利的伟大意义？

中国人民的抗日战争，是近代以来中华民族反抗外敌入侵第一次取得完全胜利的民族解放战争，具有重大的意义。

第一，中国人民的抗日战争，在世界反法西斯的战争中具有极其重要的地位。中国抗日战争是世界反法西斯战争的重要组成部分，尤其从1931年九一八事变到1941年太平洋战争爆发前的10年时间里，中国军民在几乎没有外援的情况下，孤军奋战。在这场战争中，大半个中国的国土遭受日本法西斯侵略军铁蹄的蹂躏，沦陷区涉及26个省1500多个县市，面积达600多万平方公里；中国军民伤亡总数3500多万人，遭受战争损害者至少在2亿人以上。其他因逃避战火、流离颠沛、冻饿疾病而死伤者就更无法计算。直接经济损失超过1000亿美元，间接经济损失5000亿美元。中国所遭受到的各种损失之多，所经历的灾难之重，在中国近代史上都是空前的。中国人民为世界反法西斯战争的胜利付出了巨大的民族牺牲，做出了不可磨灭的贡献。

同时，在这场战争中，中国战场又是反对日本法西斯侵略的主战场，也是世界反法西斯侵略的东方主战场。中国人民的抗战，大量消耗和削弱了日本帝国主义的实力，长期打击并牵制了日本大部分陆军和大量海军，迫使日本陷入"中国泥潭"而不能自拔，从而减轻了苏联和英、美等国的压力，有力地配合和支援了世界反法西斯战争。同样，世界反法西斯战争在欧洲、亚洲等战场的胜利，也有力地支援了中国的抗战。世界许多国家的共产党人和进步人士，还以各种方式支援中国。所有这些，都成为鼓舞中国人民坚持抗战直到最后胜利的重要因素。

第二，抗日战争是鸦片战争以后，近百年来中国人民第一次取得完全胜利的反侵略战争，是正义力量战胜邪恶力量的战争，也是一次伟大的民族独立和人民解放战争。中国的抗日战争，以落后的武器装备打败了经济实力和军事实力远比自己强大的敌人，创造了半殖民地半封建的弱国打败帝国主义强国的奇迹。这一惊天动地的伟业，使中华民族雪洗了百年耻辱，获得了政治大国的地位，在世界上展示了新形象,是中华民族从衰落走向崛起和复兴的转折点,并为被压迫民族争取独立、谋求解放的斗争提供了一个成功的范例。

抗日战争又使国内的政治力量第一次发生了有利于人民方面的变化。中国共产党及其领导下的人民军队担当着抗击64%的侵华日军和95%的伪军的重任,在抗日的烽火中,中国共产党发展为具有120多万党员的大党,人民军队发展到120多万人,民兵武装发展到260万人;抗日民主根据地面积达到近100万平方公里,近1亿人口。这就为后来3年多的解放战争,推翻统治中国22年的蒋家王朝,取得新民主主义革命的伟大胜利,建立中华人民共和国奠定了坚实的基础。

第三,抗日战争使中国共产党得到了锻炼和考验,总结出统一战线、武装斗争和党的建设是取得中国革命胜利的"三大法宝"。抗战期间,国民党掌握着全国政权,但是仅靠国民党,中国不可能取得抗战的胜利。为此,中国共产党积极倡导、努力建立和扩大抗日民族统一战线。在统一战线中,中国共产党坚持独立自主的原则,最大限度地动员了全国人民,实行全面抗战的路线和持久作战的方针,反对国民党单纯依靠政府和军队的片面抗战的路线和反共反人民的活动,使抗日民族统一战线在打败日本侵略者的整个过程中立下了不朽的历史功绩。

中国共产党领导下的武装斗争,以建立抗日民主根据地,开辟广大的敌后战场,进行群众性的游击战争为主要内容。毛泽东从中国的实际出发倡导的游击战争,使日军陷入了人民战争的汪洋大海中。毛泽东同志的人民战争思想,让中国人民树立起中华民族同自己的敌人血战到底的气概,做到在"战略上藐视敌人,战术上重视敌人""战略上以一当十,战术上以十当一"。因此,抗日战争的胜利实质上也就是人民战争的胜利。

第四,抗日战争的历史证明,中国共产党的领导是团结一切可以团结的力量,成为全民族利益的最坚实的维护者,是取得抗战最后胜利的根本保证。中国共产党在抗日战争时期已破除了"左"倾教条主义的束缚,成为马克思列宁主义的政党。特别是经过延安整风运动和党的"七大",在全党确立了毛泽东思想的指导地位,有了一条把马克思列宁主义基本原理与中国革命具体实际结合起来的正确的思想路线、政治路线和组织路线,实现了全党在思想上、政治上和组织上的空前团结和统一,自然成为全民族团结抗战的中流砥柱,是当之无愧的领导核心。历史事实告诉我们,中国共产党的领导是历史的选择、人民的选择。在 20 世纪,只有中国共产党才能领导中国人民取得民族独立、人民解放事业的伟大胜利;在 21 世纪,也只有中国共产党才能领导开创中国特色社会主义道路,通过改革开放,实现民族振兴、国家富强和人民幸福。

四、材料题

(一)阅读下列材料,并回答问题。

材料一:如果战端一开,那就是地无分南北,年无分老幼,无论何人,皆有守土抗战之责任,皆应抱定牺牲一切之决心。

——章伯锋等编:《抗日战争》,四川大学出版社 1997 年版,第 15 页。

材料二:中日战争不是任何别的战争,乃是半殖民地半封建的中国和帝国主义的日本之间在二十世纪三十年代进行的一个决死的战争。全部问题的根据就在这里。

——毛泽东:《论持久战》,《毛泽东选集》第二卷,人民出版社 1991 年版,第 447 页。

材料三:苏联元帅崔可夫说:"甚至在我们最艰苦的战争年代里,日本也没有进攻苏联,却把中国淹没在血泊中,稍微尊重客观事实的人都不能不考虑到这一明显而无可争辩的事实。"美国总统罗斯福说:"假如没有中国,假如中国被打垮了,你想一想有多少师的日本兵可以因此调到其他方面来作战?"

——《中国近现代史纲要》,高等教育出版社 2013 年版,第 165 页。

请回答:(1)材料一是谁在抗战全面爆发后做的演讲内容?请分别列举 3 例以上著名的国民党抗日爱国将领和正面战场的抗日战役,并客观评价国民党的抗日的正面战场。

(2)毛泽东在提出材料二的命题后,是如何剖析中日双方的特点及战争走势的?

(3)根据材料三,评价中国抗日战争在世界反法西斯战争中的地位。

参考答案要点:(1)蒋介石的演讲。国民党抗日爱国将领:张自忠、佟麟阁、赵登禹、谢晋元、戴安澜等。

正面战场的抗日战役:淞沪会战、忻口会战、徐州会战、武汉会战、桂南会战、枣宜会战、长沙会战、豫湘桂大会战。

在战略防御阶段,以国民党军队为主体的正面战场,担负了抗击日军战略进攻的主要任务。国民党军队的爱国将士,表现了空前的民族义愤和抗战热情。

抗日战争进入相持阶段后,国民党由片面抗战逐步转变为消极抗战,同时也进行过几次较大的战役,保住了西南、西北大后方地区。

(2)日本:强国 ⎫
　　　　　　　⎬ 中国不能速胜
　　中国:弱国 ⎭

　　日本:小国、退步、寡助 ⎫
　　　　　　　　　　　　　⎬ 中国不会亡
　　中国:大国、进步、多助 ⎭

毛泽东不仅提出了"持久战,最后胜利属于中国"这一论断,还科学地预测了抗日战争的发展进程。即:抗日战争将经过战略防御、战略相持、战略反攻三个阶段。其中,战略相持阶段,是中国抗日战争能否取得最后胜利的最关键的阶段。只要坚持持久抗战、坚持抗日民族统一战线,中国将在这个阶段中获得转弱为强的力量。

(3)中国的抗日战争是世界反法西斯战争的重要组成部分,是世界反法西斯战争的东方主战场。

（二）阅读下列材料，并回答问题。

材料："中国共产党以自己的坚定意志和模范行动，在全民族抗战中发挥了中流砥柱的作用。以毛泽东同志为杰出代表的中国共产党人，把马克思列宁主义同中国革命具体实际相结合，创立和发展了毛泽东思想的科学理论，对抗日战争发挥了重要的思想和战略指导作用。中国共产党坚持抗战、反对妥协，坚持团结、反对分裂，坚持进步、反对倒退，成为引导全民族抗战走向胜利的一面旗帜。中国共产党积极倡导、促成、维护抗日民族统一战线，最大限度地动员了全国军民共同抗战，成为凝聚全民族力量的杰出组织者和鼓舞者。中国共产党坚持全面抗战路线，制定正确的战略策略，实施动员人民、依靠人民的路线政策，提出持久战的战略总方针和一整套人民战争的战略战术，开辟广大的敌后战场，成为坚持抗战的中坚力量。中国共产党人以自己最富于牺牲精神的爱国主义、不怕流血牺牲的模范行动，支撑起全民族救亡图存的希望，成为夺取抗战胜利的民族先锋。"

——胡锦涛：《在纪念中国人民抗日战争暨世界反法西斯战争胜利60周年大会上的讲话》（2005年9月3日），《人民日报》2005年9月4日。

请回答：以上材料主要讲了什么问题？

请选择其中一方面或某一点加以论述。

参考答案要点：以上材料主要阐述了中国共产党在抗日战争中的中流砥柱作用。其从毛泽东思想的科学理论、中国共产党的正确方针、抗日民族统一战线、全面抗战路线、中国共产党的模范行为等五个方面阐述的。

选择中国共产党积极倡导、促成抗日民族统一战线建立的情况进行论述。

（1）1931年九一八事变后至1936年12月西安事变和平解决，中国共产党从抗日的民族大义出发，将自己的政策逐步由"反蒋抗日"转到"逼蒋抗日"再到"联蒋抗日"。

（2）1937年7月全面抗战爆发后至同年9月，中国共产党从多方面做出不懈的努力，促成抗日民族统一战线正式形成。

(三) 阅读下列材料,并回答问题。

材料一:1931年8月,蒋介石说:"中国亡于帝国主义,我们还能当亡国奴,尚可苟延残喘,若亡于共产党,则纵肯为奴隶亦不可得。"

——1931年8月22日蒋介石南昌讲话。

材料二:1937年7月17日,蒋介石发表谈话表示:(如果中国)临到最后的关头,便只有拚全民族的生命以求国家的生存,那时节再不容许我们中途妥协。……战端一开……皆有守土抗战之责,皆应抱定牺牲一切之决心……在和平根本绝望前一秒钟,我们还是希望和平的,希望由和平的外交方法,求得战事的解决。

——1937年7月17日蒋介石庐山谈话。

材料三:中国之领土主权,已横受日本之侵略……中国决不放弃领土之任何部分,遇有侵略,惟有实行天赋之自卫权以应之。

——1937年8月14日国民政府的声明。

请回答:(1) 材料一中蒋介石论调的原因是什么?

(2) 根据材料二说明蒋介石在卢沟桥事变后对日本的态度。

(3) 材料二中蒋介石说的"最后关头"指什么?"最后关头"到来以后,蒋介石真的做到"不中途妥协"吗?为什么?

(4) 结合材料二、三,说明国民政府从准备抗战到自卫抗战这一政策变化的客观原因。

参考答案要点: (1) 根本原因在于他的阶级本质。蒋介石作为大地主、大资产阶级的代表,与代表工农利益的共产党尖锐对立。

(2) 蒋介石仍抱有以妥协求和平的幻想,没有下定抗战的决心。

(3) 最后关头指日本帝国主义的侵略从根本上威胁到国民政府的统治的时候。

有中途妥协的情况,抗战进入相持阶段后,蒋介石集团表现出很大的动摇性,反共投降倾向日益明显,原因在于日本帝国主义在坚持灭亡中国方针的同时,对国民政府实行诱降政策,同时蒋介石集团对中国共产党领导的人民武装力量的日益壮大感到恐惧和仇恨。

(4) 日本帝国主义的侵略从根本上威胁国民政府的统治,威胁英美在华利益,中国人民强烈要求实行全民族的自卫战争,坚决反对日本帝国主义的侵略。

第三板块：延伸思考

一、导语

抗日战争的硝烟已经散去半个多世纪，但历史的警示和启迪不可忘怀！

纵观中华民族数千年的成长史，艰难险阻并不鲜见，但近代以来日本军国主义的侵略带给中华民族的灾难却是史无前例的，3500多万人的伤亡、6000多亿美元的经济损失，"烧光、杀光、抢光""大屠杀""无人区""万人坑""731""细菌战""毒气战""化学战""集中营""慰安妇"……一个个骇人听闻的数字和词句，成为一代中国百姓的恐怖记忆。"前事不忘，后事之师"，面对近年来日本右翼分子愈演愈烈的否认和美化侵略历史的言行，我们必须居安思危、警钟长鸣！

抗日战争，是近代以来中国反抗外敌入侵第一次取得完全胜利的民族解放战争。抗战胜利，是中华儿女万众一心、并肩抗敌的结果，是各党派、各民族、各阶级、各阶层、各团体同仇敌忾，全体军民前仆后继、浴血疆场的结果。空前的团结和巨大的牺牲换来了伟大的胜利，为中华民族的复兴奠定了基础。14年艰苦卓绝的抗战，涌现了杨靖宇、赵尚志、周保中、赵一曼、左权、彭雪枫、佟麟阁、赵登禹、王铭章、郝梦龄、张自忠、戴安澜等一个个抗日英烈，涌现了八路军"狼牙山五壮士"、国民党军"八百壮士"等一批批英雄群体……向为中华民族的独立富强而奋斗的先辈致敬！为中华民族的独立解放而英勇献身的先烈永垂不朽！

抗日战争的全面胜利，不仅是中华民族复兴的枢纽，也为世界反法西斯战争胜利做出了巨大的民族牺牲和重要的历史贡献。因此美英苏等战胜国领导人和民众都对中国抗战的贡献给予了高度评价。美国总统富兰克林·罗斯福说："千百万中国人民在漫长时间里顶住了轰炸和饥荒，在日本武装和装备占优势的情况下仍然一次又一次地打击了侵略者。"英国首相丘吉尔说："如果日本进军西印度洋，必然会导致我方在中东的全部阵地崩溃。而能防止上述局势出现的只有中国。""缅甸如丧失，那就惨了。这样会使我们同中国人隔绝，在同日本人交战的军队中，中国军队算是最成功的。"

血与火的抗战史，铸造了中华民族不畏艰险、自强不息的精神，今天，这种精神正激励中华儿女同心同德、奋发图强、百折不挠，为建设美丽中国，为祖国更加繁荣昌盛，为实现中华民族复兴的中国梦而不断追求！

牢记历史、不忘过去、珍爱和平、开创未来，促进人类和平与发展永远是我们崇高的事业！

二、阅读材料及点评

材料一：人神共怒的"南京大屠杀"

一

1931年9月18日，日本军国主义者在中国东北沈阳地区挑起事变，发动了对中国的侵略战争。这场战争由局部地区蔓延到全国，先后经历了14年。中国人民虽然经过艰苦卓绝的武装反抗斗争，取得了战争的最后胜利，但是战争给中国人民带来了沉重的灾难。它不仅对中国国民经济造成了严重破坏，延缓了中国现代化的历史进程，也给广大中国人民的生命财产造成了难以弥补的重大损失。日本侵略者在中国各地制造了许多大规模暴行，其中以南京大屠杀最为严重、最为残酷，它与奥斯维辛集中营的法西斯大屠杀、广岛原子弹爆炸，同为世界近代历史上著名的三大惨案。

1937年11月12日，日本侵略军在攻占中国上海之后，迅速沿沪宁铁路、宁杭公路，并绕行高淳、芜湖一线，三路向中国首都南京推进。中国军队由于沪战新败，在苏南地区未能组织有效抵抗，故南京保卫战处于军事上极端不利的地位，未能给日本侵略军以沉重打击。

12月13日，南京沦陷。日军在南京进行了大规模的屠杀活动。在差不多六个星期的时间中，古城南京遭受了一场空前的浩劫。主要表现在：

第一，日军大量屠杀南京的和平居民及放下武器的或被俘的中国士兵。他们采取集体屠杀和分散屠杀的形式，在南京城区和近郊制造了许多大规模屠杀活动。其中，最惨烈的有燕子矶、草鞋峡、煤炭港、鱼雷营和宝塔桥、中山码头、江东门、凤台乡、花神庙和汉中门等处的屠杀。这些屠杀行动，多者杀害数万人，少者也有两三千人。更多的是到处滥杀无辜。屠杀的对象，不仅有青壮年，连老人、学生、儿童、妇女，也不放过。屠杀的方式，也是形形色色，有枪杀、砍杀、刺杀、活埋、焚烧、水溺等，甚至进行杀人比赛、杀人取乐等。当时，南京的许多慈善机构留下了大量的埋尸记录。日军的官兵日记和西方媒体，都有大量记载和报道。

第二，日本侵略者采用各种方式奸淫中国妇女。被其强暴的中国妇女，不仅数量多，而且连古稀妇女、未成年的幼女和孕妇，也惨遭污辱。日军还在南京设立多处慰安所，强征中国妇女，供其蹂躏。

第三，对南京城市的破坏和财产的抢劫。日军占领南京后，到处进行焚烧掠夺。市民的房屋、家具、粮食、牲畜等财产，受到重大的损失。全城到处是断墙残壁、瓦砾废墟，一片凄惨景象。日本侵略军在南京制造的这一大规模屠杀事件，给南京人民造成了长期的心灵创伤，受到了中国人民、世界爱好和平的人民，也包括日本人民的强烈谴责。

二

世界反法西斯战争和中国的抗日战争胜利后，中国、苏联、美国、英国、法国、荷兰、加拿大、澳大利亚、新西兰、印度、菲律宾等十一个国家，在东京组织了远东国际军事法庭，对日本东条英机等重要战犯进行了审理。同时，在中国南京也组织了国防部审判战犯军事法庭，对日本战犯谷寿夫等人进行了审讯。这些审判是第二次世界大战后重大的国际事件，具有重要的历史意义和深远的政治影响。这些审判都以大量的、确凿无疑的犯罪事实为据，对日本战争罪犯作出了正义的判决。

如东京审判，自1946年5月3日至1948年11月12日，历时两年半，开庭818次，419名证人出庭作证，779人作了书面证言，受理证据4336件，英文审判记录48412页，判决书长达1213页。东京和南京两个法庭，严格地依照法律，对日军战犯的战争罪及违反人道罪作出了正义的判决，受到了世界各国政府和人民的热烈称赞。日本政府作为战败国，理应深刻地反省战争罪行，总结教训，以史为鉴，与曾被其侵略践踏过的国家开创新的国家关系，共同面向未来，维护世界尤其是东亚地区的和平。

可是，战后60年来，日本政府在对待战争性质和战争责任问题上，基本采取暧昧或含糊其词或躲躲闪闪的态度，而且在其国内发展着愈来愈大的极右势力。他们否认对华战争的侵略性质，否认南京大屠杀的事实，甚至美化侵略战争，美化殖民统治。他们对战争不反省，对被侵略国家不道歉，甚至不断地、公开地散布歪曲战争、歪曲南京大屠杀的言论，把南京大屠杀说成是中国人"虚构"的，是"谎言""捏造"。每年的8月15日，都有许多官员包括内阁大臣等，去靖国神社参拜。现任首相小泉纯一郎（编者按：现已为安倍晋三），更是连续几年坚持参拜活动，而那里除了供奉着一般战殁者的亡灵外，还供奉着东条英机等战争罪犯的亡灵，这无疑严重地伤害了亚洲被侵害国家人民的感情。

1996年8月，日本公开出版了《大东亚战争的总结》这部书，说什么要对"大东亚战争"进行总结，实际上是对侵略战争包括南京大屠杀全面翻案。该书是日本自民党及与靖国神社有关的三个协议会（"回报英灵的议员协议会""遗族议员协议会""大家都来参拜靖国神社国会议员协议会"）组织的"历史研究委员会"，对国会议员所作的20次报告的记录。出席报告会的议员达到1116人次。这些报告对日本发动侵略战争的历史全面翻案。

日本右翼的活动越来越频繁。2005年5月，日本厚生劳动省政务官森冈正宏更进一步妄称"甲级战犯在日本国内已经不是罪人"，远东国际军事法庭是"任意以反和平罪和反人道罪进行单方面审判的"。这种为战争罪犯正名，否定东京审判的目的，不仅是为了美化侵略战争，更是为日本首相继续坚持参拜靖国神社制造根据。

为什么战后日本某些人始终坚持侵略史观，我们认为有极其复杂的历史原因和现实原因。

三

由于日本政府的政策误导和不恰当宣传，使日本一些群众特别是年青一代对中日历史问题漠然无知，甚至有人对日方曾经有过的反省也采取不理解的态度，对历史问题的解决产生抵触情绪。故加强中日关系史的宣传和密切两国友好往来，使广大日本人民了解历史真相，正确认识历史，理解受害者中国和亚洲人民的感情是十分重要的。

战后，许多中西方人士开始关注南京大屠杀这一残暴的历史事件。20世纪五六十年代，中国和日本的历史学者已经开始从事南京大屠杀事件的研究。他们从大量的历史事实出发，坚持正义立场，写出了一批有说服力的著作。一些当年曾参加南京战役并直接实施屠杀南京人民行动的日本老兵，在多年后公布了他们的日记或回顾了那段惨痛的历史，如《东史郎日记》等。

许多欧美传教士、新闻记者、学者、医生，曾亲眼目睹日军在南京的各种残暴行为，他们写下了许多有价值的日记、新闻报道，如《拉贝日记》《魏特琳日记》等。但是，更多的南京大屠杀史料散落在海内外各地的档案馆、图书馆及一些文化部门，也还有些材料保存在私人手中。为了加强南京大屠杀历史的研究、严正驳斥日本右翼否定或歪曲南京大屠杀的谬论，把大量的有关史料搜集、整理、汇集起来，是一项有重要学术价值和现实意义的工作。为此，中国社会科学院中日历史研究中心提出课题，建议并支持南京地区历史学界的专家、教授，联合海内外的学者、朋友，合作编辑一部《南京大屠杀史料集》。

几年来，本课题编委会成员曾分赴美国、日本、德国、英国及我国台湾等地档案馆、图书馆和有关史料保存机构，获取了大量有价值的档案和各种历史文献。中国第二历史档案馆、南京市档案馆和设在台北县新店市的"国史馆"，都提供了一批未曾公布过的史料。我们先后从海内外搜集到一千多万字的原始材料。这些史料将为历史研究工作提供更多的科学根据。如此浩大的史料将印证南京大屠杀是一个否认不了的历史大惨案和人类悲剧。日本右翼千方百计地抹煞它的存在终将是徒劳的。正义的、爱好和平的日本人民完全可以从中做出正确的判断。

《南京大屠杀史料集》分若干专题，汇集了来自各方面的史料。

本史料集收集了中国军队为保卫首都南京与来犯日军进行顽强作战的历史档案材料。其中，包括中方有关作战计划、战斗方案、作战命令及执行情况，蒋介石与南京战役指挥官唐生智等人的往来文电，各参战部队的战斗详报、战况报告、战斗序列，中方参战部队的撤退与损失情况报告、战役总结，以及参战人员的亲历回忆资料等。

本史料集收集了日军南京大屠杀遇难者尸体掩埋情况的大批资料。其中，集中了迄今为止最为完整的中国、日本及西方国家有关南京大屠杀中尸体掩埋和处理的原始档案和回忆资料；集中了各慈善团体、市民团体、安全区国际委员会、伪政权掩埋尸体的资料，以及日军处理遇难者尸体的材料。我们还发现了一些新的慈善团体和伪政权机构埋尸的原始档案。埋尸记录材料是日军实施南京大屠杀最有力的证据。

本史料集收集了大量的侵华日军官兵的日记、书信、回忆和证言。作为加害者，日军华中方面军所属部队的官兵是南京攻击战和南京大屠杀的直接参与者和见证人。战争期间，他们中间的一些官兵曾将自己在战场上的亲身经历、所作所为、内心感受以及某些见闻，以日记形式记载下来，或在书信中较多地流露出来。战后，这些日记、书信陆续被披露或出版。它是日军在南京实施暴行的真实记录。

本史料集收集了一大批西方人士和美英德外交机构及驻华使领馆关于南京大屠杀的文字史料。众所周知，日军攻陷南京后，一批英、美、德等国的新闻记者、传教士、医生、企业机构和使领馆人员，以其中立的身份，得以留在南京。他们是日军在南京实施各种暴行和破坏活动的目睹者。新闻记者以其良知真实地报道了南京屠城的情景，众多的报道发表在《芝加哥每日新闻报》《纽约时报》《华盛顿邮报》及《北华捷报》等报刊上。在南京的外国传教士、教师等，在积极建立国际安全区救助受难南京市民的同时，写下了许多日记、书信和各种文字材料，详尽、真实地记载了南京人民的那段苦难历程。大批第三者的亲历史料是日本右翼无法推翻的铁证。

本史料集收集了一批南京大屠杀幸存者的证言。其中，重要的如原金陵女子文理学院难民所负责人程瑞芳女士的日记，她逐日记载了日军的暴行。也还有幸存者在南京大屠杀后撰写的回忆，如《陷京血泪录》《陷京三月记》等。本史料集还收录了一批幸存官兵、幸存难民的回忆等。

本史料集收集了远东国际军事法庭和中国国防部审判战犯军事法庭的史料。其中选录了东京审判的相关法律文件。在有关南京大屠杀起诉证据方面，首次翻译出版了大量经法庭确认的有关证据，如审问松井记录、审问武藤记录及证人的书面证词等。也完整地介绍了东京审判的过程，介绍了控辩双方对证人的质证等，读者阅后完全可以对日军的罪行作出正确的判断。1953年，中国曾翻译出版了《远东国际军事法庭判决书》。本史料集再次就英文原件作了新的翻译，希望译文更为准确、更符合原意。本史料集还介绍了中国国防部审判战犯军事法庭有关审判战犯的国际法、中国刑法等法律依据，介绍了法庭的组成、审判条例、量刑标准及审判的全过程。

本史料集收集了战后国民政府所做的大量的有关南京大屠杀的调查统计材料。从1945年底到1947年初，首都警察厅、南京敌人罪行调查委员会、南京市抗战损失调查委员会、南京大屠杀案敌人罪行调查委员会和国防部审判战犯军事法庭，先后分别从不同的角度对南京大屠杀案进行过较为深入的社会调查。前期调查内容的重点为战争损失和民众受害情形，后期重点则为日军在南京大屠杀中的暴行事实。其中由南京临时参议会所主持的南京大屠杀案敌人罪行调查委员会，是为了远东国际军事法庭的审判而成立的，其调查表对被害人、证人和调查者均有较为详细的记录，调查方法具有相当的专业性质。其调查程序、表格设计、证人证词等均具有法律意义。1946年11月9日，内政部抗战损失调查委员会改称行政院赔偿委员会，本史料集主要收录其存档中关于南京沦陷初期的人口伤亡与财产损失的统计材料。这些都是有关南京大屠杀的珍贵史料。

前事不忘，后事之师。我们期盼正义的日本人民与中国人民一道，深刻地总结历史教训，为维护东亚和世界和平，为两国人民世世代代的友好而共同奋斗。

——张宪文：《南京大屠杀史料集·总序》，《南京大屠杀史料集》江苏人民出版社，2005—2011年。

点评：日本军国主义的野蛮侵略和在其占领区的残暴统治，给中华民族造成了前所未有的深重的灾难，日寇罪行罄竹难书，惨绝人寰的南京大屠杀就是其中之一，也是整个二战史上，乃至人类历史上最野蛮、最黑暗的一页。

2011年，耗时10年、分3批出版、长达78卷共4000万字的《南京大屠杀史料集》在南京出版齐全。这是迄今为止世界上关于南京大屠杀的最翔实史料集。内容来源于我国大陆与台湾，以及日本、美国、英国、德国的国家档案馆、重要机构，涵盖加害方（日本）、受害方（中国）、第三方（欧美），有政府外交文件、战争纪录、当事人日记书信、国内外著名报纸报道、战争损失调查、编者对幸存者所作的广泛口述调查等，涉及中、英、日、德、意、俄等多种文字，其中2/3的史料是此前少见的重要文献。

"没有真相就没有和解"，"以史为鉴"才能"面向未来"。客观公正的史料是构建历史共识的前提和基础。在当今中日关系错综复杂，日本右翼和部分政客歪曲历史事实的背景下，《南京大屠杀史料集》对于我们全面地、深刻地厘清南京大屠杀真相，总结历史教训，促进人类理性反思，促进各国人民特别是日本人民正确认识南京大屠杀，推进中日关系的健康发展，促进亚洲和世界的和平安宁，具有十分重要的意义。

材料二：台儿庄的丰碑

大战前夕

南京失陷后，日军矶谷廉介率领的第十师团，从天津大沽口登陆，连战静海、唐官屯、马厂、青县、王口镇、姚马渡等地，而后挥师直逼山东。

由于台儿庄一战，对稍后的武汉保卫战及至全国抗战，具有重要的战略意义，因此，李宗仁无分巨细，周密运筹，几乎每晚或每两天，都要与当时尚在武汉的白崇禧副总参谋长通电话，商谈前线和后方转瞬万变的战局状况和问题。电话记录常由白崇禧将军的机要秘书谢和赓或机要参谋刘维周完成。据谢老回忆:"在我和刘的记录中,多次记下了一些零星的有关战术的谈话,如'巷战''准备大刀''手榴弹''实行小的焦土政策''西北军使用大刀比中央军、西南部队要强''人自为战''死守据点'……他们还多次谈到西北军有实战经验。"

李宗仁在电话中曾兴奋地说:"孙连仲、张自忠已向我明确表示,绝对服从我的指挥,与阵地共存亡。现在全国上下,团结一心,马革裹尸,誓与日寇决战到底!"

周白会

在台儿庄战役之前,有一桩重要的事件,这就是周恩来与白崇禧将军在武汉的会谈。周恩来在会谈中指出,日寇在攻占南京后,气焰愈加嚣张,不可一世。如果台儿庄战役不坚决挫败敌人精锐的师团,对以后的全国抗战尤其是武汉保卫战,必然十分不利。周恩来和叶剑英向白崇禧表示:"我党真诚地拥护李宗仁将军打好台儿庄战役,并将给予全力支持和配合。"

谢老说:"在此,我谈谈白崇禧。我深知他对我党公开发表的任何文件、书刊等,都是力求先睹为快的。我和刘仲容在他身边,根据他的要求,也根据我党周、董(必武)、叶的指示,都尽快把我党公开的出版物呈送白崇禧阅读。比如,毛泽东主席的《论持久战》一文,在报上一发表,我便将它呈阅。等到单行本出来了,我得了两本,将其中一本放在了他的大办公桌上。第二天,我发现白崇禧把该书的一些段落、词句用红蓝铅笔认真地勾画了!他用红蓝笔点点圈圈的地方,我立即在我的那一本上依样画葫芦地照画一番。随后,我把这本依照白崇禧点画圈批过的《论持久战》交给刘仲容,迅速呈送周恩来和叶剑英。曾有人说周、叶二人把《论持久战》亲自赠给白崇禧,还向他解释书的内容,这其实与真实的历史是不符的。"

大战略述

台儿庄战役打响后,白崇禧将军离开武汉,带领总参谋部部分人员亲临前线,协助第五战区司令长官李宗仁将军指挥作战。在硝烟弥漫的战场上,第五十九军军长张自忠、第十二军军长孙连仲,以及池峰城（字永芳）等高级将领，督协部队，身先士卒，不怕流血牺牲，誓与日本法西斯血战到底，表现出了崇高的民族气节和军人风范。

在用"口袋阵"歼灭日军时，汤恩伯将军曾命令据守台儿庄的部队让开一个豁口，让少数敌人逃跑。然后，把"口袋"扎紧，猛攻日军主力，使被包围的日军几乎全军覆没。

汤恩伯军团的王仲廉军长，在战况危急的紧要关头，以黄花岗72烈士为榜样，从士兵中挑选出72名敢死队员，向日军阵地发起猛攻，展开了白刃肉搏战。结果敌人伤亡惨重，损失甚大，但有14名敢死队员也壮烈牺牲了。

川军猛将王铭章将军，带领他的3000部属，与近万名日寇顽强战斗，直到捐躯殉国，流尽了最后一滴血。

在这次战役中，中国军队年轻的空军也参加了战斗。广西空军第三大队大队长李凌云、吴汝鎏，中队长吴天龙、陆光球、吕天龙，驾驶着中国当时仅有的几架驱逐机，在傍晚时袭击日军。他们巧妙地把8公斤重的小炸弹在每架机的机翼下各挂数枚，飞到日军阵地4000米以上的高空，进行投掷。日军误以为是自己的飞机来助战，毫无准备，反倒欢天喜地，纷纷跳出战壕，有的还爬到车顶举手欢呼，遥遥致意。中国飞行员在低空看到这个情景后，立即抓住战机，向敌人阵地、车辆投弹射击。一时间，日军乱作一团，鬼哭狼嚎，人倒车翻，血肉横飞。中国空军的炸弹爆炸声和机枪扫射声，交织在一起，好像为日军送葬的鞭炮一样。

滕县有三位老人沙印才、黄馥棠、张守谦，知道前线部队急需进行巷战、白刃战，而战士们正缺少大刀和刺刀等利器。于是，他们在炮声隆隆随时都可能牺牲的危险情况下，奋不顾身，组织起当地几十名铁匠，昼夜赶制利器运往前线，分发给英勇作战的将士们。

与此同时，中共北方党组织在天津的负责人谢甫生，把能够搜集到的日军情报，交给桂系在天津的秘密电台，及时拍发到李宗仁那里，使中国军队的指挥中枢，对日军的行动计划了如指掌，以便运筹。

台儿庄大战是一场惊天地泣鬼神的恶战、血战，中国军队将士不惧牺牲，浴血奋战才换得此次战役的胜利。为了对台儿庄大捷广泛宣传，李宗仁和白崇禧指示谢和赓与王莹、金山（两人都是中共地下党员）商量把救亡演剧二队改组为剧团，由广西支持他们到南洋演出募捐支援抗战，还和亲信幕僚研究撰写长文发表。最后，白崇禧特命将第五战区参谋处已有的材料，交给李的秘书程思远执笔，并决定就用外国记者称赞这次战役为东方的坦能堡大会战作为标题——《中国坦能堡——台儿庄光荣战》。这篇文章写好后，经白崇禧、徐启明将军等人核阅后，由谢和赓用白副总长办公室的名义写了介绍信，交由当时的四川成都战时出版社出版。

——肖松：《台儿庄战役：血与火的历史丰碑》，《现代文明画报》2005年8月16日。

点评：1938年11月，毛泽东在《战争和战略问题》中说："在战争问题上，抗日战争中国共两党的分工，就目前和一般的条件说来，国民党担任正面战场的正规战，共产党担任敌后的游击战，是必须的，恰当的，是互相需要、互相配合、互相协助的。"[①]尤其在抗战的防御阶段，国民党正面战场发挥了重要的抗敌作用，组织了淞沪会战、徐州台儿庄会战、太原忻口会战、武汉会战等一系列战役，担负了抗击日军战略进攻的主要任务。

抗日战争全面爆发以来，日军在华北和华中地区均受到了中国军队的抵抗，并在平型关地区被八路军歼灭1000多人，但总的来说进攻是顺利的。但在1938年初的台儿庄，日军两个精锐师团的主力一部却在中国军队的包围攻击下，仓皇败退。溃逃时重武器、军用物资和士兵的尸体大量遗弃在战场上，这是日军在战役进攻中的败退，也是抗战爆发后中国正面战场取得的第一次重大胜利——台儿庄大捷。对日军来说，这不仅是在兵力数量上的损失，更重要的是精神上的挫折，"大日本皇军不可战胜"的神话破灭了。

历时一个多月的台儿庄战役，中国军队付出了巨大牺牲，消灭日军一万余人，沉重打击了日本侵略者的嚣张气焰，鼓舞了抗日军队的士气和全国民众抗战必胜的信心，为抗日战争作出了巨大贡献。正如

[①]《毛泽东选集》第二卷，人民出版社1991年版，第553页。

周恩来所说:"这次战役,虽然在一个地方,但它的意义却在影响战斗全局、影响全国、影响敌人、影响世界!"

台儿庄战役的胜利,改变了国际上对中日战争前途的看法。抗战爆发以来,国际上对中国抗战的前途大多悲观失望,以至于对台儿庄胜利的消息产生疑惑。1938年4月9日路透社电讯:"英军事当局对于中国津浦线之战局极为注意,最初中国军队获胜之消息传来,各方面尚不十分相信,但现在证明13军溃败之讯确为事实。"台儿庄大捷提高了中国的国际地位,并为争取外援创造了有利条件。

材料三:百团大战的烽火

正太战役结束后,八路军总部命令各军区部队进入大破袭战的第二阶段,给晋察冀军区的任务是破击涞源、灵丘境内的公路,夺取这两座县城。聂荣臻与前线指挥所人员制定了涞灵战役的作战方案,之后参战部队即向预定地区转移,聂荣臻也带着指挥所人员撤离了井陉前线,返回和家庄。

参加涞灵战役的主要是一分区和五分区的部队,由杨成武和邓华指挥。为配合涞灵战役的作战行动,冀中军区组织了任(丘)河(间)大(城)肃(宁)战役,各地区还继续发动一系列对铁路、公路的破袭战。根据报来的敌情,聂荣臻事先已经考虑到了涞灵战役的难度很大,因为当正太路炮火纷飞之时,涞灵地区守敌如惊弓之鸟,加强了戒备,各据点都增加了兵力,加固工事,储备粮弹,严加警戒,大大减少了我军突袭成功的可能性。

夜色降临了,明净的秋月照着和家庄的司令部大院,也照着涞灵地区高高山岭上蜿蜒曲折的古长城。在和家庄与古长城之间的天空中飞翔着无数看不见的无线电波,那是聂荣臻与在烽火台上指挥涞灵战役中第一阶段战斗的杨成武、邓华等进行着频繁的无线电联络。1940年9月22日20时,涞灵战役的第一阶段作战从涞源战斗开始。激战一夜,一团攻占了城关的东、西、南三面。因考虑到攻击涞源及其他外围各据点的兵力过于分散,聂荣臻复电同意杨成武的意见,改变部署,只留一支部队监视城内敌人,先集中兵力扫除周围各据点,而后再攻涞源城。改变部署后,一团和二团各一部奋勇杀入三甲村敌据点,全歼守敌日伪军

80余人。三团则与东团堡敌据点的日军士官生组成的井田部队（教导大队）170多人，展开了血战。参战部队在敌人的枪弹和毒气下，伤亡很大，经几度苦战，反复冲杀，终于消灭了敌人。敌井田大队长等27名日军军官、士官见大势已去，遂引火自焚。一贯以凶狠、顽固、武士道精神十足著称的东团堡日军士官教导大队被八路军全歼，使华北日本侵略军大为震惊。涞源日军警备司令小柴俊男中佐特作《东团堡警备队长恨歌》，内有"惨复天地炮声震，团堡一战太凄惨""一死遗憾不能歼灭八路军，呜呼团堡"等字句，并刻于石碑之上。这是日本侵略军痛剧创深的哀鸣。

在涞灵战役的第二阶段里，邓华指挥左翼部队4个团、1个支队又两个营的兵力，向灵丘、浑源、广灵地区出击。南坡头一仗，全歼守敌日军70余人，仗打得十分干脆漂亮。

涞灵战役进行了18天，于10月10日结束，共歼日伪军1100余名，缴获大批枪支弹药，八路军也有较大伤亡。聂荣臻根据敌人动向，判断日军可能趁八路军主力在灵丘、浑源、广灵地区作战之机，乘虚而入，向边区大举"扫荡"，遂令参战部队撤出战斗，立即转移至适当位置休整备战。

"百团大战"历时3个半月，各战区军民共毙伤俘日伪军4.4万余人。晋察冀参战部队先后达39个团，毙伤日伪军8700余人，俘日军88人、伪军830人。聂荣臻在答《抗敌报》记者问时指出，"百团大战"是一个主动的进攻战役，使日军在华北的主要铁路、公路受到广泛破坏，井陉煤矿被彻底破坏，沉重打击了日军的"囚笼政策""治安肃正""以战养战"等阴谋计划。敌华北方面军在其作战记录中也承认："此次袭击，完全出乎我军意料之外，损失甚大，需要长时期和巨款方能恢复。"

——《聂荣臻传》编写组：《聂荣臻传》，当代中国出版社2006年版。

点评：游击战是八路军、新四军抗击日军的主要作战形式，是中国共产党综合考虑全国抗战爆发后国内外形势和敌我力量对比等各方面因素而作出的重要战略决策。在抗日战争的初期和中期，游击战被提到了战略的地位,即具有了全局性的意义,随着抗战形势的发展,游击战成为战胜敌人的重要因素。但必须注意的是,为了打击日本侵略者,中国共产党领导的人民军队在有利条件下也进行过大规模的运动战,如1940年8月至12月,八路军总部调集100多个团、20多万人,对华北日军发动了一场大规模的以破袭敌人交通线为重要目标的进攻战役——百团大战。

百团大战,是抗日战争中八路军在华北地区发动的一次规模最大、持续时间最长的进攻性战役。战斗中,中共领导的华北敌后抗日军民,前赴后继,同日本侵略者浴血奋战,极大地破坏了日军在华北的主要交通线,收复了被日军占领的部分地区,粉碎了日军的"囚笼政策",给侵华日军以沉重的打击,推迟了日军的南进步伐。百团大战不仅用事实驳斥了国民党顽固派对共产党、八路军"游而不击"的诬蔑,大大提高了中国共产党和八路军的声威,而且对坚持抗战、遏制当时国内妥协投降的暗流、争取时局的好转起了积极作用,进一步鼓舞和增强了全国军民夺取抗战胜利的信心,在中国抗日战争史上写下了光辉的一页。

材料四:"中国实业上的敦刻尔克"

卢作孚(1893—1952)是中国抗战史上有名的实业家,原名魁先,别名卢思,重庆合川人。卢作孚幼年家境贫寒,小学毕业后即辍学。后赴成都,凭借数学和国文方面的天赋,自学成才。先后做过教师、报社记者和主笔。期间,他加入了同盟会,积极支持四川的学生运动。

毁业纾难青史流芳

正当民生公司迅速发展壮大之际,抗日战争爆发了。国难当头,卢作孚急电公司员工提出"民生公司应该首先动员起来参加战争"!1937年10月中旬,他调集"民本"等六艘轮船,亲自指挥向武汉、重庆等地转运南京政府人员、南京各校师生、仪器、图书和重要战略物资的工作,直至南京沦陷的最后一刻。

此时,他还改变了一向不肯做官的态度,临危受命,出任国民政府交通部次长,兼任运输联合办事处主任,主管水陆运输。他在汉口分公司成立了民生公司临时总经理办公室,兼作国民政府运输联合办事处主任室。此后10个月里，这间办公室成了整个长江航运的指挥中心。

南京沦陷之后，武汉也危在旦夕。1938年10月上旬，卢作孚接到国民政府军政部的命令，要求他将民生公司所有船只一律开到武汉长江下游凿沉，用以封锁江面，延缓日军军舰沿长江进犯武汉。但卢作孚拒绝了这种自毁家园以绝敌路的做法。

卢作孚的抗命是英明的。10月25日，武汉沦陷。从长江下游、华北、华中涌入的大量人员和物资均堆积到了素有"川鄂咽喉"之称的宜昌。这个仅有10.5万人口的小城，各种滞留人员竟多达三万，其中还包括8000余名难童，有的滞留时间已经长达一个月。更为重要的是，包括当时中国航空工业、军事工业和其他战略配套工业的精华的近10万吨战略物资还滞留在宜昌码头。这些物资是民族抗战的希望和命脉，一旦被炸毁或落入日军之手，后果不堪设想。同时，几十万出川抗战的部队和装备，也急待通过长江航线，奔赴战场。而此时，日军正疯狂地向宜昌推进，不时有敌机飞临宜昌进行轰炸。更为严峻的是，此时距枯水期来临只有40余天，枯水期一到大型船舶就要停航。而按照当时可调集的轮船运力，将这些人员、物资全部运到重庆需要半年以上的时间。

当时国内重量级的船运实业家是浙江巨商虞洽卿和卢作孚，虞洽卿掌控的轮船公司更大，总吨位达到九万余吨，主要在长江下游和海面上经营。但抗战爆发后，虞洽卿的船只大部分被凿沉于长江下游，以封锁江面，尚余的四万吨左右大船因吃水深而无法进入川江。当时可在川江行驶的船只有24艘，其中22艘属于民生公司。

东方"敦刻尔克"

就在宜昌码头乱作一团，运输几乎陷于停顿的时候，卢作孚从武汉来到宜昌。他马不停蹄地检察码头、船只的情况，召集各轮船负责人制定运输计划。决定借鉴民生公司多年在川江运输中创造的"三段航行"的经验，采取分段运输的办法，即将宜昌至重庆的航线分为三段，"除了最重要的和最不容易装卸的笨重设备由宜昌直接运到重庆外，次重要的，较轻的设备，则缩短一半航程，只运到万县即卸下，交由其他轮船转运。节省了一半的时间。更轻,更不关紧要的器材,再缩短一半航程,只运到奉节,巫山或巴东即卸下……还有的甚至运进三峡即卸下,让轮船当天即开回宜昌"。这样就最大限度地增加了运力、节约了时间。同时,由于长江上游部分航段滩险流急,只能白天航行。为提高效率,民生公司员工尽量利用夜间装货。就这样,"四十天内,人员早已运完,器材运出三分之二"。两个月后,"遍地堆积器材"的宜昌码头仅有若干零碎废铁抛在地面了。

宜昌大撤退一年半后,欧洲发生了敦刻尔克大撤退。这是依靠一个国家的力量,由一个纪律严明、训练有素的军事部门组织完成的。而宜昌大撤退则完全依靠一个实业家卢作孚和他的民生公司,这不能不说是一个"人间奇迹"!亲历了宜昌大撤退的平民教育家晏阳初曾评价说:"这是中国实业史上的敦刻尔克,在中外战争史上,这样的撤退只此一例。"

那些抢运入川的物资,很快在西南和西北建立了一系列新的工业区,尤为重要的是以重庆为中心的兵工、炼钢等行业的综合性工业区,构成抗战时期中国的工业命脉。1940年6月,宜昌失守。敌机开始对重庆的疯狂轰炸。由于宜昌抢运的成功,民生公司的船舶和码头设施成为日机轰炸的重点。1941年8月22日,民生公司"民俗"轮从巴东运送伤病官兵及旅客入川,轮船驶至巫山青石洞,忽遇敌机七架,轮番俯冲、扫射,船被炸沉。整个抗战期间,民生公司被日机炸毁船只16艘,牺牲职工117余人,伤残76人。此外,当时物资紧缺,物价飞涨,而民生公司的收费却只是外国轮船的10%~20%,因此,"民生公司牺牲之多,报效国家之大",以至于"连年亏折","终于负担不了"。

在整个抗战期中,民生公司共抢运了各类人员150余万人,物资100万余吨,并承担了抗战期间长江上游运输的90%的运量,保存了民族抗战的命脉,民生公司的轮船在某种程度上也成了中华民族的诺亚方舟!卢作孚因而被毛泽东誉为"旧中国实业界'四个不能忘记'的人物"之一。

抗战胜利之后,卢作孚将他的民生公司远洋航线拓展到东南亚地区。新中国成立后，在卢作孚组织下，民生公司 18 艘海外轮船先后回归祖国。民生公司后来也成为新中国第一个公私合营企业。

——徐文杰：《卢作孚与中国的敦刻尔克》，《世界知识》2007 年第 20 期。

点评：1938 年，上海、南京、武汉相继沦陷，国民政府决定迁都重庆。由此，政府机构、工矿企业、大中学校、人员物资……中国大地上开始了史诗般波澜壮阔的大内迁。这段悲壮的历史背后篆刻下一个名字——卢作孚。

为了挽救国家和民族危亡，卢作孚与民生员工不怕牺牲、不怕困难，前赴后继，表现出高度的爱国精神。卢作孚调派民生公司全部适航船只，抢运了上百个工厂的设备、器材入川。在内迁的 400 多家工厂中，迁川的就达 245 家。这些工厂迁川后，迅速投入生产，不仅在战时为支援抗战和大后方的经济建设作出了贡献，而且为四川和重庆的工业发展打下了基础，促使重庆成为长江上游的经济中心。

从 1937 年到 1945 年抗日战争胜利时止，卢作孚还调集民生公司所有适航船只，共运送出川部队达 270 多万人，运送武器弹药等 30 多万吨，同时运送了大量军粮和食盐供应前线。

在整个抗日战争中，民生公司有 16 艘船舶被炸沉，69 艘船舶被炸伤，117 名员工牺牲，76 名员工伤残，运力比战前减少一半。

卢作孚及民生公司的爱国行动，赢得了社会各界的赞扬。民生公司船队被称为"一支没有武装，但却极英勇的、效率极高的运输舰队"。国民政府军事委员会副委员长、著名爱国将领冯玉祥将军称赞"民生公司是爱国的公司"。著名记者徐盈说："没有卢作孚，就没有民生公司，没有民生公司的牺牲和创造，或许没有抗战这种结局。"新中国政府评价卢作孚："他为人民做过许多好事，党和人民是不会忘记的。"

材料五：中华民族复兴的新起点

中国人民抗日战争，是近代以来中国反抗外敌入侵第一次取得完全胜利的民族解放战争。中国人民抗日战争和世界反法西斯战争的胜利，是 20 世纪人类历史上的重大事件，对于中华民族发展和世界文明进步都具有重大而深远的意义。

中国人民抗日战争的胜利,彻底打败了日本侵略者,捍卫了中国的国家主权和领土完整,使中华民族避免了遭受殖民奴役的厄运。中华民族在五千多年的历史发展中创造了举世闻名的灿烂文明,曾经长时期走在世界前列。但是,由于封建统治的腐败和束缚,中国渐渐落后了。从1840年起,中国屡遭帝国主义列强的侵略和蹂躏,国家主权和领土完整不断受到侵蚀,中华民族的灾难日益深重。中国人民奋起抗击外敌入侵,又一次次遭到失败。然而,这一次,中国人民彻底粉碎了日本军国主义灭亡中国的企图,彻底改变了中国近代以后饱受外来侵略的屈辱历史,捍卫了中华民族数千年发展的文明成果。抗日战争的胜利,结束了日本在台湾50年的殖民统治,使台湾回到祖国怀抱。中国参与发起成立联合国并成为联合国安理会常任理事国,显著提高了中国的国际地位和国际影响。中国人民抗日战争胜利的历史表明,中华民族有同自己的敌人血战到底的气概,有在自力更生的基础上光复旧物的决心,有自立于世界民族之林的能力。

中国人民抗日战争的胜利,促进了中华民族的觉醒,为中国共产党带领中国人民实现彻底的民族独立和人民解放奠定了重要基础。近代以来,中国人民和许多志士仁人为寻求救国救民的道路进行了艰苦探索。孙中山先生领导的辛亥革命,推翻了统治中国几千年的君主专制制度,为中国的进步打开了闸门,但中国半殖民地半封建的性质和人民的悲惨境遇未能改变。日本军国主义的侵略使中华民族面临亡国灭种的危险,生死存亡的考验使中国人民极大地觉醒起来,更加深入地思考中华民族的前途命运和实现民族振兴的正确道路。抗日战争烽火的洗礼,使中国人民在精神上、组织上的进步达到了前所未有的高度。中国人民深刻认识到,中国要实现民族振兴和人民幸福,必须首先实现民族独立和人民解放,必须建立人民当家作主的人民民主政权,真正掌握自己的命运。中国人民还深刻认识到,中国共产党提出的改造旧中国、建设新中国的主张,代表了历史发展的正确方向,符合中国人民和中华民族的根本利益;中国共产党是领导中国人民争取民族独立和人民解放的坚强核心。中国人民抗日战争的胜利,成为中华民族走向复兴的历史转折点。正是在中国人民抗日战争胜利的基础上,中国共产党领导中国人民进而取得了新民主主义革命的胜利，建立了中华人民共和国，实现了中国历史上最伟大、最深刻的社会变革。

中国人民抗日战争的胜利，促进了中华民族的大团结，弘扬了中华民族的伟大精神。抗日战争使中国人民空前团结起来，使中华民族焕发出巨大凝聚力和旺盛生命力。抗日战争，既是一场军事实力和经济实力的较量，更是一场意志和精神的较量。在那场空前壮阔的伟大斗争中，中华民族进一步弘扬了以爱国主义为核心的伟大民族精神，并表现出许多鲜明的特点，这就是：坚持国家和民族利益至上、誓死不当亡国奴的民族自尊品格，万众一心、共赴国难的民族团结意识，不畏强暴、敢于同敌人血战到底的民族英雄气概，百折不挠、勇于依靠自己的力量战胜侵略者的民族自强信念，开拓创新、善于在危难中开辟发展新路的民族创造精神，坚持正义、自觉为人类和平进步事业贡献力量的民族奉献精神。伟大的民族精神，不仅成为激励中国人民团结一心、血战到底的坚实思想基础和强大精神支柱，而且在抗战的烽火中得到了新的丰富和升华。这是伟大的抗日战争留给我们的最宝贵的精神财富，我们一定要结合新的时代条件大力继承和发扬。

中国人民抗日战争的胜利，对世界各国人民夺取反法西斯战争的胜利、维护世界和平的伟大事业产生了巨大影响。中国人民抗日战争是世界反法西斯战争历史的光辉一页。在世界反法西斯战争中，中国人民抗日战争开始最早、持续时间最长。中国战场长期牵制和抗击了日本军国主义的主要兵力，歼灭日军150多万，对日本侵略者的彻底覆灭起到了决定性作用。中国人民抗日战争在战略上策应和支持了盟国作战，配合了欧洲战场和太平洋战场的战略行动，制约和打乱了日本法西斯和德意法西斯战略配合的企图。中国作为亚太地区盟军对日作战的重要后方基地，为盟国提供了大量战略物资和军事情报。中国人民抗日战争的胜利，在全世界人民面前树立了一个以弱胜强的光辉范例，鼓舞了被压迫、遭侵略的民族进行解放战争的信心和勇气。中国人民为最终战胜世界法西斯反动势力作出了不可磨灭的历史贡献。

……

中国人民抗日战争和世界反法西斯战争的胜利，不仅彻底摧毁了世界法西斯反动势力，而且成为世界发展的一个重大转折点。这一胜利，壮大了世界进步力量，有力地冲击了旧时代列强争霸的国际体系，动摇了世界殖民主义的基础，推动了殖民地、附属国争取国家独立和民族解放的斗争，为亚洲、非洲、拉丁美洲方兴未艾的民族解放运动开辟了广阔道路。这一胜利，挽救了人类文明，避免了历史倒退，广泛传播了自由、民主、平等、公正、和平的基本价值，促进了各国人民特别是殖民地半殖民地人民精神上的广泛觉醒，对人类文明进步产生了持久影响。这一胜利，促进了联合国的成立，推动制定了联合国宪章和其他国际关系基本准则，开始形成维护国际和平与安全的新机制，对战后世界局势的发展产生了深远影响。总之，中国人民抗日战争和世界反法西斯战争的胜利，是正义的胜利、和平的胜利、人民的胜利！是中华民族永远值得纪念的胜利，也是世界各国人民永远值得纪念的胜利！

——胡锦涛：《在纪念中国人民抗日战争暨世界反法西斯战争胜利 60 周年大会上的讲话》（2005 年 9 月 3 日），《人民日报》2005 年 9 月 4 日。

点评：在中国近代历史上，曾经发生过许多次反抗外国武装侵略的民族战争，但除了抗日战争以外，没有一次战争不是以中国失败、签订丧权辱国条约而告终。抗日战争，成为近代以来中国人民第一次赢得完全胜利的民族解放战争，抗日战争的胜利，是全中国各个阶级、阶层、政党、团体和海外华侨华人团结一心、前仆后继、浴血奋战的结果，也是世界人民对中国抗战支持和援助的结果。中华民族为世界反法西斯战争的胜利付出了巨大的民族牺牲，作出了不可磨灭的历史贡献。

抗日战争的胜利，捍卫了中国的国家主权和领土完整，促进了中华民族的觉醒，促进了中华民族的大团结，是中华民族从衰败走向复兴的重大枢纽，是中华民族振兴的新起点。60 多年过去了，它在中华民族历史发展长河中的重要地位却越来越清晰地展现在我们面前。中华儿女必须团结一致、鼓足勇气、满怀信心，承担起实现中华民族伟大复兴、为人类和平发展作出更大贡献的历史责任。

长期以来，日本国内总是存在一股否认日本侵略战争罪行、甚至美化军国主义的势力，必须高度警惕。中国人民的抗日战争，是世界反法西斯战争的重要组成部分，其正义性、重要性不容置疑。中国人民抗日战争的胜利，是正义战胜邪恶、光明战胜黑暗、进步战胜反动的伟大胜利，不仅是中华民族永远值得纪念的胜利，也是世界各国人民永远值得纪念的胜利！我们要牢记历史，以史为鉴、面向未来，为维护中日和睦友好、推动世界和平稳定而努力。

材料六：历史的声音

1943年12月1日，参加开罗会议的中美英三国发表《开罗宣言》，确定了惩罚日本的侵略罪行以及战后对日本问题的处理，为建立战后国际秩序开启了崭新的篇章。

1943年初，第二次世界大战已经取得决定性胜利，轴心国德国和意大利节节败退。2月，德国军队在斯大林格勒投降；5月，德国和意大利军队在北非战场投降；8月，盟军占领了西西里岛；9月，意大利政府投降。如何解决日本问题日益提到日程上来。

在此背景下，美国总统罗斯福与英国首相丘吉尔于1943年10月20日给时任中国国民政府主席兼行政院院长、军事委员会委员长蒋介石发去电报，邀请他在埃及举行会晤。经过商议，三国领导人定于同年11月中下旬在开罗会面。

根据史料记载，蒋介石和丘吉尔于11月21日先行抵达开罗——这也是中国第一次以世界大国的身份登上国际外交舞台。而罗斯福则于22日上午抵达，随后乘专车前往开罗米纳饭店附近的一座别墅下榻。

22日，蒋介石、丘吉尔同罗斯福共进晚餐后，举行了开罗会议的预备会议。

23日上午11时，三国代表团举行了首次会议。

25日下午，蒋介石再次同罗斯福会谈。由于美、英事先已在其他场合进行过商议，所以开罗会议的重点在于中美之间能否就一些问题达成一致。中美双方领导人就八个方面的问题进行了讨论，并达成若干共识。其中，关于中国的领土主权问题，中美双方同意：日本用武力从中国夺去的东北各省、台湾和澎湖列岛，战后必须归还中国。

中美首脑晤谈后，美国总统特别助理霍普金斯受罗斯福委托，根据三国预备会议及中美会晤精神，起草《开罗宣言》。供罗斯福审阅的宣言草案初稿提到："被日本人背信弃义地所窃取的中国之领土，例如满洲和台湾，应理所当然地归还中国。"

在26日三方官员对宣言草案的讨论中，中方代表据理力争，要求更明确地规定日本归还其所窃取的所有中国领土。

最终，经过修改，宣言改为"三国之宗旨，在剥夺日本自从一九一四年第一次世界大战开始后在太平洋上所夺得或占领之一切岛屿；在使日本所窃取于中国之领土，例如东北四省、台湾、澎湖群岛等，归还中华民国；其他日本以武力或贪欲所攫取之土地，亦务将日本驱逐出境……"

26日下午，蒋介石与罗斯福、丘吉尔在后者下榻的米纳饭店旁的草坪上举行了媒体见面会，宣布开罗会议达成共识。

1943年12月1日，中、美、英三国在重庆、华盛顿、伦敦三地同时发表《开罗宣言》，这一影响了战后国际秩序的重要文件就此诞生。

1945年7月26日，中、美、英三国在波茨坦发表《中美英三国促令日本投降之波茨坦公告》（简称《波茨坦公告》）。公告重申《开罗宣言》精神，规定"《开罗宣言》之条件必将实施，而日本之主权必将限于本州、北海道、九州、四国及吾人所决定之其他小岛"。1945年9月2日，日本政府在《日本投降书》中明确接受《波茨坦公告》，并承诺忠诚履行《波茨坦公告》各项规定。

《开罗宣言》和《波茨坦公告》构成了处理战后日本问题的国际法依据。两个国际文件明确无误地表明，日本必须归还中国被窃取的所有领土，其中包括钓鱼岛。

1945年10月25日，同盟国中国战区台湾省受降仪式在台北举行，中国政府正式收复台湾。中国始终强调，日本应根据《开罗宣言》和《波茨坦公告》等国际法律文件，将窃取中国的一切领土归还中国，其中包括钓鱼岛。

——新华网《开罗宣言（1943年12月1日）》2013年12月

1日。

点评： 1943年12月1日，在世界反法西斯战争胜利前夕，中、美、英三国首脑聚会开罗，发表了著名的《开罗宣言》。《开罗宣言》确认了日本发动的对华战争和太平洋战争的侵略性质，宣示了中、美、英三大国联合对日作战的目的和宗旨，规定了促使日本无条件投降的惩罚性措施，明确规定日本所窃取于中国之领土，例如东北四省、台湾、澎湖群岛等悉数归还中国。1945年7月26日发表的《波茨坦公告》第八条明确规定，《开罗宣言》之条件必将实施。1945年10月，中国政府依据《开罗宣言》从日本手中收复台湾，恢复行使主权，台湾重新归为中国领土的一部分。开罗会议是世界反法西斯战争史上一个具有里程碑意义的国际会议，《开罗宣言》和《波茨坦公告》是对中国人民抗日战争的巨大支持和鼓舞。

1945年8月15日中午，日本裕仁天皇通过广播向全国播放了接受《波茨坦公告》，"承担忠诚履行波茨坦公告各项规定之义务"，实行无条件投降的诏书——《终战诏书》，宣告第二次世界大战以中国人民和世界人民的最终胜利而结束。

《开罗宣言》和《波茨坦公告》中非常重要的一点是，日本的军国主义要彻底终结，日本不允许再拥有作战部队。日本宪法的第九条中所规定的"永远放弃作为国家主权发动的战争、武力威胁或使用武力作为解决国际争端的手段"是对这一规定的执行。然而，日本现任首相安倍晋三试图修改日和平宪法，公然侵犯《开罗宣言》和《波茨坦公告》精神，这是对战后国际秩序与和平主义精神的破坏。

《开罗宣言》为战后的世界格局奠定了基础，战后的世界格局不容否认。为了改善中日关系，日本须遵守《开罗宣言》和《波茨坦公告》所作出的规定。

中美英三国的《开罗宣言》、中美英苏四国的《波茨坦公告》，以及日本天皇的《终战诏书》，都是历史的声音，永远存在！历史不容翻案，翻案就是对世界反法西斯战争胜利成果的公然否定，是对战后国际秩序的严重挑战。只有铭记历史，才能防止悲剧重演；只有正视历史，才能开创未来。

第七章 为新中国而奋斗

第一板块：学习引导

一、学习目的

1. 对比抗战胜利后，国共两党各自采取的方针及行动，向学生讲清第二次国共合作破裂的真正原因和全面内战爆发的历史责任。

2. 通过对国民党发动内战及其统治的历史事实的分析，使学生认清国民党反共反人民的独裁本质，从而能正确理解国民党反动政权的覆灭是历史的必然。

3. 通过讲述中国共产党粉碎国民党的军事进攻，以及在全面内战中彻底击败国民党反动军队的历史进程，和中国共产党在解放区开展的土地改革及其领导的国统区的人民民主运动，使学生认清中国共产党不断取得胜利的原因。

4. 通过对各民主党派的沿革历史及其政治主张的介绍，给学生讲清各民主党派所主张的"中间路线"，即资产阶级共和国道路不符合近代中国的国情，在中国是行不通的；从而使学生坚信中国共产党领导的人民共和国才是中国人民正确的历史性选择。

5. 通过讲述中国共产党领导的多党合作、政治协商制度的形成过程，使学生明确西方的两党制、多党制等资本主义政党制度不符合我国国情，在中国行不通。中国共产党领导的多党合作、政治协商制度是中国人民做出的正确的历史性选择，是近代中国历史发展的必然结果。

6. 通过对解放战争时期的基本史实及中国共产党领导中国人民为新中国而奋斗的英勇事迹的介绍，通过对中国革命取得胜利的原因和基本经验的分析，使学生坚信"没有共产党就没有新中国，只有社会主义才能救中国"的真理，从而使学生更加热爱中国共产党，热爱社会主义祖国。

二、重点·难点·热点

重点：

1. 如何使学生了解抗战胜利后的时局及其对中国历史发展的影响，认清第二次国共合作破裂的真正原因和全面内战爆发的历史责任；如何使学生了解蒋介石国民党政权在美帝国主义支持下假和平真内战、假民主真专制的本质及其活动，从而明了国民党政权陷入全民包围之中直至败亡的真正原因。

2. 如何使学生了解中国共产党粉碎国民党军事进攻以及在全面内战中彻底击败国民党反动军队的历史进程，了解中国共产党在解放区开展土地改革及其在国民党统治区领导的人民民主运动，从而认清中国共产党不断取得胜利的原因。

3. 如何使学生了解各民主党派的历史沿革及其政治主张，从而认清第三条道路所主张的"中间路线"在当时的中国行不通，其历史命运必然要转到新民主主义革命的立场上来的原因。

4. 如何使学生正确认识中国革命胜利的原因和基本经验。

难点：

1. 如何理解国民党政权的覆亡是历史发展的必然结果。

抗战胜利后，国际国内形势要求和平、民主。但蒋介石国民党政权却一意孤行，逆潮流而动，坚持内战方针，甚至悍然发动内战，破坏和平；同时，坚持独裁，压制民主，残酷迫害社会各界民主人士，使国民党政权日益丧失民心，违背民意，最终导致了其政治、经济、社会和军事的全面失败。可以说，国民党政权的覆亡是历史发展的必然结果。

2. 如何理解中国共产党领导的人民共和国是中国人民正确的历史性选择。

抗战胜利后，中国共产党顺应民心为争取和平民主进行了不懈的努力，与国民党的内战独裁行径进行了坚决的斗争。全面内战爆发后，中国共产党又在解放区进行了符合人民利益的土地改革，在国统区领导了"反饥饿、反内战、反迫害"的人民民主运动，日益获得人民的支持和拥护。由于国民党坚持独裁内战的方针，各民主党派想通过和平改良的道路来实现英美式的民主政治的希望和幻想破灭。中国共产党的胜利是顺应民心的结果。中国共产党通过建立人民共和国走向社会主义的政治主张富有历史的正确性，社会主义新中国是当时历史情况下中国人民的正确的必然选择。

热点：

如何使学生理解第三条道路的幻灭以及中国共产党领导的多党合作、政治协商制度的形成是历史发展的必然结果。

改革开放尤其是 20 世纪 80 年代以来，极少数资产阶级自由主义分子鼓吹要在中国走资产阶级共和国道路，废除我国的基本政治制度，仿照西方资本主义国家，在中国实行两党制或多党制。对此，同学们应该怎样认识？

一个国家走什么样的道路，选择什么样的制度，这是应该放在当时的历史情境下进行考察的历史课题。

抗战胜利后，以民盟为代表的民主党派企图在国共两党之外，寻求第三条道路，主张中国走"中间路线"，实行英美式的民主政治。但是在抗战结束后中国面临的两种命运、两个前途的尖锐斗争的形势下，各民主党派存在自身软弱等局限，再加上国民党当局的加重迫害（如民盟被迫解散），使"中间路线"很快破产。

这表明资产阶级共和国方案在中国是行不通的。走资产阶级共和国道路的主张是不符合中国国情的，是不符合中国近代以来的历史发展趋势的。

通过学习本章有关中国共产党领导的多党合作、政治协商格局的形成以及中国人民政治协商会议的由来等内容，充分认识中国共产党领导的多党合作的政治协商制度是符合我国国情的政党制度,是中国人民做出的正确的历史性选择,是中国近代历史发展的必然结果。两党制和多党制等资本主义政党制度不符合我国国情,注定在我国行不通。

三、推荐阅读

1. 毛泽东:《抗日战争胜利后的时局和我们的方针》(1945年8月13日),《毛泽东选集》第四卷,人民出版社1991年版。
2. 毛泽东:《论人民民主专政》(1949年6月30日)(节选),《毛泽东选集》第四卷,人民出版社1991年版。
3. 沙健孙:《全国解放战争时期中国共产党对美国的政策和策略》,《高校理论战线》,2004年第10期。
4. 沙健孙:《全国解放战争时期中国共产党对苏联的政策和策略》,《思想理论教育导刊》,2009年第2期。
5. 胡绳:《为什么中国不能走资本主义道路》,《人民日报》,1987年3月1日。
6.《中国土地法大纲》(1947年9月13日),选自魏宏运主编:《中国现代史资料选编》(5),黑龙江人民出版社1981年版,第210—213页。
7.《中国人民政治协商会议共同纲领》(1949年9月29日通过),选自彭明主编:《中国现代史资料选辑》第6册(1945—1949),中国人民大学出版社1989年版,第551—561页。
8. 沙健孙:《论全国解放战争时期的学生运动》,《近代史研究》,1987年第3期。
9. 沙健孙:《论全国解放战争时期的中间路线》,《北京大学学报》(哲学社会科学版),1987年第2期。
10. 沙健孙:《人民共和国:中国人民的历史性选择》,《当代中国研究》,2009年第9期。
11. 师哲:《在历史巨人身边——师哲回忆录》(修订本),中央文献出版社1995年版。
12. 马齐彬主编:《国共两党关系史》,中共中央党校出版社1995

13. 朱宗震、汪朝光：《解放战争史话》，社会科学文献出版社 2000 年版。

14. 司徒雷登：《在华五十年——司徒雷登回忆录》，北京出版社 1982 年版。

15. 资中筠：《追根溯源——战后美国对华政策的源起与发展（1945—1950）》，上海人民出版社 2000 年版。

16. [美]赫伯特·菲斯：《中国的纠葛》（中译本），北京大学出版社 1989 年版。

17. [美]胡素珊：《中国的内战——1945—1949 年的政治斗争》，中国青年出版社 1997 年版。

18. 茹莹：《从协调走向对立：美苏对华政策研究（1945—1949）》，中共党史出版社 2002 年版。

19. [美]费正清：《剑桥中华民国史》（1912—1949）下卷，中国社会科学出版社 1994 年版。

20. 郝在今：《协商建国——1948—1949 中国党派政治日志》，人民文学出版社 2000 年版。

第二板块：课后练习

一、单选题

1. 重庆谈判，国共双方签署的协定是：（   ）。
   A.《政府与中共代表会谈纪要》   B. 国共谈判协定
   C. 重庆谈判纪要   D.《国共重庆谈判协定》
2. 抗战胜利后，当时各民主党派中最有影响的政党是：（   ）。
   A. 中国民主建国会   B. 中国民主同盟
   C. 中国国民党民主促进会   D. 中国民主促进会
3. 抗日战争胜利后，国民党发动的全面内战开始于国民党军队进攻中国共产党的（   ）。

A. 中原解放区　　　　　　B. 陕甘宁解放区
C. 山东解放区　　　　　　D. 上党地区

4. 以下人物中，和平解决西安事变和重庆谈判两次重大事件都参加过的人是：（　　）。

A. 毛泽东　　　　　　　　B. 王若飞
C. 叶剑英　　　　　　　　D. 周恩来

5. 1946年6月至1947年6月，人民解放军处于（　　）阶段。

A. 战略进攻　　　　　　　B. 战略相持
C. 战略决战　　　　　　　D. 战略防御

6. 在国民党统治区，以（　　）为先导的人民民主运动迅速发展，逐步形成配合人民解放战争的第二条战线。

A. 工人运动　　　　　　　B. 学生运动
C. 农民运动　　　　　　　D. 市民运动

7.（　　），昆明学生发动了以"反对内战，争取自由"为主要口号的一二·一运动。这个运动扩展到了许多城市。

A. 1945年底　　　　　　　B. 1946年底
C. 1947年底　　　　　　　D. 1948年底

8. 蒋介石成为美国"扶不起的天子"，就蒋介石集团内部而言，其最主要的原因是：（　　）。

A. 不应该关闭与共产党和谈大门
B. 不应该接受美国的援助打内战
C. 政治独裁导致政治腐败，经济恶化，军事溃败
D. 是中国近代历史运动发展的必然结果

9. 中国共产党在新民主主义革命历史阶段制定土地改革政策的根本出发点是根据（　　）。

A. 不同时期的斗争策略　　B. 国内主要矛盾的变化
C. 不同地区农民的状况　　D. 反对国民党斗争的需要

10. 1947年5月1日，（　　）自治区宣告成立。

A. 内蒙古自治区　　　　　B. 宁夏回族自治区
C. 广西壮族自治区　　　　D. 新疆维吾尔自治区

11. 1947 年，发展成为全国性学生运动的是（　　）。

  A. "抗议美军暴行"运动

  B. 反饥饿、反内战、反迫害运动

  C. 用国货，抵制美货运动

  D. 争取民主，反对独裁运动

12. 中共七届二中全会，党制定和执行新民主主义经济建设的方针是（　　）。

  A. 既反保守又反冒进，在综合平衡中稳步前进

  B. 公私兼顾、劳资两利、城乡互助、内外交流

  C. 调整、巩固、充实、提高

  D. 实现速度、结构、质量的统一

13. 解放战争时期，揭开战略决战序幕的战役是：（　　）。

  A. 济南战役　　　　　　　B. 辽沈战役

  C. 淮海战役　　　　　　　D. 平津战役

14. 1946 年 6 月 23 日上海人民团体联合会派出请愿团赴南京请愿，遭到国民党当局指使的大批暴徒的围殴，酿成了（　　）。

  A. 下关惨案　　　　　　　B. 较场口惨案

  C. "一二·一"惨案　　　　D. 李闻惨案

15. 在中国共产党自身建设的问题上，毛泽东在（　　）上明确提出"两个务必"要求。

  A. 中共七大　　　　　　　B. 七届一中全会

  C. 七届二中全会　　　　　D. 七届三中全会

单选题参考答案

1. A　2. B　3. A　4. D　5. D　6. B　7. A　8. C　9. B　10. A
11. B　12. B　13. A　14. A　15. C

二、多选题

1. 抗战胜利后，中共中央为争取和平建国明确提出了（　　）口号。

A. 和平 B. 进步
   C. 民主 D. 团结
2. 中国共产党领导民主革命胜利的基本经验是（　　）。
   A. 加强党的建设 B. 开展武装斗争
   C. 走社会主义道路 D. 建立统一战线
3. 出席1946年1月政治协商会议的党派有：（　　）。
   A. 中国国民党 B. 中国共产党
   C. 中国民主同盟 D. 中国青年党
4. 1946年1月，政治协商会议通过了《和平建国纲领》、（　　）等协议。
   A.《关于政府组织问题的协议》
   B.《关于军事问题的协议》
   C.《关于国民大会问题的协议》
   D.《关于宪法草案问题的协议》
5. 1947年3月，国民党限期令中共驻（　　）等地代表及工作人员全部撤退。至此，一切和平谈判之门都被国民党关闭，国共关系彻底破裂。
   A. 南京 B. 上海
   C. 重庆 D. 广州
6. 为了打退国民党对解放区的军事进攻，中共中央指出，在政治上（　　）。
   A. 必须和人民群众亲密合作
   B. 必须争取一切可以争取的人
   C. 必须采取集中优势兵力、各个击破的原则
   D. 在党的领导下建立最广泛的人民民主统一战线
7. 1947年6月底，人民解放军转入战略进攻后，仍在内线作战的人民解放军主力包括（　　）等。
   A. 彭德怀率领的西北野战军
   B. 谭震林、许世友率领的华东野战军山东兵团
   C. 聂荣臻率领的晋察冀野战军

D. 徐向前率领的晋冀鲁豫野战军太岳兵团

8.（　　）构成了《中国人民政治协商会议共同纲领》的基础。

　　A. 毛泽东的《目前的形势和我们的任务》

　　B. 1948 年 9 月中共政治局会议决议

　　C. 中共七届二中全会决议

　　D. 毛泽东的《论人民民主专政》

9. 重庆谈判期间，为打退国民党军队在谈判中发动的军事进攻，解放区军民进行了自卫反击战，并取得了胜利，这些战役包括（　　）。

　　A. 上党战役　　　　　　　B. 邯郸战役

　　C. 平绥战役　　　　　　　D. 津浦战役

10. 到 1947 年 2 月，国民党军队被迫放弃对解放区的全面进攻，改为对（　　）的重点进攻。

　　A. 冀东解放区　　　　　　B. 陕北解放区

　　C. 豫南解放区　　　　　　D. 山东解放区

11. 1949 年 4 月 21 日至 23 日，突破长江天险，占领南京的人民解放军部队是（　　）。

　　A. 第一野战军　　　　　　B. 第二野战军

　　C. 第三野战军　　　　　　D. 第四野战军

12. 1949 年 9 月 21 日中国人民政治协商会议召开，制定了《共同纲领》，其中规定新中国外交工作的原则是（　　）。

　　A. 保障本国独立、自由和领土主权的完整

　　B. 维护国际的持久和平

　　C. 维护同各国人民的友好合作

　　D. 反对帝国主义的侵略政策和战争政策

13. 在 1949 年 9 月中国人民政治协商会议第一届全体会议上选举的中央人民政府副主席有（　　）。

　　A. 朱德　　　B. 刘少奇　　　C. 宋庆龄

　　D. 李济深　　E. 张澜　　　　F. 陈毅

14. 下述选项中，中国革命胜利的原因有（　　）

　　A. 中国共产党的领导

B. 马列主义毛泽东思想指导的结果
C. 广大人民和各界人士的广泛参与和大力支持
D. 国际无产阶级和人民群众的支持

15. 各民主党派最后放弃"中间路线"，选择与共产党合作协商建国的原因是（　　）。
A. 中国是一个深受帝国主义压迫的半殖民地国家
B. 民族资产阶级具有两面性
C. 国民党当局加紧对民主党派的迫害
D. 各民主党派对社会主义社会的向往
E. 人民解放战争的胜利发展和共产党对民主党派的争取和团结

多选题参考答案

1. ACD　2. ABD　3. ABCD　4. ABCD　5. ABC　6. ABD
7. ABCD　8. CD　9. ABCD　10. BD　11. BC　12. ABCD
13. ABCDE　14. ABCD　15. ABCE

三、思考题

1. 论述抗战胜利后中国共产党争取和平民主的方针，并分析中国最终走向全面内战的原因。

（1）抗战胜利后，中国共产党实行的是"和平、民主、团结"的方针。其原因是：

第一，有历史渊源。这一方针是经党的七大确定下来的，是抗日时期方针的继续。七大的方针就是反对内战的方针，勾勒的是一幅战后中国走上和平统一的道路，废止国民党一党专政，实行民主改革，建立包括各党派在内的联合政府的蓝图。

第二，中国需要和平，人民需要和平。避免内战，争取通过和平道路来建设一个新中国，逐步实现中国的社会政治改革，发展中国的民族经济，这是经历了八年残酷战争之后中国人民的普遍愿望。

第三，国际上，苏联、美国等都表示希望中国能够实行和平建国。

第四，蒋介石对立刻发动内战还有所顾忌。国民党本身的困难，加上解放区的存在和人民力量的壮大，和平发展的可能性是存在的。

所以，1945年8月25日中共中央在对时局的宣言中明确提出"和平、民主、团结"的口号。

（2）以武力消灭共产党及其领导的人民军队和解放区政权，是蒋介石集团的既定方针。

由于全国人民强烈要求和平、反对内战，由于国民党的军队大部分远在西南、西北后方，要把它们运往内战前线、完成内战部署还需要时间，由于国际上苏联、美国等都表示希望中国能够实行和平建国，因此蒋介石在积极准备内战的同时，又表示愿意与中共进行和谈。其目的：一是以此敷衍国内外舆论，掩盖其正在进行的内战准备；二是诱使中共交出人民军队和解放区政权，以期不战而控制全中国；三是如果谈判不成，即放手发动内战，并把战争责任转嫁给中共。

国民党的反共方针得到了美国政府的支持。美国在中国追求的长期基本目标在于推动建立一个统一的亲美政府；短期目标是"避免共产党完全控制中国"。为此，美国采取的主要方法是：一方面，要求国民党政府实行某种程度的改革，包括搞一点儿形式上的民主，以争取中间派的同情和支持，尤其是诱使或迫使共产党交出军队，实现中国在国民党领导下的"统一"；另一方面，通过给予经济、政治、军备等方面的援助，"帮助国民党把他们的权力在中国最大可能的地区里面建立起来"。尽管美国当局声称"不支持中国政府进行内战"，但它的这种做法恰恰是对国民党统治集团内战政策的最实际的支持。

于是就有了重庆谈判和政协会议的召开。但国民党政权所代表的是大地主、大资产阶级的利益，其统治的社会基础极其狭隘，这就决定了它既不能容忍也经受不住任何民主改革。待它认为相应的准备已经完成时，就全面彻底地撕毁了政协协议，悍然发动全面内战，从而扼杀了全国人民关于和平建国的热切愿望，它也同时把自己放到了全国人民的对立面。

2. 简述解放战争时期中共的土地改革政策及推行土地改革运动的意义。

1946年5月4日，中共中央发出《关于清算、减租及土地问题的指示》(史称《五四指示》)，决定将党在抗日战争时期实行的减租减息政策改变为实现"耕者有其田"的政策。在此之后，通过开展清算斗争等，到1947年下半年，解放区即有2/3的地区基本上解决了农民的土地问题。

在人民解放军转入战略进攻之后，为了维护广大农民的利益，进一步激发他们支援解放战争的积极性，1947年7月至9月，中国共产党在河北省平山县召开全国土地会议，制定和通过了《中国土地法大纲》，明确规定"废除封建及半封建性的土地制度，实行耕者有其田的土地制度"，"没收一切地主土地及公地，分配给无地或少地的农民"。

全国土地会议以后，解放区广大农村迅速掀起土改运动的高潮。经过土改运动，到1948年秋，一亿人口的解放区消灭了封建生产关系。

解放区土地改革的胜利进行，第一，巩固了工农联盟，为新民主主义革命在全国的胜利奠定了政治基础。第二，使农村生产力得到了解放。第三，提高了农民的革命积极性。农民积极参军参战、支持前线成为热潮，从而成为人民解放战争源源不断的力量源泉。

3. 抗日战争胜利后，国民党政权为什么和怎样陷入全民的包围中并迅速走向崩溃？

(1) 国民党政权陷入全民包围的原因

首先，国民党政府实行专制独裁统治，官员们贪污腐化，大发国难财，在抗战后期就已严重丧失民心。抗战胜利之际，国民党政府所派官员把沦陷区的接受变成了"劫收"，使民心进一步丧失。

其次，国民党政府在抗战胜利后违背了全国人民迫切要求休养生息、和平建国的意愿，执行反人民的内战政策。为了筹措内战经费，向人民征收各种捐税，无限制地发行纸币，导致恶性通货膨胀，工农业生产严重萎缩。

最后，代表大地主、大资产阶级利益的国民党政府在抗战胜利后，拒绝了全国人民要和平、要民主、要自由的愿望，仍然继续并加强独裁统治。

因此，国民党当局就将全国各阶层人民置于饥饿和死亡的边缘，迫使全国各阶层人民团结起来，同国民党反动当局作斗争。

（2）国民党政权陷入全民包围的表现

抗战胜利后，中国的两种命运、两个前途的决战，是在两条战线上展开的。第一条战线是解放区军民进行的革命战争，这是主要的战线。第二条战线是以学生运动为先导的整个国民党统治区的人民民主运动，它虽然是辅助性的，但仍然是十分重要的战线。

首先，学生运动的高涨。针对国民党当局积极从事内战的准备，1945年底，昆明学生发动了以"反对内战，争取自由"为主要口号的"一二·一"运动。这个运动扩展到了许多城市。在全面内战爆发半年后，1946年12月30日，为抗议驻华美军强暴北京大学一女学生，北平学生发起的"一二·三〇"运动，史称抗暴运动。12天内，参加罢课、游行的学生人数达50万。1947年5月20日，南京、北平等地爆发了反饥饿、反内战运动，史称"五·二〇"运动。随后，这个运动迅速扩大到上海、杭州、武汉、广州等60多个大、中城市。

其次，人民民主运动的发展。1947年间，全国20多个大、中城市中，先后有120万工人举行罢工。5月到6月，饥饿的城市居民的抢米风潮席卷包括江苏、浙江、安徽等省的40多个大小城镇。在农村，农民不断掀起反抗国民党当局抓丁、征粮、征税的浪潮。1947年台湾台北市人民发动了"二二八起义"。新疆、内蒙等地区人民民主运动也不断发展。1947年5月1日内蒙古自治政府宣告成立，标志着内蒙古的人民斗争发展到了一个新的阶段。

第二条战线的开辟意义重大。第一，它在政治上揭露和孤立了美蒋反动派，扩大了中国共产党的影响；第二，它使国民党蒋介石集团两线作战，腹背受敌，积极配合了人民解放军军事战略的进行；第三，它锻炼了干部，向解放区输送了人才，配合了人民军队接管城市的斗争。

上述事实表明。不仅在军事战线上，而且在政治战线上，国民党政府都打了败仗。这个政府已经处在全民的包围之中，并迅速走向崩溃。

4. 如何看待各民主党派？中国共产党领导的多党合作、政治协商的格局是怎样形成的？

（1）解放战争时期，中国的民主党派主要有：中国国民党革命委员会（民革）、中国民主同盟（民盟）、中国民主建国会（民建）、中国民主促进会（民进）、中国农工民主党（第三党，后称农工党）、中国致公党、九三学社、台湾民主自治同盟（台盟）。

各民主党派形成时期的社会基础主要是民族资产阶级、城市小资产阶级以及同这些阶级相联系的知识分子和其他爱国分子，他们所联系和代表的不是单一阶级，是阶级联盟性质的政党。

其基本主张就是：在政治上应当实行英美式民主政治，但必须使政权掌握在多数平民手里，决不可为少数特权阶层所独占；在经济上应当实行改良的资本主义，但不容官僚买办资本横行。实质就是要在保留国民党政权的前提下，通过改良的办法走资本主义道路，建立资产阶级共和国。

其作用在于：各民主党派虽然政纲不尽相同，但都主张爱国、反对卖国，主张民主、反对独裁。在抗战中，对反抗日本帝国主义侵略，特别是文化侵略，对国统区抗日民主运动的发展都起了积极作用。抗战胜利后，民主党派作为"第三方面"，主要与共产党一起，反对国民党的内战独裁政策，为和平民主而奔走呼号。虽然有些党派后来跟着国民党走了，但民盟等大多数民主党派人士是反对国民党一党独裁的，并与共产党一起为和平、民主、自由而斗争，还积极参加和支持国民党统治区的爱国民主运动，有力地支援了第二条战线的斗争。特别是在新中国成立前夕，同意接受共产党领导，参加人民政协，为新中国的成立和新民主主义革命的胜利作出了自己的贡献。

（2）中国共产党领导的多党合作、政治协商的格局的形成。

首先，各民主党派成立时，中国共产党就与他们建立了不同程度的合作关系，并在斗争实践中逐步发展了这种合作关系。在共同反对国民党独裁统治的斗争中，中国共产党不仅鼓励、支持各民主党派的斗争，而且对他们某些不妥的意见进行批评，诚恳地帮助他们进步，这使得中共与民主党派的关系更加融洽，合作方式不断发展完善。

其次，国民党坚持一党独裁，迫害民主党派进步人士，使得民主党派人士逐步转到新民主主义革命的立场上，特别是1948年1月民盟公开表示与共产党携手合作。1949年1月22日民主党派和无党派人士发表《对时局的意见》，表示愿意接受中国共产党的领导，拥护建立人民民主的新中国。

最后，中国共产党也邀请民主党派"积极参政，共同建设新中国"。1949年9月，各民主党派积极参加了中国人民政治协商会议。这标志着各民主党派正式接受了中国共产党领导，确认了社会主义的正确性。各民主党派也由在野党变成了人民民主政权的参政党，中国共产党领导的多党合作、政治协商的格局基本形成，中国共产党领导的多党合作和政治协商制度在此基础上也基本形成。

5. 解放战争时期，国共两党强弱胜负转化的原因何在？

（1）国共双方所从事的战争的截然相反的性质是决定胜负的客观因素。

一方面，蒋介石发动内战的反民族性、反革命性使其失掉了民心。首先，国民党进行的战争得到了美帝国主义的支持，具有明显的反民族性质。对美国的支持，蒋介石以出卖国家主权作为回报。为此国民政府和美国签订了一系列公开或秘密的丧权协定和条约。1946年11月签订的《中美友好通商航海条约》，简称《中美商约》就是一个典型。其次，国民党发动的内战也是反革命的。国民党政府的社会基础是封建地主阶级，其经济基础是以"四大家族"为首的官僚资本。国民党政府的反动行为激起了国统区人民的愤慨，以学生运动为先导的爱国民主运动同国民党反动政府的斗争，就逐步形成了配合人民解放战争的第二条战线，使蒋介石政府处在人民的包围之中。

另一方面，中国共产党领导的人民解放战争的爱国主义的进步性、革命性使其得到了民心。首先，中国共产党领导的人民解放战争是反对帝国主义和维护民族独立的。在整个解放战争期间，中国共产党对美国干预中国革命，实行扶蒋反共政策及行为进行了公开的揭露和坚决的斗争。其次，中国共产党领导的人民解放战争又是反封建、反官僚资本主义的。中国共产党一切从人民的利益出发，在解放区实行广泛的民主，在农村实行了轰轰烈烈的土地改革运动和其他改革。1946年5月，中共中央先后发布《五四指示》，制定《中国土地法大纲》。

此外，中国共产党在城市实行依靠工人阶级、小资产阶级和进步分子，并注意团结民族资产阶级和其他中间分子的政策，形成反对美蒋反动派的广泛统一战线。

（2）国民党的腐败和暴政是另一个重要原因。

首先，国民党政府和军队的腐败。国民党党政军内部派系林立。在党政系统中，存在着以陈立夫、陈果夫兄弟为首的CC系，以张群、吴铁城为首的政学系和以陈诚为首的黄埔系三派力量的争斗；在财政系统中，孔、宋两大家族各据一方，不分伯仲；在军事系统中桂系、晋系、旧东北军、川军、粤系旧属等与国民党的嫡系——黄埔系杂处一体。各派之间经常出现争权夺利、互相倾轧的现象。

其次，国民党官员的腐败。接收大员把接收变为"劫收"。趁接收之机，贪污盗窃，敲诈勒索，贪赃枉法，中饱私囊。在拘捕、审判汉奸时，也出现了受贿减罪的现象，民众称之为"有条有理，无法无天"。

再次，拒绝实施社会改革，对广大人民横征暴敛。仅就征税而言，国民党政府不仅调整原有的各种征税办法，而且还大量开征全国统一新税和地方性新税，结果，各地税项五花八门。

最后，坚持独裁，反对民主，镇压反对内战的学生和民主人士。

（3）中国共产党的正确领导是人民解放战争迅速取得胜利的决定性因素。

首先，中国共产党适时地制定正确的方针和政策。中国共产党始终考虑到广大人民的愿望，一直在努力争取和平民主。在抗战胜利后解放战争初期，中共及时地提出了"和平、民主、团结"的方针，同时，不放弃自卫战争的准备；蒋介石发动全面内战后，又适时地提出"武装自卫"的口号；1947年10月，当蒋介石彻底关闭了和谈大门后，中国共产党提出了"打倒蒋介石，解放全中国"的口号；三大战役后，当美蒋准备以假和谈获取喘息之机时，中国共产党又及时发出了"将革命进行到底"的号召。

其次，中国共产党注重党的自身建设和军队建设。中国共产党注重自身建设，不断进行整党整风运动，使党及其领导的革命队伍清正廉洁，绝大部分共产党人都是为革命献身、为人民服务的战士。同时，解放军也进行了新式整军运动,从而提高了党和军队的素质。

6. 为什么说"没有共产党就没有新中国"？中国革命取得胜利的原因和基本经验是什么？

（1）中国革命之所以能够取得胜利,建立了新中国,是由于有了中国工人阶级的先锋队——中国共产党的领导。

首先,中国共产党作为工人阶级的政党,不仅代表着中国工人阶级的利益,而且代表着整个中华民族和全中国人民的利益。

其次,中国共产党是马克思主义的科学理论武装起来的,它以中国化的马克思主义即马克思列宁主义基本原理与中国实践相结合的毛泽东思想为一切工作的指针,它制定出适合中国国情的、符合中国人民利益的纲领、路线、方针和政策,为中国人民的斗争指明了正确方向。

再次,中国共产党人在革命过程中始终英勇地站在斗争的最前线。自1921年中国共产党诞生至1949年中华人民共和国成立这28年的革命斗争岁月里,为了中国人民的解放事业,有无数共产党人壮烈牺牲,有许多共产党的卓越领导人和杰出将领献出了生命。他们以自己的行动和生命证明了中国共产党是最有远见,最富于牺牲精神,最坚定,而又最能虚心体察民情并依靠群众的坚强的革命者,是全心全意为人民服务的政党,从而赢得了广大中国人民的衷心拥护。

最后,"没有共产党就没有新中国"。这是中国人民基于自己的切身体验所确认的客观真理,是被中国近代历史证明了的。

（2）中国革命取得胜利的原因和基本经验：

原因：第一,中国革命的发生、发展,直至取得最后胜利,都有着深刻的社会根源和雄厚的群众基础。没有广大人民和社会各界人士的广泛参与和大力支持,中国革命是不可能取得胜利的。第二,中国革命走向胜利的最根本的保障是中国共产党的领导。中国共产党作为代表工人阶级和整个中华民族、全国人民利益的政党,把马列主义基本原理和中国革命实际相结合,制定出了一系列符合人民利益的纲领、路线、方针和政策,引导中国革命一步步走向胜利,而且,中国共产党人为革命事业进行了英勇奋斗,始终站在革命斗争的最前线。没有共产党，就没有中国革命的胜利，就没有新中国。第三，中国革命的胜利与国际无产阶级和人民群众的支持也是分不开的。

基本经验：（1）建立广泛的统一战线；（2）坚持革命的武装斗争；（3）加强共产党自身建设；（4）必须与国际革命和进步力量团结一致；（5）所有的经验集中到一点就是工人阶级经过共产党领导的以工农联盟为基础的人民民主专政。

四、材料分析题

（一）阅读下列材料，并回答问题。

材料一：国共问题及中国问题的解决，"都必须有一个强大的中间派在政治上起着积极的甚至决定的作用"；"国民党固然不能消灭共产党，共产党也还不能打倒国民党"，因此，中国的出路"既不能走旧式资本主义的道路，又不能走社会主义的道路"，而"只有走我们自己的中间的改良道路。这条道路，在政治上应当实行英美式民主政治，但必须使政权掌握在多数平民手里，决不可为少数特权阶层所独占；在经济上应当实行改良的资本主义，尽量利用资本主义的优点去发展生产力。"

——1946 年 7 月 14 日和 8 月 3 日上海《文汇报》和《周报》。

材料二："就是这样，西方资产阶级的文明，资产阶级的民主主义，资产阶级共和国的方案，在中国人民的心目中，一齐破了产。资产阶级的民主主义让位给工人阶级领导的人民民主主义，资产阶级共和国让位给人民共和国。"

——《毛泽东选集》第四卷，人民出版社 1991 年版，第 1471 页。

材料三：中国国民党主席连战 2005 年北京大学讲演中指出："我们仔细地来看，自由主义这个思想在中国走的是一段坎坷的路，不是很顺利，也不是很成功。我想这样的一个方式在一个正常的时刻、环境之下，也许是一个最好的选择，但是为什么自由主义在中国它的影响大部分还是在知识分子中间，为什么如此？简单地来讲，我们可以回忆一下 19 世纪的最后，20 世纪的最初，那个二三十年，你看看这个国家所面对的是什么，是中法战争，是甲午战争，是八国联军，是日俄战争,是第一次世界大战,可以说整个的国家都在列强帝国主义烧杀掳掠下,不平等条约可以说是丧权辱国的东西,老百姓的生活已经到了一个贫苦的极致,烽火连天。"

请回答:(1)材料一的主张代表了哪个阶级的建国方案?这个建国方案的实质是什么?

(2)结合三则材料及所学知识,谈一谈上述建国方案在近代中国行不通的两个主要原因是什么?

(3)材料二所说的"人民共和国"是哪个革命的胜利的成果?它与近代前期革命的根本差别是什么?

参考答案要点:(1)民族资产阶级的建国方案。实质是走旧民主主义道路,通过改良方式,建立一个资产阶级共和国。

(2)第一,根本原因就是中国是一个受帝国主义压迫的国家。帝国主义列强来到中国的目的是为了掠夺中国而发展他们自己的资本主义。他们是不能容忍中国成为一个独立、富强的资本主义国家的。

第二,生长在半殖民地半封建社会里的民族资产阶级具有两面性。首先它们是在帝国主义和封建主义的夹缝中成长起来的,决定了它们反帝反封,具有革命性的一面;同时,它们在政治上和经济上是异常软弱的,所以又保存了另一种特性,即对革命敌人的妥协性的一面,即使在革命时它们也不愿意同帝国主义完全分裂,并且它们同农村中的地主剥削有密切联系,因此它们就不愿和不能彻底推翻帝国主义和封建势力。中国革命这两大基本任务不能完成,资产阶级共和国也就不可能真正建立起来。

(3)新民主主义革命。它与近代前期革命,即旧民主主义革命的根本差别是在于领导权。新民主主义革命是由无产阶级领导的,而旧民主主义革命是由资产阶级领导的。

(二)阅读下列材料,并回答问题。

材料一:1945年10月26日,蒋介石秘密手令:"密据确报,京沪平津各地军政人员穷奢狂嫖滥赌,并借党团军政各机关名义占住人民高楼大厦,设立办事处,招摇勒索,无所不为,而以沪、平为最","如各地文武主官再不及时纠正,实际无以自赎,当视为我革命军之敌人,必杀无赦。"

——崔美明:《宋子文主持下的上海区敌伪产业处理局》,《近代史研究》1988年第1期。

材料二:

1937—1948年国民政府货币(法币)发行状况表:

年月	货币发行额(单位:十亿元)	指数	上海基要商品趸售物价指数	货币发行额的真实价值	指数
1937年6月	1.407	1.00	1.00	1.407	1.00
12月	1.639	1.16	1.24		
1938年12月	2.305	1.61	1.14		
1939年12月	4.287	3.05	3.07		
1940年12月	7.867	5.59	6.52		
1941年12月	15.130	10.07	15.97		
1942年12月	34.360	24.42	49.29		
1943年12月	75.380	53.57	176.00		
1944年12月	189.500	135.40	2510.00		
1945年12月	1032.000	733.50	885.00	1.17	0.83
1946年12月	3726.000	2648.00	5713.00	0.65	0.46
1947年12月	33189.000	23588.00	83800.00	0.40	0.28
1948年8月	604534.000	455248.00	4721000.00	0.13	0.096

——《上海钱庄史料》,上海人民出版社1960年版。

材料三:老百姓说:"想中央、盼中央、中央来了更遭殃!""天上来、地下来,就是老百姓活不来。"

请回答:(1)材料一、二、三各说明什么问题?

(2)综合三个材料,再结合所学知识,论证国民党政权败退大陆的必然性。

参考答案要点:(1)材料一说明,抗战胜利后,国民党实行由其一党垄断接收敌伪资产的方针。结果是各类接收机关林立,官员腐败,把接收变为"劫收"。

材料二说明,为了坚持内战,筹措军费,挽救财政危机,国民党在战后无限制地发行纸币,导致恶性通货膨胀,法币大幅贬值,物价飞涨。

材料三说明,战后的中国民众生活在水深火热之中,对国民党从充满希望幻想,到失望进而是绝望。

(2)国民党政权覆亡的历史必然性。

抗日战争胜利之后,国际国内的形势是要求和平,要求民主。但蒋介石国民党政权在美帝国主义的支持下,却一意孤行,逆潮流而动,奉行以武力消灭共产党及其领导的人民军队和解放区政权的方针,悍然发动内战,破坏和平。蒋介石发动内战的反民族性、反革命性使其失去民心;同时蒋介石政权腐败,实施暴政:拒绝改革,横征暴敛;坚持独裁,镇压民主运动,使人民对其从失望到绝望。这些导致了其政治、经济、社会和军事等各方面的失败,决定了国民党必然失败的命运。

(三)阅读下列材料,并回答问题。

材料一:1946年政协会议召开时,中国民主同盟等主张"以民主的方式争取民主,以合法的行动争取合法的地位",并表示要走中间路线。

——胡绳主编:《中国共产党的七十年》,中共党史出版社1991年版,第250—251页。

材料二:"中间路线"要建设的是"新民主主义的政治和新资本主义的经济";而所谓新民主主义的政治"在形式上是英美式的民主政治",新资本主义经济则是要"尽量革除资本主义生产关系的各种弊端"。施复亮认为,"在今天中国的客观条件之下,只有中间派的政治路线,在客观上才是足以代表全国人民的共同要求和整个国家的真正利益,所以中间派的政治路线,是今天中国最可能为多数人民所拥护的政治路线"。

——施复亮:《中间派的政治路线》,《时与文》创刊号,1947年3月14日。

材料三：1947年7月国民党政府发布所谓"戡乱动员令"，变本加厉地对国统区民主人士进行迫害。10月27日，国民党当局甚至宣布民盟"为非法团体"，明令对该组织及其成员的一切活动"严加取缔"。民盟被迫解散。

——《中国近现代史纲要》，高等教育出版社2013年版，第185页。

材料四：针对民盟的被迫解散，新华社在同年11月6日发表的时评《蒋介石解散民盟》中写道："民盟方面现在应该得到教训：任何对美国侵略者及蒋介石集团或其中某些派别的幻想，都无益于自己与人民的，应当清除这种幻想，而坚决地站到真正的人民民主方面来，中间道路是没有的。

——《中共中央文件选集》（第16册），中共党史出版社1992年版，第779页。

材料五：为了反对独裁卖国，实现真正的民主的和平，本盟愿伸出手来，欢迎一切民主党派的合作，而且要与一切民主党派结成坚强的民主统一战线。民盟承认中国共产党"值得每个爱国的中国人赞佩"，"本盟今后要与他们合作……彻底消灭独裁卖国的国民党反动集团"！

——《中国民主同盟一届三中全会宣言》（1948年1月19日），见《中国民主同盟历史文献》，文史资料出版社1983年版，第374—378页。

请回答：（1）何谓"中间路线"？中间路线的实质是什么？

（2）中国民主同盟对国民党政府的斗争方式是什么？这和中国共产党有何不同？

（3）根据材料三、四、五及所学知识分析：中间道路在中国为什么走不通？

参考答案要点：（1）所谓"中间路线"，就是中国于内政上必须建立一个资本主义与共产主义中间的政治制度，即在政治方面比较多采取英美式的自由主义与民主主义，同时在经济方面比较多采取苏联式的计划经济与社会主义。

中间路线的实质上是旧民主主义道路。

（2）中国民主同盟是一个赤手空拳的组织，他们连一支枪也没有，并且不打算有，他们凭借的是言论、出版，进行的是和平运动、合法运动、改良运动。而中国共产党则坚持以革命的武装反对反革命的武装。

（3）中间道路在中国之所以走不通，其原因在于：

第一，根本原因是中国是一个受帝国主义压迫的国家。帝国主义列强来到中国，是为了掠夺中国发展他们的资本主义。如果中国成为独立、富强的资本主义国家，就要在平等的基础上与西方资本主义国家建立和发展关系。这是它们不能容忍的。

第二，生长在半殖民地半封建社会里的民族资产阶级具有两面性。他们与封建地主阶级和封建土地所有制的密切关系，使他们提不出彻底的土地革命纲领，从而也就得不到中国革命主力军农民的支持；他们对帝国主义的依赖又使他们不敢进行彻底的反帝斗争。这样软弱的民族资产阶级就无力完成反帝反封建这两大任务。

第三，国民党反动当局彻底击碎了中间路线的幻想。国民党反动政府不仅反对共产主义，而且连资产阶级民主主义也不能容忍。国民党当局不断地用暴力对各民主党派施行迫害，直至取缔他们的组织，监视、逮捕以至杀害他们个人。下关惨案、李闻惨案就是最好的例证。严酷的事实教育了他们，使他们逐步放弃了中间路线的幻想，站到了新民主主义革命的立场上来。

第四，人民解放战争的胜利发展和共产党对民主党派的团结帮助，使他们迅速走上接受共产党的领导、与共产党密切合作的道路。

（四）阅读下列材料，并回答问题。

材料一：1948年秋，人民解放军已由战争开始时的127万人发展到280万人，解放区面积达到235.5万平方公里，拥有1.68亿人口，并且基本完成了土地改革，广大农民的革命和生产积极性空前高涨，解放军的后方进一步巩固。与此相反，国民党军队则由430万人下降为365万人，其中可用于第一线的兵力仅174万人，而且士气低落，战斗力不强；由于遭到各阶层人民的强烈反对，处境十分孤立。它在军事上不得不放弃"全面防御"而实行"重点防御"。

国民党政权濒临崩溃。人民解放军同国民党军队进行战略决战的时机已经成熟。

——《中国近现代史纲要》，高等教育出版社 2013 年版，第 187 页。

材料二：工人、农民、城市小资产阶级群众是革命的主要力量。在他们中间，涌现出无数无畏的英雄和不屈的战士。随着斗争的发展，民族资产阶级也逐步向共产党靠拢，这种现象曾被人称作是"开万国未有之奇"。

各民主党派和无党派人士、各少数民族、爱国的知识分子和华侨等，都在这场斗争中发挥了积极的作用。伟大的爱国者宋庆龄、文化革命的主将鲁迅、国民党左派何香凝等，即使在最艰苦的年代，也始终坚持革命的立场，与共产党站在一起。……

——《中国近现代史纲要》，高等教育出版社 2013 年版，第 192 页。

材料三：中国共产党人在革命过程中始终英勇地站在斗争的最前线。自 1921 年中国共产党创建至 1949 年中华人民共和国成立这 28 年的时间里，它为中国人民的解放事业献出了无数的优秀战士。它的许多卓越领导人，如李大钊、瞿秋白、蔡和森、向警予、邓中夏、苏兆征、彭湃、陈延年、恽代英、赵世炎、张太雷等，许多杰出的将领，如方志敏、刘志丹、黄公略、许继慎、韦拔群、赵博生、董振堂、段德昌、杨靖宇、左权、叶挺等，也都在这个斗争中英勇地献出了自己的生命。中国共产党人以行动表明了自己是最有远见、最富于牺牲精神、最坚定，而又最能虚心体察民情并依靠群众的坚强的革命者，从而赢得了广大中国人民的衷心拥护。

——《中国近现代史纲要》，高等教育出版社 2013 年版，第 192—193 页。

材料四：毛泽东说过，假如没有苏联的存在和人民民主国家的出现，没有被压迫民族的斗争和资本主义国家人民的斗争，堆在中国人民头上的国际反动势力不知要大多少倍，在这种情况下，我们是不可能战胜的；胜利了，要巩固，也不可能。

——《中国近现代史纲要》，高等教育出版社 2013 年版，第 193 页。

请回答：（1）1948 年秋至 1949 年 1 月，中国人民解放军同国民党军队进行了哪些战略决战及其意义所在？

（2）根据材料二、材料三和材料四及所学知识回答以下问题：中国革命胜利的原因何在？中国革命胜利的基本经验有哪些？

参考答案要点：（1）1948 年秋至 1949 年 1 月，中国人民解放军先后发动了辽沈战役、淮海战役、平津战役，与国民党军队进行了战略大决战。

三大战役的胜利，使蒋介石国民党集团赖以维护其反动统治的主要精锐部队基本被消灭殆尽，使国民党反动集团从此陷入土崩瓦解之中。经过三大战役的战略决战，中国革命已处于胜利的前夜。三大战役的胜利是毛泽东军事思想的伟大胜利，是人民解放战争的伟大胜利。

（2）从对材料二、三、四的分析中可得出中国革命取得胜利的原因：

第一，中国革命的发生、发展，直至取得最后胜利，都有着深刻的社会根源和雄厚的群众基础。没有广大人民和社会各界人士的广泛参与和大力支持，中国革命是不可能取得胜利的。

第二，中国革命走向胜利的最根本的保障是中国共产党的领导。中国共产党作为代表工人阶级和整个中华民族、全国人民利益的政党，把马列主义和中国革命实际相结合，制定出了一系列符合人民利益的纲领、路线、方针和政策，引导中国革命一步步走向胜利，而且，中国共产党人为革命事业进行了英勇奋斗，始终站在革命斗争的最前线。没有共产党，就没有中国革命的胜利，就没有新中国。

第三，中国革命的胜利与国际无产阶级和人民群众的支持也是分不开的。

中国革命取得胜利的基本经验：（1）建立广泛的统一战线；（2）坚持革命的武装斗争；（3）加强共产党自身建设。

第三板块：延伸思考

一、导语

回眸抗战胜利后中国的历史场景，不难发现，抗战胜利之初，在经历了百余年的外患与内乱后，和平、民主为众望所归、民心所向。在和平环境中实现政治民主，以政治的民主保障和平，是当时中国的时代主题。重庆谈判、政治协商会议等都是和平、民主时代潮流的具体体现。

然而，抗战胜利尚不足一年，冲天的战火便再次笼罩整个中国。硝烟弥漫，血流成河，江山残破，中华民族刚刚因抗战胜利而挺起的大国胸膛，再次承受重压！内战的悲剧终难避免。

在和平民主的时代潮流中，是什么原因使得中国历史没有理性前行，而是以国共两党全面内战展现呢？

应该说造成这种历史理想与历史现实巨大落差的原因是多重的、复杂的。这其中有内在传统思维的影响，也有国共两党政治诉求的相斥性因素。而外在的因素则是美苏的介入。由于难以调和的利益冲突，美苏介入中国内政并未给中国带来和平与民主，反而使中国的政局变得更为错综复杂。随着战后世界政治两极格局的逐渐形成，美苏由合作走向对抗和冷战，国共两党也由和谈陷入战争。这是现实政治合乎逻辑演变的结果。

总之，内战是国共两党为代表的中国两个命运、两种前途、两种主要社会政治力量之间异常尖锐、激烈的斗争的结果，是难以避免的，并且这一斗争的主要形式是武装的、军事的斗争。这就使得广大的中间力量，特别是信奉和平改良道路而没有武装、没有军队作为政治斗争工具的民族资产阶级及其政治代表，只能在国共两党所代表的政治势力、政治道路中择一而从。

内战初期，国民党挟抗战胜利之声威，依美国支持之实力，怀独霸天下之雄心，不可一世。国民党军队在战场上突飞猛进，共产党解放区数十座城池纷纷陷落。由此，国民党政府对内战的前景十分乐观，以为可以速战速决。然而，战局的发展却走向了他们愿望的反面。人民解放军仅用了三年多的时间，就摧毁了国民党的反动统治。为什么会出现这样的结局呢？

自古有言道"失民心者失天下，得民心者得天下"。我们应该看到，国民党是大地主、大资产阶级的政党，是大地主、大资产阶级利益的代表者。国民党发动的战争，是一个在美帝国主义支持之下的反对中国民族独立和人民解放的反革命战争，大失民心，必然遭到人民的反对。中国共产党是中国工人阶级的先锋队，是中华民族和中国人民根本利益的代表者。中国共产党领导的人民解放战争具有爱国主义正义的革命性质，深得民心，必然获得全国人民的拥护。

随着军事上的胜利、新政协的召开以及新中国的创建，中国共产党领导的新民主主义革命最终取得了胜利，标志着中国人民基本上完成了争取民族独立、人民解放的任务，它为实现国家繁荣富强、人民共同富裕创造了前提，开辟了道路。中华民族从此进入了发展进步的历史新纪元。

二、阅读材料及点评

材料一：重庆谈判六十周年记

在毛泽东的一生中，恐怕要以在重庆的那段时间，参加的宴席最多，也恐怕要数那段时间吃得最好了。历经60年后，国人蓦然发现，那一次次宴席，那些早已作古的主角们，那些挥手、微笑、合影、握别，那些智慧的交锋、意志的较量、信仰的坚守，那些对中国道路和中国命运的承诺和领受都如在昨日，如在目前……1945年8月28日上午11时，毛泽东坐飞机离开延安，三个半小时后，飞机出现在重庆。毛泽东开始了他的重庆之行。此后，从30日起到9月21日，毛泽东几乎宴会不断。国民党的达官贵人、民主党派和爱国人士，以及在重庆的外国大使馆纷纷以请到毛泽东为乐。这些宴会给了毛泽东两个机会，一个是探讨国民党内部的真实想法，发现其内部的矛盾；另一个机会就是以他的个人魅力、才华、眼光，为当时中国的精英阶层，提供一种选择的可能。

10月10日上午，史称《双十协定》的会谈纪要在张治中的桂园客厅签字；下午4时，蒋介石到桂园回访毛泽东，两人谈了10分钟后，一起乘车去国民政府礼堂参加双十国庆招待会。这一天，双方进行了最激烈的交锋，蒋介石说："中共管辖地区和领导的军队必须统一归属中央政府的领导，决不能像过去的军阀那样，搞地方割据。"毛泽东幽默地答道："这十几年来，我是一直被蒋主席挤在陕北那个不毛之地动弹不得，哪里去割据吃！至于现在的地方扩大了一些，那都是人民用鲜血和生命从日本侵略者手中夺回来的。我们怎么能轻易地又失去呢？""这怎么能说失去呢？中央政府就是人民政府，交给中央政府管理不就是交给人民管理么？"蒋介石反问道。"蒋主席说的固然对，不过，解放区由人民自己管理，中央又有什么不放心的呢？解放区的政府都是民选政府，它已经在按照人民的意志办事了，中央为什么非得插一杆子呢？"毛泽东答道。"不管你怎么说，如果中共不把军队交出来，就是对和平缺乏诚意，就是想打内战。"蒋介石提高了嗓门道。

毛泽东从座位上站起来，严肃地说："我可以保证决不向中央军开一枪，也不抢占中央军驻扎的每一寸土地。但是如果中央军向解放区发动进攻，我的军队还是要还击的。我留着军队并不是为了别的，就是为了不让从峨眉山上下来的中央军采摘解放区军民的抗战果实。"蒋介石甩手道："好，好，你今天不就回延安去了吗，明天就带军队来打吧！"说罢扬长而去。晚上，毛泽东、周恩来、王若飞赴林园蒋介石官邸辞行，又应蒋介石之请，毛泽东在重庆的最后一夜又住进了蒋介石的家。第二天清早，蒋介石、毛泽东进行最后一次直接对话。蒋介石说："解放区的问题，我不能再作让步了。"毛泽东道："恩来留在重庆，可以继续商量嘛。"几个小时后，毛泽东回到延安。

但这并不是结局，结局是仅仅4年后，蒋介石败走台湾。

——卢勇主编：《〈中国近现代史纲要〉教学案例》，武汉大学出版社2009年版，第117—120页。

点评：毛泽东不顾个人安危亲赴重庆这一行动，向国内外宣告：中国共产党是真诚地谋求和平的，是真正代表全国人民的利益和愿望的。毛泽东等人到达重庆，受到各阶层民众的热烈欢迎，在国内外引起巨大反响。民主人士柳亚子赋诗称颂毛泽东亲临重庆的行动是"弥天大勇"。重庆《大公报》发表社评说："毛先生能够惠然肯来，其本身就是一件大喜事。"抗战胜利后，"我们再能做到和平、民主与团结，这岂不是国家喜上加喜的大喜事"！《新华日报》发表四位读者来信说："毛泽东先生毅然来渝，使我们过去所听到的对中国共产党的一切诬词和误解，完全粉碎了。毛先生来渝，证明了中共为和平、团结与民主而奋斗的诚意和决心，这的确反映和代表了我们老百姓的要求。"

材料二

抗日战争胜利是大事，毛泽东到重庆也是中国现代史上的一件大事，它象征着胜利和团结。胜利和团结是双喜临门，不仅全国人民为之欢欣鼓舞，就连全世界人们亦给予热情的期待。重庆各界更是人心振奋，期待着毛泽东的到来。

1945年8月28日凌晨，我和两位同事坐了张治中的车从城里出发。重庆地区经常多雾，今天却天气晴朗，难得的秋高气爽。我们中途在一个小镇休息，用电话和机场联系，知道从延安回来的飞机要到下午才到。我们从从容容地下午二时才赶到九龙坡机场。当时已经黑压压地站满了一大堆人。有国民党军政要员、各民主党派人士、社会贤达、文化人、新闻界、文化界、各国通讯社记者和八路军驻渝办事处及新华日报社的工作人员。除蒋介石指派的周至柔外，特别引人注意的是邵力子、张澜、沈钧儒、谭平山、黄炎培、郭沫若、陈铭枢、章伯钧等人。

下午三时四十五分，机场上空响起了轰隆隆的声音，一架草绿色的飞机徐徐下降，人群像潮水一般涌向停机坪。机门开了，毛泽东出现在门口，群众中爆发出热烈的欢迎掌声。照相之后，毛泽东发表了简短的书面谈话。主要指出：目前最迫切者，为保证国内和平，实施民主政治，巩固国内团结，以期实现全国之统一，建设独立、自由与富强的新中国。希望中国一切抗日政党及爱国人士团结起来，为完成上述任务而共同奋斗。

蒋介石不仅是个反共头子，也是个杀人魔王。在他统治下，诚为鲁迅所形容的"杀人如草不闻声"！加上当时重庆情况复杂，社会秩序混乱，毛泽东到重庆谈判，确实是深入虎穴，体现了无产阶级革命领袖的大无畏气魄。

……

沈钧儒不相信蒋介石对和谈有诚意，而且很为毛泽东的安全担心，希望毛泽东提高警惕。毛泽东为他耐心地解释：我们共产党对和谈是有诚意和信心的。我们干一件工作，开始感到没有什么把握，这可以理解。如果一开头就有了一半把握，再加上大家的努力，事情就好办了。比方两人谈恋爱，一方表示了很大的诚意，就已经有了一半的希望了，现在就看国民党方面了。

和谈能成功吗？这是社会上普遍发出的问号。事实上，当时国统区大致可分为三种人：第一种是期望派，占多数。由于人心厌战人心思变，人们认为谈判困难虽多，但大势所趋，期望能达成协议。第二种是摇头派，人数不少。他们认为国共两党厮杀了几乎二十年，和平是不可能的。这里包括国民党右派、军人集团，亦包括"战难和亦不易"的胡适之流。第三种是主和派，人数不算多，属于国民党左派、社会有识之士、知识分子和华侨等。他们坚决主和，主张维护三大政策，如张治中、邵力子等。他们对和平存在强烈的愿望，以致知其不可为而为之。

在这里需要着重说明一点，就是当时外间传说，蒋介石对谈判毫无准备，一切方案均由中共提出，蒋只好消极对付，派人敷衍等语。据我所知内幕，这不符合事实，也小看了蒋介石。蒋对中共和这次谈判是胸有成竹，也是胸有成见的。蒋是个阴谋家，有他的一套。他当时的设想是：先由双方交换意见，摸中共的底，自己先不说话，然后提出要点逐一进行谈判。不过中共方面确实掌握主动，先声夺人。在1945年8月25日就发表了《对目前时局的宣言》，提出以和平、民主团结、统一为解决中国问题的原则和前提。重庆谈判开始，中共始终坚持这一原则，国民党对此义正言辞的原则无法阻拦，终于不得不同意写入协议之中。但是蒋介石是另有打算的，就是准备抽象地赞成，具体地抽调。他的具体做法是提出"政令统一、军令统一"，而且"先军队国家化、后政治民主化",首先把中共的军队化掉,其余的再说。

——余湛邦:《我所亲历的三次国共谈判》,中国社会科学出版社2004年版,第1—12页。

点评:抗战胜利后,全国人民渴望和要求和平,反对内战。为建设新中国而奋斗,这是中国人民的根本利益之所在。中国共产党明确提出"和平、民主、团结"三大口号,希望通过和平的途径对中国进行政治社会的改革,逐步向新中国这个目标迈进。蒋介石虽然打内战的决心已定,但他要放手发动全面内战还有不少困难,特别是他的精锐主力仍远在西南、西北地区,运送这些部队到内战前线需要时间。同时,国际上苏联、美国等国家都表示希望中国能够实行和平建国,因此,蒋介石在积极准备内战的同时,迫于国际舆论和国内民意,又表示愿意与中共进行和平谈判,于1945年8月14日、20日、23日,三次电邀毛泽东速到重庆"共定大计"。其目的,一是以此敷衍国内外舆论,掩盖其正在进行的内战准备,利用谈判争取时间,调兵遣将,部署内战;二是诱使中共交出人民军队和解放区政权,以期不战而控制全中国;三是如果谈判不成,即放手发动内战,并把战争责任转嫁给中共,使自己在政治上处于有利地位。尽管国民党提出的"和谈"暗藏杀机,缺乏诚意,但毕竟提供了一个争取和平、避免内战、在和平民主团结基础上建国的机会。中共中央以民族利益为重,决定派毛泽东、周恩来、王若飞三人到重庆同国民党政府进行和平谈判。重庆谈判从8月29日开始到10月10日结束。谈判在两个层面上进行:两党关系的重大问题,在两党最高领导人毛泽东与蒋介石之间直接进行商谈;有关国内和平问题的具体谈判,则是在中共代表周恩来、王若飞和国民党政府代表王世杰、张群、张治中、邵力子之间进行的。经过43天的艰苦谈判,1945年10月10日,国共双方代表签订《政府与中共代表会谈纪要》,即双十协定。这是对蒋介石独裁政治和内战政策的否定,有利于和平建国,因而在相当程度上是有利于人民的。

蒋介石以扩大内战的行动,使政协协议成为一纸空文。政协协议被推翻,意味着政治解决的途径已被堵死,全面内战的爆发已难避免。中国共产党争取和平民主的努力,尽管最终未能阻止全面内战的爆发,但是，它使得各界群众增强了对中国共产党关于和平建设新中国的政治主张的了解，懂得了什么人应当对这场战争承担责任；让中国共产党在政治上赢得了主动；同时，也为中国共产党做好进行自卫战争的准备，争得了将近一年的宝贵时间。抗战胜利后的中国人民及一切民主力量的和平努力最终付诸东流。国民党统治集团既然扼杀了全国人民关于和平建国的热切愿望，它也就把自己放在了全国人民的对立面。中国历史命运的抉择，只能再次诉诸武力。

材料三："接收强盗"

抗日战争胜利后，蒋家王朝不准八路军、新四军、人民抗日部队接收所包围的城市和敌占区，竟下令日伪军维持秩序，等待蒋帮去接收。蒋帮所派遣的接收人员，都是蒋介石的左右亲信中原来主张投降不抗日、反共反民主的家伙，以亲日派何应钦为接收总司令。因此有人说：蒋介石"派出许多接收强盗"。

蒋家王朝的接收，首先是从四大家族抢夺财产开始的。所有日伪的金融机关及其一切附庸的企业机关，都由中央、中国、交通、农民四银行和中央信托局、邮政储金汇业局接收。四大家族把敌伪所抢夺的中国人民的财产都霸为己有，又用它来扩大金融实力，更进一步去抢夺人民的财产。据1946年6月中央银行统计，国民党管区共有银行3489家，其中蒋帮的官营银行是2446家，占银行总数的三分之二以上。

四大家族用"法币"来掠夺人民，抗战胜利之后变本加厉。在敌占区，日本投降时，伪币和法币的购买力，大体是25元伪币等于1元法币。但是蒋家王朝所定的比例，却是200元伪币兑换1元法币。仅仅这一桩事，1945年10月24日《大公报》就说，对于敌占区人民的资产，"几乎近于没收"。

敌伪使用种种手段，向各地人民搜刮物资，集中在几个大城市。就上海一地而论，大小数千个仓库，个个堆积如山，无所不备。接收大员们到底接收了多少物资，无法计算，据报纸的记载举几个例子：北平"被接收物资不足原来的五分之一"。北平敌伪房产14000余所，连各县近20000余所，但接收后仅380余所，那些房产不知哪里去了。

"沈阳接收工作不外是自由夺取。"南满铁路在沈阳的房产原有1200栋,接收人员强取豪夺之后,只剩下2栋。南京敌伪产业,多为接收者中饱。湖北省接收人员发"接收财",霸占民产,使工业停顿,交通破坏。青岛被接收后,很多仓库接连不断起火,而街头巷尾出卖各种布匹棉花者甚多,都是仓库的物资,显然是盗卖。被接收的广州,直到1946年7月还在混乱中。据粤桂闽区敌伪产业处理局负责人说:"各接收机关对'接收'工厂物资多未移交。而交出者又多属物资无几。"机器物资多被盗卖。蒋帮九十四军军长牟廷芳在天津,私吞接收敌伪物资价值2000亿元。国民党上海市党部主任委员吴绍澍劫收1000余栋房屋,八九百辆汽车,一万多条黄金,还有珠宝等。1946年9月间,经人告发由"清查团"公布,接收官员贪污法币50亿元,耕地1000余亩,乳牛1000余头,这只不过是其中的一部分而已。9月30日延安《解放日报》记载:"国民党接收官员贪污案,最近又被人民揭发一批,据不完全统计,共达法币435亿元,此外尚有一时无法计值的大批房产财物。"四大家族"劫收"以后,把内容充实的工矿企业,一律霸占,叫做"国营",扩大了官僚资本。据《经济周刊》二卷18期记载,1946年5月估计,官僚资本约占全部产业资本总数的80%以上。日本侵略者在敌占区霸占土地,叫做"官有地""垦殖公司""农业试验地"等,台湾官有地占人民私有地的二倍,"华北垦殖公司"占地50余万亩,"华北农业试验地"占地27万亩,还有其他地方产业,四大家族全部"劫收"了。这些接收强盗发了横财,全国人民陷入了黑暗地狱。

——卢勇主编:《〈中国近现代史纲要〉教学案例》,武汉大学出版社2009年版,第121—122页。

点评:本案例介绍了抗战胜利后国民党政府派出的官员到原沦陷区接收时,贪赃枉法,肆意抢掠,把接收变成"劫收",大发胜利之财的史实。事实上,国民党政府由于它的专制独裁统治和官员们的贪污腐败、大发国难财,抗战后期在大后方便已严重丧失人心。在抗战胜利时曾经对国民党抱有很大期望的原沦陷区人民,也很快对其感到极端的失望。国民党在原沦陷区的接收可以说是不择手段,花样多多。国民党政府派往各地的"劫收"大员,毫无顾忌地滥用职权,竞相抢掠房子、金条子、票子、车子和婊子（百姓称之为"五子登科"）。一名国民党接收官员也曾向蒋介石进言："像这样下去，我们虽已收复了国土，但我们将丧失了民心。"随着大规模内战的爆发和愈演愈烈，国统区的经济危机空前严重地爆发起来，人民在死亡线上挣扎。国民党政府在政治上违背人民要求和平与民主的意愿，坚持执行反人民的内战政策，军事上进攻解放区接连遭到失败，官员的腐败则动摇了国民党统治的社会基础，这一切使国民党最终陷于危机之中。蒋介石原本是想通过"接收"来统一中国，强化独裁统治。但是，事与愿违，国民党官员在原沦陷区接收工作中的行为断送了自己的威信，断送了人民对国民党的支持，正如蒋介石后来所说：我们的失败，就失败于接收。

材料四：北平和平解放：傅作义冒着三个死来做这件事

傅作义最初考虑"罢战求和"的路到底是什么样的，他的亲信人物也尚难猜中，就是按照傅作义头脑中设想的"和"，要成为事实也面临很多困难和阻力。

傅作义说，争取和平解放，我是冒着三个死来做这件事的：一个是和共产党打了几年仗，不了解我的人可能要打死我；二是蒋介石和他的嫡系部队随时都会杀害我；三是咱们内部不了解情况的人，也可能要打死我。傅作义的担心不是没有道理。国民党军统和中统的特务、中央军在北平横行，很多是他控制不了的。比如1949年1月6日，国防次长郑介民来北平时，34集团军总司令李文就悄悄地给他递信，密告傅作义的行动。在国民党的高级军政人员中，固然大多数都认为和平是条生路，但也不尽然。傅作义的老上司阎锡山就是死硬分子，北平被围的同时，太原也被围，解放军通过邯郸起义的高树勋将军，策动国民党第30军军长黄樵松起义，黄接到徐向前、高树勋的信后当即决定起义。但其部下27师师长戴炳南告密，阎锡山诱捕黄樵松，并逮捕了接应起义的解放军第八纵队的参谋处处长晋夫。1948年12月27日，黄、晋二人在南京被杀。阎锡山在北京有自己的私人代表，耳目很多，一有风声随时会向国民党的特务组织通风报信。这些都不能不防，而傅作义的下属是否都会同意他的选择，部队能不能稳定下来，也很不确定；中央军这时的兵力已经远远超过了傅作义的部队，而且都驻守在北平的关键位置，13军还曾有反对和平的军队哗变，这都是重重难题。

1948年12月15日，傅作义秘密召开高级干部会议，主要议题是征求部下的意见：未来的路怎么走。年轻气盛的311师师长孙英年出口就说，"打"！傅作义问，你能打几下？孙英年想了想说：只能打一下半。傅接着问：一下半完了怎么办？孙说：不成功便成仁！傅作义反问道：我们打仗就是为了死吗！傅作义语重心长地说：北平唯一的办法是和平，军事已经不能解决中国的问题了。人家共产党公布了土地法大纲，就不应该再打仗了。我们的土地局几年也想不出个办法，就是有办法，也不能实行。这些年来我们就是给地主做了看家护院的打手，能分他们的土地吗？孙英年还不服说：那总司令一年前为什么不带我们走这条道路呢？傅作义厉声说：一年前我说今天的话，会有人掏枪打死我，也许就是你！但孙英年对和平通电很不以为然，认为是"哀鸣"，傅作义无可奈何地宣布散会。尽管傅作义的部下信任他，但统驭起来仍然十分艰难。一个多月后，傅作义部下的认识才逐渐转变，他们相信傅作义多年的威望，决定跟他走和平道路。同时，傅作义把城内部队的中央军分散调开，以确保不发生兵变，并命令孙英年监视中央宪兵三团特务和城内的各项防务，力求把北平完整地交给解放军。的确，实现和平，不仅对傅作义及其部下是180度的大转弯，就是对共产党的干部官兵，也是180度的大转弯。双方多年打仗都打红了眼。和平接管后，有的战士想不通。一次邓宝珊要进城开会，战士们问他是不是反动派，邓宝珊说："是反动派，过去是，现在反不动了。"他被扣留了几个小时，陶铸来了才解围。

即便是双方军队交接完毕后，对未来命运不确定的情绪在傅作义及其部下的心中还在延续。孙英年接受改编出城后，到傅作义的住处辞行，说他要开赴新驻地杨柳青，傅作义沉默不语很长时间；最后，嘱咐他听解放军的话，好自为之，不要犯错误，今后还有事业。傅作义破例把他送出门，孙英年"怀着像一个远嫁的女儿，又不知婆家是什么样的心情离开了他"，这大概是他们共同的情绪。

——卢勇主编:《〈中国近现代史纲要〉教学案例》,武汉大学出版社 2009 年版,第 127—128 页。

点评:本案例介绍了傅作义与北平和平解放的过程。北平的和平解放是震惊中外的伟大历史事件。它胜利结束了平津战役,达到了歼灭和改编华北国民党军 52 万多人的预期目的,解放了华北地区,北京城从此永离战火;和平解放使古城北平的文物古迹能完整地保留下来;北平的工矿企业迅速恢复生产,社会秩序没有发生混乱,减少了人员伤亡和物资损失,为新中国的定都奠定了基础;它创造的解放国民党军队的"北平方式"成为后来解放湖南、四川、新疆、云南的范例。1949 年 2 月 22 日,傅作义随同上海人民和平代表团前往中共中央驻地西柏坡拜见中共中央领导人。傅作义一行在西柏坡期间,受到了毛泽东、周恩来等中央领导的接见。在会见中,傅作义显得有些激动和紧张,毛泽东风趣地说:"过去我们在战场见面,清清楚楚;今天我们是姑舅亲戚,难舍难分。蒋介石一辈子耍码头,最后还是你把他甩掉了。""北平和平解决最好,你这是为人民做了一件大好事。假如说,你过去有错的话,那么现在功过权衡,还是功大于过,也是有功人员……""和平解放北平最好,你带个好头,立个大功。今后的事,可能还不少。你可以向你的部下讲清楚,既然是和平解决,你原来的部队要进行改编,将来你们都是人民解放军的一员了,和解放军一样看待,决不歧视。你知道,我们历来说话是算数的。"一席话使傅作义心里的疑团解开了,忐忑不安的心情变得坦然起来。

第八章 社会主义基本制度在中国的确立

第一板块：学习引导

一、学习目的

1. 要从整个中国近现代历史发展出发，充分肯定中华人民共和国建立的意义。
2. 要通过深入理论分析，揭示新民主主义社会的特有性质，尤其是其过渡性。
3. 要从理论、历史背景等方面深入分析中国人民是如何选择社会主义的。
4. 要从中外历史比较中，突出中国独特的社会主义改造道路及经验。
5. 要通过比较分析，厘清社会主义改造和改革的辩证关系。

二、重点·难点·热点

1. 如何让学生理解社会主义是历史和人民的选择，如何认识社会主义改造的具体道路和经验，是本章的重点。
2. 如何正确看待社会主义改造和改革的关系，纠正"早知今日，何必当初"的错误认识，是本章的热点和难点。

三、推荐阅读

1. 毛泽东：《在资本主义工商业社会主义改造问题座谈会上的讲

话》,《毛泽东文集》第六卷,人民出版社 1999 年版。

2. 毛泽东:《关于农业合作化问题》,《毛泽东文集》第六卷,人民出版社 1999 年版。

3.《关于党在过渡时期总路线的学习和宣传提纲》,见《建国以来重要文献选编》第四册,中央文献出版社 1993 年版。

4.《中国人民政治协商会议共同纲领》,见《建国以来重要文献选编》第一册,中央文献出版社 1992 年版。

5.《毛泽东传（1949—1976）》（上、下）,中央文献出版社 2003 年版。

6. 胡乔木:《中国在五十年代怎样选择了社会主义》,见《胡乔木文集》第二卷,人民出版社 1993 年版。

7. 姬丽萍:《20 年来国内农业社会主义改造运动述评》,《史学月刊》2009 年第 7 期。

8. 沙健孙:《关于社会主义改造的几个问题》,《思想理论教育导刊》2002 年第 1 期。

9. 李捷:《社会主义初级阶段和三大改造》,《高校理论战线》1999 年第 9 期。

10. 钩沉:《荣毅仁回忆同共产党的合作和社会主义改造》,《解放日报》2005 年 10 月 27 日。

11. 黄金家、蔡天新:《论社会主义改造和发展非公有制经济的历史必然性》,《中共中央党校学报》2004 年第 1 期。

12. 李捷:《我们需要什么样的历史观》,《高校理论战线》2008 年第 10 期。

第二板块：课后练习

一、单选题

1. 新民主主义革命过程中形成和发展起来的新民主主义政治、经济、文化，都是由工人阶级领导的，因而都具有（ ）因素。

第八章 社会主义基本制度在中国的确立

    A. 民主主义   B. 资本主义

    C. 新民主主义   D. 社会主义

2. 没收官僚资本，具有（　　）和社会主义革命的双重性质。

    A. 农业革命   B. 工业革命

    C. 民主革命   D. 社会革命

3. 新民主主义社会属于（　　）。

    A. 封建主义体系   B. 资本主义体系

    C. 社会主义体系   D. 半殖民地半封建体系

4. 在我国第一个五年计划建设中，把优先发展（　　）作为中心环节。

    A. 轻工业   B. 农业

    C. 重工业   D. 国防工业

5. 我国过渡时期总路线的主体是（　　）。

    A. 农业的社会主义改造   B. 资本主义工商业的社会主义改造

    C. 手工业的社会主义改造   D. 社会主义工业化

6. （　　）在中国的全面建立是中国进入社会主义社会的最主要标志。

    A. 社会主义基本政治制度   B. 社会主义基本经济制度

    C. 社会主义文化   D. 人民民主专政

7. 在农业社会主义改造中，要始终把（　　）作为衡量合作社是否办好的标准。

    A. 公有制程度   B. 是否增产

    C. 达到规定规模   D. 有足够农业机械

8. 提出利用国家资本主义使资本主义工商业过渡为社会主义工商业的国家领导人是（　　）。

    A. 周恩来   B. 陈云

    C. 李维汉   D. 毛泽东

9. 1955年7月，毛泽东在各省市自治区党委书记会议上不点名批判了（　　）。会后，农业合作化运动加速发展。

A. 薄一波 B. 邓子恢
C. 李先念 D. 周恩来

10. 我国农业社会主义改造的道路是（　　）。
    A. 先合作化后机械化　　B. 机械化合作化同时进行
    C. 先机械化后合作化　　D. 坚持两条腿走路

11. 新中国成立后，中国共产党和人民政府领导了国民经济恢复工作，到（　　），国民经济得到全面恢复和初步发展。
    A. 1952 年底　　B. 1953 年底
    C. 1955 年底　　D. 1957 年底

12. 在民主革命取得全国性胜利之后，中国开始了从新民主主义向社会主义的过渡。在此阶段，中国存在着两种基本矛盾：国内的是（　　），国外的是中国和帝国主义国家的矛盾。
    A. 工人阶级和资产阶级的矛盾
    B. 农民阶级和地主阶级的矛盾
    C. 社会主义和资本主义的矛盾
    D. 人民对于建立先进工业国的要求同落后的农业国现实之间的矛盾

13.（　　）年，中国共产党提出了过渡时期的总路线，开始进行有计划的经济建设，制定和实施第一个五年计划。
    A. 1950　　B. 1953
    C. 1956　　D. 1958

14.（　　）年，中国共产党带领全国各族人民创造性地基本完成了对农业、对手工业和对资本主义工商业的社会主义改造，从而实现了中国历史上最伟大、最深刻的社会变革。
    A. 1950　　B. 1953
    C. 1956　　D. 1958

单选题参考答案

1. D　2. C　3. C　4. C　5. D　6. B　7. B　8. C　9. B　10. A
11. A　12. A　13. B　14. C

二、多选题

1. 中国共产党领导的革命，包括（　　）两个阶段。
    A. 旧民主主义革命　　　　B. 农民革命
    C. 新民主主义革命　　　　D. 社会主义革命
2. 新中国成立后，我国存在着（　　）等经济成分。
    A. 国营经济　　　　　　　B. 国家资本主义经济
    C. 个体经济　D. 合作社经济　E. 私人资本主义经济
3. 中国共产党的七届二中全会指出：全国胜利并解决了土地问题以后，中国还存在的两种基本矛盾是（　　）。
    A. 封建主义和人民大众的矛盾
    B. 新中国同帝国主义的矛盾
    C. 工人阶级和资产阶级的矛盾
    D. 人民需要同落后生产力的矛盾
4. 我国农业社会主义改造的组织形式包括（　　）。
    A. 互助组　　　　　　　　B. 高级社
    C. 初级社　　　　　　　　D. 人民公社
5. 在农业互助合作发展中，要坚持（　　）的原则。
    A. 典型示范　　　　　　　B. 逐步推广
    C. 自愿　　　　　　　　　D. 互利
6. 1952年，私营工业产值的56%已属于（　　）部分。
    A. 加工　　　　　　　　　B. 订货
    C. 统购　　　　　　　　　D. 包销
7. 我国手工业合作化的组织形式包括（　　）。
    A. 供销合作社　　　　　　B. 生产合作小组
    C. 行业合作社　　　　　　D. 生产合作社
8. 对资产阶级实行和平赎买，最早是（　　）提出的设想。
    A. 马克思　　　　　　　　B. 恩格斯
    C. 列宁　　　　　　　　　D. 斯大林
9. 中华人民共和国的成立，标志着（　　）。

A. 中国的新民主主义革命取得了基本的胜利
B. 半殖民地半封建社会的结束
C. 新民主主义社会在全国范围内的建立
D. 社会主义制度的确立

10. 新中国成立初期面临着许多严重困难和一些紧迫问题，这主要是（　　）。
    A. 保卫人民胜利果实，巩固新生人民政权
    B. 战胜严重经济困难，迅速恢复和发展国民经济
    C. 巩固民族独立，维护国家主权和安全
    D. 经受执政考验，继续保持优良作风

11. 新中国成立后，党和政府为完成民主革命遗留任务而开展的工作有（　　）。
    A. 追剿残余敌人、基本完成祖国大陆统一的任务
    B. 摧毁旧政权，普遍召开各级各届代表会议或人民代表会议
    C. 继续进行土地制度的改革
    D. 制定《中华人民共和国婚姻法》，废除封建婚姻制度
    E. 开展大规模的镇压反革命运动
    F. 荡涤旧社会留下的污泥浊水

12. 新中国成立初期，针对西方封锁，中共中央提出了（　　）的外交方针。
    A. "另起炉灶"　　　　　　B. "打扫干净屋子再请客"
    C. "一边倒"　　　　　　　D. "两条线"

13. 1951年底到1952年，中共开展了以（　　）为主要内容的"三反"运动。
    A. 反贪污　　B. 反浪费　　C. 反行贿
    D. 反官僚主义　E. 反主观主义　F. 反宗派主义

14. 1952年上半年，中共发起以（　　）为主要内容的"五反"运动。
    A. 反行贿　　B. 反贪污　　C. 反偷税漏税
    D. 反盗窃国家资财　　　　E. 反偷工减料

F. 反盗窃国家经济情报

多选题参考答案

1. CD 2. ABCDE 3. BC 4. ABC 5. ABCD 6. ABCD
7. ABD 8. AB 9. ABC 10. ABCD 11. ABCDEF 12. ABC
13. ABD 14. ACDEF

三、思考题

1. 新中国成立之初，为什么没有马上进行社会主义改造？

新中国成立之初，中国共产党并没有马上采取措施向社会主义过渡，这与当时面临的形势有密切关系。当时，中国共产党主要面临以下四种考验：能不能保住人民胜利的成果，巩固新生的人民政权；能不能克服严重的经济困难，迅速恢复和发展国民经济；能不能巩固民族独立，维护国家主权和安全；能不能经受住执政的考验，继续保持谦虚、谨慎、不骄、不躁的作风和艰苦奋斗的作风。

在这样的形势下，中国共产党的工作重心在于"恢复国民经济，巩固人民政权"，为此做了以下几方面的工作：第一，完成民主革命的遗留任务。基本完成大陆统一，摧毁旧政权，建立新政权。继续实行土地制度的改革，荡涤旧社会留下的污泥浊水。第二，领导国民经济恢复工作。没收官僚资本，确立国营经济在国民经济中的领导地位。开展稳定物价的斗争和统一全国财政经济的工作。第三，巩固民族独立，维护国家主权和安全。废除了帝国主义国家依据不平等条约在中国享有的一切特权，从根本上改变了旧中国"跪倒在地上办外交"的局面；与苏联签订了《中苏友好同盟互助条约》；进行了抗美援朝战争。第四，加强中国共产党的自身建设，进行了整风整党运动、三反运动。第五，进行了知识分子改造。

以上这些工作，为向社会主义过渡提供了政治保证、物质基础、思想组织基础和社会群众基础。

2. 为什么说新民主主义社会是一个过渡性的社会？

在新民主主义社会中，既有社会主义的因素又有非社会主义的因素，社会主义的因素又与非社会主义的因素存在着斗争，但是社会主义的因素起着决定作用。由于社会主义的因素的优越性和党的领导地位，加上有利的国际形势，就决定了社会主义因素将不断增长并取得最后的胜利。新民主主义社会是逐步过渡到社会主义社会的过渡性质的社会。

第一，经济上，实行国营经济领导下五种经济成分并存的经济制度，其中包括：国营经济，是社会主义性质的；合作社经济，是半社会主义性质的；还有私人资本主义经济、个体经济、国家和私人合作的国家资本主义经济。这些共同构成了新民主主义的经济形态。

第二，政治上，实行工人阶级领导的各个革命阶级联合专政的人民民主专政，民族资产阶级作为一个阶级还存在，并在国家政治中占有一定的地位。工人阶级的领导权和工人阶级领导下的人民民主专政的政权，是我国新民主主义社会中政治方面的社会主义因素，同时也是中国向社会主义过渡的强有力的政治保证。

第三，文化上，实行马克思主义领导下的新民主主义文化，即民族的、科学的、大众的文化。这种文化是人民大众反帝反封建的文化，是中华民族的新文化。

新民主主义社会各种社会主义因素的不断增长及其领导地位的日以强化，不仅保证了新民主主义社会向社会主义社会的发展，而且充分体现了新民主主义社会的过渡性质。

3. 简述过渡时期总路线的出台经过及原因。

过渡时期是指新中国成立之后中国社会性质由新民主主义社会向社会主义社会转变的一个时期，主要是指1949年新中国成立至1956年社会主义三大改造完成这一段历史时期。

过渡时期总路线的提出经过了一个渐变的过程。在新中国成立初期，中共领导人曾经设想要经过一个比较长期的新民主主义社会建设阶段后，才能够具备向社会主义过渡的条件，才能够实现社会主义的前途。毛泽东曾说过："没有一个新民主主义的联合统一的国家，没有新民主主义的国家经济的发展，没有私人资本主义经济和合作社经济的发展，没有民族的科学的大众的文化即新民主主义文化的发展，一句话，没有一个由共产党领导的新式的资产阶级性质的彻底的民主革命，要在半殖民地半封建的废墟上建立起来的社会主义社会，那只是完全的空想。"①这就明确地表示出必须在新民主主义社会政治、经济、文化全面而充分发展的条件下，才能向社会主义过渡。1948年9月份召开的中共中央政治会议上，中共领导人讨论了何时进入社会主义，刘少奇就表示不能够过早地采取社会主义，毛泽东也表示由新民主主义过渡到社会主义必须有充分的准备，努力发展新民主主义经济。之后在1949年政治局会议上，毛泽东又表示不要急于追求社会主义化，合作社不可能很快发展，大概要准备十几年的工夫，这是中共领导人对新民主主义向社会主义过渡最早提出具体的时间表。1951年党的领导人仍然认为需要一二十年的新民主主义建设阶段然后才能进入社会主义，这种主张是符合中国实际的。

但是到了1952年，这种思想发生了转变，1952年下半年毛泽东就开始考虑向社会主义过渡的问题，9月他在中央书记处会议上提出用十年到十五年的时间基本上完成向社会主义的过渡，而不是十年或者以后才开始过渡。向社会主义过渡就是将私有制改造成为公有制，其中最关键的是将私人资本主义工商业改造为国营企业，将个体农业和个体手工业进行集体化改造。毛泽东认为经过三年多的时间，已经具备了向社会主义过渡的条件。党中央向斯大林提出了自己向社会主义过渡的设想，得到斯大林的赞同。1953年6月中共中央政治局会议上对此进行了讨论，12月形成了完整的表述：从中华人民共和国成立到社会主义改造的基本完成，这是一个过渡时期，党在过渡时期的总路线和总任务，是要在一个相当长的时期内，逐步实现国家的社会主义工业化，并逐步实现国家对农业、对手工业和资本主义工商业的社会主义改造。

在这个时间提出过渡时期总路线主要有几个方面的原因：一是受苏联模式的影响。当时毛泽东等测算过苏联进行社会主义改造的时间为13年，那中国设想用十到十五年的时间过渡到社会主义还是可行

---

① 《毛泽东选集》第三卷，人民出版社1991年版，第1060页。

的。苏联是当时世界上的社会主义大国，有社会主义改造的经验，而中国是一个刚成立的社会主义国家，缺乏经验，必须借鉴苏联经验，当时苏联也是极其热情地帮助中国进行经济建设，所以在这种条件下中共提出了社会主义改造，建立纯公有制经济。二是全国人民对社会主义的急切向往。中国共产党一直在宣传社会主义优越性和社会主义的美好前景，新中国成立后，全国人民以一种十分迫切的心情等待社会主义的到来。为了尽早满足人民的愿望，中共决定提前结束新民主主义而向社会主义过渡。三是新民主主义改革和建设取得成就的影响。经过没收官僚资本，社会主义国营经济已经在社会上占据优势地位，国家对私人资本主义经济采取利用和限制政策，为对资本主义工商业进行社会主义改造积累了经验，而在农村开展互助合作运动，有着更长的历史。这一系列的成就为社会主义改造奠定了物质基础，提供了一定的经验。四是对农村可能出现两极分化和私人资本主义经济负面作用的担心。土地改革完成后，随着时间的推移，农村已开始出现两极分化的势头，私人资本主义的唯利是图性当然也会给经济带来不利的影响。可以说，正是这几个方面因素的复杂作用下促成了总路线的提出。

过渡时期总路线是发展生产力和社会主义改造同时并举的，其中以逐步实现社会主义工业化为主体，以逐步实现对农业、手工业和资本主义工商业的社会主义改造为两翼，体现了发展生产力和变革生产关系、解放生产力的有机统一。过渡时期的总路线是经过实践检验的、正确的路线，是符合当时中国国情的路线，这是中国共产党集体智慧的结晶。党在过渡时期的总路线的实质，就是使生产资料的社会主义所有制成为我国国家和社会的唯一的经济基础。但总路线中对于"相当长的一段时间"并没有做出具体的规定，这就导致社会主义改造的实践出现过急、过快的问题。

4. 为什么说过渡时期总路线反映了历史的必然？

第一，社会主义性质的国营经济力量相对来说比较强大，它是实现国家工业化的主要基础。社会主义工业化，是国家独立和富强的当然要求和必要条件。发展工业，一方面是要充分利用原有的工业，另一方面是要建设新的工业。

随着没收官僚资本工作的完成和工业建设的初步开展，中国已有了比较强大的社会主义性质的国营经济。中国经济虽然落后，但它是一个大国，全国财政经济统一后，国家掌握了一笔相当可观的资金，可以用来投资搞建设。从1953年开始的第一个五年计划规定的大型工业建设项目，基本上是由国营经济来承担的。这就是说，我国工业建设的发展，首先就意味着社会主义性质的国营经济的发展和它在整个国民经济中比重的增加。这是中国选择社会主义的一个基本因素。

第二，资本主义经济力量弱小，发展困难，不可能成为中国工业起飞的基础。而且，它对国家和国营经济有很大的依赖性，不可避免地要向国家资本主义的方向发展。在帝国主义对华封锁的情况下，民族资本由于向外发展的渠道被阻断，就更加重了它对国家和国营经济的这种依赖性。资本主义工业进退两难的情况，是中国选择社会主义的又一个基本因素。国家资本主义一定程度的发展，为资本主义工商业社会主义改造积累了初步的经验。

第三，对个体农业进行社会主义改造，是保证工业发展、实现国家工业化的一个必要条件。土地改革以后，农业生产摆脱了封建生产关系的束缚，一个时期有过相当大的发展；但是，由于实行个体经营，这种发展又受到很大的限制。如果不引导个体农民走组织起来的道路，不仅广大农民不能进一步改善自己的生活，而且农业生产力的发展会受到很大限制，农村也不可能为工业的发展提供必要的商品粮食、加工业原料、工业品市场和积累工业发展的资金等条件，从而成为工业发展的严重的制约因素。事实上，在土改以后，许多地区的农民从发展生产的需要出发，已经在探索组织起来的各种途径，开始有了实行互助合作的实践。这也为对个体农业进行社会主义改造积累了初步的经验。

第四，当时的国际环境也促使中国选择社会主义。新中国成立以后，长期受到美国等西方资本主义国家经济上、外交上和军事上的严密封锁和遏制。中国不但不可能从资本主义大国得到什么援助，而且连进行普通的贸易和交往都很困难。当时只有社会主义国家和第二次世界大战后为独立而斗争的国家同情中国。只有苏联能够援助中国。冷战的国际环境，也是中国选择社会主义的基本因素之一。

5. 中国农业社会主义改造的历程是怎样的？

第一阶段（1949年冬到1952年），发展互助组、试办初级社阶段。1951年12月，中共中央下发了《关于农业生产互助的决议（草案）》，提出党不能忽视和粗暴地挫伤农民个体经济的积极性，但是要"按照自愿和互利的原则，发展农民劳动互助的积极性"。互助组的发展是这一阶段的重点。另外这一阶段还试办了初级社。到1952年底，全国共建立互助组830多万个，初级社3600个，参加互助合作农户占总户数的40%。

第二阶段（1953年至1955年上半年），大办初级社阶段。总路线公布后，中央又公布了《关于发展农业生产合作社的决议》，合作化运动迅速发展起来。中央成立了以邓子恢为部长的农村工作部，密切注意运动的发展，并强调互助合作搞得好不好，根本一条要看是否增产。1954年底，互助组发展到1000万个，初级社达48万个，参加的农户占60.3%，而且80%以上的合作社都增产增收。1955年春，初级社又发展到67万个，但在发展的过程中出现了一些问题。中央决定进行整顿，缩减了2万个，巩固了65万个，保持了稳步前进的势头。

第三阶段（1955年夏到1956年底），合作化高潮阶段。当时在发展速度问题上，党内存在不同认识。邓子恢主张整顿巩固、稳步前进：现有的65万个社存在问题很多，巩固任务很繁重，地区不平衡，干部领导水平、群众觉悟水平不同，应逐步推广。毛泽东主张全面规划，加快步伐。1955年7月，他在省市自治区党委书记会议上作了《关于农业合作化问题》的报告，不点名地批判了邓子恢。他说："在全国农村中，新的社会主义群众运动的高潮就要到来。我们的某些同志却像一个小脚女人，东摇西摆地在那里走路，老是埋怨旁人说：走快了，走快了。过多地评头品足，不适当地埋怨，无穷地忧虑，数不尽的清规和戒律，以为这是指导农村中社会主义群众运动的正确方针。否，这不是正确的方针，这是一个错误的方针。"他还说："有些同志被几十万个小型合作社吓昏了"，被"胜利吓昏了头脑"，是站在"资产阶级、富农，或者具有资本主义自发倾向的富裕中农的立场上"。①主席又在报告中提出，1955年下半年全国农业合作社翻一番，达到130万左右。在这种情况下，到1955年底，掀起了合作社运动的第一个高潮，初级社达到190万个，入社农户占总户数的63%。

初级社高潮，又诱发了人们追求高级社的发展速度。1956年春，各地掀起了一个以发展高级社为中心的农业合作化运动的高潮。到1956年底，入社农户达1.17亿户，占总户数的96.3%，其中加入高级社的占87.8%，基本上实现了农业合作化，标志着农业社会主义改造完成。

6. 中国农业社会主义改造的基本经验和意义？

在农业合作化运动中，我们党并没有完全照搬苏联农业集体化的经验和做法，而是结合中国具体情况，创造了一条有中国特色的社会主义改造之路。

第一，实行"先合作化、后机械化"的方针，在土地改革后"趁热打铁"，引导农民走互助合作的道路。为什么说这是一条经验？这是与苏联比较而言的。苏联是在在工业化已经取得重大成就后，在工业已能为农业提供大批拖拉机和农业机器后，才开始搞农业集体化的（1929年）。我们曾经重视这一经验，但后来发生了变化，原因如下：首先，我国经济基础和工业水平较苏联更为落后，新中国成立之初又有美国的封锁，短期内为农业提供大量机器几乎是不可想象的。走"先机械化，后合作化"的道路，可能使合作化遥遥无期。其次，当时粮食形势紧张，有比较大的缺口，因此必须增加粮食生产。在无大量农业机械情况下，只能靠发挥农民生产积极性。但个体经济有明显缺陷：（a）技术落后，工具缺乏，生产分散，难以抵御自然灾害之侵袭；（b）即使增产，因市场的存在，在粮食紧张的情况下，必然发生粮食惜售、囤积居奇的情况，国家仍难以收购到足够粮食，或必须付出更多资金。在这种情况下，利用土改后农民的政治热情，趁热打铁，引导其走上互助合作的道路，就成为增产粮食的较优选择。

---

① 《毛泽东文集》第六卷，人民出版社1999年版，第418、433页。

第二，创造了从互助组到初级社再到高级社，由低到高的互助合作的组织形式，实现了逐步过渡。

第一步，农业生产互助组又分为临时互助组和常年互助组。临时互助组是一种简单的、季节性的、忙时互助闲时解散的互助组，主要在新解放区和互助合作运动薄弱的地区进行，可以解决"草吃苗""雨淋场""误下种"等困难。常年互助组比较稳定，有初步生产计划和记工、排工制度。有的还能做到农副业结合，实行某些技术分工，有的还购置了农具和牲畜，积累一些公共财产。常年互助组主要在互助合作已有基础的地区开展。互助组的特点：仍然是以农民小私有制为基础，但其劳动由个体劳动转为集体劳动，还可以把几户至几十户的农具、牲畜、人力集中起来使用，这样的话，基本上可以不违背农时，并且提高劳动生产率和生产技术。属于社会主义萌芽性质。

第二步，初级农业生产合作社（初级社）。主要特点是土地入股、统一经营。与互助组相比，有四点不同。一是初级社由几个互助组组成，它的规模大；二是土地入股，使生产关系发生了深刻变化；三是把分散经营改为集中经营，便于因地制宜，地尽其利，分工分业，调剂劳力，又便于农业技术改造和农田基本建设；四是除按土地等生产资料入股分配外，其余实行按劳分配，属于半社会主义性质。

第三步，高级农业生产合作社（高级社）。规模一般在一百户以上，主要特点是：（1）农户土地无代价地转为集体公有；（2）其他重要的生产资料如牲畜、大农具等，作价转为集体公有；（3）全社按照统一的计划，实行集体劳动、统一经营；（4）全部按工分制分配。高级社具有更大的优越性：可以按照计划，在全社范围内开展农田基本建设，提高耕作技术，推广先进经验；实行按劳分配，可以调动社员劳动积极性，提高劳动生产率；可以进一步发挥社员专长，实行多种经营。

高级社的建立，最终实现了生产资料集体所有和按劳分配的制度，标志着农业社会主义改造的完成。（属于完全社会主义性质）

采取逐步过渡，可以逐步提高社会主义觉悟，逐步改变生活方式，有利于农民的接受，有利于减少（避免）农作物减产，有利于逐步训练合作社管理人员。

第三，按照积极引导、稳步前进的方针，坚持自愿互利的原则，采取典型示范、逐步推广的方法。

积极引导、稳步前进。针对两种倾向：自发的资本主义倾向（富裕农民）和绝对平均主义倾向（贫下中农）。因此，既要积极领导，不使其放任自流，又要稳步前进，不使其超越群众的觉悟水平。

自愿互利。自愿，入社不入社，何时入社，必须尊重农民意愿，用其他方法引导之，而不是用强迫命令的手段。农民觉悟不够，看不到合作社的优越性时，允许其观望、单干，不讥笑之。互利，就是使入社农户得到实惠，增加收入，起码不受损失。有了互利才有自愿。

典型示范，逐步推广。即先办好一批合作社，用典型吸引农民走合作化道路。如河北遵化的"穷棒子社"、山西李顺达的农林牧合作社。

第四，要始终把是否增产作为衡量合作社是否办好的标准。

第五，把社会改造同技术改造相结合。在合作化后，国家应努力以先进技术和装备发展农业经济。

意义：完成了对小农经济的社会主义改造，实现了土地社会主义集体所有制；巩固了工农联盟，为推进资本主义工商业及手工业的社会主义改造创造了有利条件；使大规模兴修水利和进行农田基本建设成为可能，提高了农业抵御自然灾害的能力，推动了农业生产的发展。为社会主义工业化创造了条件。

7. 资本主义工商业进行社会主义改造的历程是怎样的？

资本主义工商业的社会主义改造分为三个阶段。

第一阶段，1953年以前，主要实行初级阶段国家资本主义。新中国成立后，通过调整工商业、"五反"运动等，对私营工业实行了加工订货、统购包销，对私营商业采取了经销代销，从而将部分私营企业纳入初级形式的国家资本主义轨道。到1952年底，各种形式的国家资本主义工业产值占私营工业总产值的56%。

第二阶段，从1953年到1955年夏，主要实行个别企业公私合营。对资本主义工商业利用、限制、改造政策的确定和粮棉统购统销的实行，大大促进了私营工商业改造的进程。1954年1月，中央财政经济委员会提出《关于有步骤地将十个工人以上的资本主义工业基本上改造为公私合营企业的意见》，确定把公私合营作为改造私营工业的重点。同年9月，国务院颁布了《公私合营工业企业暂行条例》，促进了公私合营企业的发展。到1955年个别企业公私合营达到3193户。

第三阶段，从1955年秋到1956年，是实行全行业公私合营的阶段。1955年下半年，在农业合作化运动猛烈发展的推动下，私营工商业改造也加快了步伐。1956年1月，北京首先宣布全部实现全行业公私合营，接着全国50多个大中城市都宣布实现全行业公私合营。到年底，全国公私合营工业户的99%、私营商业户的82.2%实现了全行业公私合营，这标志着私营工商业社会主义改造基本完成。

8. 对资本主义工商业进行社会主义改造所取得的基本经验有哪些？

一是对资本主义工商业进行和平赎买。中国共产党根据马克思主义的基本原理，从我国的特殊国情出发，严格区别官僚资本和民族资本，决定对民族资本和民族资产阶级实行和平赎买的政策。

二是创造了从低级到高级的国家资本主义过渡形式，平稳地、顺利地完成了生产资料所有制的变革，实现了马克思和列宁曾经设想过的对资本主义的和平赎买。具体讲，这个过渡分两步走，第一步把私人资本主义工商业纳入国家资本主义的轨道，第二步把国家资本主义转变为社会主义。

三是把对企业的改造同对资产阶级分子的改造结合起来。社会主义社会要消灭剥削阶级和剥削制度，建立没有剥削和压迫、人人平等的新制度，这是马克思主义的基本原理。但是如何消灭阶级，如何处理剥削阶级分子，主要根据不同国家的具体情况来决定。中国共产党认为，消灭阶级和改造剥削阶级分子是两回事，要分开来处理。

因此，在改造资本主义工商业的过程中，不仅逐步把资本主义生产资料私有制改造成公有制，把资本主义经济改造为社会主义经济，而且赎买了整个民族资产阶级，消灭了剥削制度，并逐步把资产阶级分子改造成为自食其力的劳动者。在这一问题上我们取得成功的原因有三个：

第一，把民族资产阶级同无产阶级的矛盾作为人民内部矛盾来处理。

第二，是把企业作为改造资本家的基地。一方面，使其在企业内部亲身参加改造，受教育，认清前途、命运，树立走社会主义道路的信念，并从剥削者变为自食其力的劳动者。另一方面，还可以发挥其技术和经营管理之特长。

第三，对资方人员在政治上、工作上和生活上做出妥善安排。

四、材料题

阅读以下材料并回答问题。

材料一：认清中国社会的性质，就是说，认清中国的国情，乃是认清一切革命问题的基本的根据。

——毛泽东：《中国革命和中国共产党》，《毛泽东选集》第二卷，人民出版社1991年版。

材料二："我们说标志着革命性质的转变、标志着新民主主义革命阶段的基本结束和社会主义革命阶段的开始的东西是政权的转变，是国民党反革命政权的灭亡和中华人民共和国的成立，并不是说社会主义改造这样一个伟大的任务，在人民共和国成立以后就可以立即在全国一切方面着手施行了"；"中国革命第一阶段的任务胜利完成后建立起来的新民主主义社会，是一个过渡性质的社会。"

——《中共党史参考资料》（八），人民出版社1979年版。《为动员一切力量把我国建设成为一个伟大的社会主义国家而斗争》。

材料三："现在这种社会主义改造已经取得决定性的胜利，这就表明，我国的无产阶级同资产阶级之间的矛盾已经基本上解决，几千年来的阶级剥削制度的历史已经基本上结束，社会主义的社会制度在我国已经基本上建立起来了。""由于社会主义革命已经基本上完成，国家的主要任务已经由解放生产力变为保护和发展生产力。"

——《中国共产党第八次全国代表大会关于政治报告的决议》，人民出版社1956年版。

请回答：（1）中国共产党是如何从近代国情出发来分析中国革

命的？

（2）从新中国成立初期的国情出发，中国共产党是如何决策的？

（3）从国情的角度分析我国在社会主义建设过程中出现的严重曲折。

参考答案要点：（1）中国共产党人分析了帝国主义对中国的影响，认为帝国主义一方面促进了中国封建社会的解体，促使中国发生了资本主义因素，把一个封建社会变成了半封建社会；另一方面，帝国主义又残酷地统治了中国，把一个独立的中国变成了半殖民地中国。因此，中国社会是一个半殖民地半封建社会。

在这样一个社会，主要矛盾就是帝国主义与中华民族的矛盾，封建主义与人民大众的矛盾，它们对中国近代社会的发展变化起着决定性的作用。

中国半殖民地半封建社会的国情决定了中国革命的对象——帝国主义、封建主义，革命的任务——推翻帝国主义压迫实现民族独立，推翻封建主义实现人民解放。中国共产党还从中国国情出发，分析了革命的动力、性质、前途等问题。所以，认清国情，是认清一切革命问题的基本依据。

（2）新中国成立之初，党就认识到在新民主主义革命胜利后，我们建立了一个新民主主义社会。从政治上看，是无产阶级领导的各革命阶级联合专政，从经济上看，是五种经济成分并存，从文化上看，是民族的科学的大众的文化。

但在新中国成立之初，我们并没有进行社会主义改造。因为当时解放战争仍在进行，城乡民主改革还没有进行，面临着严重的经济困难和严峻的国际形势，所以，当时主要进行了恢复国民经济和巩固人民政权的工作。

同时，党也认识到新民主主义社会，又是一个过渡性质的社会，因为社会主义因素不论在经济和政治上都占据领导地位，这决定了社会主义因素将不断增长并将获得最后胜利。在地主和农民的矛盾解决后，国内的主要矛盾就是无产阶级和资产阶级的矛盾。对新民主主义社会过渡性质的认识，推动了中共过渡时期总路线的制定。

(3) 社会主义改造完成后，我国社会已经成为社会主义社会。正如八大指出的，在这样的社会中，无产阶级和资产阶级的矛盾已经解决，我国社会的主要矛盾是人民对于经济文化迅速发展的需要同当前的经济文化不能够满足人民需要的矛盾，是人民对于建立先进的工业国的要求同落后的农业国的现实之间的矛盾，因此，我们的主要任务就是解决这些矛盾，就是保护和发展生产力。

但是八大的论断在反右派斗争后逐渐遭到了抛弃。由于各种原因，开始把无产阶级和资产阶级、社会主义道路和资本主义道路的斗争看作主要矛盾，并扩展到整个社会主义历史阶段，走上了以阶级斗争为纲的道路，最后发生了"文化大革命"。

实践证明，对国情的正确认识是制定正确的政治路线的基础，在社会主义制度建立后，我国已经是一个社会主义社会，但还处于初级阶段，因此，必须以此为基础，才能制定出正确的政策。

第三板块：延伸思考

一、导语

什么是历史？"人事有代谢，往来成古今"，这就是历史。什么是历史的必然性？通俗地说，就是一定历史事件的发生，有其特定的历史坐标中的主客观条件。对于历史研究来说，最重要的是理解，就是我们要尽量摒弃主观假设，从历史情景出发，去真正理解当时的人为何做出这样的选择，而不是其他。理解是历史研究的指路明灯，我们应该始终牢记这一点，而不是妄加评断。

因此，我们学习历史时，应该首先尽可能地把自己置于那段历史中，与当时的人"同呼吸，共命运"。从这样的态度出发，我们才可以真正地进入历史，可以和当时的人们对话。我们要问毛泽东等开国一代，他们为什么要进行抗美援朝、土地改革、镇压反革命？他们为什么要实行"一边倒"的外交方针？他们为什么要进行知识分子改造运动？他们为什么进行意识形态领域的诸多批判？他们为什么选择社会主义？这种社会主义是一种什么样的社会主义？他们如何考虑怎样建设社会主义？等等。带着这些问题，我们去研究、分析大量的历史文献资料，答案就会呈现在我们面前。

在理解了他们的选择之后，我们又需要跳出这段历史，把它放在整个中国近现代的历史进程中，特别是放在中华人民共和国的整个历程中，进而观察这段历史，我们会对这段历史，甚至会对整个历史有更多的感悟。这是一段不平凡的历史，是一段艰苦奋斗、奋发昂扬、凯歌行进的历史。我们建立了一个新的政权，顶住了各种考验，迅速巩固了这个政权，之后开始了实现国家富强、人民幸福的新的征程。我们进行工业化建设，是为了这一点，我们进行社会主义改造，建立社会主义制度，也是为了更彻底解放生产力，实现民族的伟大复兴。正是在这个信念的支撑下，党克服万难，积极引导人民，走上了伟大的社会主义道路，实现了中华民族历史上的伟大转折，这是惊天动地的伟业。当然，我们对社会主义的理解有时代的局限性，我们对社会主义改造的步骤、计划也难免存在问题和失误，但问题不是否定历史，而是要求我们在历史给定的条件下，继续前行。

二、阅读材料及点评

材料一

统购统销，是我国政府在建国以后陆续实行的对粮食、棉花、油料等有计划的统一收购和统一供应的一项政策。

中华人民共和国成立后，随着国民经济的逐步恢复和国家财政经济工作的统一，出现了一个经济建设的新形势。为着保证人民生活和国家建设所需要的重要物资的供应，打击、限制奸商抢购和囤积居奇等行为，中央人民政府政务院根据《中国人民政治协商会议共同纲领》第二十八条关于"凡属有关国民经济命脉和足以操纵国民生计的事业，均应由国家统一经营"的规定，在一九五一年一月四日颁布了《中央人民政府政务院财政经济委员会关于统购棉纱的决定》，规定"凡公私纱厂自纺部分的棉纱及自织的棉布，均由国营花纱布公司统购"。

一九五三年十月十六日，中共中央作出《关于实行粮食的计划收购与计划供应的决议》，决定在全国范围内实行粮食的统购统销，并实行由国家严格控制粮食市场，对私营工商业进行严格管制并严禁私商自由经营粮食的政策。十一月十五日，中共中央又作出《关于在全国实行计划收购油料的决定》。十一月十九日，政务院第一百九十四次政务会议通过，并于十一月二十三日发布了《中央人民政府政务院关于实行粮食的计划收购和计划供应的命令》，规定了在全国范围内有计划、有步骤地实行粮食的计划收购（简称统购）和计划供应（简称统销）的十条具体办法。其主要内容有：由国家粮食部门统一地、有计划地在农村收购粮食，而后统一地、有计划地向需要粮食的城乡输送供应；收购和供应的价格，由粮食部门按照各地情况作出合理的规定。

此后，对棉布也实行了统购统销。一九五四年七月十三日，中共中央批准了中财委关于实施棉布计划供应、棉花计划收购的报告。并由中央人民政府政务院于一九五四年九月十四日发布《关于实行棉布计划收购和计划供应的命令》。

为了贯彻执行粮食这种最重要物资的统购统销政策，一九五五年八月五日，经国务院全体会议第十七次会议通过，于八月二十五日发布了《市镇粮食定量供应暂行办法》和《农村粮食统购统销暂行办法》。

这样，国家就对粮食、棉花、油料等重要农产品以及糖料、烤烟、生猪、桐油、重要木材、茶叶等其他农产品做到了有计划的统一收购和供应。

——《关于建国以来党的若干历史问题的决议注释本》，人民出版社1983年版，第219—220页。

点评：建国初期，根据当时的经济和建设形势，我国对重要的农产品实行了统购统销政策。这一政策的实行，在当时的历史条件下，有效地保障了社会主义建设的需要和广大人民基本生活资料的需要，消除了私人资本主义经营可能导致的一些弊端，有利于保持物价的稳定和社会的稳定，有利于促进对农业、手工业和资本主义工商业的社会主义改造。

材料二

当然，确实有这么一回事情，即当仁川登陆的胜利使我们处于可以越过三八线向北推进的有利态势时,我们最初的目标(抗击侵略,将侵略者赶出南朝鲜并恢复南朝鲜的和平)曾发生过急剧的变化。我们当时悄悄地将自己的任务改变成占领和统一整个朝鲜。这是李承晚长期以来梦寐以求的目标,也是对麦克阿瑟诱惑力很大的目标。

中国的参战迫使我们对目标又进行了修改,以至到最后我们再次决定,只要能使南朝鲜保持独立,不受共产党的控制就算达到了目的。

——[美]李奇微:《朝鲜战争》,军事科学出版社1983年版,第242页。

最令人感到沮丧的是,红色中国人用少得可怜的武器和令人发笑的原始补给系统,居然遏制住了拥有大量现代技术、先进工业和尖端武器的世界头号强国美国。

战胜曾经打败过美国的敌人,当时已成为美国外交政策的一个主要目标。的确,从朝鲜战争的挫折中产生的敌意,已使美国领导人对人民共和国的怒火骤升为一种血海般的深仇,其中的狂热、固执与非理性完全同实际危险不相一致,也跟它和其他任何国家(包括苏联在内)之间平息下来的争执截然不同。

……

朝鲜战争之后,北京便全神贯注于全国农民的社会主义化,并致力于创建现代化的工业国家。而艾森豪威尔政府对中国仍深怀敌意,毛泽东与周恩来因此便放弃了谋求解决争端的希望。由于美国断绝了同中国的正常国际贸易和援助,红色中国只得指望苏联援助。但因苏联一心致力于从二战中恢复元气,只愿给予有限的援助。为了从中国的自身努力中取得尽可能大的成效,毛泽东提出"大跃进"的构想,并于1958年在乡村创建了规模很大的人民公社,动员人们组成生产大队和小队,以此解决粮食短缺问题,摆脱千百年来的贫穷。

——[美]亚历山大:《朝鲜:我们第一次战败》,新星出版社2012年版,第574、579页。

抗美援朝战争的胜利是伟大的,是有很重要的意义的。第一,和朝鲜人民一起,打回到三八线,守住了三八线。如果不打回三八线,前线仍在鸭绿江和图们江,沈阳、鞍山、抚顺这些地方的人民就不能安心生产。第二,取得了军事经验。我们摸了一下美国军队的底,跟它打了三十三个月,美帝国主义不可怕,这是一条了不起的经验。第三,提高了全国人民的政治觉悟。由于以上三条,就产生了第四条:推迟了帝国主义新的侵华战争,推迟了第三次世界大战。帝国主义应当懂得:现在中国人民组织起来了,是惹不得的。如果惹翻了,是不好办的。

——《毛泽东年谱》(1949—1976)第二卷,中央文献出版社 2013 年版,第 163 页。

在三年激战之后,资本主义世界最大工业强国的第一流军队被限制在他们原来发动侵略的地方,不仅不能越雷池一步,而且陷入日益不利的困境。这是一个具有重大国际意义的教训。它雄辩地证明:西方侵略者几百年来只要在东方一个海岸上架起几尊大炮就可霸占一个国家的时代是一去不复返了,今天的任何帝国主义的侵略都是可以依靠人民的力量击败的。

——《建国以来重要文献选编》第四册,中央文献出版社 1993 年版,第 379 页。

点评:抗美援朝战争,是一场影响巨大和深远的战争。对于东亚的政治格局、对于中美关系、对于美国、对于我国的社会主义建设都产生了和仍在产生着重要影响。现在我们仍然需要多方面地思考这场战争,从中汲取力量和智慧。

材料三

农业增产有三个办法:开荒,修水利,合作化。这些办法都要采用,但见效最快的,在目前,还是合作化。

以开荒来说。新开垦五亿亩土地,可以收粮食八百亿到一千亿斤。但这甚至在十年内都难以做到,因为没有机器。要开垦五亿亩地约需二十五万台拖拉机,据说要有一千多万吨原油来炼柴油,但我们要到第二个五年计划才可以有十万台拖拉机,原油的开采也快不了。大规模开荒只能在地广人稀的地方,没有机器是不行的。要是开垦新疆的荒地,还要修铁路(约四千公里),修水利(每亩约一百万元),这些在目前都是没有力量来做的。那末,是否可以比计划再多开垦五千万亩荒地呢？我看也有困难。因为，一要增加二十五万亿元的投资来搞国营农场，二要进口三万台拖拉机，三要组织相当大量的技术力量进行勘察设计。此外，还要修筑公路、铁路，建筑房屋，组织七十万劳动力移民，而花费了这样大的力量以后，每年所能增产的粮食也只有八十到一百亿斤。因此，五年内，开荒和建设机耕农场，实际上只能起积累经验和培养干部的作用。

比修水利来说，大型水利工程首先在北方。要是把淮河以北的水都蓄起来，可以灌溉两亿亩地，即可以增加二百多亿斤粮食。这个工程是很大的，没有十年完成不了。而所增的粮食，就全国来看，数量并不多。

搞合作化，根据以往的经验，平均产量可以提高百分之十五到三十。增产百分之三十，就有一千亿斤粮食。并且只有在农业合作化以后，各种增产措施才更容易见效。所以合作化是花钱少、收效快的增产办法。国家在财力上应该给予更多的支持。

——《陈云文选》第二卷，人民出版社 1995 年版，第 238—239 页。

我国的农业合作化运动是在彻底完成了土地改革的基础上进行的。我们党没有采取单纯依靠行政命令、"恩赐"农民土地的办法，去进行土地改革。在中华人民共和国成立以后，我们花了整整三年的时间，用彻底发动农民群众的群众路线的方法，充分地启发农民特别是贫农的阶级觉悟，经过农民自己的斗争，完成了这一任务。我们花了这样多的时间是否需要呢？我们认为这是完全需要的。由于我们采取了这样的方法，广大的农民就站立起来，组织起来，紧紧地跟了共产党和人民政府走，牢固地掌握了乡村的政权和武装。因此，土地改革不但在经济上消灭了地主阶级和大大地削弱了富农，而且在政治上彻底地打倒了地主阶级和孤立了富农。广大的觉悟的农民认为，无论是地主或者富农的剥削行为都是可耻的。这就为后来的农业的社会主义改造创造了有利的条件，大大地缩短了农业合作化所需要的时间。

在旧中国的农村人口中，有百分之六十到七十的贫农和雇农群众。他们是农村中的半无产阶级和无产阶级，很容易接受工人阶级政党的领导。他们不只是在资产阶级民主革命中有很大的积极性，在社会主义革命中也有很大的积极性。在土地改革以后，广大农民群众的经济地位是改善了，很多贫农雇农上升为中农。但是由于我国农村地少人多，全国农民平均每人只有三亩耕地（约等于五分之一公顷），南方许多地方每人只有一亩田或者只有几分田，所以在农村中仍然有百分之六十到七十的贫农和下中农。在继续个体经营的条件下，他们要想过富裕的生活是毫无把握的。这就使占农村人口大多数的贫农和不富裕的农民积极地响应我们党的号召，愿意走合作化的道路。

在土地改革以后，我们随即在农民中广泛地建立了带有社会主义萌芽的农业生产互助组织。这是农民的一种集体劳动组织。由于互助比"单干"优越，在一九五二年参加互助组织的农户已经占全国农户总数的百分之四十，在一九五四年又增加到将近百分之五十八。在互助组织的基础上，党中央在一九五二年开始有计划地发展半社会主义的农业生产合作社，这是以土地入股、统一经营，但仍然保持土地和主要生产资料私有的一种初级合作社。这种合作社在一九五一年底还只有三百多个；由于它又比互助组织优越得多，到一九五五年上半年已经发展到六十七万个，参加的农户约一千七百万户。从一九五五年下半年以后，像大家所知道的，由于党中央和毛泽东同志纠正了党内抑制农民的合作化积极性的右倾保守思想，农业生产合作社开始了特别迅速的发展。随后，初级合作社又开始大批地改组成能够更有效地组织生产的社会主义的高级合作社，在这种合作社里，土地和其他主要生产资料都由私有变成了集体所有。

事实证明，我们党采取这种逐步前进的办法是适当的。因为这使得农民在合作化运动中不断地得到好处，逐渐地习惯于集体生产的方式，可以比较自然地、比较顺利地脱离土地和其他主要生产资料的私人所有制，接受集体所有制，从而避免了或者大大减少了由于突然变化而可能引起的种种损失。

在农业合作化运动中，党的阶级政策是，树立贫农和土地改革以后由贫农上升的下中农在合作社内部的领导优势，同时巩固地联合中农。富裕的和比较富裕的中农在农村中虽然居于少数，但是他们对于下中农以至贫农仍然有重要的影响。这些富裕中农一般地是拥护共产党和人民政府的，他们中间的许多人还是在土地改革中"翻身"的，但是他们对于走合作化的道路却不可避免地要发生动摇。为了巩固同中农的联合，这里的关键是必须在合作化运动中坚持自愿和互利的政策。自愿和互利的政策是适用于一切人的，对于中农更有重要的意义。党不但禁止勉强中农加入合作社，而且规定在合作化初发展的时候，首先吸收贫农和下中农入社，一般地不吸收比较富裕的中农入社。党又规定，在中农入社以前和以后，特别是在处理入社的生产资料的时候，都不允许损害他们的利益，占他们的便宜；当然也不让中农损害贫农的利益，占贫农的便宜。国家在粮食问题上的正确政策，也对于中农发生了有益的影响。从一九五三年开始，国家对于粮食和其他主要农产品实行了统购统销，并且在统购统销中规定了合理的价格，这就基本上消灭了市场上的粮食和其他主要农产品的资本主义投机活动。在一九五五年，国家又规定把购粮数量限制在一定的水平上，改正了前一年不适当地多购七十亿斤粮食的错误，这就消除了农民担心政府收购过多的疑虑。由于党坚定不移地执行了联合中农的方针，由于中农看到了走资本主义道路的无望，看到了合作社生产的日益显著的优越性，广大的中农在合作化的高潮中终于停止了动摇，积极地要求入社了。

　　对于原来的地主分子和富农分子，党在过去几年中一贯地注意了领导农民防止和反对他们在合作化运动中的破坏活动，在合作化初期禁止他们加入合作社。只是在合作化运动取得胜利以后，党才决定分别地根据他们的具体情况，允许他们以不同的身份到合作社里进行同工同酬的劳动，以便把他们改造成为新人。

　　由于实行了以上的政策，我们就能在全国范围的土地改革完成以后不到四年的时间内，基本上完成了农业的社会主义改造，把全国的一亿一千万农户组织成为一百万个左右大小不等的、高级的和初级的农业生产合作社。

　　——《刘少奇选集》（下卷），人民出版社1985年版，第210—212页。

点评：中国是一个农业大国，对农业进行社会主义改造任务极为艰巨。之所以要对农业进行社会主义改造，固然是由于消灭剥削、消灭私有制的需要，也是由于发展农业生产力，保证国家工业化的需要。而我们之所以顺利实现了这一伟大变革，则是由历史和当时的一些现实因素所决定的，也是由于党实行了一系列正确的政策，如逐步过渡的形式、阶级政策等。

材料四

党的路线是要实行和平改造，即采用赎买的办法来废除资本主义所有制。这就跟废除封建所有制的办法不同。对于地主阶级，我们是采取打倒的办法，没收的办法，而对资产阶级我们不是采取打倒的办法，也不是采取没收的办法，而是采取赎买的办法。大体上，废除资本主义所有制有这么几种办法：一种是没收的办法，这是苏联采取了的，东欧各国也是采取这个办法；一种是挤垮的办法，就是不给任务，不给原料，不给生意作，把生意统统揽到我们国营商店、国营工厂里面，这在名义上不说是没收，实际上还不是死路一条？还有一种是赎买的办法。这三种办法的目的都是最后实现全民所有制。现在我们可以考虑一下这个问题。用没收的办法好不好？一九四九年要没收是可以没收的，现在如果要没收也还是可以没收的，问题是这个办法有好处没有。我们说，党内的思想不完全统一，还有分歧，就是指的这个问题。恐怕还有不少的干部总在那里等着，认为资本家的资产总是有一天要没收的，这个办法在许多同志脑子中间并没有放弃。用挤垮的办法在我们很多同志中间也是有这个想法的。应该挤垮，为什么不一下挤垮？为什么还要把生意让给资本家作？我们现在是采取赎买的办法。我们也宣传这一点，向资本家讲清这一点。形式上我们不是拿一笔钱或者发一笔公债给资本家，把工厂买过来，而是分作若干年，或者十多年，用"四马分肥"的办法，用定息的办法，付给资本家一笔利润。到最后，定息没有了，就是全民所有制完全实现了。三种办法哪一种好，请同志们讨论这个问题。在这个问题上要统一一下认识，不然，在阶级斗争这样紧张，五亿几千万人动荡不安的时候，我们党内思想不统一，认识不一致，有的要采取这个办法，有的要采取那个办法，还有的同志要采取其他的办法，这是很危险的。所以，这是很重要的问题。

采取没收的办法是不大好的。在一九四九年那个时候，社会主义经济还没有，就一下没收，会搞个稀烂，经济上不利，政治上也不利。资本家跟共产党合作，愿意接受共产党的领导，也愿意开工生产，我们说不要，一定要自己干，要把它没收，理由不那么充足。而且，那个时候农村里面土地改革没有完成，我们党的干部主要集中在农村，派不出更多的干部到城市里面来。一九五〇年的时候，不是有同志主张对资本家要挤一下吗？毛泽东同志说，不要四面出击，农村里面地主还没有打倒，在城市里面就向资本家出击，这是很不利的，这是很危险的。所以，那时来一个调整工商业，退让一下，是完全正确的。一九四九年不采取没收的政策，在政治上、经济上证明是对的。那末，今天是不是可以没收？今天这个理由更不好说。资本家接受了共产党的领导，成立了工商业联合会，参加了政治协商会议，拥护宪法，努力完成加工订货（当然也有一些五毒行为），这时候忽然一下实行没收，那就没有信用了，政治上就很不利，站不住脚。同时，对我们同帝国主义的斗争，对国内的阶级斗争也是很不利的。经济上也不利。挤垮的办法也一样，挤垮，他就要破产，破产就要受损失，破铜烂铁、坛坛罐罐就要打烂一些，破坏一些。毛泽东同志也讲过，把资本家挤垮，把他赶到马路上去要饭，然后还是要救济他，要他劳动改造。不论是对地主也好，对资本家也好，总是要把他们改造过来，变成劳动者。这条路是不可避免的。马克思就讲过，无产阶级不解放全人类自己就不能最后解放。如果共产党也可以讲一点命运的话，无产阶级就是这么一条苦命。总而言之，我们采取没收的办法也好，挤垮的办法也好，赎买的办法也好，最后还是要把资本家收容起来，加以改造，使他们变成劳动者。因此，用赎买的办法，统一战线的办法，是最好的办法。正像马克思对英国工人阶级说的，在适当的情况下面，对资本家实行赎买的办法，这是最有利的。

对资本主义工商业实行和平改造有没有可能？这决定于条件。马克思说过，在一定的条件之下，和平改造是可能的。现在我们就是有了这种条件,有了这种充分的条件。国际的条件,一个是苏联的存在,一个是中国的民族资产阶级跟国际资产阶级割断了联系。说它们一点联系也没有,当然也很难讲,但是它们的经济联系和政治联系一般是割断了的。国内的条件,政治上,有无产阶级、共产党的领导,强有力的人民民主专政,巩固的工农联盟,再加上农业和手工业的合作化,这样就完全把民族资产阶级包围起来了,要它走社会主义道路。经济上,现在我们有极大的社会主义经济优势,资本家不接受改造就要垮台,就要破产,接受改造就统一安排,也就有饭吃。所以,从国际条件来看,从国内条件来看,造成了一种形势,逼着资本家非走这条路不可。同时,我们还采取了赎买的政策,给他利润,安排他的工作,政治上给选举权,给地位。在这种形势下面,在这种条件下面,再加上教育,资本家接受社会主义改造是可能的,和平改造是可能的。

——《刘少奇选集》(下卷),人民出版社 1985 年版,第 177—180 页。

为什么要采取赎买政策呢?有下列四个理由:

一、对于国民经济的恢复有利。

资本主义企业中最主要的部分是生产人民日用品的轻工业。日用品的正常生产,对国家经济和人民生活很重要。有了日用工业品与农民交换农产品,可以加强工农联盟;有了日用工业品和农产品,可以供应城市人民的需要,稳定市场物价。在经济恢复时期,我国的物资供应是比较充足的。如果在一九四九年政府采取没收政策,资本主义企业便不会照常生产,很可能出现生产停滞、减产和工人失业的不利情况,那就不但在政治上不适当,经济上也将发生混乱。对民族资本主义企业不应该像对官僚资本主义企业一样没收,因为民族资产阶级有两面性,他们与帝国主义、封建主义和官僚资本主义有矛盾,在一定条件下,愿意参加反对帝国主义、反对封建主义和反对国民党反动派的斗争;同时,他们又有动摇和妥协性。在恢复时期中,他们积极地参加了抗美援朝的斗争。在土改斗争中,全国人民政治协商会议一致通过了土改法令,他们没有反对。如果我们不把他们和官僚资本主义区别对待,不团结他们,我们就要在国内和国外、在城市和乡村一齐进行斗争,无疑将大大增加恢复经济、抗美援朝、土地改革工作中的困难。因此，我们应该团结民族资产阶级。虽然在"五反"斗争以前，他们曾向我们猖狂进攻，但当我们进行了"五反"斗争之后，就团结和教育了愿意守法的大多数资本家。因此，从恢复时期的全部过程来看，人民政府对民族资本主义企业不采用没收政策，而采取赎买政策，也就是利用、限制、改造政策，对恢复经济是很有利的。

二、公私合营后一定时期内给资本家五厘定息是必要的，对国家和人民也是有利的。

民族资本家经过了反帝、反国民党反动派的战争的一关，又经过了土改斗争的一关，这两关都过来了，他们又参加了抗美援朝和恢复经济的工作，在通过社会主义改造这一关，就是今年一月前后全行业实行公私合营的时期，我们能抛开他们吗？当然不能，而且更不应该采用没收企业的政策了。政府决定对他们的资产在一定时期内给以五厘定息，这样做，对资方、对国家和人民都是合情合理的。在一定时期内给以定息，是为了让资本家改变生活有个准备时期；限制资本家的利息，便可发挥工人生产的积极性；同时，国家可以合理安排私营企业的改组，因此对国家和人民都有利。那末，国家要付多少定息呢？定息总额和资本家的资本额比较，数目不算很大。全国工商业资本家的资本总额估计为二十二亿元，定息五厘，一年付息一亿一千万到一亿二千万元。准备付几年呢？周恩来总理在中共八大上关于发展国民经济第二个五年计划的建议的报告中谈到，在第二个五年计划内完成社会主义改造，扩大全民所有制。究竟几年，还未定，要看各方面情况的发展。总之，几年期间，每年付一亿多，只有几亿元，为数不大。用这个办法，团结资本家和他们的知识分子积极参加社会主义建设，应该说是一个好的办法。

有人问，为什么高薪水的资方人员仍原薪不动？为什么没有本领的资方人员也安排工作？我们认为，所有原来在企业中吃饭的人，还应该允许他们继续工作，要有饭吃，这是必需的。定息只有几年，今后他们主要靠工作吃饭。薪水高于国营企业中相同职务的人只是一部分。私营企业内中小企业多，所以多数资方人员的薪水是不高的或低于国营企业中相同职务的人的。薪水特别高又没有本领的人只是个别的，这部分薪水应该看作是赎买的一部分。

有人问，为什么资本家增资说退就退，为什么资本家定息说发就发，做得这样快？所谓增资有两种情况，一种是自愿的，一种是被迫的。增资的现款很少，多数是欠账，也有物资，包括房屋、衣服，甚至还有棺材等。全部合计约二百万元左右，数目是很少的。政府决定，属于还账的可以收下，其他的增资部分除本人坚决不愿退的，其余一律退还。如果不退，资本家人心惶惶，便要发怨言："敲锣打鼓，国家又发了一笔洋财。"而且所值不多，也不好处理，很快退还是对的。至于股息发得很快，是因为按股票发息，计算比较容易，资本家当时又需要用一部分股息去买公债。

政府实行定息办法的结果，多数资方人员或者积极工作，或者不反对改造，心怀不满的只是少数人，总的说对国家和人民有利。

三、资方人员中的多数是有生产技术和管理知识的，资本家和他们的知识分子对社会主义建设是有用的，不采取赎买政策，就不能团结、教育和改造他们。

现代化的生产是要技术的，虽然工人阶级的劳动是重要的，但是必须有技术。在目前，工人阶级自己的技术人员还极少，而资本家和他们的知识分子是现在最有文化的一个阶级，这种情况短期内还难以改变，我们需要团结这部分人参加社会主义建设。虽然资方人员中也有没有本领的人，但多数是有生产技术和经营管理知识的。如果我们对他们不采取赎买政策而采取没收政策，那末，资方人员和他们的知识分子便不会像现在这样积极地为社会主义建设服务。如果我们不用这些人，我们又不可能从国外招请这样多的专家帮助我们进行建设，企业在生产技术上和经营管理上将会受到很大损失。

四、我们是在六亿人口的大国中建设社会主义，这种建设工作需要十分谨慎，并力求正确。

我国在社会主义阵营中是一个经济上落后的国家，但又是一个大国，人口占社会主义阵营的三分之二。因此，在社会主义建设事业中，或者谨慎正确，或者掌握不稳，这关系世界大局。我国农业和手工业合作化、资本主义工商业改造，几乎牵涉到全国人民，是一项极为复杂、紧张的斗争，如果发生错误，在整个社会主义改造中将会引起混乱。可以说，我国社会主义改造工作改得适当，对世界社会主义事业将起有益作用。资本主义国家很注意我们的改造工作，外国资本家来中国常要去直接了解我国资本家的情况。我们把和平改造资本主义企业的工作做好，是有很重要的意义的。

以上四个理由说明了赎买政策对国家和人民、对工人阶级本身是有利的。

——《陈云文选》第三卷，人民出版社1995年版，第36—39页。

点评：对资本主义工商业的改造，是社会主义改造的重点，因为社会主义的建立，从根本上来说，就是消灭资本主义私有制。在社会主义改造问题上，中国共产党坚持从中国国情出发，充分考虑到中国当时的经济状况、中国资产阶级的特点、党与资产阶级的历史关系，甚至考虑到整个社会主义阵营的利益和国际上的观感，最终确定了和平赎买的政策，也为中国的社会主义改造指明了正确的道路。

材料五

中国革命第一阶段的任务胜利完成后建立起来的新民主主义社会，是一个过渡性质的社会。由中华人民共和国成立到建成社会主义社会，是我国由新民主主义社会过渡到社会主义社会的历史时期，亦即改变现有的资本主义经济和小商品经济为社会主义经济，扩大现有的社会主义经济，使社会主义经济基本上成为我国唯一经济基础的时期。

——《建国以来重要文献选编》第四册，中央文献出版社1993年版，第695页。

必须毫不动摇地鼓励、支持和引导非公有制经济发展。个体、私营等各种形式的非公有制经济是社会主义市场经济的重要组成部分，对充分调动社会各方面的积极性、加快生产力发展具有重要作用。

充分发挥个体、私营等非公有制经济在促进经济增长、扩大就业和活跃市场等方面的重要作用。放宽国内民间资本的市场准入领域，在投融资、税收、土地使用和对外贸易等方面采取措施，实现公平竞争。依法加强监督和管理，促进非公有制经济健康发展。完善保护私有财产法律制度。

要把承认党的纲领和章程、自觉为党的路线和纲领而奋斗、经过长期考验、符合党员条件的其他社会阶层的先进分子吸收到党内来，增强党在全社会的影响力和凝聚力。

——《十六大以来重要文献选编》（上），中央文献出版社 2005 年版，第 19、20、41 页。

中华人民共和国宪法修正案（2004 年 3 月 14 日第十届全国人民代表大会第二次会议通过）

第二十一条　宪法第十一条第二款"国家保护个体经济、私营经济的合法的权利和利益。国家对个体经济、私营经济实行引导、监督和管理。"修改为："国家保护个体经济、私营经济等非公有制经济的合法的权利和利益。国家鼓励、支持和引导非公有制经济的发展，并对非公有制经济依法实行监督和管理。"

第二十二条　宪法第十三条"国家保护公民的合法的收入、储蓄、房屋和其他合法财产的所有权。""国家依照法律规定保护公民的私有财产的继承权。"修改为："公民的合法的私有财产不受侵犯。""国家依照法律规定保护公民的私有财产权和继承权。""国家为了公共利益的需要，可以依照法律规定对公民的私有财产实行征收或者征用并给予补偿。"

——《十六大以来重要文献选编》（上），中央文献出版社 2005 年版，第 890 页。

点评：有人认为，新时期以来，我们在农村实行联产承包责任制，肯定私营经济，在宪法中确认保护私有财产，这与当初的社会主义改造完全相反。所以，他们提出了"早知今日，何必当初"的疑问。

应该说，第一代领导人之所以选择社会主义改造的道路，建立起以公有制、计划经济为基础的社会主义社会，有其历史的必然性，是他们在当时特定的历史条件下，做出的必然选择。必然性并不意味着不存在弊端，社会主义改造也存在着时间过紧、要求过急、改变过快、形式过于简单的错误，更重要的是，没有充分认识到我国经济落后的国情,没有认识到在这样的生产力基础上应该建立什么样的生产关系。改革开放以来,我们终于认识到社会主义初级阶段的国情,认识到这样的国情是我们制定路线、方针和政策的出发点。因此,才有了一系列创新性成就。

历史没有回头路,只有在既定基础上的再探索和完善。改革开放并不是对社会主义改造的否定,而是在承认既有的社会主义物质和制度基础上,进一步的改革和完善。社会主义的探索永无止境。

第九章 社会主义建设在探索中曲折前进

第一板块：学习引导

一、学习目的

1. 要处理好马克思主义和中国实际"第二次结合"与中国社会主义建设的关系。既要充分肯定建国初期借鉴苏联经验的历史必然性，又要充分肯定结合国情探索适合中国情况的社会主义建设道路的重要性。

2. 要处理好社会主义建设早期探索的积极进展与中国社会主义社会曲折发展的关系。既要充分肯定其发展路线的正确性，又要认真分析没有坚持下去的原因。

3. 要处理好社会主义建设事业成就和中国共产党独立地探索中国社会主义建设道路过程中发生的严重错误的关系。既要充分肯定所取得的伟大成就，认清其主导地位，又要汲取发生严重错误的教训。

4. 要处理好中国共产党在探索中国社会主义建设道路中取得的重要理论成果和毛泽东晚年错误思想的关系。既要历史、客观地展现理论成果的科学性，又不能否认毛泽东晚年思想的错误及"文化大革命"给中国带来的灾难性后果。

二、重点·难点·热点

1. 使学生了解社会主义制度基本建立后，中国共产党为寻找一条适合本国情况的建设社会主义的道路所付出的艰辛努力及其取得的初步成果；了解中国共产党领导人民探索建设社会主义道路的曲折历程及其经验教训；了解社会主义制度基本建立后的 20 年里，中国共产党领导人民在社会主义建设事业中取得的举世瞩目的重大成就；了解社会主义制度基本建立后的 20 年里，中国共产党人在探索中国社会主义建设的道路中取得的重要的理论成果。这是本章的重点内容。

2. 如何深入理解中国共产党领导人民探索建设社会主义道路的曲折历程及其经验教训；正确认识和解决社会主义社会的主要矛盾，为国家政局和社会稳定、各项事业建设创造有利的政治生态和社会环境，这是人民民主专政国家政权的一个重要职能，也是执政党的一个重要任务。这是本章的难点内容。

3. 深入理解以毛泽东为核心的党的第一代领导集体带领全党全国人民进行社会主义探索所取得的独创性成果，对牢固树立中国特色社会主义的道路自信、理论自信、制度自信的重要意义。联系我国正在进行的改革开放和社会主义现代化建设，正确认识中国特色社会主义理论体系与毛泽东社会主义建设思想之间的接续关系。这是目前本章内容的热点。

三、推荐阅读

1. 毛泽东：《论十大关系》（1956 年 4 月 25 日），《人民日报》1976 年 12 月 26 日，第 1 版。
2. 毛泽东：《中国共产党第八次全国代表大会开幕词》（1956 年 9 月 15 日），《人民日报》1956 年 9 月 16 日，第 1 版。
3. 毛泽东：《关于正确处理人民内部矛盾的问题》（1957 年 2 月 27 日），《人民日报》1957 年 6 月 19 日，第 1 版。
4. 蒋永青：《陈云在"大跃进"运动中为减轻国民经济损失所做的努力》，《党的文献》1998 年第 3 期。
5. 庹平：《周恩来探索中国社会主义建设的理论贡献》，《当代中国史研究》2008 年第 2 期。
6. 沙健孙：《毛泽东与"四个现代化"目标和"两步走"战略的确定》，《思想理论教育导刊》2007 年第 12 期。

7. 周恩来:《1975年国务院政府工作报告》(1975年1月13日),《人民日报》1975年1月21日,第1版。

8. 邓小平:《对起草〈关于建国以来党的若干历史问题的决议〉的意见》(1980年3月—1981年1月),《邓小平文选》第二卷,1994年版,第291—310页。

9. 陈东林:《"文革"期间国民经济状况研究述评》,《当代中国史研究》2008年第2期。

10. 习近平:《在纪念毛泽东同志诞辰120周年座谈会上的讲话》(2013年12月26日),《人民日报》2013年12月27日,第2版。

11. 冷溶:《坚持全面正确的历史观 科学评价毛泽东和党的历史——学习习近平同志在纪念毛泽东同志诞辰120周年座谈会上的重要讲话》,《人民日报》2014年1月7日,第7版。

12. 朱佳木:《新中国两个30年与中国特色社会主义道路》,《当代中国史研究》2009年第5期。

13. 中共中央党史研究室:《正确看待改革开放前后两个历史时期——学习习近平总书记关于"两个不能否定"的重要论述》,《中共党史研究》2013年第11期。

第二板块:课后练习

一、单选题

1. 我国社会主义初级阶段起始于(　　)。
   A. 中华人民共和国成立
   B. 国民经济恢复任务完成
   C. "文化大革命"结束
   D. 对生产资料私有制社会主义改造任务完成

2. "文化大革命"的导火线是(　　)。
   A. 吴晗发表《海瑞罢官》
   B. 《炮打司令部——我的一张大字报》发表

C. 中共中央发出"五一六通知"
D.《评新编历史剧〈海瑞罢官〉》发表

3. 中共八大坚持的经济建设方针是（　　）。
　　A. 综合发展　　　　　　　　B. 平衡发展
　　C. 重点发展重工业　　　　　D. 综合平衡中稳步前进

4. "九一三事件"指的是（　　）。
　　A. "文化大革命"的全面发动
　　B. 林彪反革命集团被粉碎
　　C. 中央"文革"小组基本取代中央政治局的职能
　　D. 江青反革命集团被粉碎

5. 第一个五年计划是在（　　）时期完成的。
　　A. "大跃进"　　　　　　　　B. "文革"
　　C. 全面进行社会主义建设　　D. 社会主义改造

6. 在中共八大上（　　）作了关于修改党章的报告。
　　A. 邓小平　　　　　　　　　B. 刘少奇
　　C. 周恩来　　　　　　　　　D. 毛泽东

7. "四个现代化"的宏伟目标是在第（　　）届全国人民代表大会提出来的。
　　A. 五　　　　　　　　　　　B. 四
　　C. 三　　　　　　　　　　　D. 二

8. 1976年1月8日，周恩来逝世后，毛泽东提议（　　）担任第一副主席、国务院总理。
　　A. 陈云　　　　　　　　　　B. 邓小平
　　C. 李先念　　　　　　　　　D. 华国锋

9. 人民公社化运动对我国国民经济造成严重伤害，其错误的实质是（　　）。
　　A. 生产关系的调整不符合生产力的实际水平
　　B. 打破国家财政收支平衡
　　C. 破坏国民经济正常的比例关系
　　D. 没有注意到生态环境的保护

10. "芝麻赛玉米，玉米比人大。"这句出现于20世纪50年代的打油诗反映的是（   ）。
  A. 土地改革的成果 B. 农业合作社的优越性
  C. "一五"计划的建设成就 D. "大跃进"时的浮夸风

11. 曾有报刊不切实际地宣传"某人民公社小麦亩产10万公斤，一棵白菜250公斤"，这种宣传应出现在（   ）。
  A. 土地革命时期 B. 三大改造时期
  C. "大跃进"时期 D. 改革开放时期

12. 中共八大提出党和全国人民当前的主要任务是（   ）。
  A. 把我国从落后的农业国变为先进的工业国
  B. 正确处理人民内部矛盾
  C. 把我国建设成为富强、民主、文明的国家
  D. 坚持四项基本原则，坚持改革开放

13. 标志着中国共产党开始探索中国自己的社会主义建设道路的文章是（   ）。
  A.《论人民民主专政》
  B.《论十大关系》
  C.《关于正确处理人民内部矛盾的问题》
  D.《一九五七年夏季的形式》

14. 中华人民共和国恢复在联合国的合法席位在（   ）。
  A. 1969年 B. 1970年
  C. 1971年 D. 1972年

15. 1956年中共八大上提出"三个主体，三个补充"思想的是（   ）。
  A. 毛泽东 B. 陈云
  C. 周恩来 D. 邓小平

16. 1956年11月召开的正式提出开展全党整风运动的会议是（   ）。
  A. 中共七届二中全会 B. 中共七届三中全会
  C. 中共八届二中全会 D. 中共八届三中全会

17. 1957 年 6 月全面开展起来的一场全国规模的群众性运动是（   ）。

    A. 肃反运动　　　　　　　B. 整风运动
    C. 反右派运动　　　　　　D. 人民公社化运动

18.1957 年，毛泽东在（   ）发表《关于正确处理人民内部矛盾的问题》的讲话。

    A. 中共八大　　　　　　　B. 中共中央政治局扩大会议
    C. 最高国务会议　　　　　D. 扩大的最高国务会议

19. 1973 年在（   ）上，江青、张春桥、姚文元、王洪文在中央政治局内结成"四人帮"。

    A. 中共九大　　　　　　　B. 中共九届二中全会
    C. 中共十大　　　　　　　D. 中共中央政治局会议

20. 人民公社实行"政社合一"的体制，其基本特点被概括为（   ）。

    A. "一大二公"　　　　　　B. "一平二调"
    C. 统筹兼顾　　　　　　　D. 调整、巩固、充实、提高

单选题参考答案

1. D　2. D　3. D　4. B　5. C　6. A　7. C　8. D　9. A　10. D
11. C　12. A　13. B　14. C　15. B　16. C　17. C　18. D
19. C　20. A

二、多选题

1. "大跃进"和人民公社化运动期间，"左"倾错误的主要标志有（   ）。

    A. 瞎指挥　　　B. 浮夸风　　　C. 高指标
    D. 勤俭风　　　　　　　　　E. "共产风"

2. 中共八届九中全会对国民经济实行调整的方针是（   ）。

    A. 调整　　　B. 巩固　　　C. 充实
    D. 提高　　　　　　　　E. 恢复

3. 造成"文化大革命"悲剧的社会原因有（　　）。
   A. 长期以来"左"的倾向没有得到根本扭转
   B. 近代帝国主义侵略
   C. 没有建立完善的社会主义民主法制机制
   D. 中国封建社会历史久远
   E. 中国一穷二白的经济面貌
4. 1956 年社会主义改造完成，标志着我国（　　）。
   A. 新民主主义社会的结束
   B. 社会主义基本制度的确立
   C. 进入开始全面建设社会主义的历史阶段
   D. 进入社会主义初级阶段
5. 1957 年进行整风运动的主题是反对（　　）。
   A. 党八股　　　　　　　　　B. 官僚主义
   C. 宗派主义　　　　　　　　D. 主观主义
6. 社会主义建设时期的"三面红旗"是指（　　）。
   A. 过渡时期总路线　　　　　B. "大跃进"
   C. 人民公社　　　　　　　　D. 社会主义建设总路线
7. 毛泽东提出，处理中共与民主党派的关系，应坚持（　　）的方针。
   A. 长期共存　　　　　　　　B. 互相监督
   C. 肝胆相照　　　　　　　　D. 荣辱与共
8. 1956 年 4 月召开的中央政治局扩大会议，毛泽东提出了（　　）的文化方针。
   A. 推陈出新　　　　　　　　B. 百花齐放
   C. 百家争鸣　　　　　　　　D. 古为今用
9. 1956 年召开的中共八大指出，我国国内的主要矛盾是（　　）。
   A. 无产阶级和资产阶级的矛盾
   B. 社会主义同资本主义的矛盾
   C. 人民对于建立先进的工业国的要求同落后的农业国的现实之间的矛盾

D. 人民对于经济文化迅速发展的需要同当前经济文化不能满足人民需要的状况之间的矛盾

10. 全面建设社会主义时期，在社会主义文化建设方面，毛泽东提出，要坚持马克思主义的指导地位，对古今中外的优秀文化实行（　）的方针。

　　A. 古为今用　　　　　　　B. 洋为中用
　　C. 百花齐放　　　　　　　D. 推陈出新

11. 毛泽东在《关于正确处理人民内部矛盾的问题》中指出的两类不同性质的矛盾是（　　）。

　　A. 敌我之间的矛盾　　　　B. 人民内部之间的矛盾
　　C 生产力和生产关系之间的矛盾　D. 经济基础和上层建筑之间的矛盾

12. 在 1958 年 11 月至 1959 年 6 月间，中共中央召开的纠正"左"倾错误的会议包括（　　）。

　　A. 第一次郑州会议　　　　B. 武昌会议
　　C. 中共八届六中全会　　　D. 第二次郑州会议

13. 1967 年 2 月，对"文化大革命"的错误做法提出强烈批评的老一辈革命家有（　　）。

　　A. 谭震林　　　　　　　　B. 陈毅
　　C. 叶剑英　　　　　　　　D. 李富春

14. 在 1976 年 10 月粉碎"四人帮"斗争中起重要作用的党和国家领导人包括（　　）。

　　A. 邓小平　　　　　　　　B. 华国锋
　　C. 叶剑英　　　　　　　　D. 李先念

15. 在"文化大革命"的十年动乱中先后被粉碎的反革命集团是（　　）。

　　A. 高岗反革命集团　　　　B. 林彪反革命集团
　　C. 张国焘反革命集团　　　D. 江青反革命集团

多选题参考答案

1. ABCE 2. ABCD 3. ACD 4. ABCD 5. BCD 6. BCD 7. AB
8. BC 9. CD 10. ABCD 11. AB 12. ABCD 13. ABCD 14. BCD
15. BD

三、思考题

1. 为什么说全面走上社会主义道路是历史的新起点？

首先，提出马克思主义和中国实际的"第二次结合"。

1956年，社会主义基本制度在中国初步建立起来了，中国开始进入全面建设社会主义的历史新阶段。但是中国的生产力发展水平还很落后，未来的社会主义道路该怎么走，中国社会主义的政治、经济、文化应该怎样建设和发展？这是中国共产党面临的全新课题。

苏联社会主义建设的经验原本是中国共产党可资借鉴的。事实上，新中国成立之初，因为没有经验，中国在国家建设方面学习甚至照搬了许多苏联的做法。但是，鉴于国情差异，借鉴苏联经验只能是权宜之计而非长久之计。到了1956年，正当中国走向社会主义道路的关键时刻，赫鲁晓夫在苏共二十大上发表秘密报告，促使中国共产党决心走自己的路，探索适合中国情况的社会主义建设道路。

苏共二十大所暴露出来的，是苏联在社会主义建设中存在的缺点和错误，促使中国共产党进行深入思考。毛泽东在1956年4月4日的一次谈话中说：问题在于我们自己从中得到什么教益。最重要的是要独立思考，把马列主义的基本原理同中国革命和建设的具体实际相结合。民主革命时期，我们吃了大亏之后才成功地实现了这种结合，取得了新民主主义革命的胜利。现在是社会主义革命和建设时期，我们要进行第二次结合，找出在中国怎样建设社会主义道路。

其次，社会主义制度的确立，为进一步保护和发展生产力创造了更为有利的条件。在八大前后，中国共产党领导集体积极探索适合中国的社会主义建设道路。1956年4月，毛泽东做了《论十大关系》的报告，成为探索中国自己的社会主义建设道路的良好开端，为党的八大的召开做了重要的思想准备。1956年9月,召开中国共产党第八次全国代表大会,对我国社会主义的主要矛盾做出了正确判断,确定全党和全国人民的总任务,提出了建设社会主义的正确方针,为探索社会主义建设道路做出了重要贡献。1957年2月,毛泽东在最高国务会议上发表了《关于正确处理人民内部矛盾的问题》的讲话。他指出:正确处理人民内部矛盾是社会主义国家政治生活的主题。关于正确处理社会主义社会各种矛盾的理论为中国探索社会主义建设指明了方向。1956年11月召开了中共八届二中全会,确定1957年下半年开展党内政风运动,即整顿三风:一整主观主义,二整宗派主义,三整官僚主义。通过整风运动和反右派斗争,一定程度上增强了党和人民群众的民主意识,促进了社会主义民主建设。

2. 如何理解中共八大的历史功绩?

1956年9月15日至27日,中国共产党第八次全国代表大会在北京举行。毛泽东致开幕词,刘少奇做政治报告,周恩来做关于国民经济发展第二个五年计划建议的报告,邓小平做关于修改党章的报告。

党的八大是党执政以后召开的第一次全国代表大会,也是在我国历史转变时期召开的大会,它为探索我国社会主义建设道路做出了重要贡献。它的历史功绩主要表现在:

第一,正确地分析了我国社会主义改造基本完成后国内阶级关系和主要矛盾的变化,指出:我国无产阶级和资产阶级的矛盾已基本解决,社会主义制度在我国已基本上建立起来,我国国内的主要矛盾已经是人民对经济文化迅速发展的需要同当前经济文化不能满足人民需要的状况之间的矛盾。党和全国人民的主要任务是集中力量发展社会生产力,尽可能迅速地把我国建设成为一个伟大的社会主义国家。

第二,确定经济建设要在综合平衡中稳步前进的方针,要防止和纠正右倾保守的或"左"倾冒进的倾向,还提出对我国经济管理体制进行改革的任务。

第三,提出必须大力发展文化教育卫生事业,特别是科学事业、高等教育和中等教育事业,必须坚持"百花齐放,百家争鸣"的方针,以保证科学和文化事业的繁荣和进步。

第四，确定了进一步扩大国家的民主生活，健全社会主义法制。

第五，强调党在执政情况下加强自身建设的重要性。

3. 中国共产党人在1956年至1957年的早期探索中对社会主义建设有哪些理论建树？

（1）《论十大关系》的发表，是以毛泽东为主要代表的中国共产党人开始探索中国自己的社会主义建设道路的标志，它在新的历史条件下从经济方面（这是主要的）和政治方面提出了新的指导方针，为中共八大的召开做了理论准备。

（2）中共八大路线的制定。中共八大的路线是正确的，它为社会主义事业的发展和党的建设指明了方向。中共八大后，中国共产党在探索中又提出了一些重要的新思想，如"可以消灭了资本主义，又搞资本主义"等。

（3）《关于正确处理人民内部矛盾的问题》的发表。它创造性地阐述了社会主义社会矛盾学说，是对科学社会主义理论的重要发展，对中国社会主义事业具有长远的指导意义。

（4）进行整风和提出建设"六又"政治局面等思想是中共八大路线的继续和发展，是党探索社会主义建设道路的新成果。

4. 如何认识"大跃进"运动？

1956年我国生产资料私有制的社会主义改造基本完成，1957年又完成了发展国民经济的第一个五年计划，开始进入全面建设社会主义的新时期。这种背景下，1958年5月党的八大二次会议正式通过了社会主义建设总路线，号召全党和全国人民，争取在15年或者更短时间内，在主要工业产品的产量方面赶上和超过英国。会后，全国各条战线迅速掀起了"大跃进"的高潮。8月，中共中央政治局在北戴河举行扩大会议，确定了一批工农业生产的高指标，提出1958年钢产量要在1957年535万吨的基础上翻一番，达到1070万吨，作为1958年实现"大跃进"的主要步骤。会议还决定在农村普遍建立人民公社。会后，全国开始了全民炼钢和农村人民公社化运动。同时，交通、邮电、教育、文化、卫生等事业也都开展"全民大办"，把"大跃进"运动推向了高潮。这就使经济建设中的高指标、瞎指挥、浮夸风泛滥开来。

直到 1960 年冬，中共中央和毛泽东开始纠正农村工作中的"左"倾错误，"大跃进"被停止。"大跃进"造成了国民经济比例严重失调，使社会主义建设事业受到重大损失。

5. 如何认识"文化大革命"的性质和历史教训？

（1）十年"文化大革命"是一场由领导者错误发动，被反革命集团利用，给党、国家和各族人民带来严重灾难的内乱。在这场所谓的"大革命"中，包括党和国家领导人在内的大批中央党政军领导干部、民主党派负责人、各界知名人士和群众受到诬陷和迫害。党和政府的各级机构、各级人民代表大会和政协组织，长期陷于瘫痪和不正常状态。公安、检察、司法等专政机关和维护社会秩序的机关都被搞乱了。

（2）在长时间的社会动乱中，国民经济发展缓慢，主要比例关系长期失调，经济管理体制更加僵化。这十年间，按照正常年份百元投资的应增效益推算，国民收入损失达五千亿元。人民生活水平基本上没有提高，有些方面甚至有所下降。自 20 世纪 70 年代起，正是国际局势趋向缓和，许多国家经济起飞或开始持续发展的时期。但是，由于"文化大革命"的影响，中国不仅没能缩小与发达国家已有的差距，反而拉大了相互之间的差距，从而失去了一次发展机遇。

（3）这场由文化领域发端的"大革命"，对教育、科学、文化的破坏尤其严重，影响极为深远。很多知识分子受到迫害，学校停课，文化园地荒芜，许多科研机构被撤销，在一个时期内造成了"文化断层""科技断层""人才断层"。据 1982 年的人口普查统计，全国文盲和半文盲达二亿三千多万，占全国总人口数的近四分之一，严重影响到全民族文化素质的提高和现代化事业的发展。

（4）"文化大革命"造成全民族空前的思想混乱，党的建设和社会风气受到严重破坏。一些投机分子、野心分子、阴谋分子和打砸抢分子乘机混到党内并窃取一部分权力，无政府主义、极端个人主义、个人崇拜以及各种愚昧落后的思想行为泛滥开来，致使一些人对马克思主义的信仰和社会主义的信念受到严重削弱。

（5）党内外广大干部群众在"文化大革命"期间对"左"倾错误的抵制和抗争，对林彪、江青两个反革命集团的斗争，一直没有停止过。这种抵制、抗争和斗争是十分艰难曲折的。"文化大革命"的严峻考验表明：党的八届中央委员会和它所选出的政治局、政治局常委会、书记处的成员，绝大多数站在斗争的正确方面。我们党的干部，无论是曾被错误地打倒的，或是一直坚持工作和先后恢复工作的，绝大多数是忠于党和人民的，对社会主义、共产主义事业的信念是坚定的。遭到过打击的知识分子、劳动模范、爱国民主人士、爱国华侨，各民族各阶层的干部和群众，绝大多数没有动摇过热爱祖国和拥护党、拥护社会主义的立场。为了抵制"文化大革命"的错误，同林彪、江青等人进行斗争，共产党员张志新等惨遭杀害。

（6）正是由于各级干部、党员和工人、农民、解放军指战员、知识分子的抵制、抗争和斗争，"文化大革命"的破坏性作用受到一定限制。也由于他们在极端困难的条件下，克服频繁的政治运动的重重干扰而顽强努力，经济建设仍取得一定进展。科学技术取得若干重要成就，包括成功地进行了导弹核武器发射试验，爆炸了第一颗氢弹，发射了第一颗人造地球卫星。郭永怀、邓稼先等许多科学家为此做出了重要贡献。农业科学家袁隆平在1972年育成一代籼型杂交水稻，为我国的粮食生产做出重大贡献。在国家动乱的情况下，人民解放军仍然英勇地保卫着国家的安全。当然，这一切决不是"文化大革命"的成果，恰恰相反，是抵制"文化大革命"的干扰而取得的。如果没有"文化大革命"，社会主义事业会取得比这大得多的成就。

（7）"文化大革命"是错误理论指导下的错误实践。它留下了永远不应当重犯这类错误的深刻教训，从反面为党探索建设有中国特色社会主义的道路提供了历史借鉴。正如邓小平指出的："我们根本否定'文化大革命'，但应该说'文化大革命'也有一'功'，它提供了反面教训。没有'文化大革命'的教训，就不可能制定十一届三中全会以来的思想、政治、组织路线和一系列政策。"

6. 怎样正确认识毛泽东与"文化大革命"的关系？

对于"文化大革命"这一全局性的、长时间的"左"倾错误，毛泽东负有主要的责任。但是，这些错误终究是在探索中国社会主义道路过程中所犯的错误。毛泽东经常注意要克服我们党内和国家生活中存在着的缺点，但在晚年对许多问题没有能够加以正确的分析，而且在"文化大革命"中混淆了是非和敌我。他在犯严重错误的时候，还始终认为自己的理论和实践是马克思主义的，是为巩固无产阶级专政所必需的，这是他的悲剧所在。毛泽东在全局上坚持"文化大革命"的错误，但也制止和纠正过一些具体错误，保护过一些党的领导干部和党外著名人士，使一些负责干部重新回到重要的领导岗位。他重用过林彪等人，也领导了粉碎林彪反革命集团的斗争。他重用过江青等人，也对他们进行过重要的批评和揭露，不让他们夺取最高领导权的野心得逞，这对后来党顺利地粉碎江青反革命集团起了重要作用。他在晚年仍然警觉地注意维护国家的安全，顶住国际上霸权主义和强权政治的压力，坚决支持各国人民的正义斗争。特别是 20 世纪 70 年代初，他适应国际形势的发展变化，审时度势，及时对外交工作做出富有远见卓识的重大战略调整，使我国的外交工作打开了新局面。我国在联合国的一切合法权利得到恢复，开始了中美关系正常化的进程，与日本建立外交关系，陆续同一批资本主义发达国家和亚非拉国家建交，为后来的对外开放打下了基础。在"文化大革命"中，党没有被摧毁并且还能维持统一，国务院和人民解放军还能进行许多必要的工作，社会主义制度的根基仍然保存着，社会主义经济建设还在进行，国家仍然保持统一，这些都是同毛泽东的作用分不开的。

就毛泽东的一生来看，他不愧是伟大的马克思主义者，是伟大的无产阶级革命家、战略家和理论家。他为我们党和中国人民解放军的创立和发展，为中国各族人民解放事业的胜利，为中华人民共和国的缔造，做出了重大的贡献。他的后半生，领导党和人民抵御来自国外的威胁和压力，维护了国家的独立，在中国建立起社会主义基本制度，并对中国建设社会主义的道路进行了探索。这些重要的历史功绩和探索的首创精神，是应该充分肯定的；他在探索过程中发生的错误，特别是"文化大革命"这样严重的错误，使中国的社会主义事业走了大的弯路，这也是应该引为沉痛教训的。全面评价毛泽东的一生，他的功绩是第一位的，是不可磨灭的。

7. 社会主义建设和探索中所取得的成就和成果有哪些？

（1）独立的、比较完整的工业体系和国民经济体系基本建立

第一，较快的发展速度。

从"一五"时期（即执行发展国民经济的第一个五年计划的时期）开始到1976年的20多年间，是中国社会主义现代化事业打基础的重要发展时期。尽管经历了"大跃进"和"文化大革命"的严重挫折，这个时期中国经济的发展速度仍然是比较快的。工农业总产值保持了较高的年增长率。1952—1978年，工农业总产值年平均增长率为8.2%，其中工业年均增长率11.2%。

第二，从根本上解决了"从无到有"的问题。

新中国刚刚建立时，由于没有自己独立的工业体系，主要工业产品全部依赖进口。从"一五"计划开始，国家以苏联援建的156项重点工程、694个大中型建设项目为中心，进行了大规模投资，从"一五"时期起到"四五"时期，国家基本建设投资累计达4956.43亿元。建成一批门类较为齐全的基础工业项目；主要工业产品生产能力有了飞跃；铁路、交通运输等基础设施建设得到较快发展（武汉长江大桥建成通车）；"三线"建设大规模地开展（毛泽东亲自划分）：一线：从黑龙江到广西沿海各省市区是一线，一向是前线。三线：西南三省，西北大部分地区，除了新疆、内蒙部分地区，湘西、鄂西、豫西、山西等地区。中间地带是二线。

（2）人民生活水平的提高与文化、医疗、科技事业的发展

第一，保障人民的基本生活需要。

中国共产党和人民政府始终十分关注人民群众的生活，把满足人民基本生活需要作为发展经济的根本目的。1956年党的八大提出，社会主义制度建立后，党和人民政府的主要任务是集中力量发展社会生产力，实现国家的工业化，逐步满足人民日益增长的物质和文化需要。通过兴修水利、开展农田基本建设、培育推广良种、提倡科学种田，较大幅度地提高了粮食生产水平和抵御自然灾害的能力。粮食总产量从1949年的2263.6亿市斤增加到1976年的5726.1亿市斤，亩产量从1949年的137市斤增加到1976年的316市斤。棉花总产量从1949年

的 888.8 万担增加到 1976 年的 4110.9 万担，亩产量从 1949 年的 22 市斤增加到 1976 年的 56 市斤。初步满足了占世界 1/4 人口的基本生活需求，在当时被世界公认为一个奇迹。

第二，提高人民的文化素质和健康水平。

1949 年新中国成立后，文化教育事业有了较大发展。新中国成立前全国小学入学率只有 20%，文盲率高达 80%。新中国成立后通过大力兴办教育和开展扫盲识字运动等，使 90%以上的民众摘下了文盲的帽子。1949—1976 年，我国的小学、中学、大学的数量和在校生的人数均大幅度增加。

文学艺术工作取得了不小的成就。文学艺术工作尽管不断受到"左"的干扰，但在"古为今用、洋为中用、百花齐放、推陈出新"文艺方针的指引下，仍然取得了不小的成就。戏剧、音乐、舞蹈、小说、散文和诗歌等都涌现出大批优秀作品。

医疗、体育事业得到蓬勃发展。全国人口的死亡率从 1949 年的 20‰下降到 1976 年的 7.25‰。全国人口的平均预期寿命由 1949 年前的 34 岁，上升到 1975 年的 68.18 岁。不到 30 年的时间，人口平均预期寿命提高了 30 多岁。

体育事业的发展受到高度重视。从 1956 年到 1976 年，中国运动员先后有 123 人次打破世界纪录。

第三，取得一批重要的科技成果。

新中国在尖端科学技术领域所取得的主要成就有：我国第一颗原子弹爆炸成功，制造出了我国第一颗氢弹、第一颗人造地球卫星。

新中国先后制定了两个科学技术长远发展规划，还成立了中国科学院，一些重要的现代科学分支和新兴应用技术在这一时期逐步发展起来。

（3）国际地位的提高与国际环境的改善

新中国从建立之日起，就把坚持独立自主、维护世界和平、促进人类进步事业作为对外工作的目标，努力为国内和平建设创造良好的外部环境。积极争取苏联和其他社会主义国家的支持和援助，恢复新中国在联合国的合法席位，发展与美国等西方国家的外交关系，使新中国国际地位极大提高。

(4) 建设社会主义的若干重要原则的概括提出

在探索刚刚起步时，毛泽东就提出实行马克思主义与中国实际"第二次结合"的基本思想，提出了社会主义社会矛盾的学说，阐明了建设社会主义的方针。进而毛泽东对社会主义发展阶段问题初步进行了论述，提出了中国实现现代化的目标、步骤，并且阐述了社会主义经济、政治、文化、国防和军队建设以及执政党建设的若干重要原则。

集中统一的经济管理体制，在当时物质缺乏、经济基础薄弱的条件下，起到了积极作用。它有利于把有限的资金、物力和技术力量集中起来，保证重点建设项目的完成，为中国以后的发展奠定了牢固的物质技术基础。

8. 怎样认识建立独立的、比较完整的工业体系和国民经济体系的重大意义？

独立的比较完整的工业体系和国民经济的建立，是了不起的巨大成就，是中国人民在中国共产党领导下英勇奋斗的伟大成果，是社会主义制度优越性的生动体现，具有极其重要的战略意义。它为我们继续推进社会主义建设开拓了可以依靠的阵地，为实现现代化的伟大事业奠定了初步的物质基础。

随着独立的比较完整的工业体系的形成，工业在国民经济中的主导地位日益明显，发挥着越来越重要的作用。工业部门不仅为改善人民生活提供了大量的日用消费品，为国民经济其他部门和国防建设提供了大批燃料、动力、原材料和技术装备，而且还为出口提供了相当数量的产品。它使中国在赢得政治上的独立之后赢得了经济上的独立。

四、材料分析题

（一）阅读下列材料，并回答问题。

材料一：1952—1980 年的 28 年间，工农业总产值平均年增长率为 8.2%，其中工业年均增长 11.4%。按照不变价格计算，1952 年国内生产总值为 679 亿元人民币，1978 年增加到 2943.7 亿元。人均国内生产总值从 1952 年的 119 元增加到 1976 年的 316 元。

——《中国近现代史纲要》，高等教育出版社 2013 年版，第 256 页。

材料二：从"一五"计划开始，国家以苏联援建的 156 项重点工程、694 个大中型建设项目为中心，进行了大规模投资，建成了一批门类比较齐全的基础工业项目，涉及冶金、汽车、机械、煤炭、石油、电力、通讯、化学、国防等领域，为国民经济的进一步发展打下了坚实的基础。国家基本建设投资，从"一五"时期起到"四五"时期，累计达 4956.43 亿元。钢产量从 1949 年的 15.8 万吨发展到 1976 年的 2046 万吨。发电量从 1949 年的 43 亿度发展到 1976 年的 2031 亿度。原油从 1949 年的 12 万吨发展到 1976 年的 8716 万吨。原煤从 1949 年的 3200 万吨发展到 1976 年的 4.83 亿吨。汽车产量从 1955 年年产 100 辆发展到 1976 年的 13.52 万辆。旧中国在 73 年间仅修筑铁路 2.18 万公里、公路 8.07 万公里。到 1976 年，中国的铁路达到 4.63 万公里，公路达到 82.34 万公里，初步形成了全国的路网骨架。全国货运总量从 1949 年的 1.6 亿吨增加到 1976 年的 20.17 亿吨。

——《中国近现代史纲要》，高等教育出版社 2013 年版，第 257 页。

材料三：改革开放伟大事业，是在以毛泽东同志为核心的党的第一代中央领导集体创立毛泽东思想，带领全党全国各族人民建立新中国、取得社会主义革命和建设伟大成就以及艰辛探索社会主义建设规律取得宝贵经验的基础上进行的。

——胡锦涛：《在中国共产党第十七次全国代表大会上的报告》，《人民日报》2007 年 10 月 25 日。

请回答：（1）材料一和材料二分别反映了什么？

（2）根据材料一和材料二谈一谈你对社会主义建设时期在经济方面所取得成就的理解？

（3）结合材料一、二、三谈一谈社会主义建设时期与改革开放时期的相互关系？

参考答案要点：（1）材料一反映了中国从开始全面建设社会主义以来，在经济上取得了较快的发展速度。

材料二反映了这一时期基本建立了独立的、比较完整的工业体系和国民经济体系，从根本上解决了工业化中"从无到有"的问题。

（2）这一时期，尽管经历了严重的曲折，但是取得了重大的、显著的成就，独立的、比较完整的工业体系和国民经济体系的建立，不仅使中国在赢得政治上的独立之后赢得了经济上的独立，而且为中国以后的发展奠定了牢固的物质技术基础。

（3）以毛泽东同志为核心的党的第一代中央领导集体在社会主义建设事业中坚持独立自主、不倦地探索适合我国国情的道路，既上承我们党从建党以来就具有的光荣传统，又下启改革开放新时期的创新实践，对党的十一届三中全会以后我们党独立开辟中国特色社会主义道路有着重要指导作用，对党的十六大以来我们党继续开创改革开放和社会主义现代化建设新局面、开拓马克思主义中国化新境界也有着重要指导作用。

（二）阅读下列材料，并回答问题。

材料一：我们国内的主要矛盾，已经是人民对于建立先进的工业国的要求同落后的农业国的现实之间的矛盾，已经是人民对于经济文化迅速发展的需要同当前经济文化不能满足人民需要的状况之间的矛盾。

——《建国以来重要文献选编》第九册，中央文献出版社 1994 年版，第 341 页。

材料二：整风运动和反右派斗争的经验再一次表明，在整个过渡时期，也就是说，在社会主义社会建成以前，无产阶级同资产阶级的斗争，社会主义道路同资本主义道路的斗争，始终是我国内部的主要矛盾。

——《建国以来重要文献选编》第十一册，中央文献出版社 1995 年版，第 288 页。

材料三：八届十中全会指出，在无产阶级革命和无产阶级专政的整个历史时期，在由资本主义过渡到共产主义的整个历史时期（这个时期需要几十年，甚至更多的时间）存在着无产阶级和资产阶级之间的阶级斗争，存在着社会主义和资本主义这两条道路的斗争。……在这些情况下，阶级斗争是不可避免的。这是马克思列宁主义早就阐明了的一条历史规律，我们千万不要忘记。

——《建国以来重要文献选编》第十五册，中央文献出版社 1997 年版，第 653 页。

请回答：（1）在社会主义改造完成后，中国共产党对社会主要矛盾的认识发生了什么变化？为什么会有这些变化？

（2）如何认识当时中国社会的性质和主要矛盾？对主要矛盾的认识对社会主义建设产生了什么影响？

参考答案要点：（1）中共八大提出社会主要矛盾已经是人民对于建立先进的工业国的要求同落后的农业国的现实之间的矛盾，已经是人民对于经济文化迅速发展的需要同当前经济文化不能满足人民需要的状况之间的矛盾。但是随着"左"倾错误的蔓延，中共中央对我国社会主要矛盾的认识发生了变化，提出在社会主义社会建成以前，无产阶级同资产阶级的斗争，社会主义道路同资本主义道路的斗争是社会的主要矛盾。

原因：社会主义改造完成之后，建立了社会主义制度，党对当时的国家形势做出了正确的判断，从而能够得出正确的结论。但是随着"左"倾错误的蔓延以及党的领导人的个人崇拜日盛，加上国际形势的影响，从而对形势做出了过于严重的判断，使党的决策日益偏离正确的轨道，造成对社会主要矛盾的错误判断。

（2）社会主义改造完成之后，中国确立了社会主义制度，但是由于中国的生产力不发达，经济水平较低，因而中国的社会主义制度还很不完善，仍处于社会主义初级阶段。当时中国的社会主要矛盾是人民日益增长的物质文化需求同落后的生产力之间的矛盾，这就是中共八大所做出的判断。

影响：主要矛盾在事物的发展过程中居支配地位、起决定作用，对社会主要矛盾的判断是否正确对能否做出正确的决策异常重要。社会主义初级阶段的主要矛盾与党的中心任务是统一的，解决主要矛盾是党在社会主义初级阶段的中心任务，归根结底都是要解放和发展生产力。社会主义初级阶段的主要矛盾贯穿这个阶段的整个过程和社会生活的各个方面，我们必须把经济建设作为全党和全国的中心，各项工作都要服从和服务于这个中心。只有以经济建设为中心，大力发展社会生产力，才能根本改变社会生产的落后面貌，更好地满足人民日益增长的物质文化需要。

第三板块：延伸思考

一、导语

本讲讲授从1956年社会主义改造完成到1976年"文化大革命"结束的历史，凡20年。回头看这段历史，时间上很近，感觉上很远。这是一段离我们很近的历史，同学们的父母大体就是这个时代成长起来的，对于历史研究而言，这是一段最近距离的当代史；同时这也是一段与我们这个时代特征相去甚远的历史，无论是经济模式、政治生态、文化氛围、社会形态、思想观念，都与今天有诸多不同。这种时间的近距离与时代的大变幻，带来的结果是相同的，那就是对这段历史，无论是细节的微观上，还是整体的宏观上，我们尚难以清晰、理性地予以把握。我们今天在审视这段历史时，仿佛置身高山之中，虽然能够体察到高山的宏伟，景色的壮丽，但难以全面地描述其整体，也难以清晰地看到高山的另一面，正如我们耳熟能详的诗句所言："不识庐山真面目，只缘身在此山中。"

但这又是一段值得我们去阅读与思考的历史。在这一时期，历史的风云不断变幻，演绎出既令我们激情澎湃，也令我们迷惘困惑的一幕幕历史大剧作。

在这一时期，我们开拓了中国历史的新篇章。在1956年，基本上完成了对农业、手工业和资本主义工商业的改造，社会主义基本制度全面确立，中国历史性地迈进到社会主义新阶段。毫无疑问，这是历史的新开始，社会主义从此不再是纯粹的理想，而是活生生地呈现在每一个中国人的面前。同时，我们也应看到，进入了社会主义现实的中国，对照着曾经的社会主义理想，其距离依然遥远。如何开展社会主义建设，在实际上依然有很长的道路要走。于是，探索，便成为这个阶段的主要特征。探索的方向，是走出适合中国国情的社会主义建设道路；围绕这一方向，我们确立了基本原则，那就是将马克思列宁主义基本原理与中国具体实际"第二次结合"；探索的具体举措，包括对十大关系的梳理、对人民内部矛盾的深刻理解、对社会主义工业化和四个现代化的持续追求，也包括"大跃进"、人民公社化等实践证明是错误的举措。这样的一系列探索，取得的成绩无疑是巨大的，最主要的表现就是建立了独立完整的工业体系和国民经济体系。同时，由于是探索，其中也充满了种种矛盾、挫折乃至重大失误。在1957年下半年以后，中国的社会主义建设出现了较大的反复和曲折，尤其是1966年—1976年的"文化大革命"是错误趋向发展的直接表现。十年间造成社会政治生活全面紧张，使社会主义民主政治建设、经济建设、文化建设等方面受到严重挫折。

总之，这是一段能够将历史的魅力充分展现的历史。在这期间，充满着理想、激情、热血，是阳光灿烂的日子；同时，在现实中，又充满着矛盾、斗争、泪水、迷茫，似乎看不到未来。在这看似矛盾与冲突的现象之间，让我们看到了历史总会有另一面，这才是真实的历史，也才是充满着魅力的历史。

二、阅读材料及点评

材料一

社会主义改造基本完成以后，我们党领导全国各族人民开始转入全面的大规模的社会主义建设。直到"文化大革命"前夕的十年中，我们虽然遭到过严重挫折，仍然取得了很大的成就。以一九六六年同一九五六年相比，全国工业固定资产按原价计算，增长了三倍。棉纱、原煤、发电量、原油、钢和机械设备等主要工业产品的产量，都有巨大的增长。从一九六五年起实现了石油全部自给。电子工业、石油化工等一批新兴的工业部门建设了起来。工业布局有了改善。农业的基本建设和技术改造开始大规模地展开，并逐渐收到成效。全国农业用拖拉机和化肥施用量都增长六倍以上，农村用电量增长七十倍。高等学校的毕业生为前七年的四点九倍。经过整顿，教育质量得到显著提高。科学技术工作也有比较突出的成果。

党在这十年中积累了领导社会主义建设的重要经验。毛泽东同志在一九五七年春提出必须正确区分和处理社会主义社会两类不同性质的社会矛盾，把正确处理人民内部矛盾作为国家政治生活的主题。接着，他提出要"造成一个又有集中又有民主，又有纪律又有自由，又有统一意志、又有个人心情舒畅、生动活泼，那样一种政治局面"的要求。一九五八年，他又提出要把党和国家的工作重点转到技术革命和社会主义建设上来。这些都是八大路线的继续发展，具有长远的指导意义。毛泽东同志在领导纠正"大跃进"和人民公社化运动中的错误时提出了不能剥夺农民，不能超越阶段，反对平均主义，强调发展商品生产、遵守价值规律和做好综合平衡，主张以农轻重为序安排国民经济计划等观点；刘少奇同志提出了许多生产资料可以作为商品进行流通和社会主义社会要有两种劳动制度、两种教育制度的观点；周恩来同志提出了我国知识分子绝大多数已经是劳动人民的知识分子，科学技术在我国现代化建设中具有关键性作用等观点；陈云同志提出了计划指标必须切合实际，建设规模必须同国力相适应，人民生活和国家建设必须兼顾，制定计划必须做好物资、财政、信贷平衡等观点；邓小平同志提出了关于整顿工业企业，改善和加强企业管理，实行职工代表大会制等观点；朱德同志提出了要注意发展手工业和农业多种经营的观点；邓子恢等同志提出了农业中要实行生产责任制的观点。所有这些，在当时和以后都有重大的意义。党中央在调整国民经济过程中陆续制定的农村人民公社工作条例草案和有关工业、商业、教育、科学、文艺等方面的工作条例草案，比较系统地总结了社会主义建设的经验，分别规定了适合当时情况的各项具体政策，至今对我们仍然有重要的借鉴作用。

总之，我们现在赖以进行现代化建设的物质技术基础，很大一部分是这个期间建设起来的；全国经济文化建设等方面的骨干力量和他们的工作经验，大部分也是在这个期间培养和积累起来的。这是这个期间党的工作的主导方面。这十年中，党的工作在指导方针上有过严重失误,经历了曲折的发展过程。

——《中国共产党中央委员会关于建国以来党的若干历史问题的决议》,人民出版社2009年版。

点评:"文革"前十年,是中国共产党领导全国人民开始全面建设社会主义的重要历史时期,也是党独立自主地探索社会主义道路的时期。在这一时期,以毛泽东为代表的党的第一代领导集体对社会主义文化建设进行了艰辛探索并做出了历史性贡献。尽管党在探索过程中曾出现过严重失误,但所取得的理论成果大大丰富和发展了马克思主义关于社会主义文化建设的理论;所获得的经验教训,同样是党的宝贵精神财富,都需要我们分析和研究,作为今天建设中国特色社会主义文化的借鉴。

材料二

1. 从"文化大革命"的发动到一九六九年四月党的第九次全国代表大会。一九六六年五月中央政治局扩大会议和同年八月届十一中全会的召开,是"文化大革命"全面发动的标志。这两次会议相继通过了《五一六通知》和《关于无产阶级文化大革命的决定》,对所谓"彭真、罗瑞卿、陆定一、杨尚昆反党集团"和所谓"刘少奇、邓小平司令部"进行了错误的斗争,对党中央领导机构进行了错误的改组,成立了所谓"中央文革小组"并让它掌握了中央的很大一部分权力。毛泽东同志的"左"倾错误的个人领导实际上取代了党中央的集体领导,对毛泽东同志的个人崇拜被鼓吹到了狂热的程度。林彪、江青、康生、张春桥等人主要利用所谓"中央文革小组"的名义,乘机煽动"打倒一切、全面内战"。一九六七年二月前后,谭震林、陈毅、叶剑英、李富春、李先念、徐向前、聂荣臻等政治局和军委的领导同志,在不同的会议上对"文化大革命"的错误做法提出了强烈的批评,但被诬为"二月逆流"而受到压制和打击。朱德、陈云同志也受到错误的批判。各部门各地方的党政领导机构几乎都被夺权或改组。派人民解放军实行三支两军(支左、支工、支农、军管、军训),在当时的混乱情况下是必要的,对稳定局势起了积极的作用,但也带来了一些消极的后果。党的九大使"文化大革命"的错误理论和实践合法化,加强了林彪、江青、康生等人在党中央的地位。九大在思想上、政治上和组织上的指导方针都是错误的。

2. 从党的九大到一九七三年八月党的第十次全国代表大会。一九七〇年至一九七一年间发生了林彪反革命集团阴谋夺取最高权力、策动反革命武装政变的事件。这是"文化大革命"推翻党的一系列基本原则的结果，客观上宣告了"文化大革命"的理论和实践的失败。毛泽东、周恩来同志机智地粉碎了这次叛变。周恩来同志在毛泽东同志支持下主持中央日常工作，使各方面的工作有了转机。一九七二年，在批判林彪的过程中，周恩来同志正确地提出要批判极"左"思潮的意见，这是一九六七年二月前后许多中央领导同志要求纠正"文化大革命"错误这一正确主张的继续。毛泽东同志却错误地认为当时的任务仍然是反对"极右"。党的十大继续了九大的"左"倾错误，并且使王洪文当上了党中央副主席。江青、张春桥、姚文元、王洪文在中央政治局内结成"四人帮"，江青反革命集团的势力又得到加强。

3. 从党的十大到一九七六年十月。毛泽东同志先是批准开展所谓"批林批孔"运动，在发现江青等人借机进行篡权活动以后，又对他们作了严厉批评，宣布他们是"四人帮"，指出江青有当党中央主席和操纵"组阁"的野心。一九七五年，周恩来同志病重，邓小平同志在毛泽东同志支持下主持中央日常工作，着手对许多方面的工作进行整顿，使形势有了明显好转。但是毛泽东同志不能容忍邓小平同志系统地纠正"文化大革命"的错误，又发动了所谓"批邓、反击右倾翻案风"运动，全国因而再度陷入混乱。一九七六年一月周恩来同志逝世，他的逝世引起了全党和全国各族人民的无限悲痛。同年四月间，在全国范围内掀起了以天安门事件为代表的悼念周总理、反对"四人帮"的强大抗议运动。这个运动实质上是拥护以邓小平同志为代表的党的正确领导，它为后来粉碎江青反革命集团奠定了伟大的群众基础。当时，中央政治局和毛泽东同志对天安门事件的性质作出了错误的判断，并且错误地撤销了邓小平同志的党内外一切职务。一九七六年九月毛泽东同志逝世，江青反革命集团加紧夺取党和国家最高领导权的阴谋活动。同年十月上旬，中央政治局执行党和人民的意志，毅然粉碎了江青反革命集团，结束了"文化大革命"这场灾难。这是全党、全军和全国各族人民长期斗争取得的伟大胜利。在粉碎江青反革命集团的斗争中，华国锋、叶剑英、李先念等同志起了重要作用。

——《中国共产党中央委员会关于建国以来党的若干历史问题的决议》，人民出版社 2009 年版。

点评："文化大革命"不是也不可能是任何意义上的革命或社会进步。它根本不是"乱了敌人"而只是乱了自己，因而始终没有也不可能由"天下大乱"达到"天下大治"。在我国，在人民民主专政的国家政权建立以后，尤其是社会主义改造基本完成、剥削阶级作为阶级消灭以后，虽然社会主义革命的任务还没有最后完成，但是革命的内容和方法已经同过去根本不同。对于党和国家肌体中确实存在的某些阴暗面，当然需要做出恰当的估计并运用符合宪法、法律和党章的正确措施加以解决，但决不应该采取"文化大革命"的理论和方法。在社会主义条件下进行所谓"一个阶级推翻一个阶级"的政治大革命，既没有经济基础，也没有政治基础。它必然提不出任何建设性的纲领，而只能造成严重的混乱、破坏和倒退。历史已经判明，"文化大革命"是一场由领导者错误发动，被反革命集团利用，给党、国家和各族人民带来严重灾难的内乱。

材料三

原因分析

"文化大革命"之所以会发生并且持续十年之久，除了前面所分析的毛泽东同志领导上的错误这个直接原因以外，还有复杂的社会历史原因。主要的是：

1. 社会主义运动的历史不长，社会主义国家的历史更短，社会主义社会的发展规律有些已经比较清楚，更多的还有待于继续探索。我们党过去长期处于战争和激烈阶级斗争的环境中，对于迅速到来的新生的社会主义社会和全国规模的社会主义建设事业，缺乏充分的思想准备和科学研究。马克思、恩格斯、列宁、斯大林的科学著作是我们行动的指针，但是不可能给我国社会主义事业中的各种问题提供现成答案。从领导思想上来看，由于我们党的历史特点，在社会主义改造基本完成以后，在观察和处理社会主义社会发展进程中出现的政治、经济、文化等方面的新矛盾新问题时，容易把已经不属于阶级斗争的问题仍然看作是阶级斗争，并且面对新条件下的阶级斗争，又习惯于沿用过去熟习而这时已不能照搬的进行大规模急风暴雨式群众性斗争的旧方法和旧经验，从而导致阶级斗争的严重扩大化。同时，这种脱离现实生活的主观主义的思想和做法，由于把马克思、恩格斯、列宁、斯大林著作中的某些设想和论点加以误解或教条化，反而显得有"理论根据"。例如：认为社会主义社会在消费资料分配中通行的等量劳动相交换的平等权利，即马克思所说的"资产阶级权利"应该限制和批判，因而按劳分配原则和物质利益原则就应该限制和批判；认为社会主义改造基本完成以后小生产还会每日每时地大批地产生资本主义和资产阶级，因而形成一系列"左"倾的城乡经济政策和城乡阶级斗争政策；认为党内的思想分歧都是社会阶级斗争的反映，因而形成频繁激烈的党内斗争，等等。这就使我们把关于阶级斗争扩大化的迷误当成保卫马克思主义的纯洁性。此外，苏联领导人挑起中苏论战，并把两党之间的原则争论变为国家争端，对中国施加政治上、经济上和军事上的巨大压力，迫使我们不得不进行反对苏联大国沙文主义的正义斗争。在这种情况的影响下，我们在国内进行了反修防修运动，使阶级斗争扩大化的迷误日益深入到党内，以致党内同志间不同意见的正常争论也被当作是所谓修正主义路线的表现或所谓路线斗争的表现，使党内关系日益紧张化。这样，党就很难抵制毛泽东等同志提出的一些"左"倾观点，而这些"左"倾观点的发展就导致"文化大革命"的发生和持续。

2. 党在面临着工作重心转向社会主义建设这一新任务因而需要特别谨慎的时候，毛泽东同志的威望也达到高峰。他逐渐骄傲起来，逐渐脱离实际和脱离群众，主观主义和个人专断作风日益严重，日益凌驾于党中央之上，使党和国家政治生活中的集体领导原则和民主集中制不断受到削弱以至破坏。这种现象是逐渐形成的，党中央对此也应负一定的责任。从马克思主义的观点看来，这个复杂现象是一定历史条件的产物，如果仅仅归咎于某个人或若干人，就不能使全党得到深刻教训，并找出切实有效的改革步骤。在共产主义运动中，领袖人物具有十分重要的作用，这是历史已经反复证明和不容置疑的。但是国际共产主义运动史上由于没有正确解决领袖和党的关系问题而出现过的一些严重偏差，对我们党也产生了消极的影响。中国是一个封建历史很长的国家，我们党对封建主义特别是对封建土地制度和豪绅恶霸进行了最坚决最彻底的斗争，在反封建斗争中养成了优良的民主传统；但是长期封建专制主义在思想政治方面的遗毒仍然不是很容易肃清的，种种历史原因又使我们没有能把党内民主和国家政治社会生活的民主加以制度化、法律化，或者虽然制定了法律，却没有应有的权威。这就提供了一种条件，使党的权力过分集中于个人，党内个人专断和个人崇拜现象滋长起来，也就使党和国家难于防止和制止"文化大革命"的发动和发展。

——《中国共产党中央委员会关于建国以来党的若干历史问题的决议》，人民出版社2009年版。

点评：恩格斯指出："历史是这样创造的：最终的结果总是从许多单个的意志的相互冲突中产生出来的，而其中每一个意志，又是由于许多特殊的生活条件，才成为它成为的那样。这样就有无数互相交错的力量，有无数个力的平行四边形，由此就产生出一个合力，即历史结果，而这个结果又可以看作一个作为整体的、不自觉地和不自主地起着作用的力量的产物。……每个意志都对合力有所贡献，因而是包括在这个合力里面的。"因此，"文革"的发生有复杂的原因，需要深入持久的研究。

材料四

改革开放前取得的主要成就：

1. 建立和巩固了工人阶级领导的、以工农联盟为基础的人民民主专政即无产阶级专政的国家政权。它是中国历史上从来没有过的人民当家作主的新型政权，是建设社会主义的富强民主文明的现代化国家的根本保证。

2. 实现和巩固了全国范围（除台湾等岛屿以外）的国家统一，根本改变了旧中国四分五裂的局面。实现和巩固了全国各族人民的大团结，形成和发展了五十多个民族平等互助的社会主义民族关系。实现和巩固了全国工人、农民、知识分子和其他各阶层人民的大团结，加强和扩大了中国共产党领导的，同各爱国民主党派、人民团体通力合作，由全体社会主义劳动者、拥护社会主义的爱国者和拥护祖国统一的爱国者组成的，包括台湾同胞、港澳同胞和国外华侨在内的广泛统一战线。

3. 战胜了帝国主义、霸权主义的侵略、破坏和武装挑衅，维护了国家的安全和独立，胜利地进行了保卫祖国边疆的斗争。

4. 建立和发展了社会主义经济，基本上完成了对生产资料私有制的社会主义改造，基本上实现了生产资料公有制和按劳分配。剥削制度消灭了，剥削阶级作为阶级已经不再存在，他们中的绝大多数人已经改造成为自食其力的劳动者。

5. 在工业建设中取得重大成就，逐步建立了独立的比较完整的工业体系和国民经济体系。一九八〇年同完成经济恢复的一九五二年相比，全国工业固定资产按原价计算，增长二十六倍多，达到四千一百多亿元；棉纱产量增长三点五倍，达到二百九十三万吨；原煤产量增长八点四倍，达到六亿二千万吨；发电量增长四十倍，达到三千多亿度；原油产量达到一亿零五百多万吨；钢产量达到三千七百多万吨；机械工业产值增长五十三倍，达到一千二百七十多亿元。在辽阔的内地和少数民族地区，兴建了一批新的工业基地。国防工业从无到有地逐步建设起来。资源勘探工作成绩很大。铁路、公路、水运、空运和邮电事业，都有很大的发展。

6. 农业生产条件发生显著改变，生产水平有了很大提高。全国灌溉面积已由一九五二年的三亿亩扩大到现在的六亿七千多万亩，长江、黄河、淮河、海河、珠江、辽河、松花江等大江河的一般洪水灾害得到初步控制。解放前我国农村几乎没有农业机械、化肥和电力，现在农用拖拉机、排灌机械和化肥施用量都大大增加，用电量等于解放初全国发电量的七点五倍。一九八〇年同一九五二年相比，全国粮食增长近一倍，棉花增长一倍多。尽管人口增长过快，现在已近十亿，我们仍然依靠自己的力量基本上保证了人民吃饭穿衣的需要。

7. 城乡商业和对外贸易都有很大增长。一九八〇年与一九五二年相比，全民所有制商业收购商品总额由一百七十五亿元增加到二千二百六十三亿元，增长十一点九倍；社会商品零售总额由二百七十七亿元增加到二千一百四十亿元，增长六点七倍。国家进出口贸易的总额，一九八〇年比一九五二年增长七点七倍。随着工业、农业和商业的发展，人民生活比解放前有了很大的改善。一九八〇年，全国城乡平均每人的消费水平，扣除物价因素，比一九五二年提高近一倍。

——《中国共产党中央委员会关于建国以来党的若干历史问题的决议》，人民出版社2009年版。

点评：2013年1月5日，习近平同志在新进中央委员会的委员、候补委员学习贯彻党的十八大精神研讨班上发表的重要讲话中，在论述改革开放前后两个历史时期的关系时，明确提出："不能用改革开放后的历史时期否定改革开放前的历史时期，也不能用改革开放前的历史时期否定改革开放后的历史时期。""两个不能否定"这一命题，既符合历史逻辑与理论逻辑相统一的要求，更直接涉及中国特色社会主义的坚持和发展、党执政根基的巩固、全党全国人民思想的凝聚统一等一系列事关党和国家命运的问题，必须从政治高度深入认识其重大意义。

材料五

1976年10月粉碎江青反革命集团的胜利，从危难中挽救了党，挽救了革命，使我们的国家进入了新的历史发展时期。从这时开始到十一届三中全会之前的两年中，广大干部和群众以极大的热情投入各项革命和建设工作。揭发批判江青反革命集团的罪行，清查他们的反革命帮派体系，取得了很大成绩。党和国家组织的整顿，冤假错案的平反，开始部分地进行。工农业生产得到比较快的恢复。教育科学文化工作也开始走向正常。党内外同志越来越强烈地要求纠正"文化大革命"的错误，但是遇到了严重的阻碍。这固然是由于十年"文化大革命"造成的政治上思想上的混乱不容易在短期内消除，同时也由于当时担任党中央主席的华国锋同志在指导思想上继续犯了"左"的错误。华国锋同志是由毛泽东同志在1976年"批邓"运动中提议担任党中央第一副主席兼国务院总理的。他在粉碎江青反革命集团的斗争中有功，以后也做了有益的工作。但是，他推行和迟迟不改正"两个凡是"（凡是毛主席作出的决策，我们都坚决维护，凡是毛主席的指示，我们都始终不渝地遵循）的错误方针；压制1978年开展的对拨乱反正具有重大意义的关于真理标准问题的讨论；拖延和阻挠恢复老干部工作和平反历史上冤假错案（包括"天安门事件"）的进程；在继续维护旧的个人崇拜的同时，还制造和接受对他自己的个人崇拜。1977年8月召开的党的第十一次全国代表大会，在揭批"四人帮"和动员全党建设社会主义现代化强国方面起了积极作用。但是，由于当时历史条件的限制和华国锋同志的错误的影响，这次大会没有能够纠正"文化大革命"的错误理论、政策和口号，反而加以肯定。对经济工作中的求成过急和其他一些"左"倾政策的继续，华国锋同志也负有责任。很明显，由他来领导纠正党内的"左"倾错误特别是恢复党的优良传统，是不可能的。

1978年12月召开的十一届三中全会，是建国以来我党历史上具有深远意义的伟大转折。全会结束了1976年10月以来党的工作在徘徊中前进的局面，开始全面地认真地纠正"文化大革命"中及其以前的"左"倾错误。这次全会坚决批判了"两个凡是"的错误方针，充分肯定了必须完整地、准确地掌握毛泽东思想的科学体系；高度评价了关于真理标准问题的讨论，确定了解放思想、开动脑筋、实事求是、团结一致向前看的指导方针；果断地停止使用"以阶级斗争为纲"这个不适用于社会主义社会的口号，作出了把工作重点转移到社会主义现代化建设上来的战略决策；提出了要注意解决好国民经济重大比例严重失调的要求，制定了关于加快农业发展的决定；着重提出了健全社会主义民主和加强社会主义法制的任务；审查和解决了党的历史上一批重大冤假错案和一些重要领导人的功过是非问题。全会还增选了中央领导机构的成员。这些在领导工作中具有重大意义的转变，标志着党重新确立了马克思主义的思想路线、政治路线和组织路线。从此，党掌握了拨乱反正的主动权，有步骤地解决了建国以来的许多历史遗留问题和实际生活中出现的新问题，进行了繁重的建设和改革工作，使我们的国家在经济上和政治上都出现了很好的形势。

——《中国共产党中央委员会关于建国以来党的若干历史问题的决议》，人民出版社 2009 年版。

点评：1978 年十一届三中全会以来，毛泽东思想的科学原理和党的正确政策在新的条件下得到了恢复和发展，明确了中国社会主义事业和党的工作继续前进的方向，党和国家的各项工作重新蒸蒸日上。尽管我们的工作中还有失误和缺点，我们的面前还有许多困难。但是，胜利前进的航道已经打通，党在人民中的威信正在日益提高。党在教育、科学、文化、卫生、体育工作，民族工作，统战工作，侨务工作，军事工作和外交工作等方面，认真落实党的各项政策，都取得了重要的成就。

第十章　改革开放与现代化建设新时期

第一板块：学习引导

一、学习目的

1. 深刻理解改革开放和社会主义现代化建设，是新中国成立以后我国社会主义建设伟大事业的继承和发展，是近代以来中国人民争取民族独立、实现国家富强伟大事业的继承和发展。

2. 清醒看到改革开放作为中国共产党在新的时代条件下带领人民进行一场新的伟大革命，不可能一帆风顺，也不可能一蹴而就。

3. 准确把握改革开放以来取得一切成绩和进步的根本原因，归结起来就是开辟了中国特色社会主义道路，形成了中国特色社会主义理论体系。高举中国特色社会主义伟大旗帜，最根本的就是要坚持这条道路和这个理论体系。

4. 正确认识改革开放是决定当代中国命运的关键抉择，是发展中国特色社会主义、实现中华民族伟大复兴的必由之路，只有社会主义才能救中国，只有改革开放才能发展中国、发展社会主义、发展马克思主义。

二、重点·难点·热点

1. 重点问题：改革开放的伟大事业是怎样在艰辛中开创出来的？改革开放的历史进程中，党在几个重要历史关头是如何进行重大历史抉择的?

2. 难点问题:如何认识改革开放是决定当代中国命运的关键抉择,是发展中国特色社会主义、实现中华民族伟大复兴的必由之路?

3. 热点问题:如何辩证看待改革开放前后两个历史时期的关系?

三、推荐阅读

1. 邓小平:《解放思想,实事求是,团结一致向前看》(1978年12月13日),《邓小平文选》第二卷,人民出版社1994年版,第140—153页。

2. 邓小平:《在武昌、深圳、珠海、上海等地的谈话要点》(1992年1月18日至2月21日),《邓小平文选》第三卷,人民出版社1994年版,第370—383页。

3. 江泽民:《高举邓小平理论伟大旗帜 把建设有中国特色社会主义事业全面推向二十一世纪——在中国共产党第十五次全国代表大会上的报告》(1997年9月12日),人民出版社1997年版。

4. 江泽民:《全面建设小康社会 开创中国特色社会主义事业新局面——在中国共产党第十六次全国代表大会上的报告》(2002年11月8日),人民出版社2002年版。

5. 胡锦涛:《高举中国特色社会主义伟大旗帜 为夺取全面建设小康社会新胜利而奋斗——在中国共产党第十七次全国代表大会上的报告》(2007年10月15日),人民出版社2007年版。

6. 胡锦涛:《在庆祝中国共产党成立九十周年大会上的讲话》(2011年7月1日),人民出版社2011年版。

7. 胡锦涛:《坚定不移沿着中国特色社会主义道路前进 为全面建成小康社会而奋斗——在中国共产党第十八次全国代表大会上的报告》(2012年11月8日),人民出版社2012年版。

8. 习近平:《在第十二届全国人民代表大会第一次会议上的讲话》(2013年3月17日),人民出版社2013年版。

9. 习近平:《在纪念毛泽东同志诞辰120周年座谈会上的讲话》(2013年12月26日),人民出版社2013年版。

10. 习近平:《在纪念邓小平同志诞辰110周年座谈会上的讲话》（2014年8月20日），人民出版社2014年版。

11. 李捷:《中国特色社会主义与当代中国发展道路》,《当代中国史研究》2009年第3期。

12. 朱佳木:《新中国两个30年与中国特色社会主义道路》,《当代中国史研究》2009年第5期。

13. 李慎明:《正确评价改革开放前后两个历史时期》,《红旗文稿》2013年第9期。

14. 刘国光:《辩证地看中国改革三十年》,《经济纵横》2009年第1期。

15. 王怀超:《中国改革开放的历史进程与基本经验》,《科学社会主义》2009年第6期。

16. 章百家:《关于改革开放史研究的若干思考》,《北京党史》2008年第6期。

17. ［俄］季塔连科:《中华人民共和国成立的国际意义和中国改革的经验》,《当代中国史研究》2009年第6期。

18. 中共中央党史研究室第三研究部:《中国改革开放史》,辽宁人民出版社2002年版。

19. 张静如主编:《中国共产党通史（插图本）》第三卷（上下），广东人民出版社2002年版。

20. 程中原主编:《中国特色社会主义:奠基·开创·发展》,当代中国出版社2004年版。

第二板块：课后练习

一、单选题

1. （　　）成为拨乱反正和改革开放的思想先导。
   A. 中共十一大宣告"文化大革命"结束
   B. 关于真理标准问题的大讨论

C. 科学地评价毛泽东和毛泽东思想的历史地位

D. 《解放思想，实事求是，团结一致向前看》的讲话

2. 中共十一届三中全会后，经济体制的改革首先在（　　）取得突破性的进展。

A. 农村　　　　　　　　B. 城市

C. 国有企业　　　　　　D. 经济特区

3. （　　）标志着党和国家在指导思想上拨乱反正的胜利完成。

A. 复查和平反大量冤、假、错案

B. 改正错划右派分子的案件

C. 决定为刘少奇同志彻底平反并恢复名誉

D. 通过《关于建国以来党的若干历史问题的决议》

4. 1978年12月，中国共产党召开的具有深远意义的重要会议是（　　）。

A. 中共十一届三中全会　　B. 中共十一届六中全会

C. 中共十二届三中全会　　D. 中共十二届六中全会

5. 邓小平首次明确提出必须坚持"四项基本原则"是在（　　）。

A. 1976年10月　　　　　B. 1978年12月

C. 1979年3月　　　　　 D. 1981年6月

6. 邓小平在党的十二大提出了"走自己的路，建设有中国特色的社会主义"，这一论断表明在中国社会主义建设中（　　）。

A. 不需要借鉴别的国家的经验

B. 不需要以马克思主义理论为指导

C. 不能借鉴资本主义国家的经验

D. 别国的经验可以借鉴，但必须根据自己的实际情况来决定自己的事情

7. 中共十三大明确将党在社会主义初级阶段的基本路线概括为（　　）。

A. "一个中心，两个基本点"

B. "四个坚持"

C. 一手抓物质文明，一手抓精神文明

D. 建设中国特色社会主义经济、政治和文化

8. 1988 年，中共中央和国务院决定建立的经济特区是（　　）。

　　A. 深圳经济特区　　　　　　B. 珠海经济特区

　　C. 厦门经济特区　　　　　　D. 海南经济特区

9. 1992 年召开的中共十四大明确提出，我国经济体制改革的目标是建立（　　）。

　　A. 社会主义市场经济体制

　　B. 社会主义有计划商品经济体制

　　C. 计划为主，市场为辅的经济体制

　　D. 市场为主，计划为辅的经济体制

10. 2002 年 2 月，江泽民在广东考察工作时提出了（　　）。

　　A. "三讲"教育的要求

　　B. "八个坚持，八个反对"的要求

　　C. "三个代表"重要思想

　　D. 以"八荣八耻"为主要内容的社会主义荣辱观

11. 以毛泽东同志为核心的党的第一代中央领导集体带领全党全国各族人民（　　）。

　　A. 完成了新民主主义革命，进行了社会主义建设，确立了中国特色社会主义制度

　　B. 完成了新民主主义革命，进行了社会主义改造，确立了社会主义基本制度

　　C. 完成了新民主主义革命，进行了社会主义改造，确立了新民主主义基本制度

　　D. 完成了新民主主义革命，进行了社会主义建设，确立了社会主义基本制度

12. （　　）成功开创了中国特色社会主义。

　　A. 以毛泽东同志为核心的党的第一代中央领导集体带领全党全国各族人民

　　B. 以邓小平同志为核心的党的第二代中央领导集体带领全党全国各族人民

C. 以江泽民同志为核心的党的第三代中央领导集体带领全党全国各族人民

D. 以胡锦涛同志为总书记的新一届中央领导集体带领全党全国各族人民

13. 胡锦涛同志在十八大报告中明确指出，（　　）是科学发展观最鲜明的精神实质。

　　A. 解放思想、实事求是、与时俱进、求真务实

　　B. 以人为本、执政为民

　　C. 全面、协调、可持续

　　D. 勇于实践、勇于变革、勇于创新

14. 党的十八大是在我国进入（　　）决定性阶段召开的一次十分重要的大会。

　　A. 实现社会主义现代化　　B. 全面构建社会主义和谐社会

　　C. 全面建设小康社会　　D. 全面建成小康社会

15. 党的十八大对《中国共产党章程》进行了部分修改，指出：中国共产党以（　　）作为自己的行动指南。

　　A. 马克思列宁主义、毛泽东思想、邓小平理论、"三个代表"重要思想和科学发展观

　　B. 马克思列宁主义、毛泽东思想

　　C. 毛泽东思想、邓小平理论、"三个代表"重要思想和科学发展观

　　D. 马克思列宁主义、中国特色社会主义理论

16. 十八大报告指出：建设中国特色社会主义，总依据是（　　）。

　　A. 社会主义初级阶段　　B. 四项基本原则

　　C. 坚持党的领导　　D. 全面贯彻落实科学发展观

17. 十八大报告提出：建设中国特色社会主义，总任务是（　　）。

　　A. 实现社会主义现代化和中华民族伟大复兴

　　B. 实现人的全面发展

C. 全面建成小康社会

D. 维护世界和平，促进共同发展

18. 十八大报告提出：建设中国特色社会主义，总布局是（　　）。

　　A. 三位一体　　　　　　　B. 四位一体

　　C. 五位一体　　　　　　　D. 六位一体

19. 十八大报告提出：确保到（　　）年实现全面建成小康社会宏伟目标。

　　A. 2020 年　　　　　　　B. 2030 年

　　C. 2040 年　　　　　　　D. 2050 年

20. 习近平总书记指出，（　　）是中华民族近代以来最伟大的梦想。

　　A. 实现社会主义现代化　　B. 实现中华民族伟大复兴

　　C. 实现共同富裕　　　　　D. 使国家繁荣昌盛

单选题参考答案

1. B　2. A　3. D　4. A　5. C　6. D　7. A　8. D　9. A　10. C
11. B　12. B　13. A　14. D　15. A　16. A　17. A　18. C　19. A
20. B

二、多选题

1. 1976 年 10 月 6 日，（　　）和（　　）等同志代表中共中央政治局，执行党和人民意志，采取断然措施，对王洪文、张春桥、江青、姚文元等人实行隔离审查，一举粉碎"四人帮"，挽救了党，挽救了中国社会主义事业，推动党和国家事业发展翻开了新的一页。

　　A. 华国锋　　　　B. 叶剑英　　　　C. 陈云

　　D. 李先念　　　　E. 胡耀邦

2. 邓小平同（　　）等中央领导同志支持并领导了从 1978 年 5 月开始的关于真理标准问题的大讨论，强调实践是检验真理的唯一标准。

　　A. 华国锋　　　　B. 叶剑英　　　　C. 陈云

　　D. 李先念　　　　E. 胡耀邦

3. 解放思想就是（　　）。

　　A. 一切从经验出发

　　B. 一切从实际出发

　　C. 使思想和实际相符合

　　D. 使主观和客观相符合

　　E. 实事求是

4. 中共十一届三中全会后，农业和农村经济的发展面临两大问题亟待解决：一是（　　）；二是（　　）。

　　A. "政社合一"的人民公社体制亟待改革

　　B. 还有一亿农民的温饱问题尚未解决

　　C. 农村生产力水平落后

　　D. 农业生产实行统一经营

5. 1979年3月30日，邓小平在理论工作务虚会上发表讲话指出：（　　）这四项基本原则，"是实现四个现代化的根本前提"。

　　A. 坚持社会主义道路

　　B. 坚持人民民主专政

　　C. 坚持共产党的领导

　　D 坚持进行改革开放

　　E. 坚持马克思列宁主义、毛泽东思想

6. 1978年以后，我国在调整对外政策、改善外部关系方面取得的成就有：（　　）。

　　A. 中日建交

　　B. 中美建交

　　C. 中日签署和平友好条约

　　D. 中国领导人访问日美两国

7. 党在社会主义初级阶段的基本路线核心内容是（　　）。

　　A. 以经济建设为中心　　　　　　　　B. 坚持科学发展

　　C. 坚持四项基本原则　　　　　　　　D. 坚持改革开放

8. 中国特色社会主义（　　）。

　　A. 既坚持了科学社会主义基本原则，又根据时代条件赋予其

鲜明的中国特色

B. 以全新的视野深化了对共产党执政规律、社会主义建设规律、人类社会发展规律的认识

C. 从理论和实践结合上系统回答了在中国这样人口多底子薄的东方大国建设什么样的社会主义、怎样建设社会主义这个根本问题

D. 是当代中国发展进步的根本方向，只有中国特色社会主义才能发展中国

9. 根据中共十五大确定的任务，从1998年11月开始，中国共产党在县级以上党政领导班子、领导干部中集中时间，分期分批开展以（　　）为主要内容的党性党风教育。

  A. 讲学习　　　　　　　　B. 讲政治

  C. 讲正气　　　　　　　　D. 讲纪律

10. 中共十六大报告指出，我们要在本世纪头二十年，集中力量，全面建设惠及十几亿人口的更高水平的小康社会，使（　　）。

  A. 经济更加发展

  B. 民主更加健全

  C. 科教更加进步、文化更加繁荣

  D. 社会更加和谐

  E. 人民生活更殷实

11. 中共十七大报告全面系统阐述了科学发展观，指出（　　）。

  A. 第一要义是发展

  B. 核心是以人为本

  C. 基本要求是全面协调可持续

  D. 根本方法是统筹兼顾

  E. 最终目标是实现四个现代化

12. 中共十七大报告提出，加快推进以改善民生为重点的社会建设，努力使全体人民（　　）。

  A. 学有所教　　B. 劳有所得　　C. 病有所医

  D. 老有所养　　　　　　　　　　E. 住有所居

13. 中共十八大对全面建成小康社会的目标提出的新要求是（　　）。

　　A. 经济持续健康发展
　　B. 人民民主不断扩大
　　C. 文化软实力显著增强
　　D. 人民生活水平全面提高
　　E. 资源节约型、环境友好型社会建设取得重大进展

14. 中共十八大报告指出："在新的历史条件下夺取中国特色社会主义新胜利，必须牢牢把握以下基本要求，并使之成为全党全国各族人民的共同信念。"这些"基本要求"包括（　　）。

　　A. 必须坚持人民主体地位；必须坚持解放和发展社会生产力
　　B. 必须坚持推进改革开放；必须坚持维护社会公平正义
　　C. 必须坚持走共同富裕道路；必须坚持促进社会和谐
　　D. 必须坚持和平发展；必须坚持党的领导

15. 中共十八大报告提出我们一定要毫不动摇坚持、与时俱进发展中国特色社会主义，不断丰富中国特色社会主义的（　　）。

　　A 实践特色　　　　　　　B 理论特色
　　C 民族特色　　　　　　　D 时代特色

16. 中共十八大报告提出要建设（　　）马克思主义执政党，确保党始终成为中国特色社会主义事业的坚强领导核心。

　　A 学习型　　　　　　　　B 服务型
　　C 创新型　　　　　　　　D 先进型

17. 中共十八大后，中国共产党开展了以（　　）为主要内容的党的群众路线教育实践活动，取得了显著成效，获得了人民群众的衷心拥护。

　　A 为民　　　　　　　　　B 务实
　　C 公正　　　　　　　　　D 清廉

18. "中国梦"的基本内涵是（　　）。

　　A. 国家富强　　　　　　　B. 民族振兴
　　C. 社会繁荣　　　　　　　D. 人民幸福

19. 实现"中国梦"的重要遵循是（　　）。
   A. 坚持中国道路　　　　　　B. 弘扬中国精神
   C. 凝聚中国力量　　　　　　D. 发展中国理论
20. 党的十八大以来，党中央从坚持和发展中国特色社会主义全局出发，提出并形成了（　　）的战略布局。
   A. 全面建成小康社会　　　　B. 全面深化改革
   C. 全面依法治国　　　　　　D. 全面从严治党

多选题参考答案

1. AB　2. BCDE　3. BCDE　4. AB　5. ABCE　6. BCD　7. ACD
8. ABCD　9. ABC　10. ABCDE　11. ABCD　12. ABCDE
13. ABCDE　14. ABCD　15. ABCD　16. ABC　17. ABD　18. ABD
19. ABC　20. ABCD

三、思考题

1. 简述关于真理标准问题大讨论的意义是什么？

1978年开始的关于真理标准问题的大讨论，强调实践是检验真理的唯一标准。这场讨论，是继延安整风之后又一场马克思主义思想解放运动，成为拨乱反正和改革开放的思想先导，为中国共产党重新确立实事求是的思想路线，纠正长期以来的"左"倾错误，实现历史性的转折，做了思想理论准备。

2. 为什么说中共十一届三中全会是新中国成立以来的伟大历史转折？

中共十一届三中全会是新中国成立以来中国共产党历史上具有深远意义的伟大转折，也是共和国历史上的一个伟大转折点。全会从根本上冲破了长期"左"倾错误的束缚，重新确立了马克思主义的思想路线、政治路线和组织路线，形成了以邓小平为核心的中国共产党第二代中央领导集体，结束了1976年10月以来党和国家工作在徘徊中前进的局面，开始全面认真地纠正"文化大革命"及其以前的"左"倾错误。全会做出把党和国家工作重心转移到社会主义现代化建设上来和实行改革开放的伟大决策，因而成为开辟中国特色社会主义道路、开创中国社会主义事业发展新时期的伟大起点。

3. 中共十三大提出的社会主义初级阶段理论和中国共产党的基本路线的内容是什么？

中共十三大指出，我国目前正处于社会主义初级阶段。这个论断包括两层含义：第一，我国社会已经是社会主义社会，必须坚持而不能离开社会主义；第二，我国的社会主义社会还处在初级阶段，必须从这个实际出发而不能超越这个阶段。

中共十三大确立的中国共产党在社会主义初级阶段的基本路线是：领导和团结全国各族人民，以经济建设为中心，坚持四项基本原则，坚持改革开放，自力更生，艰苦创业，为把我国建设成为富强、民主、文明的社会主义现代化国家而奋斗（2007年中共十七大又把"和谐"写入了基本路线的表述之中）。

4. 邓小平南方谈话的主要内容及其意义是什么？

1992年1月18日至2月21日，邓小平先后视察武昌、深圳、珠海、上海等地，发表了一系列重要谈话。

邓小平强调，革命是解放生产力，改革也是解放生产力。基本路线要管一百年，动摇不得。改革开放胆子要大一些，敢于试验。看准了的，就大胆地试，大胆地闯。判断的标准，应该主要看是否有利于发展社会主义社会的生产力，是否有利于增强社会主义国家的综合国力，是否有利于提高人民的生活水平。

邓小平指出，计划多一点还是市场多一点，不是社会主义与资本主义的本质区别。社会主义的本质，是解放生产力，发展生产力，消灭剥削，消除两极分化，最终达到共同富裕。

邓小平强调，发展才是硬道理。抓住时机，发展自己，关键是发展经济。科学技术是第一生产力。经济发展得快一点，必须依靠科技和教育。高科技领域，中国也要在世界占有一席之地。

邓小平指出，要坚持两手抓，一手抓改革开放，一手抓打击各种犯罪活动。这两只手都要硬。在整个改革开放过程中都要反对腐败。

邓小平的南方谈话，在重大历史关头，科学总结了中共十一届三中全会以来改革开放的基本经验，明确回答了长期困扰和束缚人们思想的许多重大认识问题，不仅对开好中共十四大、推进改革开放具有十分重要的指导作用，而且对整个社会主义现代化建设事业具有重大而深远的意义。

5. 中共十一届三中全会以来，中国特色社会主义事业取得了哪些主要成就？

十一届三中全会以来，中国共产党领导全国各族人民开创了中国特色社会主义道路，取得了改革开放和社会主义现代化建设的巨大成就。具体体现在以下十个方面：

第一，国民经济保持了持续健康快速发展，现代化建设事业稳步推进，我国的综合国力和国际竞争力显著提高，人民生活水平总体达到小康。

第二，社会主义市场经济体制已经初步建立并不断完善，各项改革事业也取得了重大进展。

第三，对外开放取得新突破，已经形成了全方位、多层次、宽领域的对外开放格局。

第四，社会主义民主政治建设取得重要进展，我国的基本政治制度进一步巩固和完善，依法治国基本方略得到深入贯彻。

第五，社会主义精神文明建设成效显著。

第六，民族政策和宗教政策也得到了全面落实。

第七，"一国两制"构想在香港和澳门的成功实践，极大地推进了祖国统一大业。

第八，我们坚定不移走中国特色的精兵之路，国防和军队建设迈出了新步伐。

第九，坚持独立自主的和平外交政策，积极开展全方位的外交并取得了新的进展。

第十，全面推进了党的建设新的伟大工程。

6. 改革开放以来中国特色社会主义事业的主要经验有哪些？

在改革开放的历史进程中，中国共产党取得了在一个十几亿人口的发展中大国摆脱贫困、加快实现现代化、巩固和发展社会主义的宝贵经验。这主要体现在十个方面的结合：

一是把坚持马克思主义基本原理同推进马克思主义中国化结合起来；

二是把坚持四项基本原则同坚持改革开放结合起来；

三是把尊重人民首创精神同加强和改善党的领导结合起来；

四是把坚持社会主义基本制度同发展市场经济结合起来；

五是把推动经济基础变革同推动上层建筑改革结合起来；

六是把发展社会生产力同提高全民族文明素质结合起来；

七是把提高效率同促进社会公平结合起来；

八是把坚持独立自主同参与经济全球化结合起来；

九是把促进改革发展同保持社会稳定结合起来；

十是把推进中国特色社会主义伟大事业同党的建设的伟大工程结合起来。

这"十个结合"，是社会主义建设规律探索的理论成果，是社会主义建设经验教训的科学总结。我们一定要倍加珍惜、长期坚持和发展这"十个结合"的宝贵经验，站在新的历史起点上，把中国特色社会主义推向前进。

7. 中国特色社会主义道路、中国特色社会主义理论体系、中国特色社会主义制度的基本内涵和相互关系是什么？

中国特色社会主义道路，就是在中国共产党领导下，立足基本国情，以经济建设为中心，坚持四项基本原则，坚持改革开放，解放和发展社会生产力，建设社会主义市场经济、社会主义民主政治、社会主义先进文化、社会主义和谐社会、社会主义生态文明，促进人的全面发展，逐步实现全体人民共同富裕，建设富强民主文明和谐的社会主义现代化国家。

中国特色社会主义理论体系，就是包括邓小平理论、"三个代表"重要思想、科学发展观在内的科学理论体系，是对马克思列宁主义、毛泽东思想的坚持和发展。

中国特色社会主义制度，就是人民代表大会制度的根本政治制度，中国共产党领导的多党合作和政治协商制度、民族区域自治制度以及基层群众自治制度等基本政治制度，中国特色社会主义法律体系，公有制为主体、多种所有制经济共同发展的基本经济制度，以及建立在这些制度基础上的经济体制、政治体制、文化体制、社会体制等各项具体制度。

中国特色社会主义道路是实现途径，中国特色社会主义理论体系是行动指南，中国特色社会主义制度是根本保障，三者统一于中国特色社会主义伟大实践，这是党领导人民在建设社会主义长期实践中形成的最鲜明特色。

8. 在新的历史条件下夺取中国特色社会主义新胜利，必须牢牢把握的基本要求是什么？

一是必须坚持人民主体地位，因为中国特色社会主义是亿万人民自己的事业；

二是必须坚持解放和发展社会生产力，这是中国特色社会主义的根本任务；

三是必须坚持推进改革开放，这是坚持和发展中国特色社会主义的必由之路；

四是必须坚持维护社会公平正义，这是中国特色社会主义的内在要求；

五是必须坚持走共同富裕道路，这是中国特色社会主义的根本原则；

六是必须坚持促进社会和谐，这是中国特色社会主义的本质属性；

七是必须坚持和平发展，这是中国特色社会主义的必然选择；

八是必须坚持党的领导，因为中国共产党是中国特色社会主义事业的领导核心。

四、材料分析题

（一）阅读下列材料，并回答问题。

材料一：一个世纪以来，中国人民在前进道路上经历了三次历史性的巨大变化，产生了三位站在时代前列的伟大人物：孙中山、毛泽东、邓小平。

第一次是辛亥革命,推翻统治中国几千年的君主专制制度。这是孙中山领导的。他首先喊出"振兴中华"的口号,开创了完全意义上的近代民族民主革命。辛亥革命未能改变旧中国的社会性质和人民的悲惨境遇,但为中国的进步打开了闸门,使反动统治秩序再也无法稳定下来。

第二次是中华人民共和国的成立和社会主义制度的建立。这是中国共产党成立后,在以毛泽东为核心的第一代领导集体的领导下完成的。经过北伐、土地革命、抗日战争和解放战争,推翻了帝国主义、封建主义、官僚资本主义三座大山,中国人民从此站起来了,并且从新民主主义走上社会主义道路,取得建设社会主义的巨大成就。这是中国从古未有的人民革命的大胜利,也是社会主义和民族解放的具有世界意义的大胜利。

……

——江泽民:《高举邓小平理论伟大旗帜,把建设有中国特色社会主义事业全面推向二十一世纪——在中国共产党第十五次全国代表大会上的报告》(1997年9月12日),《人民日报》1997年9月13日。

材料二:中国共产党已经走过了85年不平凡的历程。在这85年里,我们党紧紧依靠和紧密团结全国各族人民,干了三件大事。

在新民主主义革命时期,我们经过28年艰苦卓绝的斗争,推翻了帝国主义、封建主义、官僚资本主义的反动统治,实现了民族独立和人民解放,建立了人民当家作主的新中国。

在社会主义革命和建设时期,我们确立了社会主义基本制度,在一穷二白的基础上建立了独立的比较完整的工业体系和国民经济体系,使古老的中国以崭新的姿态屹立在世界的东方。

……

这三件大事,从根本上改变了中国人民的前途命运,决定了中国历史的发展方向,在世界上产生了深刻而广泛的影响。"

——胡锦涛:《在庆祝中国共产党成立85周年暨总结保持共产党员先进性教育活动大会上的讲话》(2006年6月30日)《人民日报》2006年7月10日。

请回答:(1)材料一所指出的20世纪中国人民在前进道路上经历的第三次历史性的巨大变化是什么?如何评价?

(2)材料二所指出的中国共产党成立以来所干的第三件大事是什么?

(3)20世纪以来,中国社会百年巨变得出的历史结论是什么?

参考答案要点:(1)材料一所指出的20世纪中国人民在前进道路上经历的第三次历史性的巨大变化是改革开放,为实现社会主义现代化而奋斗。这是在以邓小平为核心的中国共产党第二代领导集体的领导下开始的新的革命,是在新中国成立以来革命和建设成就的基础上,中国共产党总结历史经验和教训,成功走出的一条建设有中国特色社会主义的新道路,它使社会主义在中国显示的蓬勃生机和活力,为全世界所瞩目。

(2)材料二所指出的中国共产党成立以来所干的第三件大事是,在改革开放和社会主义现代化建设时期,成功开创了中国特色社会主义道路,坚持以经济建设为中心、坚持四项基本原则、坚持改革开放,初步建立起社会主义市场经济体制,大幅度提高了我国的综合国力和人民生活水平,为全面建设小康社会、基本实现社会主义现代化开辟了广阔的前景。

(3)20世纪以来,中国社会百年巨变得出的历史结论是:只有中国共产党才能领导中国人民取得民族独立、人民解放和社会主义的胜利,才能开创建设有中国特色社会主义的道路,实现民族振兴、国家富强和人民幸福。

(二)阅读下列材料,并回答问题

材料一:从许多方面来说,现在我们还是把毛泽东同志已经提出、但是没有做的事情做起来,把他反对错了的改正过来,把他没有做好的事情做好。今后相当长的时期,还是做这件事。当然,我们也有发展,而且还要继续发展。

——邓小平:《对起草〈关于建国以来党的若干历史问题的决议〉的意见》(1980年3月—1981年6月),《邓小平文选》第二卷,人民出版社1994年版,第300页。

材料二：我们党正在带领全国各族人民进行的改革开放和社会主义现代化建设，是新中国成立以后我国社会主义建设伟大事业的继承和发展，是近代以来中国人民争取民族独立、实现国家富强伟大事业的继承和发展。

——胡锦涛：《高举中国特色社会主义伟大旗帜 为夺取全面建设小康社会新胜利而奋斗——在中国共产党第十七次全国代表大会上的报告》（2007年10月15日），《人民日报》2007年12月25日。

请回答：（1）材料一表达了几层意思？联系新时期改革开放和社会主义现代化建设的历史，从中可以得到哪些启示？

（2）材料二为什么说改革开放和社会主义现代化建设是新中国成立以后我国社会主义建设伟大事业的继承和发展？

（3）材料二为什么说改革开放和社会主义现代化建设不仅是新中国成立以后我国社会主义建设伟大事业的继承和发展，而且还是近代以来中国人民争取民族独立、实现国家富强伟大事业的继承和发展？

参考答案要点：（1）材料一包括了四层含义：一是要把前人提出来、设想过但没有去做的事情做起来；二是要把前人做错的事情改正过来；三是要把前人做得不够好的事情进一步完善起来；四是要做前人没有遇到过的新事情。邓小平的这段谈话，清晰阐明了改革开放的历史继承性和时代发展性，深刻揭示了这一发展新路同毛泽东那一代人的奠基和探索之间的密切内在联系：前三句话，强调我们实行的改革开放，是在以毛泽东为核心的党的第一代中央领导集体初步探索适合我国国情的社会主义建设道路的基础上，吸取正反两个方面的历史经验，根据新的时代条件和发展要求开辟出来的；后一句话，强调我们在改革开放新的伟大革命中，既要继承前人，又要与时俱进，根据新的时代条件和发展要求不断超越前人，进行新的探索，实现创新和突破。

（2）改革开放前和改革开放后两个历史时期，就其历史发展的本质而言，都是中国共产党领导人民进行社会主义建设的实践探索。虽然在进行社会主义建设的思想指导、方针政策、实际工作上有很大差别，但两者决不是彼此割裂的，更不是根本对立的。应当看到，中国特色社会主义是在改革开放历史新时期开创的，但也是在新中国已经建立起社会主义基本制度、并进行了20多年建设的基础上开创的。以毛泽东为主要代表的中国共产党人带领全党全国各族人民完成了新民主主义革命，进行了社会主义改造，确立了社会主义基本制度，成功实现了中国历史上最深刻最伟大的社会变革，为当代中国一切发展进步奠定了根本政治前提和制度基础，并在此基础上，建立起独立的、比较完整的工业体系和国民经济体系，积累了在中国这样一个社会生产力水平十分落后的东方大国进行社会主义建设的重要经验，取得了独创性的理论成果和奠基性的建设成就，为新的历史时期开创中国特色社会主义提供了宝贵经验、理论准备、物质基础。正是在前一历史时期艰辛探索的基础上，中国共产党领导人民在改革开放和社会主义现代化建设新时期成功开创了中国特色社会主义，并在进入新世纪新阶段后的新的历史起点上坚持和发展了中国特色社会主义。

（3）鸦片战争后，中国成为半殖民地半封建国家，中华民族面对着两大历史任务：一个是求得民族独立和人民解放；一个是实现国家繁荣富强和人民共同富裕。这也是近代以来中华民族要实现伟大复兴必须完成的两大历史任务。从两大历史任务的关系看，前一任务为后一任务扫清障碍、创造必要的前提，后一任务则是在完成前一任务的基础上进行的，因此说，改革开放和社会主义现代化建设不仅是新中国成立以后我国社会主义建设伟大事业的继承和发展，而且是近代以来中国人民争取民族独立、实现国家富强伟大事业的继承和发展。

（三）阅读下列材料，并回答问题

材料一：在改革开放新时期，邓小平同志成为党的第二代中央领导集体的核心，为开创中国特色社会主义作出了历史性贡献。

——习近平：《在纪念邓小平同志诞辰110周年座谈会上的讲话》（2014年8月20日），《人民日报》2014年8月21日。

材料二：解放思想、实事求是贯穿于邓小平同志全部思想和实践活动中，是邓小平理论的鲜明特征。

——刘云山：《在全国纪念邓小平同志诞辰110周年学术研讨会上

的讲话》（2014年8月21日），《人民出版社》（2014年8月22日）。

请回答：（1）材料一为什么高度评价邓小平为开创中国特色社会主义作出了历史性贡献？

（2）材料二为什么说解放思想、实事求是邓小平理论的鲜明特征。？

参考答案要点：（1）"文化大革命"结束，"中国向何处去"成为摆在中国人民面前头等重要的问题。邓小平强调实事求是是毛泽东思想的精髓，旗帜鲜明反对"两个凡是"的错误观点，支持和领导开展真理标准问题的讨论，推动进行各方面的拨乱反正。在他的指导下，1978年12月召开的中共十一届三中全会，重新确立了解放思想、实事求是的思想路线，停止使用"以阶级斗争为纲"的错误提法，确定把全党工作的着重点转移到社会主义现代化建设上来，做出实行改革开放的重大决策，实现了中国共产党历史上具有深远意义的伟大转折。

中共十一届三中全会后，邓小平指导中国共产党系统总结建国以来的历史经验，解决了科学评价毛泽东的历史地位和毛泽东思想的科学体系、根据新的实际和发展要求确立中国社会主义现代化建设的正确道路这样两个相互联系的重大历史课题，彻底否定了"文化大革命"的错误实践和理论，坚决顶住否定毛泽东和毛泽东思想的错误思潮，为党和国家发展确定了正确方向。

改革开放和社会主义现代化进程中，邓小平紧紧抓住"什么是社会主义、怎样建设社会主义"这个基本问题，响亮提出"走自己的道路，建设有中国特色的社会主义"的伟大号召，领导中国共产党在新中国成立以来革命和建设实践的基础上，成功走出了一条中国特色社会主义新道路。

（2）粉碎"四人帮"以后，邓小平在千头万绪中抓住决定性环节，从解决党的思想路线问题入手，支持和领导开展真理标准问题的讨论，旗帜鲜明反对"两个凡是"的错误观点，号召全党"解放思想，实事求是"，恢复和发展了毛泽东倡导的马克思主义思想路线。他振聋发聩地指出："一个党，一个国家，一个民族，如果一切从本本出发，思想僵化，迷信盛行，那它就不能前进，它的生机就停止了，就要亡党亡国。"正是邓小平坚持实事求是的科学态度，指导我们党系统总结新中国成立以来的历史经验，科学评价毛泽东的历史地位和毛泽东思想的科学体系，以非凡的胆略和勇气回答时代的新课题，提出一系列具有开创意义的新思想，创立了邓小平理论。因此说，邓小平理论的一个鲜明特征就是解放思想、实事求是。

第三板块：延伸思考

一、导语

随着改革开放的不断推进，改革开放前后两个历史时期的关系及评价问题，逐渐进入学术界的研究视野，特别是2008年纪念改革开放30周年和2009年纪念新中国成立60周年前后一段时间，以及2013年习近平总书记在论述改革开放前后两个历史时期关系时提出"两个不能否定"的科学论断之后，更是成为学术研究的热点。而几乎是与此同时，20世纪80年代在我国出现的历史虚无主义思潮也改头换面，将攻击的矛头从否定革命、告别革命，转向了歪曲和否定党领导人民进行社会主义建设的实践探索方面。

对改革开放前后两个历史时期的不同评价，有的属于学术上的不同观点和思想上的不同认识，有的则反映了政治立场上的尖锐对立。少数人用夸大事实、以偏概全、偷换背景、任意编造等手法，或把改革开放前一个时期的历史描绘成一连串错误的集合，攻击其为专制主义的历史；或把改革开放后一个时期的历史歪曲为背离科学社会主义原则、实行民主社会主义的历史；或把改革开放前后两个时期的历史一概否定；或把改革开放前后两个时期的历史加以割裂和对立。这些错误观点，不可避免地会对人们认识评价新中国成立以来的历史以及党领导人民进行社会主义建设的历史，形成强烈干扰，造成严重误导，带来思想上的困惑迷茫，进而影响人们对中国特色社会主义事业的信念和追求。因此，如何科学评价改革开放前后两个历史时期，以及如何正确认识党领导人民进行社会主义建设实践探索中的辉煌成就与艰辛曲折，是坚持和发展中国特色社会主义必须首先解决的重大历史观问题。

2013年1月5日，习近平总书记在新进中央委员会的委员、候补委员学习贯彻党的十八大精神研讨班开班式上指出："我们党领导人民进行社会主义建设，有改革开放前和改革开放后两个历史时期，这是两个相互联系又有重大区别的时期，但本质上都是我们党领导人民进行社会主义建设的实践探索。中国特色社会主义是在改革开放历史新时期开创的，但也是在新中国已经建立起社会主义基本制度、并进行了20多年建设的基础上开创的。虽然这两个历史时期在进行社会主义建设的思想指导、方针政策、实际工作上有很大差别，但两者决不是彼此割裂的，更不是根本对立的。不能用改革开放后的历史时期否定改革开放前的历史时期，也不能用改革开放前的历史时期否定改革开放后的历史时期。要坚持实事求是的思想路线，分清主流和支流，坚持真理，修正错误，发扬经验，吸取教训，在这个基础上把党和人民事业继续推向前进。"

历史是最好的教科书和营养剂，只有认真学好党史、国史这门必修课，才能正确认识党和国家走过的道路，从中汲取创造未来的智慧和力量。实践探索只有进行时没有完成时，深刻理解习近平总书记在论述改革开放前后两个历史时期关系时提出的"两个不能否定"科学论断，有助于增强人们对党和国家的历史认同，进而在坚定历史自信的前提下，坚定中国特色社会主义道路自信、理论自信、制度自信，认清肩负的历史使命，把握历史发展的规律，在前人实践探索的基础上进行接力奋斗，把理想蓝图变为美好现实。

二、阅读材料及点评

材料一：解放思想是当前的一个重大政治问题

解放思想，开动脑筋，实事求是，团结一致向前看，首先是解放思想。只有思想解放了，我们才能正确地以马列主义、毛泽东思想为指导，解决过去遗留的问题，解决新出现的一系列问题，正确地改革同生产力迅速发展不相适应的生产关系和上层建筑，根据我国的实际情况，确定实现四个现代化的具体道路、方针、方法和措施。

在我们的干部特别是领导干部中间，解放思想这个问题并没有完全解决。不少同志的思想还很不解放，脑筋还没有开动起来，也可以说，还处在僵化或半僵化的状态。这并不是因为他们不是好同志。这种状态是在一定历史条件下形成的。

一是因为十多年来，林彪、"四人帮"大搞禁区、禁令，制造迷信，把人们的思想封闭在他们假马克思主义的禁锢圈内，不准越雷池一步。否则，就要追查，就要扣帽子、打棍子。在这种情况下，一些人就只好不去开动脑筋，不去想问题了。

二是因为民主集中制受到破坏，党内确实存在权力过分集中的官僚主义。这种官僚主义常常以"党的领导""党的指示""党的利益""党的纪律"的面貌出现，这是真正的管、卡、压。许多重大问题往往是一两个人说了算，别人只能奉命行事。这样，大家就什么问题都用不着思考了。

三是因为是非功过不清，赏罚不明，干和不干一个样，甚至干得好的反而受打击，什么事不干的，四平八稳的，却成了"不倒翁"。在这种不成文法底下，人们就不愿意去动脑筋了。

四是因为小生产的习惯势力还在影响着人们。这种习惯势力的一个显著特点，就是因循守旧，安于现状，不求发展，不求进步，不愿接受新事物。

思想不解放，思想僵化，很多的怪现象就产生了。

思想一僵化，条条、框框就多起来了。比如说，加强党的领导，变成了党去包办一切、干预一切；实行一元化领导，变成了党政不分、以党代政；坚持中央的统一领导，变成了"一切统一口径"。违反中央政策根本原则的"土政策"要反对，但是也有的"土政策"确是从实际出发的，是得到群众拥护的。这些正确政策现在往往也受到指责，因为它"不合统一口径"。

思想一僵化，随风倒的现象就多起来了。不讲党性，不讲原则，说话做事看来头、看风向，满以为这样不会犯错误。其实随风倒本身就是一个违反共产党员党性的大错误。独立思考，敢想、敢说、敢做，固然也难免犯错误,但那是错在明处,容易纠正。

思想一僵化,不从实际出发的本本主义也就严重起来了。书上没有的,文件上没有的,领导人没有讲过的,就不敢多说一句话,多做一件事,一切照抄照搬照转。把对上级负责和对人民负责对立起来。

不打破思想僵化,不大大解放干部和群众的思想,四个现代化就没有希望。

目前进行的关于实践是检验真理的唯一标准问题的讨论,实际上也是要不要解放思想的争论。大家认为进行这个争论很有必要,意义很大。从争论的情况来看,越看越重要。一个党,一个国家,一个民族,如果一切从本本出发,思想僵化,迷信盛行,那它就不能前进,它的生机就停止了,就要亡党亡国。这是毛泽东同志在整风运动中反复讲过的。只有解放思想,坚持实事求是,一切从实际出发,理论联系实际,我们的社会主义现代化建设才能顺利进行,我们党的马列主义、毛泽东思想的理论也才能顺利发展。从这个意义上说,关于真理标准问题的争论,的确是个思想路线问题,是个政治问题,是个关系到党和国家的前途和命运的问题。

实事求是,是无产阶级世界观的基础,是马克思主义的思想基础。过去我们搞革命所取得的一切胜利,是靠实事求是;现在我们要实现四个现代化,同样要靠实事求是。不但中央、省委、地委、县委、公社党委,就是一个工厂、一个机关、一个学校、一个商店、一个生产队,也都要实事求是,都要解放思想,开动脑筋想问题、办事情。

在党内和人民群众中,肯动脑筋、肯想问题的人愈多,对我们的事业就愈有利。干革命、搞建设,都要有一批勇于思考、勇于探索、勇于创新的闯将。没有这样一大批闯将,我们就无法摆脱贫穷落后的状况,就无法赶上更谈不到超过国际先进水平。我们希望各级党委和每个党支部,都来鼓励、支持党员和群众勇于思考、勇于探索、勇于创新,都来做促进群众解放思想、开动脑筋的工作。

——邓小平:《解放思想,实事求是,团结一致向前看》(1978年12月13日),《邓小平文选》第三卷,人民出版社1994年版,第141—144页。

点评：《解放思想，实事求是，团结一致向前看》是邓小平同志在1978年12月13日的中共中央工作会议闭幕会上的讲话。这次中央工作会议为随即召开的中共十一届三中全会做了充分准备。邓小平的这个讲话实际上是三中全会的主题报告，是在"文化大革命"结束以后，中国面临向何处去的重点历史关头，冲破"两个凡是"的禁锢，开辟新时期新道路、开创建设有中国特色社会主义新理论的宣言书。邓小平在讲话中指出，解放思想是当前的一个重大政治问题，不打破思想僵化，不大大解放干部和群众的思想，四个现代化就没有希望。他号召各级党委和每个党支部，都来鼓励、支持党员和群众勇于思考、勇于探索、勇于创新，都来做促进群众解放思想、开动脑筋的工作。

材料二：处理遗留问题为的是向前看

这次会议，解决了一些过去遗留下来的问题，分清了一些人的功过，纠正了一批重大的冤案、错案、假案。这是解放思想的需要，也是安定团结的需要。目的正是为了向前看，正是为了顺利实现全党工作重心的转变。

我们的原则是"有错必纠"。凡是过去搞错了的东西，统统应该改正。有的问题不能够一下子解决，要放到会后去继续解决。但是要尽快实事求是地解决，干脆利落地解决，不要拖泥带水。对过去遗留的问题，应当解决好。不解决不好，犯错误的同志不做自我批评不好，对他们不作适当的处理不好。但是，不可能也不应该要求解决得十分完满。要大处着眼，可以粗一点，每个细节都弄清不可能，也不必要。

安定团结十分重要。加强全国各族人民的团结，首先要加强全党的团结，特别是要加强党的领导核心的团结。我们党的团结，是建立在马列主义、毛泽东思想基础上的团结。党内要分清理论是非、路线是非，要开展批评和自我批评，互相帮助，互相监督，克服各种错误思想。

对于犯错误的同志，要促进他们自己总结经验教训，认识和改正错误。要给他们考虑思索的时间。在大是大非问题上有了认识，检讨了，就要表示欢迎。对于人的处理要十分慎重。对过去的错误，处理可宽可严的，可以从宽；对今后发生的问题，要严些。对一般党员处理要宽些，对领导干部要严些，特别是对高级干部要更严些。

今后选拔干部要严格。对于那些搞打砸抢的、帮派思想严重的、出卖灵魂陷害同志的、连党的最关紧要的利益都不顾的人，决不能重用。对于看风使舵、找靠山、不讲党的原则的人，也不能轻易信任，要警惕，要教育，要促使他们改造世界观。

最近国际国内都很关心我们对毛泽东同志和对"文化大革命"的评价问题。毛泽东同志在长期革命斗争中立下的伟大功勋是永远不可磨灭的。回想在1927年革命失败以后，如果没有毛泽东同志的卓越领导，中国革命有极大的可能到现在还没有胜利，那样，中国各族人民就还处在帝国主义、封建主义、官僚资本主义的反动统治之下，我们党就还在黑暗中苦斗。所以说没有毛主席就没有新中国，这丝毫不是什么夸张。毛泽东思想培育了我们整整一代人。我们在座的同志，可以说都是毛泽东思想教导出来的。没有毛泽东思想，就没有今天的中国共产党，这也丝毫不是什么夸张。毛泽东思想永远是我们全党、全军、全国各族人民的最宝贵的精神财富。我们要完整地准确地理解和掌握毛泽东思想的科学原理，并在新的历史条件下加以发展。当然，毛泽东同志不是没有缺点、错误的，要求一个革命领袖没有缺点、错误，那不是马克思主义。我们要领导和教育全体党员、全军指战员、全国各族人民科学地历史地认识毛泽东同志的伟大功绩。

关于"文化大革命"，也应该科学地历史地来看。毛泽东同志发动这样一次"大革命"，主要是从反修防修的要求出发的。至于在实际过程中发生的缺点、错误，适当的时候作为经验教训总结一下，这对统一全党的认识，是需要的。"文化大革命"已经成为我国社会主义历史发展中的一个阶段，总要总结，但是不必匆忙去做。要对这样一个历史阶段做出科学的评价，需要做认真的研究工作，有些事要经过更长一点的时间才能充分理解和作出评价，那时再来说明这一段历史，可能会比我们今天说得更好。

——邓小平：《解放思想，实事求是，团结一致向前看》（1978年12月13日），《邓小平文选》第三卷，人民出版社1994年版，第147—149页。

点评： 邓小平在《解放思想，实事求是，团结一致向前看》的讲话中深刻指出，解决过去遗留下来的问题，原则是"有错必纠"，这是解放思想的需要，也是安定团结的需要，目的是为了向前看，是为了顺利实现全党工作重心的转变。对于国际国内都很关心的如何评价毛泽东、毛泽东思想和"文化大革命"的问题，邓小平认为应该科学地历史地来看——毛泽东不是没有缺点、错误，要求一个革命领袖没有缺点、错误，那不是马克思主义的科学态度；我们要完整地准确地理解和掌握毛泽东思想的科学原理，并在新的历史条件下加以发展；毛泽东发动"文化大革命"，主要是从反修防修的要求出发的，对于在实际过程中发生的缺点、错误，适当的时候要作为经验教训总结一下，这对统一全党的认识，是需要的。1981年6月，中共十一届六中全会审议通过了《关于建国以来党的若干历史问题的决议》，对建国32年来党的重大历史事件特别是"文化大革命"做了正确总结，科学分析了在这些事件中党的指导思想的正确和错误，分析了产生错误的主观因素和社会原因,实事求是地评价了毛泽东在中国革命中的历史地位，充分论述了毛泽东思想作为党的指导思想的伟大意义，肯定了三中全会以来逐步确立的适合国情的建设社会主义现代化强国的正确道路，进一步指明了我国社会主义事业和党的工作继续前进的方向。

材料三：改革开放30年举世瞩目的伟大成就

30年来，我们始终以改革开放为强大动力，在新中国成立以后取得成就的基础上，推动党和国家各项事业取得举世瞩目的新的伟大成就。

我们锐意推进各方面体制改革，使我国成功实现了从高度集中的计划经济体制到充满活力的社会主义市场经济体制的伟大历史转折。我们建立和完善社会主义市场经济体制,建立以家庭承包经营为基础、统分结合的农村双层经营体制，形成公有制为主体、多种所有制经济共同发展的基本经济制度，形成按劳分配为主体、多种分配方式并存的分配制度，形成在国家宏观调控下市场对资源配置发挥基础性作用的经济管理制度。在不断深化经济体制改革的同时，不断深化政治体制、文化体制、社会体制以及其他各方面体制改革，不断形成和发展符合当代中国国情、充满生机活力的新的体制机制，为我国经济繁荣发展、社会和谐稳定提供了有力制度保障。

我们不断扩大对外开放，使我国成功实现了从封闭半封闭到全方位开放的伟大历史转折。我们坚持对外开放的基本国策，打开国门搞建设，加快发展开放型经济。从建立经济特区到开放沿海、沿江、沿边、内陆地区再到加入世界贸易组织，从大规模"引进来"到大踏步"走出去"，利用国际国内两个市场、两种资源水平显著提高，国际竞争力不断增强。从1978年到2007年，我国进出口总额从206亿美元提高到21737亿美元、跃居世界第三，外汇储备跃居世界第一，对外投资大幅增长，实际使用外资额累计近10000亿美元。广泛深入的国际合作加快了我国经济发展，也为世界经济发展作出了重大贡献。

我们坚持以经济建设为中心，我国综合国力迈上新台阶。从1978年到2007年，我国国内生产总值由3645亿元增长到24.95万亿元，年均实际增长9.8%，是同期世界经济年均增长率的3倍多，我国经济总量上升为世界第四。我们依靠自己力量稳定解决了13亿人口吃饭问题。我国主要农产品和工业品产量已居世界第一，具有世界先进水平的重大科技创新成果不断涌现，高新技术产业蓬勃发展，水利、能源、交通、通信等基础设施建设取得突破性进展，生态文明建设不断推进，城乡面貌焕然一新。

我们大力发展社会主义民主政治，人民当家作主权利得到更好保障。政治体制改革不断深化，人民代表大会制度、中国共产党领导的多党合作和政治协商制度、民族区域自治制度以及基层群众自治制度日益完善，中国特色社会主义法律体系基本形成，依法治国基本方略有效实施，社会主义法治国家建设取得重要进展，公民有序政治参与不断扩大，人权事业全面发展。爱国统一战线发展壮大，政党关系、民族关系、宗教关系、阶层关系、海内外同胞关系更加和谐。

我们大力发展社会主义先进文化，人民日益增长的精神文化需求得到更好满足。社会主义核心价值体系建设取得重大进展，马克思主义思想理论建设卓有成效，群众性精神文明创建活动、公民道德建设、青少年思想道德建设全面推进，文化事业生机盎然，文化产业空前繁荣，国家文化软实力不断增强，人们精神世界日益丰富，全民族文明素质明显提高，中华民族的凝聚力和向心力显著增强。

我们大力发展社会事业，社会和谐稳定得到巩固和发展。城乡免费九年义务教育全面实现，高等教育总规模、大中小学在校生数量位居世界第一，办学质量不断提高。就业规模持续扩大，全社会创业活力明显增强。社会保障制度建设加快推进，覆盖城乡居民的社会保障体系初步形成。公共卫生服务体系和基本医疗服务体系不断健全，新型农村合作医疗制度覆盖全国。社会管理不断改进，社会大局保持稳定。

我们坚持党对军队绝对领导，国防和军队建设取得重大成就。军队革命化、现代化、正规化建设全面加强，新时期军事战略方针扎实贯彻，中国特色军事变革加速推进，中国特色精兵之路成功开辟，裁减军队员额任务顺利完成，军队武器装备建设成效显著。军队、武警部队停止一切经商活动。军政军民团结不断巩固。人民军队履行新世纪新阶段历史使命能力全面增强，在保卫祖国、建设祖国特别是抗击各种自然灾害中发挥了重要作用。

我们成功实施"一国两制"基本方针，祖国和平统一大业迈出重大步伐。香港、澳门回归祖国，"一国两制"、"港人治港"、"澳人治澳"、高度自治的方针得到全面贯彻执行，香港特别行政区、澳门特别行政区保持繁荣稳定。祖国大陆同台湾的经济文化交流和人员往来不断加强，两岸政党交流成功开启，两岸全面直接双向"三通"迈出历史性步伐，反对"台独"分裂活动斗争取得重要成果，两岸关系和平发展呈现新的前景。

我们坚持奉行独立自主的和平外交政策，全方位外交取得重大成就。我们恪守维护世界和平、促进共同发展的外交政策宗旨，同发达国家关系全面发展，同周边国家睦邻友好不断深化，同发展中国家传统友谊更加巩固。我国积极参与多边事务，承担相应国际义务。我国国际地位和国际影响显著上升，在国际事务中发挥了重要建设性作用。

我们坚持党要管党、从严治党，党的领导水平和执政水平、拒腐防变和抵御风险能力明显提高。党的建设新的伟大工程全面推进，执政能力建设和先进性建设深入进行，思想理论建设成效显著，党内民主不断扩大，党内生活准则和制度不断健全，党的各级组织不断加强，干部队伍和人才队伍朝气蓬勃，党的作风建设全面加强，党内法规更加完善，反腐倡廉建设深入推进，党领导改革开放和社会主义现代化建设能力显著提高，党在中国特色社会主义事业中的领导核心作用不断增强。

我们坚持奉行独立自主的和平外交政策，全方位外交取得重大成就。我们恪守维护世界和平、促进共同发展的外交政策宗旨，同发达国家关系全面发展，同周边国家睦邻友好不断深化，同发展中国家传统友谊更加巩固。我国积极参与多边事务，承担相应国际义务。我国国际地位和国际影响显著上升，在国际事务中发挥了重要建设性作用。

30年来，国际局势风云变幻，改革任务艰巨繁重，党和人民经历和战胜了前所未有的严峻考验和挑战。我们从容应对一系列关系我国主权和安全的国际突发事件，战胜在政治、经济领域和自然界出现的困难和风险。无论是面对东欧剧变、苏联解体和国内严重政治风波，还是面对西化、分化图谋和所谓的"制裁"，无论是面对历史罕见的洪涝、雨雪冰冻、地震等重大自然灾害和非典等重大疫病，还是面对亚洲金融危机和当前这场国际金融危机，党和人民始终同心同德、奋勇向前。特别是在决定党和国家前途命运的重大历史关头，我们党紧紧依靠全国各族人民，坚持党的十一届三中全会以来的路线不动摇，排除各种干扰，坚定不移地捍卫中国特色社会主义伟大事业，保证了改革开放和社会主义现代化建设航船始终沿着正确方向破浪前进。今年以来，抗击南方部分地区严重低温雨雪冰冻灾害和四川汶川特大地震灾害斗争取得重大胜利，北京奥运会、残奥会圆满成功，神舟七号载人航天飞行任务顺利完成，应对国际金融危机取得积极成效，这些都生动展现了在改革开放中不断发展壮大的中国共产党和中国社会主义国家政权的伟大力量，展现了阔步前进的13亿中国人民的伟大力量，展现了改革开放的伟大力量，展现了中国特色社会主义的伟大力量。

经过30年的不懈奋斗，我们胜利实现了我们党提出的现代化建设"三步走"战略的前两步战略目标，正在向第三步战略目标阔步前进。

30年的伟大成就，为我们党、我们国家、我们人民继续前进奠定了坚实基础。实践充分证明，党的十一届三中全会以来我们党团结带领人民开辟的中国特色社会主义道路、形成的理论和路线方针政策是完全正确的。党的十一届三中全会的伟大意义和深远影响，已经、正在并将进一步在党和国家事业蓬勃发展的进程中充分显现出来。

——胡锦涛：《在纪念党的十一届三中全会召开30周年大会上的讲话》（2008年12月18日），人民出版社2008年版。

点评：2008年是中共十一届三中全会召开30周年，12月18日，中共中央隆重举行纪念大会，时中共中央总书记、国家主席、中央军委主席胡锦涛发表重要讲话。这篇讲话高度评价了党的十一届三中全会在我们党和国家历史发展上的重要地位和伟大意义，深刻总结了30年来我们党领导人民进行改革开放和社会主义现代化建设取得的伟大成就和宝贵经验，鲜明地强调在新的国内国际形势下和新的历史起点上，必须坚定不移地坚持党的十一届三中全会以来开创的中国特色社会主义道路，继续推进改革开放和社会主义现代化事业。

材料四：正确看待改革开放前后两个历史时期

一、新中国成立以来的历史包括改革开放前后两个历史时期，两个时期都不能否定。

路是一步一步走过来的，跨出第一步，才有第二步。我们党领导的革命、建设、改革，也是一脉相承、薪火相传、生生不息的壮丽事业。新中国取得的一切成就，都是在新民主主义革命胜利基础上接续奋斗、接力探索的结果。以党的十一届三中全会为标志，新中国历史分为改革开放前后两个历史时期。无数事实表明，这两个历史时期都是不能否定的。

（一）改革开放前的历史，是党领导全国各族人民进行社会主义革命和建设并取得巨大成就的历史。

我们党自诞生之日起，就以实现中华民族伟大复兴为己任，肩负起争取民族独立、人民解放和实现国家富强、人民富裕这两大历史任务。党领导人民完成新民主主义革命，实现了中国人民梦寐以求的民族独立、人民解放。这就为在中国建立社会主义制度、进行社会主义建设扫清了障碍，为实现国家富强、人民富裕进而实现中华民族伟大复兴提供了根本政治前提。

改革开放前的奋斗探索，是承接新民主主义革命胜利成果而开始的新的伟大历史进军。新中国成立后，以毛泽东同志为核心的党的第一代中央领导集体领导人民建立和巩固人民民主专政的国家政权，创造性地实现从新民主主义到社会主义的转变，全面确立社会主义基本制度，成功实现了中国历史上最深刻最伟大的社会变革。党不失时机地提出过渡时期总路线，经过社会主义改造，建立起社会主义基本经济制度。党还领导人民建立起人民代表大会制度、中国共产党领导的多党合作和政治协商制度、民族区域自治制度，确立了马克思主义在意识形态领域的指导地位。社会主义制度的确立，符合中国国情和人民根本利益，为当代中国一切发展进步奠定了根本制度基础。

社会主义制度基本建立后，如何在中国建设社会主义，是党面临的崭新课题。党曾经号召学习苏联经验，但很快察觉到苏联模式的局限。毛泽东同志提出把马克思列宁主义同中国实际进行"第二次结合"的任务，要以苏联的经验教训为鉴戒，独立探索适合中国国情的社会主义建设道路。经过实践探索，党积累了领导社会主义建设的重要经验。党团结带领人民全力推进社会主义建设，取得了巨大成就。对改革开放前历史时期的探索成果和巨大成就，必须充分肯定。

毋庸讳言，由于党领导社会主义事业的经验不多，党的领导对形势的分析和对国情的认识有主观主义偏差，也犯过把阶级斗争扩大化、在所有制问题上急于求纯和在经济建设上急于求成的错误。在后来的实践中，由于党在指导思想上"左"倾错误的发展，又发生了"文化大革命"这样全局性的、长时间的严重错误，使党的探索进程遭受严重挫折，给党、国家和各族人民带来严重灾难。这些刻骨铭心的教训，是我们永远不能忘却的。也就是说，不能否定改革开放前的历史时期，那是从整体上说的，并不意味着要忽视甚至掩盖"文化大革命"前和"文化大革命"的错误。对于"文化大革命"前的错误，党的十一届六中全会通过《关于建国以来党的若干历史问题的决议》（以下简称"历史决议"）已经作出科学分析和客观评价；对于"文化大革命"，"历史决议"更是从根本上作出彻底否定的明确结论,指出"'文化大革命'不是也不可能是任何意义上的革命或社会进步"。这些,都是我们必须继续坚持的。

改革开放前的历史时期是同毛泽东同志紧密联系在一起的。不能否定改革开放前的历史时期,也并不意味着要忽视甚至掩盖毛泽东同志晚年的错误。同时,也不能人为夸大毛泽东同志晚年的错误,更不能全盘否定毛泽东同志和毛泽东思想,如果这样做,既违背历史事实和人民意愿,也势必造成十分严重的政治后果。邓小平同志指出:"对毛泽东同志的评价,对毛泽东思想的阐述,不是仅仅涉及毛泽东同志个人的问题,这同我们党、我们国家的整个历史是分不开的。要看到这个全局。"邓小平同志郑重地提出这个重大问题,其基本精神同"历史决议"是完全一致的。"历史决议"指出:"毛泽东同志是伟大的马克思主义者,是伟大的无产阶级革命家、战略家和理论家。他虽然在'文化大革命'中犯了严重错误,但是就他的一生来看,他对中国革命的功绩远远大于他的过失。他的功绩是第一位的,错误是第二位的。"我们要深刻领会这一论断的精神实质,理直气壮地肯定毛泽东同志的历史地位和毛泽东思想,实事求是地评价改革开放前的历史时期。

(二)改革开放后的历史,是党领导全国各族人民成功开创和发展中国特色社会主义的历史。

1978年党的十一届三中全会重新确立解放思想、实事求是的思想路线,作出把党和国家工作中心转移到经济建设上来、实行改革开放的历史性决策,实现了新中国成立以来党的历史上具有深远意义的伟大转折。以邓小平同志为核心的党的第二代中央领导集体顺应时代要求和人民期待,以巨大的政治勇气和理论勇气推进改革开放,并明确提出必须搞清楚什么是社会主义、怎样建设社会主义这个重大理论和实践问题。邓小平同志指出:"我们的经验教训有许多条,最重要的一条,就是要搞清楚这个问题。"正因为这样尖锐地提出问题,才有了邓小平同志对这些重大问题的深入探索和开创性科学回答。1981年,党的十一届六中全会作出"历史决议",标志着党胜利地完成了指导思想上的拨乱反正。1982年,邓小平同志在党的十二大上发出"走自己的道路，建设有中国特色的社会主义"的响亮号召。经过实践探索，党进一步提出了社会主义初级阶段理论，确立了党在社会主义初级阶段的基本路线，深刻揭示了社会主义的本质。邓小平同志深刻总结历史经验和新鲜经验，第一次比较系统地初步回答了在中国这样一个经济文化比较落后的国家如何建设社会主义、如何巩固和发展社会主义的一系列基本问题，用新的思想观点继承和发展了马克思列宁主义、毛泽东思想，开拓了马克思主义新境界，把对社会主义的认识提高到新的科学水平，成功开创了中国特色社会主义。

中国特色社会主义是不断发展、与时俱进的。党的十三届四中全会以后，以江泽民同志为核心的党的第三代中央领导集体成功地把中国特色社会主义推向21世纪。新世纪新阶段，以胡锦涛同志为总书记的党中央成功地在新的历史起点上坚持和发展了中国特色社会主义。党的十八大以来，以习近平同志为总书记的党中央团结带领全国各族人民，实现了夺取中国特色社会主义新胜利的良好开局。30多年来，党领导人民坚持和拓展中国特色社会主义道路，坚持和丰富包括邓小平理论、"三个代表"重要思想、科学发展观在内的中国特色社会主义理论体系，坚持和完善中国特色社会主义制度，使中国特色社会主义焕发出勃勃生机和旺盛活力。

中国特色社会主义一经根植于中华大地，便显示出强大的生命力和感召力，成为引领当代中国发展进步的光辉旗帜。30多年来，党领导人民谱写了改革开放和社会主义现代化建设新的壮丽篇章。经济建设、政治建设、文化建设、社会建设、生态文明建设取得举世瞩目的巨大成就，党的自身建设大大加强。我国社会生产力、综合国力大幅提升，科技实力、国防实力显著增强。1978年至2012年，国内生产总值由3645亿元增长到51.93万亿元，成为世界第二大经济体。人民生活实现了从温饱不足到总体小康的历史性跨越。今天的中国，人民意气风发，发展日新月异，社会活力迸发，国际地位显著提高。在中国这样一个人口众多、经济文化十分落后的东方大国，在如此短的时间内，以如此快的速度，呈现如此大的变化，这的确是了不起的成就。在此过程中出现一些人们普遍关注而亟待解决的问题是正常的、不奇怪的，决不能因此而否定改革开放后的历史时期。早在1981年，"历史决议"就曾指出："三中全会以来，我们党已经逐步确立了一条适合我国情况的社会主义现代化建设的正确道路。这条道路还将在实践中不断充实和发展，但是它的主要点，已经可以从建国以来正反两方面的经验、特别是'文化大革命'的教训中得到基本的总结。"从那以后，党和国家又走过了32年。30多年来，党始终清醒地认识、科学地应对前进道路上出现的问题，坚持用发展的思路解决发展中遇到的困难，用改革的办法解决改革中出现的问题，依靠人民攻坚克难、继续前进，使中国特色社会主义道路越走越宽广。实践雄辩地证明，中国特色社会主义是当代中国发展进步的根本方向和唯一正确道路，只有中国特色社会主义才能发展中国。改革开放后的历史时期的正确方向和巨大成就，必须充分肯定。

二、改革开放前后两个历史时期本质上都是党领导人民进行社会主义建设的实践探索，不能相互否定。

站在中国特色社会主义事业发展全局看，改革开放前后两个历史时期既有重大区别，又有本质联系。我们要坚持辩证唯物主义和历史唯物主义的基本观点，在充分肯定各自历史贡献、充分注意各自历史特点基础上，牢牢把握两个历史时期的辩证统一，决不能相互否定。

（一）改革开放前社会主义的实践探索为改革开放后社会主义的实践探索提供了重要条件。

中国特色社会主义是在改革开放历史新时期开创的，但也是在新中国已经建立起社会主义基本制度并进行20多年建设的基础上开创的。党的十八大高度评价以毛泽东同志为核心的党的第一代中央领导集体对探索适合中国国情的社会主义建设道路作出的重要贡献，强调党在社会主义建设中取得的独创性理论成果和巨大成就，为新的历史时期开创中国特色社会主义提供了宝贵经验、理论准备、物质基础。这是完全符合历史事实的正确结论。

1956年党的八大前后，以毛泽东同志发表《论十大关系》《关于正确处理人民内部矛盾的问题》等为主要标志，党对适合中国国情的社会主义建设道路的探索有了一个良好开端。经过实践探索特别是总结经验教训，党就探索这条道路逐步形成了一些十分重要而又具有长远指导意义的思想观点。主要是：生产力和生产关系、经济基础和上层建筑的矛盾是社会主义社会的基本矛盾，人民对于经济文化迅速发展的需要同当前经济文化不能满足人民需要的状况之间的矛盾是我国国内的主要矛盾，发展生产力是根本任务；要把党和国家的工作重点转到技术革命和社会主义建设上来；要坚持以农业为基础和工业为主导，以农轻重为序安排国民经济，走一条中国工业化的道路；社会主义发展目标是建设现代工业、现代农业、现代科学技术、现代国防；社会主义可分为"不发达"和"比较发达"两个阶段；必须扩大社会主义民主，坚持民主集中制，加强社会主义法制建设，反对领导机关和领导干部官僚化、特殊化；必须正确区分和处理敌我矛盾和人民内部矛盾，等等。党还提出了建设社会主义经济、政治、文化以及国防和军队建设、外交工作等一系列重要指导方针和政策主张。尽管上述正确的思想观点和方针政策有的并没有得到贯彻落实，有的没有坚持下去，但党在这一时期的经验总结和认识成果，为开创和发展中国特色社会主义提供了重要思想来源。中国特色社会主义理论体系对毛泽东思想的继承和发展，不仅包括对毛泽东思想活的灵魂即实事求是、群众路线、独立自主的继承和发展，也包括对探索中正确的经验总结和独创性理论成果的继承和发展。正如习近平同志所指出的："毛泽东同志带领我们党在艰辛探索中形成的重要思想成果，是我们党的宝贵财富，也是中国特色社会主义理论体系的重要思想来源。"

新中国成立后，党领导人民恢复国民经济并开展有计划的经济建设，实施并提前完成第一个五年计划。社会主义基本制度建立后，党领导人民开展全面的社会主义建设，尽管经历严重曲折，但各方面建设仍取得了巨大成就。其中最重要的成就是在"一穷二白"基础上建立了独立的比较完整的工业体系和国民经济体系，使古老的中国以崭新的姿态巍然屹立于世界东方。经济发展速度尽管有起伏，但总体上看还是比较快的。1952 年至 1978 年，工农业总产值年均增长 8.2%，其中工业年均增长 11.4%。我国经济实力、科技实力、国防实力显著增强。国内生产总值从 1952 年的 679 亿元增加到 1978 年的 3645 亿元。

这个数字虽然不是很高,但在原有基础上的增长还是比较明显的。以"两弹一星"为代表的尖端科学技术取得重大突破。邓小平同志后来评价说:"如果六十年代以来中国没有原子弹、氢弹,没有发射卫星,中国就不能叫有重要影响的大国,就没有现在这样的国际地位。这些东西反映一个民族的能力,也是一个民族、一个国家兴旺发达的标志。"随着经济发展,人民生活水平逐步得到提高。总的来看,改革开放后的历史时期所赖以进行社会主义现代化建设的物质技术基础,是在这个时期建设起来的;经济文化建设等方面的骨干力量和他们的工作经验也是在这个时期培养和积累起来的。这是这个时期党的工作的主导方面。

历史已经证明,如果没有1949年建立新中国并进行社会主义革命和建设,积累了重要的思想、物质、制度条件,积累了正反两方面经验,改革开放就很难顺利推进,中国特色社会主义也很难成功开创。

(二)改革开放后社会主义的实践探索是对改革开放前社会主义实践探索的坚持、改革、发展。

早在改革开放初期,邓小平同志就指出:"现在我们还是把毛泽东同志已经提出、但是没有做的事情做起来,把他反对错了的改正过来,把他没有做好的事情做好。今后相当长的时期,还是做这件事。"事实正是如此,党在改革开放前的社会主义实践探索中提出的许多正确主张,在改革开放后得到了真正贯彻;改革开放后的社会主义实践探索,是对改革开放前社会主义实践探索的坚持、改革、发展。历史就是这样在矛盾运动中发展进步的。

改革开放之初,党就强调要坚持中国共产党的领导和社会主义制度。邓小平同志指出:"我们实行改革开放,这是怎样搞社会主义的问题。作为制度来说,没有社会主义这个前提,改革开放就会走向资本主义。"他强调:"一个公有制占主体,一个共同富裕,这是我们必须坚持的社会主义的根本原则。"面对社会上有人鼓吹照抄照搬西方制度的思潮,党及时地、旗帜鲜明地提出必须在思想政治上坚持四项基本原则,即必须坚持社会主义道路,坚持无产阶级专政即人民民主专政,坚持共产党的领导,坚持马克思列宁主义、毛泽东思想,强调这是立国之本，从而保证了改革开放从一起步就具有坚定明确的社会主义方向。

党强调改革是新的时代条件下进行的新的伟大革命，是社会主义制度的自我完善和发展。改革开放使我国成功实现了从高度集中的计划经济体制到充满活力的社会主义市场经济体制、从封闭半封闭到全方位开放的伟大历史转折。如果没有1978年党果断决定实行改革开放，并坚定不移推进改革开放，坚定不移把握改革开放的正确方向，社会主义中国就不可能有今天这样的大好局面。历史证明，改革开放是决定当代中国命运的关键抉择，是发展中国特色社会主义、实现中华民族伟大复兴的必由之路。

在改革开放历史新时期，党领导人民成功开创了中国特色社会主义，这是继承和发展改革开放前社会主义实践探索提供的思想、物质、制度成果基础上取得的最重要、最根本的成就。中国特色社会主义，既坚持了科学社会主义基本原则，又根据时代条件赋予其鲜明的中国特色，从理论和实践结合上系统回答了在中国这样人口多、底子薄的东方大国建设什么样的社会主义、怎样建设社会主义这个根本问题。党强调，中国特色社会主义是马克思主义的社会主义而不是别的什么主义，不论怎么改革、怎么开放，都必须始终坚持中国特色社会主义道路、理论体系、制度。30多年的实践证明，中国特色社会主义在新中国成立以后取得巨大成就的基础上，又取得了举世瞩目的更大成就。这是它得以站得住、行得远的一个重要原因。

党的十八大报告对中国特色社会主义道路、理论体系、制度的内涵作了系统概括，提出夺取中国特色社会主义新胜利的八项基本要求，这些都是在新的历史条件下科学社会主义基本原理的重要体现和实际应用。事实无可辩驳地表明：如同改革开放30多年来取得的巨大成就不容否定一样，我国改革开放的社会主义性质也是不能否定和无法否定的。

（三）坚持用历史的观点、实践的观点、辩证的观点正确看待改革开放前后两个历史时期。

改革开放前后两个历史时期是两个相互联系又有重大区别的时

期。看到相互联系，就是说这种联系并不只是时间上的顺延和承续，而是在坚持社会主义发展方向、基本制度、根本任务、奋斗目标基础上的联系，两个历史时期之间决不是彼此割裂的，更不是根本对立的；看到重大区别，主要是指在进行社会主义建设的思想指导、方针政策、实际工作上有着很大差别，也包括进行社会主义实践探索的内外条件、实践基础等方面存在很大差别。其中，有的差别是具有转折意义的，比如，从"以阶级斗争为纲"到"以经济建设为中心"，从高度集中的计划经济体制到社会主义市场经济。而前后两个时期的联系则大多是本质的、内在的，都是党领导人民进行社会主义建设的实践探索。只有正确认识这种联系与区别，才能看到，无论用哪一个历史时期否定另一个历史时期，都是对自己这个历史时期的否定，也才能更加自觉地坚持"两个不能否定"。

中国特色社会主义，是科学社会主义理论逻辑和中国社会发展历史逻辑的辩证统一。强调"两个不能否定"，就要把这两个历史时期放到历史发展的长河中特别是放到党的90多年历史中去观察、去把握，既注重分析前一时期为后一个时期提供了什么，又注重分析后一时期从前一个时期扬弃或拨正了哪些内容，提供和增添了哪些内容。这样，才能正确认识各个历史时期在探索、开创、发展中国特色社会主义历程中独特的地位和作用，尊重历史而不歪曲或割断历史，实事求是而不拔高或苛求前人，自觉做到新民主主义革命胜利的成果决不能丢失、社会主义革命和建设的成就决不能否定、改革开放和社会主义现代化建设的方向决不能动摇。

三、在正确认识和把握改革开放前后两个历史时期基础上坚持和发展中国特色社会主义。

习近平总书记指出："一个国家实行什么样的主义，关键要看这个主义能否解决这个国家面临的历史性课题。"中国特色社会主义，凝结着实现中华民族伟大复兴这个近代以来中华民族最根本的梦想，也体现着近现代以来中国人民对社会主义的美好憧憬和不懈探索。正确认识和把握改革开放前后两个历史时期，就要在新的历史条件下毫不动摇地坚持和发展中国特色社会主义。

（一）正确认识和把握改革开放前后两个历史时期是对党的历史的尊重和珍惜，有利于增强党的历史自信。

我们党是在异常复杂环境中团结带领全国各族人民进行革命、建设、改革并创造了伟大奇迹的党，是一个经得起胜利和挫折、高潮和低潮、顺境和逆境考验的党。其中，有危难之际的绝处逢生，有挫折之后的毅然奋起，有失误之后的拨乱反正，有磨难面前的百折不挠，既充满艰险又充满神奇，既历尽苦难又辉煌迭出。90多年党的历史，是几代共产党人在同一信仰凝聚下、同一信念引领下、同一追求驱动下始终不渝的奋斗探索历程。中国特色社会主义，就是几代共产党人历经千辛万苦、付出各种代价开创和发展起来的。历史和现实一再证明，只有社会主义能够救中国，只有中国特色社会主义才能发展中国。坚持"两个不能否定"，不仅是对改革开放前后两个时期历史事实的尊重和珍惜，也是对90多年来党的整个历史的应有的自信。

（二）正确认识和把握改革开放前后两个历史时期是应对意识形态领域挑战、推动党和人民事业发展的现实需要。

正确认识和把握改革开放前后社会主义实践探索的关系，不只是一个历史问题，更主要的是一个现实的政治问题。这个重大政治问题处理不好，就会产生严重政治后果。如果用不正确的观点简单地否定这两个时期或者其中的任何一个时期，必然导致对中国共产党的领导和社会主义制度的否定，也必然导致对改革开放和中国特色社会主义的否定。我们一定要有这样的政治上的清醒。

古人说："灭人之国，必先去其史。"从国内外敌对势力这个方面分析，他们否定改革开放前的历史时期，就是要否定我们党的重大历史贡献，放大我们党在实践探索中的失误和挫折，把中国共产党妖魔化，进而从根本上否定中国共产党的执政地位；他们否定改革开放后的历史时期，就是要否定改革开放的社会主义性质，夸大改革开放中出现的困难、矛盾和问题，把中国特色社会主义妖魔化，进而动摇中国人民团结奋斗的共同思想基础。敌对势力这两个方面的否定，从根本上说，都是对历史事实的背离，都是想搞乱人心，企图瓦解中国共产党执政的历史依据和思想根基，进而毁掉社会主义中国的未来和广大中国人民的福祉。"前车之覆,后车之鉴。"苏联解体、苏共垮台的一个重要原因,就是全面否定苏联历史、苏共历史,否定列宁等领袖人物,搞历史虚无主义,把人们的思想搞乱了。因而,正确认识和把握改革开放前后两个历史时期,是一个事关党、国家、人民前途命运的重大政治问题。在这样的大是大非面前,我们每一个共产党员特别是领导干部,都应该坚决捍卫党的历史,认真学习党的历史,自觉运用党的历史。

在如何看待改革开放前后两个历史时期问题上,还有一种情况,就是在人民内部也存在一些模糊认识。这种模糊认识虽然性质完全不同于前一种情况,但也是需要通过正确的教育和引导来加以澄清的。如果不能了解和认识党的历史发展的主流和本质,如果不能正确对待党所走过的弯路,就会动摇对党的信赖,动摇对中国特色社会主义的信念,动摇对实现中华民族伟大复兴的信心,最终受到损害的还是党和国家的事业,以及与这个事业紧密联系在一起的广大人民群众的根本利益。因而,我们要坚持准确宣传党的历史,教育广大人民群众正确认识和对待党的历史,进一步坚定跟党走中国特色社会主义道路的决心和信心。

(三)正确认识和准确把握改革开放前后两个历史时期,在中国特色社会主义道路上奋力实现中国梦。

当前,党和人民在以习近平同志为总书记的党中央领导下,正满怀中国特色社会主义的道路自信、理论自信、制度自信,为全面建成小康社会、夺取中国特色社会主义新胜利而努力奋斗。正确认识和准确把握改革开放前后两个历史时期的社会主义实践探索,对于我们进一步增强坚持和发展中国特色社会主义的自觉性、坚定性,为实现中华民族伟大复兴的中国梦而奋斗,具有重要的激励和启示作用。

改革开放前后社会主义实践探索的历史告诉我们,实现中国梦,必须坚定不移走中国道路。在改革开放前的历史时期,党为探索适合中国国情的社会主义建设道路付出了艰辛努力,形成了一系列重要认识成果。改革开放以来,党立足社会主义初级阶段基本国情,不断深化对共产党执政规律、社会主义建设规律、人类社会发展规律的认识,成功开创了中国特色社会主义道路。在新的征程上，我们一定要坚持把马克思主义同中国实际和时代特征相结合，坚持和发展中国特色社会主义，既不走封闭僵化的老路，也不走改旗易帜的邪路，坚定不移沿着正确的中国道路奋勇前进。

改革开放前后社会主义实践探索的历史又告诉我们，实现中国梦，必须大力弘扬中国精神。在改革开放前的历史时期，党坚持马克思主义的指导地位，用爱国主义、集体主义、社会主义教育人民，培育和形成了雷锋精神、"铁人"精神、焦裕禄精神、"两弹一星"精神等富有时代特色的精神。改革开放以来，党坚持用马克思主义中国化最新成果武装全党、教育人民，以一往无前的进取精神和波澜壮阔的创新实践，谱写了改革开放和社会主义现代化建设事业的辉煌篇章。在新的征程上，我们一定要大力弘扬以爱国主义为核心的民族精神和以改革创新为核心的时代精神，不断增强团结一心的精神纽带、自强不息的精神动力，永远朝气蓬勃迈向未来。

改革开放前后社会主义实践探索的历史还告诉我们，实现中国梦，必须广泛凝聚中国力量。在改革开放前的历史时期，我国实现了从几千年封建专制政治向人民民主政治的伟大跨越，人民成为国家、社会和自己命运的主人。在激情燃烧的建设岁月，党和人民休戚与共、同甘共苦，艰苦奋斗、无私奉献，汇聚成建设社会主义的强大力量。改革开放以来，党把全国各族人民团结凝聚在中国特色社会主义伟大旗帜下，为实现中华民族伟大复兴而共同奋斗。在新的征程上，我们一定要牢记使命、同心同德，不为任何风险所惧，不被任何干扰所惑，用亿万人民的奋斗和智慧汇集起不可战胜的磅礴力量。

回顾历史，党和人民充满自信；展望未来，伟大祖国前程似锦。让我们紧密团结在以习近平同志为总书记的党中央周围，在中国特色社会主义道路上奋力开拓，为实现伟大的中国梦而不懈奋斗！

——中共中央党史研究室：《正确看待改革开放前后两个历史时期——学习习近平总书记关于"两个不能否定"的重要论述》，《人民日报》2013年11月8日。

点评：习近平总书记深刻指出，我们党领导人民进行社会主义建设,有改革开放前和改革开放后两个历史时期,这是两个相互联系又有重大区别的时期,但本质上都是我们党领导人民进行社会主义建设的实践探索。他强调,不能用改革开放后的历史时期否定改革开放前的历史时期,也不能用改革开放前的历史时期否定改革开放后的历史时期。习近平总书记关于"两个不能否定"的重要论述,集中体现了中国共产党对于如何看待改革开放前后两个历史时期这一重大问题的根本立场和鲜明态度。学习习近平总书记的重要论述,对于我们从宏观上正确认识和把握改革开放前后两个历史时期乃至整个党的历史,进一步在坚定党的历史自信中坚定中国特色社会主义道路自信、理论自信、制度自信,坚定不移地把中国特色社会主义伟大事业继续推向前进,具有重要指导意义。

材料五:中国共产党领导的人民共和国为什么能够成功?

一

中华人民共和国建立前夕,毛泽东在新民主主义革命胜利后中国向何处去的历史转折时刻,指明了一条如何为人民继续谋幸福之路。他在《论人民民主专政》一文中,总结中华民族一百年寻找幸福之路的历史教训后说:"西方资产阶级的文明,资产阶级的民主主义,资产阶级共和国的方案,在中国人民的心目中,一齐破了产。资产阶级的民主主义让位给工人阶级领导的人民民主主义,资产阶级共和国让位给人民共和国。这样就造成了一种可能性:经过人民共和国到达社会主义和共产主义,到达阶级的消灭和世界的大同。"认真阅读《论人民民主专政》,可以更好地理解先贤们早已为中华民族找到的走向光明之路,从而不再被少数人拉回去讨论中国向何处去,增强对中国特色社会主义的道路自信、理论自信、制度自信。

毛泽东这里讲的,是遵循马克思主义国家学说和中国实际相结合,形成的科学论断。他在《矛盾论》中论述经济基础与上层建筑相互关系时说,经济基础和上层建筑的矛盾,经济基础是主要的;同时,他又指明,上层建筑(首先是国家政权)在一定条件下对经济基础可以起决定作用。人民手里有强大的国家机器,就可以有一切;失去人民共和国国家政权,就会失去一切。当然,在为经济基础服务中,如果违背了人民共和国为人民谋幸福的宗旨，只想依靠国家政权的强力办事，那就走上了危险之路。

60多年的历史证明，正是有了人民共和国，我们做成了一件又一件彪炳史册的大事，使贫穷、分裂、任人欺凌的中国，变成了当今的社会主义强国。

依靠人民共和国的力量，在推翻帝国主义、官僚资本主义对中国的统治后，改变了中国处于殖民地、半殖民地的地位，成为主权独立、领土完整的国家。接着，在全国范围实行土地改革，彻底改变了中国延续几千年的封建专制制度。

依靠人民共和国的力量，打赢了抗美援朝、保家卫国战争，援越抗法、援越抗美战争，顶住了帝国主义在第二次世界大战后仍想称霸世界的攻势。遏制了周边有的国家蚕食我国领土的企图，巩固了国防。收回了长期被殖民主义者霸占的香港、澳门，中华民族终结了百年屈辱史。

依靠人民共和国的力量，创造性地进行了农业、手工业、资本主义工商业的社会主义改造，继俄国十月革命后，在一个东方大国建立了人类历史上从未有过的社会主义经济、政治制度，为人民开创了当家作主的新时代。

依靠人民共和国的力量，进行了中国历史上从未有过的巨大规模的社会经济建设，已经胜利完成了十一个五年计划，正在为实现第十二个五年计划努力奋斗。已建立起独立的比较完整的工业体系和国民经济体系，已由一个没有工业基础、贫弱的农业国，变成一个有稳固农业、现代工业、现代国防和现代科技支撑的强大国家。为改善人民生活、巩固国防、促进社会进步，奠定了雄厚的物质基础。

依靠人民共和国的力量，在已有政治、经济的基础上，大胆地实行了改革开放，在公有制为主体的条件下，允许多种所有制经济共同发展。建立社会主义市场经济体制，引进来，欢迎外商来华投资办企业，走出去，国内企业参与国际市场竞争。促进了中国经济的快速发展，经济总量已超过欧洲大国英、法、德和亚洲的日本，跃升至世界第二位。

依靠人民共和国的力量，结束了在世界事务中没有发言权、没有朋友的时代。坚持实行独立自主的和平外交政策。在国与国的关系上，始终坚持和平共处五项原则，维护世界和平，反对霸权主义、强权政治，中国总是发出正义的声音。对需要帮助的国家和人民提供力所能及的帮助，尽一个大国应尽的国际义务。随着国力的不断增强，我国在处置世界经济、政治事务中的份量不断加重。中国赢得了尊严。中国的朋友遍天下。

二

"经过人民共和国到达社会主义和共产主义"这条路所以能走得通，决定性的条件是，人民共和国得到了人民的信任，从中央到基层，有坚强的党组织、政权组织和各类群众团体组织，有强大的组织、号召能力，把亿万人民群众动员起来干大事；中国共产党不断总结为人民谋幸福的经验，团结各民族，在以下几方面坚持了正确的领导。

第一，始终坚持走社会主义道路，不为任何风浪所动摇。

中国建立了社会主义的经济、政治制度后，中国共产党开始了如何在中国建设社会主义的艰难探索。经历是曲折的。但是，中国选定走社会主义道路，始终坚定不移。

1956年2月，苏联共产党召开第二十次代表大会，赫鲁晓夫作了反斯大林的秘密报告，立即引发政治风浪，西方世界掀起了反苏反共反社会主义的浪潮，东欧社会主义国家波兰、匈牙利动荡，发生了"波匈事件"。中国国内也有一些小的波动，但中国是稳定的。中国共产党中央政治局经过讨论，于1956年4月5日、12月29日，先后发表《论无产阶级专政的历史经验》《再论无产阶级专政的历史经验》两篇长文，总结了俄国十月革命开创走社会主义道路进行国家建设的基本经验。文章客观地、实事求是地评价了斯大林的历史功绩和产生失误的教训，顶住了国际上反苏反共反社会主义势力的进攻，澄清了赫鲁晓夫反斯大林引起的混乱，得到全世界共产主义者的赞许。以后发生的中共和苏共的十年论战，双方虽各有教训，但中国共产党成为坚持走社会主义道路的中流砥柱，是公认的。

20世纪70年代，中国总结发生"文化大革命"的教训时，党内、社会上出现了一股彻底否定毛泽东、否定中国走社会主义道路的思潮。1979 年 3 月 30 日，邓小平受中央委托，在中央召开的理论务虚会上发表讲话，强调在中国实现四个现代化，必须在思想政治上坚持四项基本原则：必须坚持社会主义道路；必须坚持无产阶级专政（即人民民主专政）；必须坚持共产党的领导；必须坚持马列主义、毛泽东思想。在中国处于又一个转折关头的时候，如果走赫鲁晓夫否定斯大林的路数，否定毛泽东，进而否定社会主义道路，那就不会有今日的中国。

20 世纪 80 年代，各社会主义国家先后开始探索如何进行改革时，苏联、东欧一大批社会主义国家改旗易帜，走向西方世界指引的路，经济下滑，社会倒退。中国也发生了反对共产党领导、反对社会主义的资产阶级自由化煽动的政治风波。但我们在老一辈无产阶级革命家的指导下，采取了坚决措施，很快平息了动乱，中国共产党继续高举中国特色社会主义旗帜前进。

党的十八大之后，习近平总书记在新进中央委员会的委员、候补委员学习班上作长篇讲话，讲了从社会主义思想提出到现在的历史进程。他强调："历史和现实都告诉我们，只有社会主义才能救中国，只有中国特色社会主义才能发展中国，这是历史的结论、人民的选择。"

第二，始终关心人民群众物质文化生活水平的改善和逐步提高。

旧中国最大的不公，是占人口绝大多数的工人、农民等劳动者，是社会财富的创造者，是少数上层人士奢靡生活资料的供应者，自身却过着食不果腹、衣不蔽体、被奴役的生活。中国共产党领导他们推翻旧社会，最大的任务就是使他们过上能保持人的尊严的好生活。

毛泽东在党的七届二中全会上作报告，阐明了将革命进行到底和革命胜利后的大政方针。其中讲到全心全意依靠工人阶级时说："从我们接管城市的第一天起，我们的眼睛就要向着这个城市的生产事业的恢复和发展。务须避免盲目地乱抓乱碰，把中心任务忘记了。"城市中其他的工作，"都是围绕着生产建设这一个中心工作并为这个中心工作服务的。如果我们在生产工作上无知，不能很快地学会生产工作，不能使生产事业尽可能迅速地恢复和发展，获得确实的成绩，首先使工人生活有所改善，并使一般人民的生活有所改善，那我们就不能维持政权，我们就会站不住脚，我们就会要失败。"为了改善农民生活，新中国在全国范围进行土地改革，实现了耕者有其田，调动了农民的生产积极性。为了帮助个体农民克服一家一户生产中的困难，实行互助合作。在发展经济的思路上，为了保障世界上人口最多、且不断增加的大国人民的生活逐步改善，改变了苏联以重工业为中心的建设思路，实行以"农轻重"为序的建设方针。以农业为基础，重视发展轻工业，既保证了全国人民基本生活水平的逐步提高，又能支援重工业建设。第一个五年计划顺利完成，开始建立起工业和国民经济发展的基础。

20世纪50年代末60年代初，在处理农村改变生产关系与发展生产力的相互关系上，发生了偏差，以为生产关系向公、向大的方向发展快，生产力的发展也会快。结果事与愿违，造成农业生产下降、人民生活困难。以毛泽东为首的党中央经过深入调查研究，及时调整政策，使农业生产迅速恢复，人民生活稳定。党的十一届三中全会后，总结已有的经验教训，制定了以经济建设为中心、坚持四项基本原则、坚持改革开放的基本路线，调动了全社会成员发展经济的积极性，粮食、肉食以及各色各类消费品涌现，文化教育事业大发展。

由于社会经济结构大变化，收入差距扩大又成为党和国家关注的大事。党的十八大指出："必须坚持走共同富裕道路。""着力解决收入分配差距较大问题，使发展成果更多更公平惠及全体人民"。当前，我们正在为扩展劳动者就业渠道、扶贫济困，改善居住条件和发展医疗、养老等社会保险事业努力。让广大人民群众的生活水平，在丰衣足食的基础上，努力做到劳有业、居有屋、幼有教、老有养、病有医。全社会正在为人民生活质量再上新台阶奋斗。

在人民群众物质文化生活水平逐步提高的同时，强调依法保护人民群众的合法权益，正确执行党的民族政策、宗教信仰自由政策，促进各民族共同发展。社会主义中国已成为各民族团结的大家庭。

古人云：得民心者得天下。一心一意为各族人民谋幸福，就是中国共产党在民主革命胜利后能继续得民心的奥秘，人民共和国强大有力的奥秘，"经过人民共和国到达社会主义和共产主义"这条路能走得通的奥秘。

第三，始终重视政治思想工作，重视意识形态领域中马克思主义占主导地位的建设。

中国共产党自身建设的一条重要经验，是从思想上建党，让共产党员知道自己为什么而努力奋斗。在建立人民共和国以后，要把曾在不同经济地位和政治、文化影响下的亿万人民，引上走社会主义道路实现现代化，并自觉地坚持走下去，无疑更需要强大的政治思想工作，弘扬爱国主义、社会主义，排除各种错误思想的干扰。

中国经过有计划、有步骤地完成社会主义改造以后，社会经济制度改变了，但人们的思想还是多种多样的。依靠劳动为生的工人、农民和脑力劳动的知识分子，已成为国家的主人。从总体上说，他们拥护尊重劳动的社会主义，赞成中国共产党领导中国人民走社会主义道路，这是意识形态领域的主流。但是，对走社会主义道路，疑虑、不赞成，甚至反对者，也大有人在。1957年3月12日，中国共产党召开全国宣传工作会议，毛泽东在会上作了长篇讲话。他说，新的社会制度建立，还需要有一个巩固的时间。"要使它最后巩固起来，必须实现国家的工业化，坚持经济战线上的社会主义革命，还必须在政治战线和思想战线上，进行经常的、艰苦的社会主义革命斗争和社会主义教育。除了这些以外，还要有各种国际条件的配合。在我国，巩固社会主义制度的斗争，社会主义和资本主义谁战胜谁的斗争，还要经过一个很长的历史时期。"毛泽东提出的这一思想理论观点，是对科学社会主义理论和实践的重大贡献。社会主义与资本主义斗争的长期性与复杂性，不仅有国内因素，还有国际因素。西方资本主义要通过意识形态领域的较量，和平演变中国共产党和社会主义制度，这是他们几十年始终不变的政策。苏联共产党的失败，原因是复杂的，其中有一个极重要的原因，是他们在政治战线和思想战线上打了败仗。

在中国，由于社会主义建设取得的巨大成就，由于长期进行马克思主义、社会主义教育，人民共和国一直是稳定的。但是，居安思危，我们不可忘记苏东剧变的历史教训。习近平总书记继承我们党重视意识形态工作的优良传统，在最近宣传思想工作会议上强调："经济建设是党的中心工作，意识形态工作是党的一项极端重要的工作。""宣传思想工作就是要巩固马克思主义在意识形态领域的指导地位,巩固全党全国人民团结奋斗的共同思想基础。"

第四,始终坚持建设一支党领导的强大的人民军队。

毛泽东曾强调:"没有一个人民的军队,便没有人民的一切。"人民共和国建立后,以中国人民解放军为核心的武装力量,是捍卫宪法规定"工人阶级领导的、以工农联盟为基础的人民民主专政的社会主义国家"的坚强卫士;是保卫国家政治独立、领土完整的钢铁长城。

这支军队的成员,以工农劳动者子弟为主体,有中国共产党的坚强领导,坚定执行党的政治路线和对内对外的方针政策。60多年的实践证明,一旦人民共和国有需要,这支军队就挺身而出,开赴前线。任何时候、任何地方的人民群众遭受灾难,第一时间赶到救援的,总是中国人民解放军。这支军队爱人民,也深深地为人民群众所爱。正是有这样一支军队,才能使人民群众安居乐业,保证"经过人民共和国到达社会主义和共产主义"成为可能。

第五,始终重视党的自身建设,培养了一代又一代德才兼备的骨干,保证了中国共产党制定的路线、方针、政策的贯彻执行。

中华人民共和国建立时,中国共产党已培养锻炼了大批治政、治经、治文、治军、治党的人才。他们经过战争环境的严酷考验,延安整风学习,同工农劳动者同生死共患难,有相濡以沫的鱼水之情。在他们的带领下,经过全国土地改革、"三反五反"、抗美援朝和大规模经济建设等等,50年代又培养出更大一批忠于党的事业的干部。毛泽东在20世纪60年代初,及时提醒全党要重视培养无产阶级革命接班人,并提出五项条件:要搞马列主义;要为大多数人谋利益,"没有这一条不能当支部书记,更不能当中央委员";要能团结大多数人;有事要跟同志们商量;自己有了错误,要作自我批评。

十年"文化大革命",搞乱了干部队伍成长的环境,但对所有干部也是一种特殊政治环境的考验和锻炼。上世纪80年代初,邓小平、陈云及时提出按革命化、年轻化、知识化、专业化方针,选拔中青年干部的问题。他们说,这个问题十分迫切,十分重要。在老一辈无产阶级革命家的支持下,把抗日战争、解放战争、50年代成长起来的够格的干部，安排到各级领导岗位，成为 80 年代、90 年代和本世纪初的领导骨干。之后，又有千千万万的干部，经历国内、国外复杂政治环境的考验，学历高，经过上山、下乡、参军接触工农兵，接触实际，从基层工作做起，几十年经历各级领导岗位的锻炼，成为参与改革开放、领导改革开放的新一代。真可谓，人民共和国人才辈出。

中国共产党所以能培养出一代又一代骨干，主要靠在从事党领导的事业中，发现、考察、培养、选拔干部。同时，十分重视经常开展党内教育。如，关于共产党员应具备条件的教育；关于理想信念教育；关于正确执行党的路线、方针、政策的教育；关于维护党的政治纪律、组织纪律的教育；关于思想作风的教育，反对脱离群众，反对主观主义、官僚主义、形式主义，注意及时清除贪污、受贿的腐败分子，处置不合格党员，保持党的纯洁性；等等。当前正在开展的党的群众路线教育，具有特别重要的意义。习近平总书记说："崇高信仰始终是我们党的强大精神支柱，人民群众始终是我们党的坚定执政基础。只要我们永不动摇信仰，永不脱离群众，我们就能无往而不胜。"人民共和国 60 多年能为人民谋幸福，办成一件又一件大事，我们坚信，"经过人民共和国到达社会主义和共产主义"的路会愈走愈宽广。

——张云声：《中国共产党领导的人民共和国为什么能够成功？》，《红旗文稿》2013 年第 24 期。

点评：这是《人民日报》社原副总编辑张云声为纪念毛泽东诞辰 120 周年所写的一篇文章，文中指出，中国共产党领导的人民共和国之所以能够成功，原因在于中国共产党在以下几个方面坚持了正确的领导：一是，始终坚持走社会主义道路，不为任何风浪所动摇；二是始终关心人民群众物质文化生活水平的改善和逐步提高；三是始终重视政治思想工作，重视意识形态领域中马克思主义占主导地位的建设；四是始终坚持建设一支党领导的强大的人民军队；五是始终重视党的自身建设，培养了一代又一代德才兼备的骨干，保证了中国共产党制定的路线、方针、政策的贯彻执行。正是这五条，保证了中国共产党领导的人民共和国，在 60 多年的发展历程中，办成了一件又一件惠及人民的大事，并使社会主义道路愈走愈宽广。

后 记

本书是全国高等学校本科思想政治理论课——"中国近现代史纲要"的教学辅助用书。编写此书的目的是为了帮助同学们更好地掌握教材的基本知识，并进一步拓宽知识面，增强历史感，更好地理解历史。本书可作为学生课后参考读物和作业用书。

本书编写过程中得到了南开大学马克思主义教育学院领导的大力支持和帮助。南开大学出版社的社长和编辑也对本书提出了非常中肯的建议，并为本书的出版付出了辛勤的劳动。书中还参考和引用了许多专家的研究成果，在此一并表示衷心的感谢！

本书是南开大学马克思主义教育学院"中国近现代史纲要"课教研室全体老师合作的成果，由姬丽萍、邓红担任主编和副主编，参加各章编写的是：绪论，吴克峰；第一章，盛林；第二章，祖金玉；第三章，刘银萍；第四章，姬丽萍；第五章，林绪武；第六章，邓红；第七章，高辉；第八章，李国忠；第九章，纪亚光、刘芳；第十章，张健。

由于时间仓促，同时由于我们对教材的基本精神把握不够，本书肯定还有不少不当之处，希望使用本书的师生们提出宝贵意见，以便今后进一步修改和完善。

编者

2015 年 4 月